첩첩산중
오지의 명산

건강한 삶을 위해 산행을 생활화합시다.

첩첩산중
오지의 명산

신명호 저

깊은솔

책을 펴내면서

　경제성장과 국민생활의 향상으로 인하여 건강과 취미 생활에 관심이 깊어지면서 등산인구가 폭발적으로 늘어나고 있습니다. 그만큼 대중화된 건전한 취미생활이 되었습니다. 우리는 오를 수 있는 산이 있어 축복 받은 국민이라고 생각합니다. 등산역사 50여 년을 이어오면서 국내에 분포되어있는 많은 산을 우리는 오르고 있습니다. 대도시를 중심으로 가까운 곳 유명한산에 편중되어 산행을 하므로 유명한산은 포화상태가 되어가고 있습니다.

　그동안 도로 발달로 인하여 산간벽지 어디든지 승용차 진입이 가능하므로 자연의 상태가 더 좋은 도시주변을 벗어난 산 더 나아가 오지의 산으로 분산하여 산행을 해야 하는 시대가 되었습니다. 오지의산은 등산로가 정비되어있지 않고 대부분 옛 산길을 따라 산행을 하게 되며 자연 그대로 청정지역이 대부분입니다.

　저는 건강을 위해 산행을 시작한 것이 동기가 되어 33년간 등산을 하였으며 그동안 한국 전역에 분포되어 있는 대부분의 산 1,400산을 등정하게 되었습니다. 그동안의 산행에 대한 경험과 기록을 정리하여 '한국 700명산', '한국 100대 명산', '서울에서 가까운 200명산' 을 출간하였고, 다시 '첩첩산중 오지의 명산' 을 출간하게 되었습니다. 출간한 책 내용은 모두 필자가 직접 산행을 통하여 경험한 내용이며, 부족한 부분은 재 답사를 통해 정성을 다하여 기록하였습니다.

　'첩첩산중 오지의 명산' 책 내용은 왼쪽에 지도, 오른쪽에 개요, 등산 진행 방법을 기록하였고, 기타 교통, 식당, 숙박, 명소, 온천, 휴양림, 시골 5일 장날을 기록하였습니다.

　식당은 산 주변에서 맛있게 잘하는 음식점을 필자가 직접 확인한 음식점이며, 숙박도 현장 을 모두 확인하여 산 주변에서 가장 깨끗한 집을 선정하였습니다.

　'첩첩산중 오지의 명산' 을 펴내면서 모든 산악인들의 안전과 즐거운 산행을 기원합니다.

저자 신 명 호

참고사항

1. '첩첩산중 오지의 명산' 은 한국에서 가장 깊은 오지에 위치한 150개 대표적인 명산이다.
2. 지도는 2004년 이후 발행된 국립지리원 1:5000 원색지도를 기본으로 하여 능선과 계곡을 쉽게 이해할 수 있도록 개념도로 작성하였다.
3. 등산로는 점선으로 표시하였다. 일반적인 등산로(미확인 산길)는 흑점선(----)으로 표시하였고, 안내하는(대표적) 등산로는 빨간점선(----)으로 표시하였다.
4. 산행기록은 산행기점에서 적색점선 등산로를 따라 정상에 이른 후, 하산 지점까지 진행하는 실제 산행과정과 시간을 기록하였다.
5. 본문은 개요, 등산로, 교통, 식당, 숙박, 명소, 온천, 휴양림, 장날 순으로 정리하였다.
6. 오지의산은 등산로 정비가 되어있지 있고, 길이 희미하거나 가다가 없어지고 길이 없는 구간도 있으므로 이를 참고하면서 산길을 차아가야 한다.
7. 능선은 주능선, 지능선, 세능선으로 분류하여 굵고 가늘게 하여 회색 선으로 하였다.
8. 계곡은 물이 많은 주요계곡은 청색으로 하였고, 기타 계곡은 바탕색으로 하였다.
9. 소요시간은 보통사람들의 보행시간이며, 총소요시간은 구간별 시간 합계에서 1시간(점심＋휴식시간)을 포함한 시간이다.
10. 매년 다음 기일은(3.1～5.15) (11.1～12.15) 산불예방 입산 통제 기간이며, 지방자치단체에 따라 입산을 통제하는 시기가 다를 수 있다.
11. 도로는 철도, 고속도로, 국도, 지방도, 기타도로, 소형차로(1차선도로)로 정리하였다.
12. 교통편은 자가운전 편과 대중교통 편을 기록하였다. 자가운전 편은 고속도로 IC 또는 주요국도에서부터 승용차 진입이 가능한 산행기점 주차공간까지 기록하였다.
13. 식당은 산행지 주변에서 맛있게 잘하는 음식점을 조사하여 한두 집을 선정하였다.
14. 숙박은 산행지 주변에서 가장 깨끗한 모텔, 민박, 펜션을 확인 한두 곳을 선정하였다.
15. 시골 농산물을 현지에서 생산자로부터 직접 구매할 수 있는 5일장날을 기록하였다.
16. 명소는 산행지 주변에서 가볼만한 곳을 기록하였다.
17. 입산문의 : 산림청 1588-3249. 국립공원관리공단 02-3279-2794. 지방군청 산림과.
18. 열차시각안내 1544-7788. 동서울버스터미널 02-446-8000. 상봉버스터미널 02-323-5885 .
    강남고속버스터미널 1588-6900. 남부버스터미널 02-521-8550

지도에 표시된 기호

기호		기호		기호		기호	
도 계	—‹›—‹›—	임 도	————	헬 기 장	⊕	표 적 물	●
군 계	—·—·—	안내등산로	-------	샘(식수)	❋	산불초소	🏠
면 계	—··—··—	미확인산길	-------	묘(무덤)	⌂	통 제 소	🏠
철 도	┼┼┼┼□┼┼┼	소요시간	◦←20분◦	폭 포	⌇	과 수 원	◌
고속도로	════════	능 선	～～～	주요안부	●	밭 · 논	⋔ ⊥
국 도	══37══	계 곡	～～～	주갈림길	○	교회(기도원)	♰
지방도	══371══	합 수 곡	～•～	절(암자)	卍	학교(학교터)	🏫
기타도로	════════	삼각점봉	△	성(성터)	⊐⊏	주 차 장	P
소형차로	───────	산봉우리	▲	다 리(교)	)(	버스정류장	🚏

산이름 쉽게 찾기

가

가리왕산	140
가칠봉	30
각화산	198
각희산	162
갈미봉	142
갈전곡봉	30
개인산	28
거문산	90
고고산	130
고두산	92
고양산	154
곰봉	138
광대산	162
구룡산(봉화)	200
구룡산(영월)	104
구절산	56
금당산	90
금대봉	166

나

나팔봉	136
남병산	82
남산	150
노추산	148
능암덕산	132

다

다락산	146
단임산	76
달바위봉	176
닭이봉	138
대덕산	166
대암산	8
덕가산	120
덕고산	62
덕수산	94
덕우산	158
동막산	44
돼지봉	112
된불데기산	104
두타산(진부)	74

마

마산	20
만경대산	118
만월봉	32
만지산	136
매봉(인제)	24
매봉(춘천)	50
매봉남봉	50
매봉산(영월)	124
매봉산(원주)	108
매봉산(인제)	18
매산	72
괭현봉	40
면산	190
목우산	116
문래산	160
문수산	202
문암산(태백)	176
문암산(홍천)	38
물안봉	52

바

바위산	48
반론산	152
발교산	58
방태산	26
백병산	174
백석봉	142
백석산	80
백암산	46
백운산	134
백이산	164
백적산	78
벽암산	164
병무산	58
보래봉	68
보석봉	96
복두산	184
봉복산	62
비룡산	194

사

사금산	180
사달산	148
사명산	12
사자산	110

산이름 쉽게 찾기

삼방산(태백) ……190	옥갑산 ……144	종류산 ……14
삼방산(평창) ……86	옥석산 ……202	죽엽산 ……14
삿갓봉(영월) ……102	왕두산 ……198	줄미등봉 ……186
삿갓봉(평창) ……84	용인등봉 ……188	**차**
상원산 ……144	운교산 ……118	청옥산(봉화) ……192
상정바위산 ……150	운무산 ……60	청옥산(평창) ……84
샛등봉 ……16	원당산 ……100	치바위산 ……182
석화산 ……38	육백산 ……178	칠성산 ……172
선달산 ……204	응복산 ……32	**타**
선바위봉 ……108	응봉 ……106	태기산 ……64
선바위산 ……126	응봉산(도계) ……178	통고산 ……196
소계방산 ……36	응봉산(서석) ……42	**파**
쇠이봉 ……116	응봉산(영월) ……120	픗대봉(평창) ……134
수리봉 ……58	일월산 ……206	픗대봉(인제) ……26
순경산 ……126	**자**	풍악산 ……168
숲뒤산 ……170	자후산 ……160	**하**
승두봉 ……96	잠두산 ……80	한석산 ……24
시루봉 ……114	장군바위산 ……70	해산 ……10
신병산 ……130	장미산 ……94	홀통곡산 ……122
신선바위봉 ……112	장병산 ……170	화채봉 ……102
신선봉(고성) ……20	장산 ……128	회령봉 ……68
신선봉(춘천) ……16	장암산 ……82	회봉산 ……106
아	재치산 ……88	흥정산 ……66
아미산 ……44	절개산 ……86	
어래산 ……114	절구봉 ……92	
연엽산 ……54	점봉산 ……22	
연화산 ……174	조고봉 ……156	
오봉산 ……98	조봉 ……34	

대암산(大岩山) 1309m

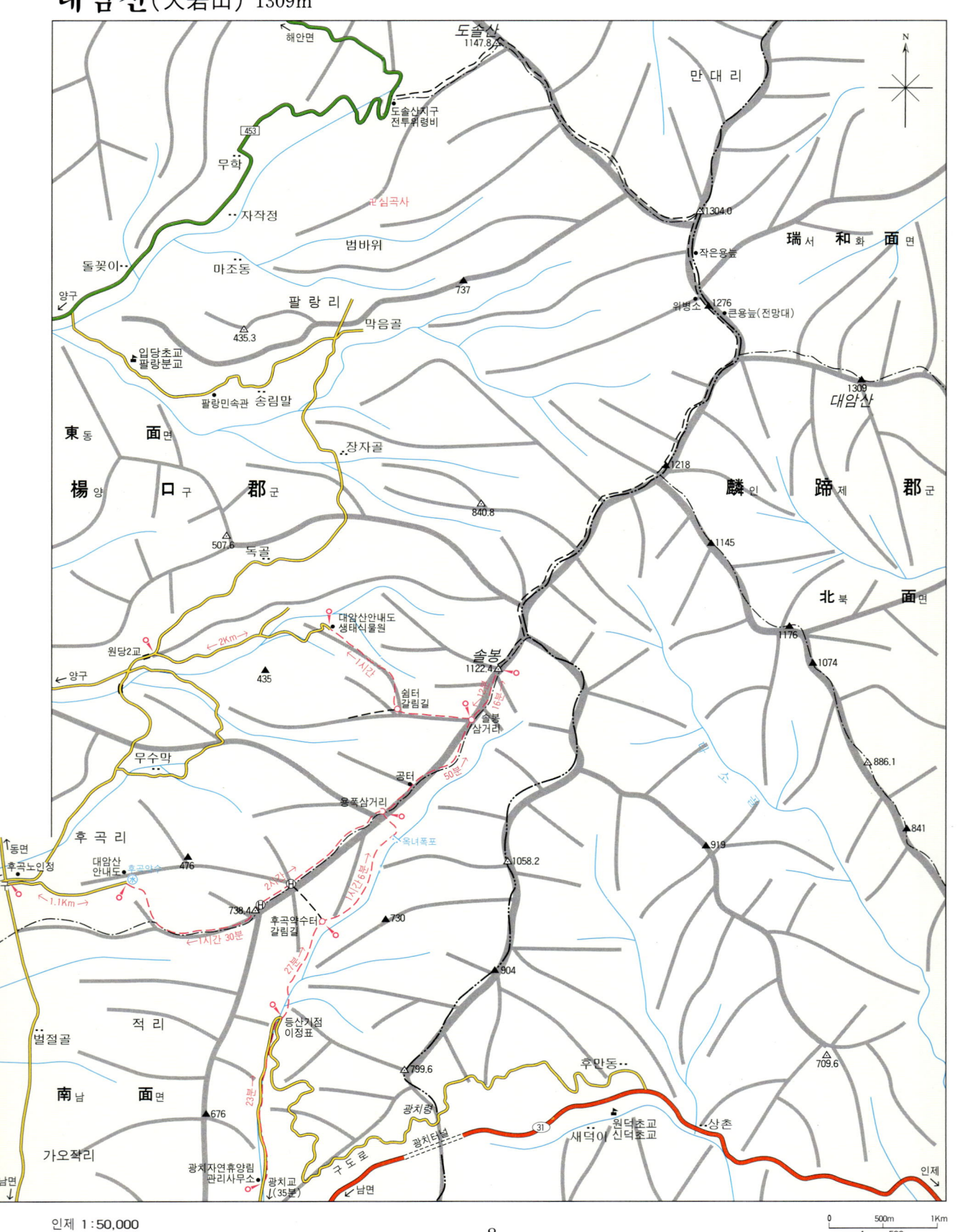

대암산　강원도 양구군 동면, 인제군 서화면(江原道 楊口郡 東面, 麟蹄郡 瑞和面)

 ## 개요

대암산(大岩山. 1309m)은 6.25때 국군에 의해 수복된 동부전선 최 북쪽에 위치한 산이다.

정상 부근에는 분지형으로 된 습원이 있다. 습원은 큰 용늪과 작은 용늪으로 구분되어 있으며 용늪의 크기는 동서 길이 보통 220m 남북의 폭은 약 150m 둥근 계란형의 모습을 하고 있으며, 이 지역 기후에 의해 생성된 것이 아닌 다른 요인에 의하여 약 5천 년 전에 생성된 고습지라는 점이 특이하고, 5천년 동안 퇴적된 꽃가루 층이 늪에 퇴적되어 쌓여 보존되어 있다.

용늪은 비교적 평탄하게 동남단에 1~2m 높이로 뚝 모양을 형성하고 있다. 국내에서 함경북도와 백두산에 이어 3번째의 고층습원지역으로 천연기념물 246호이며 세계자연보호연맹에 등록된 습지 21곳 중 한곳이며, 1997년 람사르협약 가입(습지보전국제협약)에 등록되어 현재 환경청에서 관리하고 있다.

또한 대암산에 분포한 식물의 종류는 총 59과 123종으로 그 중 고층 습원의 특유종이 19종, 미기록종 15종이 알려져 있어 생물의 보고이며, 1976년 7월 10일 인근의 대우산과 함께 천연보호구역으로 지정되었다.

대암산 등산로는 솔봉, 정상, 용늪, 도솔산, 전투위령비까지 그려져 있으나 아직 개방되지 않고 현재는 솔봉(1122.4m) 까지만 산행이 가능하다. 대암산은 육산으로 완만한 산세를 이루고 있으며 개방된 솔봉까지의 등산로는 험로가 없고 무난한 편이다.

산행은 광치자연휴양림에서 광치계곡을 따라 후곡약수삼거리,옥녀폭포, 솔봉삼거리를 경유하여 솔봉에 오른다. 하산은 솔봉삼거리로 되돌아온 다음, 생태식물원으로 하산 한다.

눈 덮인 웅장한 대암산 전경

가오작2리(광치교)에서 휴양림 도로를 따라 도보로 35분을 가면 광치휴양림관리사무소가 나온다. 관리사무소를 통과 포장된 도로를 따라 23분을 가면 광장이 있고 산길이 시작된다. 계곡으로 난 등산로를 따라 27분 거리에 이르면 후곡약수터로 가는 왼쪽 갈림길이 나온다.

갈림길에서 오른쪽 계곡길을 따라 42분을 가면 옥녀폭포가 나온다. 옥녀폭포를 지나 4분 정도 가면 등산로는 왼편 능선으로 오른다. 처음에는 능선으로 오르다가 비탈길로 이어지면서 20분을 오르면 후곡약수터에서 올라오는 용폭삼거리가 나온다.

용폭삼거리에서 오른쪽 능선을 따라 5분을 오르면 공터를 통과하고, 이어서 큰 경사가 없는 주능선으로 등산로가 이어져 45분을 오르면 솔봉삼거리가 나온다.

솔봉삼거리에서 왼쪽은 생태식물원 하산 길이므로 확인을 해 두고, 오른쪽 능선을 따라 16분을 더 오르면 솔봉 정상이다. 정상은 전망대 정자가 있다.

하산은 올라왔던 능선길을 따라 12분을 되 내려가면 솔봉삼거리다.

솔봉삼거리에서 오른쪽 생태공원 이정표를 따라 내려가면 바윗길이 이어진다. 위험하지 않은 바윗길을 따라 26분을 내려가면 쉼터 갈림길이 나온다. 갈림길에서 오른편 하산길을 따라 25분을 내려가면 안부가 나오고, 안부에서 오른편 비탈길로 이어져 9분을 더 내려가면 생태식물원 입구이다. 여기서부터 소형차로를 따라 원당리 버스 정류장까지 걸어서 30분 정도 내려가야 한다.

 ## 등산로(5시간 14분 소요)

광치휴양림 → 50분 → 후곡약수삼거리 →
66분 → 용폭삼거리 → 50분 →
솔봉삼거리 → 16분 → 솔봉 → 12분 →
솔봉삼거리 → 60분 → 생태식물원

자가운전

인제 방면 6번-44번 국도를 이어타고 신남(남면)에서 양구 방면 46번 국도로 좌회전⇒남면삼거리에서 우회전⇒2.5km 광치교 통과 우회전⇒약 2km 광치휴양림 주차.

대중교통

상봉, 동서울터미널에서 양구행 버스 이용 후, 양구터미널 건너편에서 약 1시간 간격 남면-동면 방면 농어촌 버스 이용, 남면 가오작2리(광치교) 하차. 광치교에서 휴양림까지 35분소요.

식당

호반식당
양구군 남면 용라 1리
033-481-4010

도촌막국수
남면 도촌리 166-2
033-481-4627

숙박

센추럴모텔
양구읍 상리 331
033-481-2121

광치자연휴양림
양구군 남면 가오작리 5-2
033-482-3115

명소

을지전망대 : 양구통일관에서 신분증 방문신청.
박수근미술관
평화의 댐

양구(상리)장날 5일, 10일

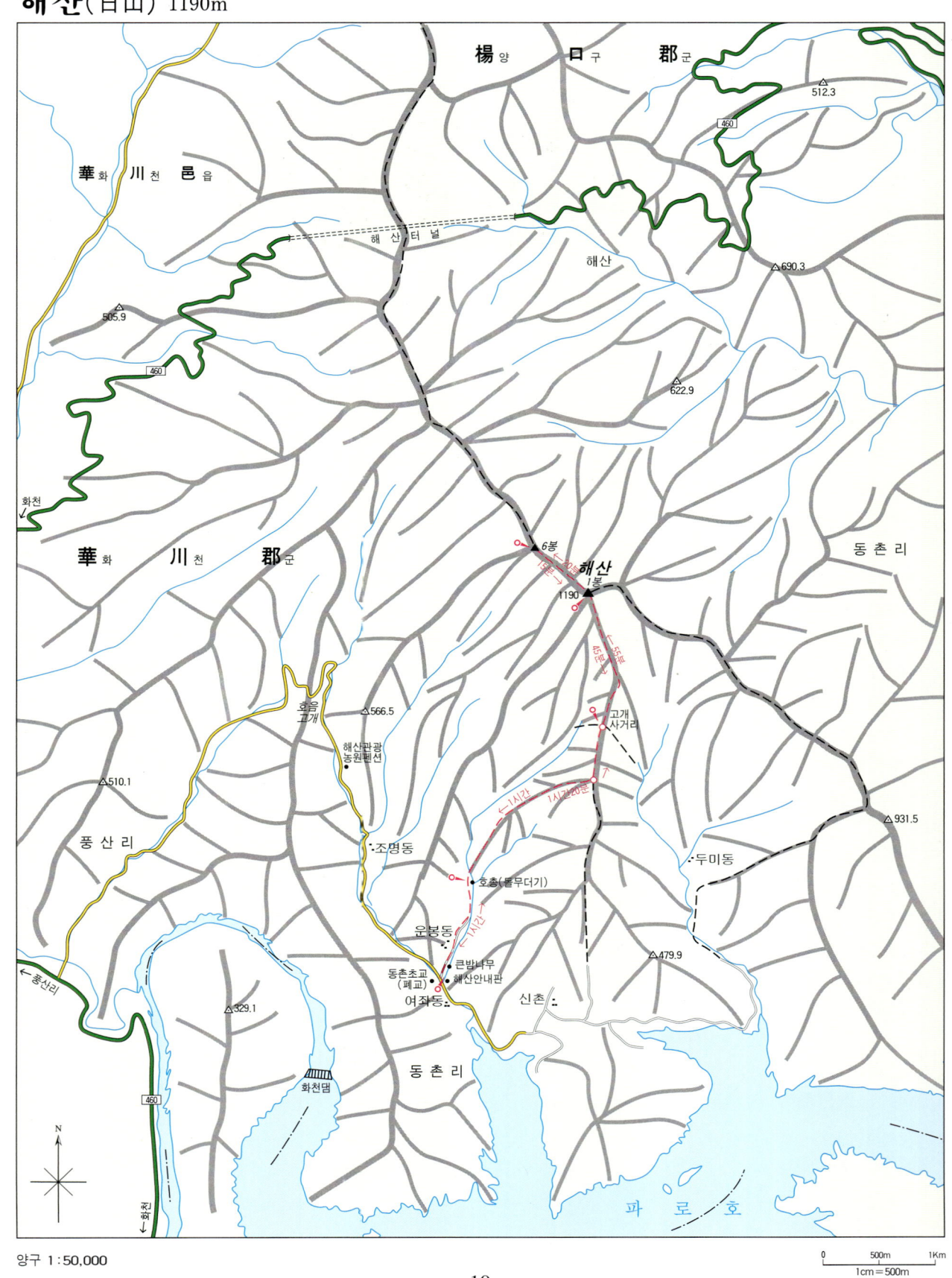

해산

강원도 화천군 화천읍(江原道 華川郡 華川邑)

개요

해산(日山, 1190m)은 광주산맥 적근산에서 동남쪽으로 뻗어 내려온 능선상에 위치한 오지의 산이다. 해산 동쪽은 북한강이 흐르고 남쪽은 파로호이며 서쪽은 대성산 복주산으로 이어지는 광주산맥이다. 우리나라 최 전방지역으로 최근 개방되어 등산을 할 수 있게 되었다.

화천읍 소재지에서 동쪽으로 약 20km 거리 파라호 상류에 위치하고 있으며 정상은 바위봉이다. 아름드리 소나무가 많은 산으로 등산로 대부분이 자연 상태 그대로의 솔잎 낙엽으로 덮여 있어 맨발로 걸어도 흙 한 점 묻지 않을 만큼 깨끗하고, 매우 기분 좋은 산행길이며 오지 산행의 느낌을 만끽 할 수 있는 유일한 산이다. 정상은 고만고만한 봉우리가 6개봉이 있으면 그중 제1봉이 정상이다.

등산로는 험로가 없고 무난한 편이며 경사진 길에는 밧줄이 설치되어있고, 요소에 이정표가 있어서 산행에는 큰 어려움은 없다. 하지만 7시간 40분 장거리 산행이므로 참고를 해야 한다. 산행 중에는 물이 없으므로 충분한 물을 준비해야 한다. 전방지역으로 등산로가 아직 개발되지 않아 정상까지 오른 후, 하산길이 마땅치 않아 올라왔던 길로 다시 내려와야 한다.

산행은 동촌초교(폐)에서 운봉골을 따라 호총을 경유하여 북릉을 타고 정상에 오른 뒤, 하산은 올라왔던 그대로 하산한다.

등산로(7시간 40분 소요)

동촌분교→60분→호총→80분→고개사거리→56분→해산1봉→20분→6봉→15분→해산1봉→45분→고개사거리→60분→호총→60분→동촌분교

동촌초교 터에서 도로를 건너면 해산 등산안내판이 있고, 북쪽으로 소형차로가 있다. 계곡을 끼고 마을로 가는 소형차로를 따라 200m 가면 큰 밤나무를 지나서 삼거리가 나온다. 삼거리에서 왼쪽 길로 가면 또 삼거리가 나온다. 이 삼거리에서 우측으로 30m 가면 시멘트길이 끝나고 비포장 소형차로로 들어선다. 도로에서 20분 거리다. 비포장 길로 접어들어 10분을 가면 계곡 건너 묵밭을 지나고, 10분 거리 묵밭 중간에 갈림길에서 왼쪽으로 간다. 묵밭이 끝나고 계류를 건너면 계곡길로 접어들어 20분을 가면 합수점에 호총(돌무덤)이 나온다.

호총에서 좌측 길로 10m 거리에 삼거리가 있다. 삼거리에서 우측 능선길로 간다. 여기서부터 본격적인 능선길이 시작된다. 잡목과 소나무가 어울려져 태고의 고목들이 우거져 있는 주변이 자연그대로이며, 흙길 능선 산행의 진가를 느끼면서 즐거운 산행이 계속된다. 지능선을 따라 1시간 20분을 올라가면 사거리 이정표가 나온다. 좌측은 조명동, 우측은 우르정생으로 가는 길 표기되어 있다.

사거리에서 직진 경사진 길로 오르면 밧줄이 100m 가량 설치되어 있고, 조금 더 가면 두 번째 밧줄이 나온다. 호총에서 25분 거리다. 다시 5분을 더 가면 능선삼거리다. 삼거리에서 왼쪽으로 25분을 올라가면 해산1봉 3갈래 능선 봉우리이다.

해산1봉에서 왼편 북쪽으로 이어지는 주능선을 따라 가면 비슷한 봉우리가 2봉, 3봉, 4봉, 5봉, 6봉까지 이어지면서 20분 거리다. 1봉에서 6봉까지 높이는 거의 비슷하며 1봉이 정상이다. 1봉에서 6봉까지 서쪽은 절벽으로 되어있으며, 특히 6봉에서의 조망이 빼어나다.

하산은 1봉으로 되돌아온 다음, 다시 올라왔던 코스 그대로 되 내려간다.

정상 1봉은 삼거리이다. 1봉에서 하산은 우측 능선으로 간다. 우측으로 20분을 내려가면 삼거리가 나온다. 삼거리에서 우측으로 간다. 우측 능선으로 25분을 내려가면 고개사거리가 나온다. 사거리에서는 직진한다. 계속 능선을 타고 1시간을 내려가면 호총이 있는 계곡에 닿고, 호총에서부터는 계곡 길을 따라 1시간을 내려가면 동촌초교 도로에 닿는다.

자가운전

수도권에서 46번 국도를 타고 춘천에서 5번 국도로 좌회전⇒화천에서 동촌리 방면 461번 지방도를 타고 구만교 삼거리에서 직진⇒4km 거리 하오음동 삼거리에서 우회전⇒호음고개를 넘어 8km 거리 동촌초교(폐)터 주차.

대중교통

상봉터미널에서 수시로 운행하는 화천행 버스 이용, 화천에서 동촌 버스 1일 3회(07:20 14:30 18:00) 동촌에서 화천 1일 3회(07:30 15:00 18:30)운행된다. 화천에서 동촌까지 버스 시간이 맞지 않을 때는 택시를 이용해야 한다.

식당

귀빈숯불갈비
화천읍 하리 57
033-442-2366

제천식당
화천읍 하리 화천군청 앞
033-442-7387

숙박

로터스모텔
화천읍 하리
033-442-0414

해산광광농원펜션
화천읍 동촌리 291
033-442-6623

명소

파로호

화천장날 3일, 8일

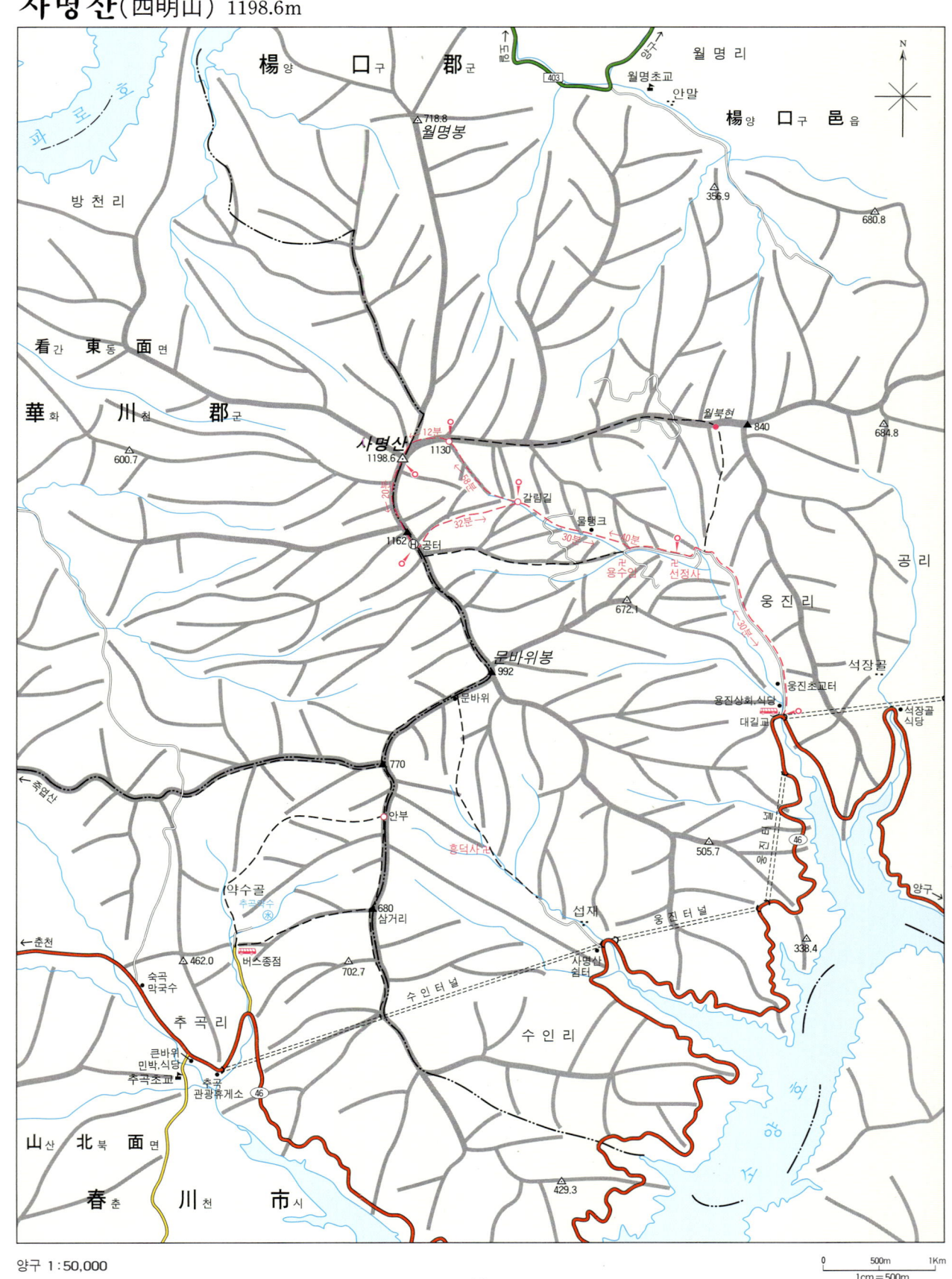

사명산

강원도 양구군 양구읍, 화천군 간동면(江原道 楊口郡 楊口邑, 華川郡 看東面)

개요

사명산(四明山, 1198.6m)은 대암산과 함께 우리나라 최북단에 위치한 사이다. 정상에서 북쪽으로는 파로호(破虜湖) 남쪽에는 소양호(昭陽湖)에 둘러싸여 있는 섬 같은 산이다. 정상에서 사방을 바라보면 막힘이 없고, 남북으로는 한국에서 가장 담수 량이 많은 거대한 소양강과 파라호가 양편에 넘실거리고, 북쪽으로는 북한 땅이 가까이 보이는 산이다. 남쪽 산록에는 오래된 선정사(宣正寺)가 자리하고 있고, 서쪽 산록에는 유명한 추곡약수가 있다.

산세가 험하게 보이나 등산로는 위험한 곳은 없고 대부분 무난하다. 예전에는 춘천에서 양구까지 이어지는 46번 국도가 배후령 추곡령을 넘고 굽이굽이 소양강변을 따라 있었으나 지금은 모두 직선으로 터널을 뚫어 접근이 쉬워졌다.

산행은 대길교에서 시작하여 선정사를 지나 지능선을 타고 사명산에 오른 다음, 남쪽 능선헬기장에 이른 후, 동쪽으로 내려가서 선정사를 경유하여 대길교로 다시 원점회귀 산행이다.

* 참고로 헬기장 삼거리에서 남서릉을 따라 수인리까지는 2시간 30분 소요되고, 추곡약수까지는 3시간 30분 소요된다.

서울에서 차량으로 경춘가도 북한강 소양강 따라가는 환상의 드라이브 코스는 사명산 산행의 즐거움을 더해준다. 귀경길에 소양댐 입구 샘밭막국수와 통나무닭갈비를 시식하고 돌아오면 좋을 것이다.

사명산 남쪽 기슭에 자리한 선정사

등산로(총 5시간 12분 소요)

대길교→30분→선정사→40분→갈림길→70분→사명산→20분→헬기장→32분→갈림길→60분→대길교

46번 국도가 지나가는 양구읍 웅진리에서 (구)도로로 빠져나와 대길교에서 북쪽으로 난 소형차로를 따라 30분 들어가면 왼편에 선정사가 나온다.

선정사에서 계속 넓은 길을 따라 10분을 올라가면 용수암 삼거리가 나온다. 삼거리에서 우측 계곡길로 올라가면 물탱크를 지나고, 임도를 통과해서 30분을 올라가면 갈림길이 나온다.

이 갈림길에서 왼쪽 길은 1162봉 헬기장으로 가는 길이고, 우측 길은 1130봉으로 오르는 길이다. 식수는 여기서 보충하고 우측 길을 따라가면 등산로는 지능선으로 이어진다. 지능선을 따라 8분을 올라가면 왼쪽 비탈길로 가는 갈림길이 나온다. 갈림길에서 북쪽으로 난 오른쪽 능선길을 따라 올라가면 급경사로 이어지면서 50분을 올라가면 1130봉 삼거리에 닿는다. 1130봉 삼거리에서 왼편 서쪽 능선을 따라 12분을 더 오르면 사명산 정상이다.

정상에는 삼각점이 있고, 소양강 파로호가 남북으로 펼쳐 보이며, 사방이 막힘이 없다.

하산은 남쪽 능선을 타고 간다. 남쪽 주능선을 따라 내려가면 안부를 지나고, 첫 번째 봉을 지나서 두 번째 봉을 지나면 바로 공터 헬기장 삼거리다. 정상에서 20분 거리다.

헬기장 삼거리에서 왼쪽으로 간다. 왼편 동쪽 길로 내려가면 선정사 방면이고, 직진 주능선 코스는 문바위를 거쳐 수입리 또는 추곡약수 방면 길이다.

헬기장 삼거리에서 왼편 동쪽 지능선을 따라 22분 정도 내려가면 산길이 오른쪽 계곡으로 이어진다. 오른편 계곡을 따라 10분을 내려가면 갈림길이 나온다.

이 갈림길에서부터는 올라왔던 길로 내려간다. 계곡길로 이어지는 하산길을 따라 30분을 내려가면 선정사에 닿고, 30분을 더 내려가면 대길교(웅진식당)에 닿는다.

자가운전

수도권에서 46번 국도를 타고 춘천⇒배후령터널⇒추곡터널⇒수인터널⇒웅진터널을 통과하여 대길교 웅진리 입구 주차장.

대중교통

상봉, 동서울터미널에서 춘천 경유 양구행 버스 이용, 웅진리 웅진식당 앞 하차. 또는 청량리역에서 춘천행 열차 이용 후, 춘천시외버스터미널에서 양구행 버스 이용, 웅진식당 앞 하차.
춘천-양구 간 버스는 30~40분 간격으로 있고, 추곡약수-춘천 간 버스는 1일 4회 있다.

숙식

웅진식당 · 민박
양구읍 웅진리 353-1
033-482-3366, 017-369-3366

유성가든 · 민박
춘천시 북산면 추곡리
033-244-1508

통나무닭갈비
춘천시 신북면 천천6리 38-26
033-241-5999

샘밭막국수
춘천시 신북면 천천리 118-230
033-242-1702

명소

소양호

양구장날 5일, 10일
가평장날 5일, 10일

죽엽산(竹葉山) 859.2m   종류산 811.1m

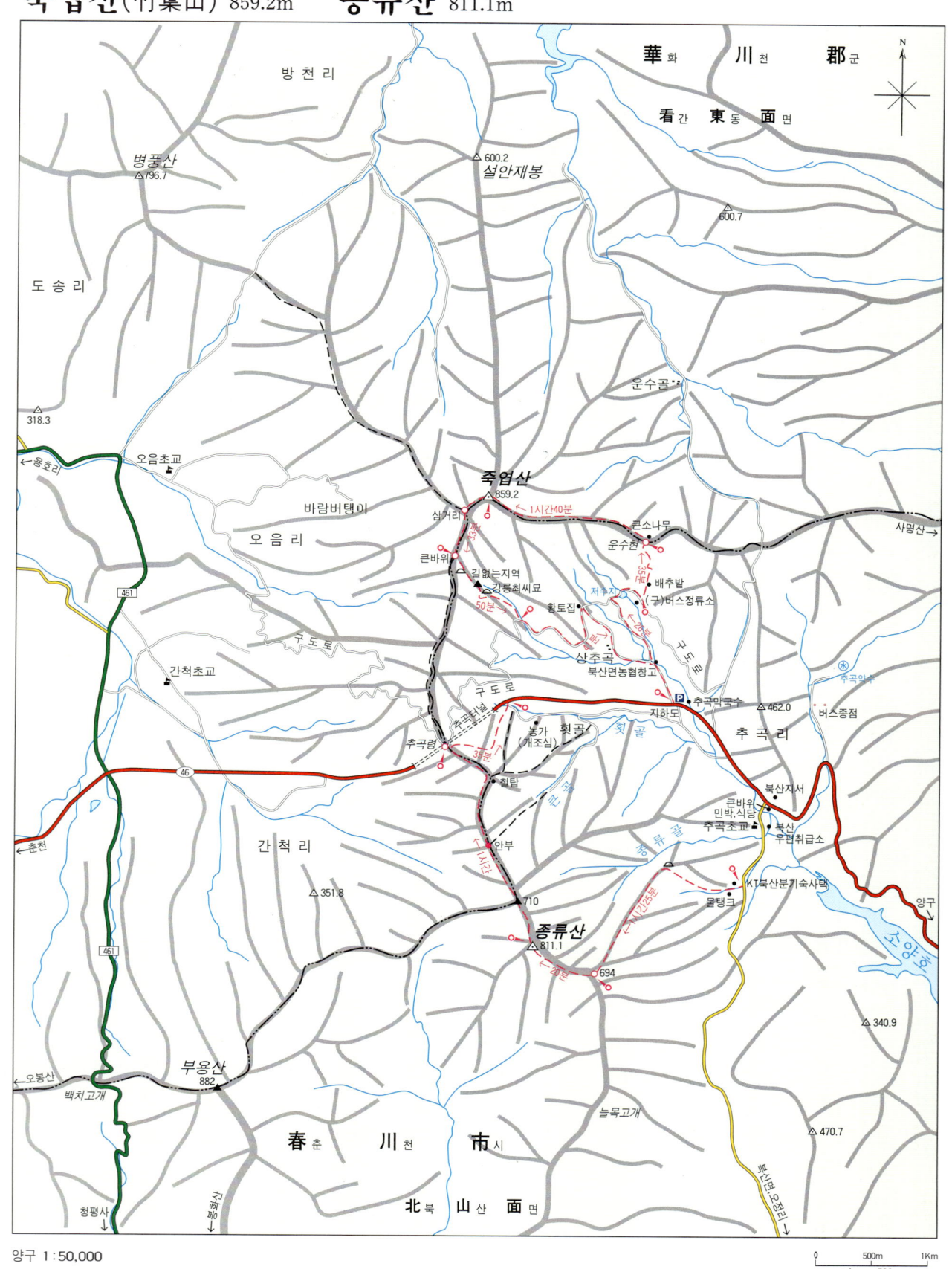

죽엽산 · 종류산
강원도 춘천시 북산면, 화천군 간동면(江原道 春川市 北山面, 華川郡 看東面)

개요

죽엽산(竹葉山, 859.2m)은 추곡령을 사이에 두고 종류산과 남북으로 마주하고 있는 순수한 육산이다. 정상까지 오르는 길을 무난한 편이나 하산길이 길이 없는 구간이 있다.

종류산(811.1m)은 추곡리 남쪽에 위치한 산이다. 동남쪽은 소양강이고, 북쪽은 죽엽산이다. 순수한 육산으로 등산로는 다소 희미한 편이나 산행에는 큰 문제가 없다.

죽엽산(5시간 45분 소요)
추곡막국수 → 61분 → 노송고개 → 100분 → 죽엽산 → 33분 → 삼거리 → 50분 → (구)도로 → 41분 → 추곡막국수

종류산(4시간 20분 소요)
KT분기국 → 85분 → 690봉 → 20분 → 종류산 → 60분 → 추곡령 → 35분 → 터널 입구

추곡막국수에서 100m 거리 상추곡으로 가는 마을길을 따라 200m 갈림길에서 우측 마을길을 따라 끝까지 가면 (구)도로를 만난다. (구)도로에서 우측으로 200m 가면 (구)버스정류소가 나온다. 추곡막국수에서 26분 거리다.

(구)도로를 벗어나 왼편 배추밭 길로 올라가면 밭이 끝나는 지점에서 계곡 쪽으로 산길이 나타난다. 이 산길을 따라 50m 들어가면 갈림길이 나온다. 갈림길에서 왼쪽 비탈길로 올라서면 묘를 지나 계속 비탈길로 이어지다가 안부로 올라서면 큰 소나무 두 그루가 있는 안부사거리가 나온다. (구)도로에서 35분 거리다.

안부에서부터 왼편 뚜렷한 서쪽 주능선을 따라 1시간 40분을 오르면 죽엽산 정상이다.

하산은 서능을 타고 13분을 내려가면 삼거리가 나온다. 삼거리에서 왼쪽 능선으로 20분을 가면 큰 바위가 있는 삼거리가 나온다.

이 삼거리에서 왼쪽으로 10분을 내려가면 묘가 있고, 묘에서부터는 세능선으로 산길이 이어지는데, 잡목과 작은 소나무 등이 우거져 산길이 없어진다. 하지만 묘에서부터 능선을 벗어나지 말고 잡목을 헤치고 약 150m 정도 능선을 따라가면 봉우리 끝 지점이 나온다. 봉우리 끝에서 약간 우측 편으로 능선을 따라 50m 만 내려가면 잡목이 끝나면서 왼쪽에 강릉최씨 묘 4기가 나온다. 묘에서 약 7분 거리다. 묘4기에서 길이 없는 우측 동남 방면 세능선을 따라 20분을 내려가면 계곡길을 만난다. 계곡길을 따라 13분을 내려가면 (구)도로가 나온다.

(구)도로에서 왼쪽으로 15분을 가면 황토집 앞 삼거리가 나온다. 삼거리에서 우측으로 마을길을 따라 26분을 내려가면 친환경작업장을 지나 추곡막국수식당에 닿는다.

KT사택 마당에서 서쪽 계곡길을 따라 가면 150m 거리에 왼쪽으로 다리가 있고, 직진하여 150m 더 가면 물탱크가 보인다. 물탱크에서 오른쪽으로 올라가면 묵밭삼거리가 나오는데 왼쪽으로 간다. 묵밭을 지나면 또 삼거리가 나온다. 이 삼거리에서는 우측으로 간다. 우측으로 가면 산길이 희미하다가 언덕으로 산길이 이어진다. 언덕길로 올라서면 묘가 있는 작은 봉에 닿는다. 묘에서는 직각 왼쪽으로 길이 이어지다가 경사진 길이 나온다. 낙엽송 밭인 경사진 길을 지나면 690봉에 닿는다. 여기서 오른쪽 길로 20분을 오르면 종류산 정상이다.

하산은 북릉을 따라 20분을 가면 770봉을 지나서 헬기장에 닿는다. 헬기장을 내려서면 능선 갈림길이 나오는데 왼쪽으로 간다. 15분을 가면 안부사거리가 나온다. 계속 주능선을 따라가면 잣나무 군락지를 지나서 철탑이 있는 능선삼거리에 닿는다. 이 삼거리에서 왼쪽 능선을 따라 5분을 가면 추곡령 (구)도로에 닿는다.

추곡령에서는 다시 10m 되돌아와서 오른편 동쪽 비탈길로 이어지다가 계곡으로 하산길이 이어지며 35분을 내려가면 추곡터널 입구에 닿는다. 여기서 북산지서까지는 50분 거리다.

자가운전

죽엽산은 수도권에서 양구 방면 46번 국도를 타고 춘천 통과 양구 방면 추곡터널 통과 후, 1.7km 추곡막국수식당 주차.

종류산은 추곡막국수에서 양구 쪽 1.3km 추곡지서 삼거리에서 우회전 ⇨ 800m KT기숙사부근 주차.

대중교통

수도권에서 열차 또는 버스를 이용, 춘천에 도착한 다음, 춘천에서 추곡 경유 양구행 1일 13회 직행버스 이용, 추곡리 북산지서 앞 삼거리 하차. 또는 오항리행 시내버스 18번 1일 5회를 타고 **죽엽산**은 추곡막국수식당 하차. **종류산**은 추곡지서 앞 하차.

식당

유성가든
춘천시 북산면 추곡리
033-244-1508

추곡막국수
춘천시 북산면 추곡리
033-243-6497

숙식

큰바위식당 · 민박
화천군 간동면 간척2리 995-17
033-442-680

명소

소양호

신선봉 1021m 샛등봉 885m

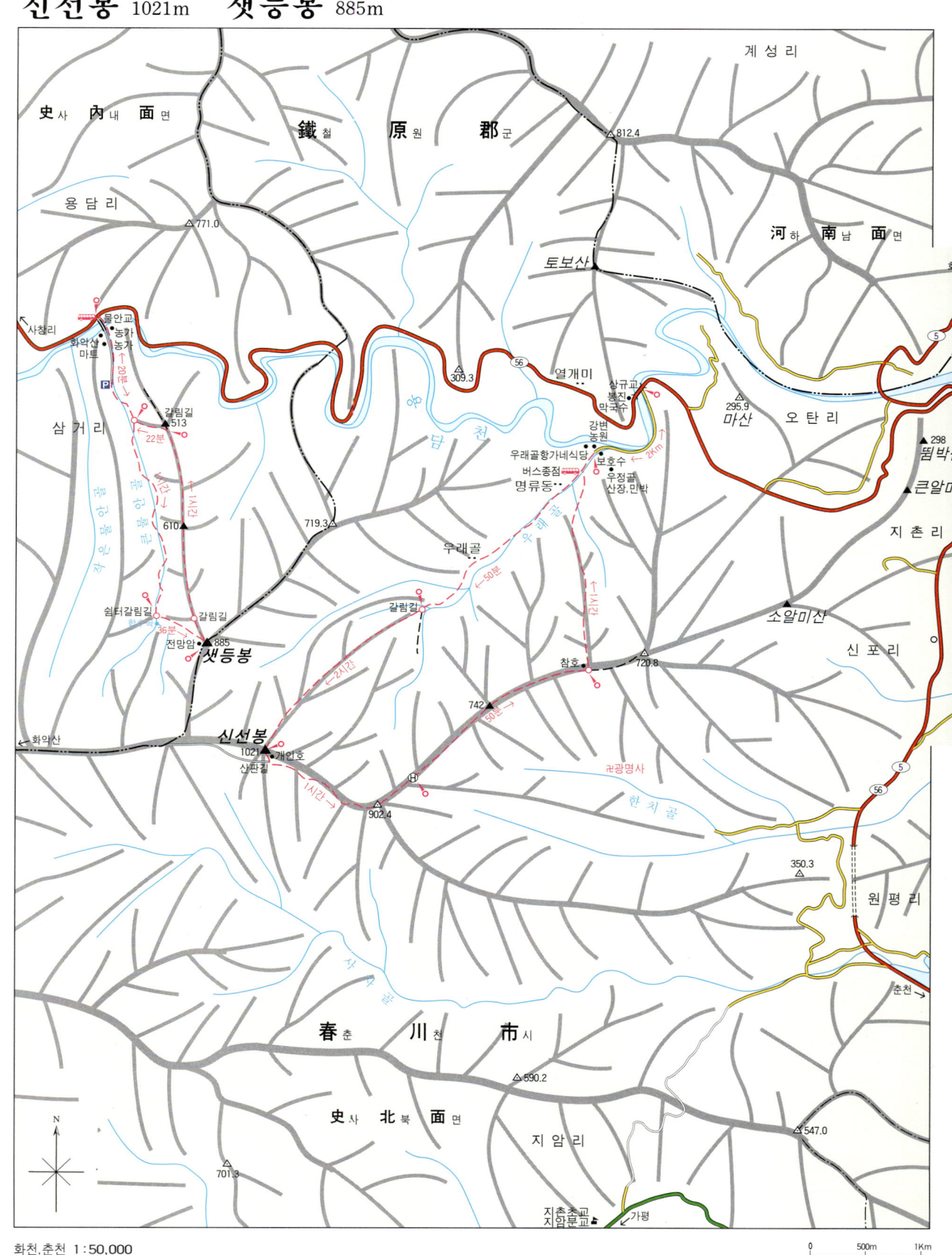

신선봉 · 샛등봉

강원도 춘천시 화천군(江原道 春川市 華川郡)

개요

신선봉(神仙峰, 1021m)과 샛등봉(885m)은 사창리에서 춘천댐으로 흐르는 용담천 남쪽 화악산에서 북동쪽으로 뻗어나간 줄기에 위치한 산이다. 옛 산길을 찾아가는 오지의 산이다.

자연스러운 샛등봉 산행기점

신선봉(6시간 40분 소요)

명류동 → 50분 → 갈림길 → 2시간 → 신선봉 → 60분 → 헬기장 → 50분 → 참호 → 60분 → 종점

명류동 종점에서 남쪽 농로를 따라 20분 거리 계류를 세 번째 건너서면 농로 끝 삼거리가 나온다. 삼거리에서 왼쪽으로 계류를 건너 10분(500m) 들어가면 계류를 또 건너서 바로 삼거리가 나온다. 여기서 왼쪽으로 20분을 더 들어가면 계곡과 능선으로 갈라지는 갈림길이 나온다.

갈림길에서 오른편 지능선으로 오른다. 지능선을 따라 조금 오르면 왼편 폭포길이 나오는데 직진한다. 직진 지능선을 따라 오르면 간벌지역이 시작된다. 잡목들이 배어져 길을 가로막아 산행에 어려움을 준다. 배어진 잡목들을 헤치며 지능선을 따라 1시간 정도 오르면, 묵은 묘를 지나고, 벌목지대가 끝나면서 능선이 갈라지는 봉우리가 나온다. 지금까지 오르던 봉우리 중에서 가장 큰 봉우리다. 희미하게 이어진 능선길은 수차례 지능선이 합해지면서 매우 혼란스럽게 이어진다. 지능선이 합해질 때마다 언제나 왼편 주능선을 따라가야 한다. 희미하게 이어지는 주능선을 따라 1시간을 더 올라가면 큰 주능선에 닿고, 우측으로 30m 올라서면 별 표시가 없는 신선봉 정상이다.

하산은 동쪽 주능선을 탄다. 정상에서 30m 거리 갈림길로 되 내려와서 오른편 동쪽능선으로 40m 내려가면 참호 흔적이 있으며, 능선길은 바위에 막혀 없어진다. 이 지점에서 오른편 정남쪽 길이 없는 번한 지역으로 100m 치고 내려가면 산비탈로 뚜렷한 옛 산관길을 만나게 된다. 여기서 왼편 동쪽으로 이어지는 뚜렷한 길을 따라 1시간을 내려가면 헬기장이 나온다.

헬기장에서 뚜렷한 북동쪽 능선길을 따라 50분을 더 내려가면 참호가 있는 갈림길이 나온다. 갈림길에서 왼쪽 뚜렷한 지능선길을 따라 1시간을 내려가면 명류동 버스종점이다.

샛등봉(4시간 38분 소요)

물안교 → 20분 → 갈림길 → 60분 → 갈림길 → 36분 → 샛등봉 → 60분 → 갈림길 → 22분 → 삼거리 → 20분 → 물안교

56번 국도 물안교에서 물안교를 건너 5분 거리에 이르면 갈림길이 나온다. 갈림길에서 오른쪽 길을 따라 6분을 가면 공터가 있고 안내문이 있다. 안내문에서 계곡길을 따라 9분을 가면 갈림길이 나온다.

갈림길에서 오른쪽 계곡길을 따라 간다. 계곡길은 수차례 계곡을 넘나들면서 1시간을 가면 통나무쉼터 갈림길이 나온다.

쉼터에서 왼쪽 지능선을 따라 31분을 오르면 주능선 삼거리에 닿는다. 삼거리에 오른쪽 능선을 따라 5분을 오르면 표지석이 있는 샛등봉 정상이다. 정상은 숲에 가려 전망이 없고 서쪽으로 30m 거리에 전망이 좋은 전망바위가 있다.

하산은 올라왔던 5분 거리 갈림길로 되 내려간 다음, 갈림길에서 직진한다. 뚜렷한 능선길 따라 55분을 가면 왼쪽으로 갈림길이 나온다.

갈림길에서 왼쪽 지능선을 따라 22분을 내려가면 계곡 삼거리에 닿고, 20분을 계곡 따라 내려가면 물안교에 닿는다.

자가운전

신선봉은 춘천 방면 46번-5번 국도를 이어타고 신포리 삼거리에서 좌회전 ⇒ 56번 국도를 타고 2km 명류동 상규교에서 좌회전 ⇒ 1.6km 종점 주차.

샛등봉은 상규교에서 사창리 방면 56번 국도를 타고 약 8km 신덕리 물안교에서 좌회전 ⇒ 600m 공간 주차.

대중교통

신선봉은 춘천 후평동에서 1일 4회 운행하는 오탄리행 39번 버스 이용, 명류동 종점 하차.
또는 춘천에서 1일 11회 운행하는 사창리행 버스 이용, **신선봉**은 명류동 입구 오탄 2리 가게 앞 하차, **샛등봉**은 신덕리 물안교 하차.

식당

거북회관
화천군 산내면 사창리 403-1
033-441-4646

고구려식당
화천군 산내면 사창리
033-441-4661

숙박

그린장
화천군 산내면 사창1리 420-14
033-441-7607

명소

용담계곡

사창리장날 5일, 10일

매봉산 1271.1m

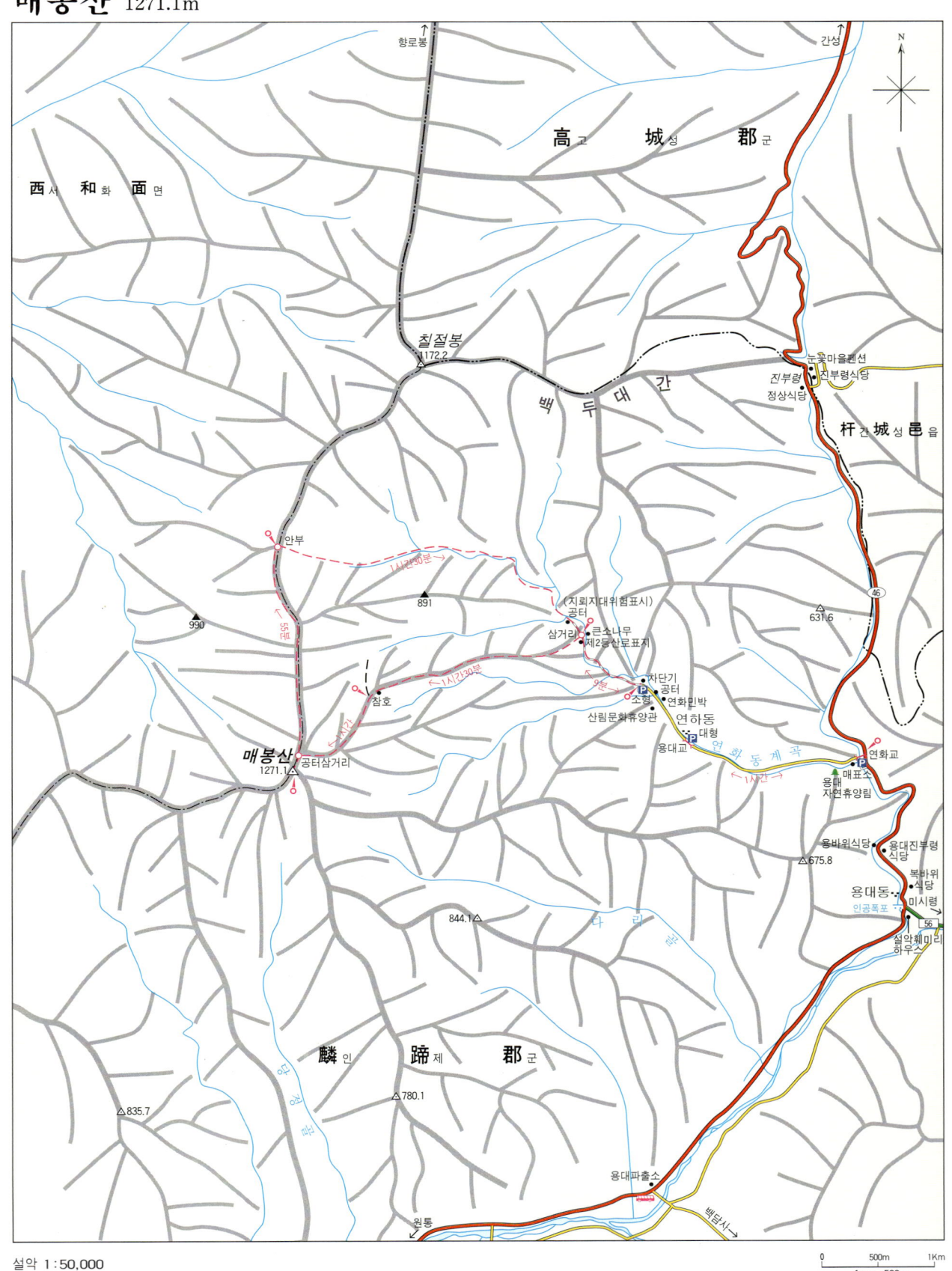

매봉산

강원도 인제군 북면(江原道 麟蹄郡 北面)

 ## 개요

매봉산(梅峰山. 1271.1m)은 백두대간 향로봉 남쪽 칠정봉에서 백두대간을 벗어나 남쪽으로 뻗어나간 능선으로 약 5km 거리에 위치하고 있는 산이다. 매봉산 정상에서 보면 북쪽은 향로봉 최전방이고 서쪽은 첩첩산중이며 동쪽은 진부령에서 마산 신선봉 황철봉 공룡능선 대청봉으로 이어지는 설악산국립공원이다.

전체적인 산세는 광범위하고 웅장한 편이나 순수한 육산이며 완만한 산세를 이루고 있는 산이다. 등산로는 휴양림에서 관리하고 있고 뚜렷한 이정표가 있어 산행에 큰 어려움은 없다. 매봉산 산행기점에는 자연휴양림으로 조성되어 있어 쉬어가기에 좋은 산이다. 1박 2일 정도 휴양림에 예약하고 산행을 마친 후에 설악산 주변 여행을 하면 좋은 산행이 될 것이다.

산행은 소형주차장에서 9분 거리 제2등산로 팻말에서 왼쪽 지능선을 타고 정상에 오른 다음, 하산은 북쪽 능선을 타고 주능선안부를 경유하여 동남쪽 연화동계곡을 따라 다시 소형주차장으로 하산 원점회귀 산행이다. 대중교통을 이용할 경우에는 연화교(매표소)에서 소형주차장까지 걸어야 한다. (약 3km 1시간 소요)

대형차량은 휴양림에서 2km 거리인 용대교 대형주차장에 주차하고, 승용차를 이용할 경우에는 대형주차장에서 800m 더 들어가 차단기가 있는 마지막 소형주차장에 주차한다.

 ### 등산로(8시간 13분 소요)

매표소→ 60분→ 소형주차장→ 99분→
참호→ 60분→ 매봉산→ 55분→
안부→ 99분→ 소형주차장→ 60분→
매표소

인제군 북면 용대교 삼거리에서 진부령 쪽으로 2km 거리에 이르면 왼쪽에 용대 자연휴양림으로 가는 연화교가 나온다. 여기서 연화교를 건너면 대형주차장이 있고 휴양림매표소가 나온다. 매표소를 통과하여 비포장 소형차로를 따라 약 2km 가면 용대교 건너 주차장이 나온다. 여기서부터 계속 소형차로를 따라 9분(800m) 거리에 이르면 차단기가 있는 공터 소형주차장이 나온다. 이 지점이 매봉산 산행기점이다.

공터에서 차단기를 통과하여 6분을 가면 우측에 양봉원이 나오고, 3분을 더 들어가면 오른쪽에 큰 소나무가 있고 왼쪽에 제2등산로 팻말이 있는 갈림길이 나온다.

이 갈림길에서 왼쪽으로 오르고 오른쪽으로 하산한다. 왼쪽 제2등산로를 따라 올라가면 등산로는 능선으로 이어진다. 능선길은 갈림길이 없고 외길로 이어지며 뚜렷한 편이다. 무난한 능선길을 따라 1시간 30분을 거리에 이르면 참호가 나온다.

참호를 지나서 계속 능선을 따라 20분을 올라가면 우측으로 갈림길이 나온다. 갈림길에서 계속 왼편 지능선을 따라 35분을 올라가면 공터삼거리가 나온다. 공터삼거리에서 오른쪽은 하산길이고 정상은 왼쪽으로 5분 거리에 이르면 매봉산 정상이다.

정상은 삼각점이 있고 협소하며 조망은 공터가 더 좋다. 서쪽으로는 첩첩산중이고 동쪽은 웅장한 백두대간 설악산 서부 일대가 조망된다.

하산은 올라왔던 공터삼거리로 되돌아가서 북쪽 향로봉 방향 능선을 탄다. 공터삼거리에서 북쪽으로 접어들면 주능선으로 등산로가 이어진다. 등산로는 외길이며 작은 봉우리를 오르고 내리면서 완만한 능선을 따라 내려가면 주능선 안부에 닿는다. 정상에서 55분 거리다.

안부에서 보면 북쪽능선은 길이 없고 오른편 동쪽으로 뚜렷하게 나있다. 오른편 동쪽 하산길을 따라 내려가면 지능선으로 이어져 30분을 내려가면 계곡이 나온다. 계곡에서부터는 계곡을 따라 이어지는 하산길을 따라 1시간을 내려가면 지뢰지대표시가 있는 공터가 나오고 100m 더 내려가면 제2등산기점에 닿는다. 여기서 9분 거리에 이르면 산행기점 소형주차장이다.

소형주차장에서 용대교까지는 9분 거리이고 휴양림 매표소까지는 3km이다.

자가운전

수도권에서 인제 방면 6번-44번 국도를 이어 타고 한계리 삼거리에서 좌회전⇒46번 국도를 타고 10km 연화교 삼거리에서 좌회전⇒2km 용대 자연휴양림으로 좌회전⇒3km 차단기가 있는 공간 주차

대중교통

상봉, 동서울터미널에서 속초행 버스 이용, 원통 하차. 원통에서 1일 9회 운행하는 진부령행 버스 이용, 용대 휴양림 입구 하차. 매표소에서 등산로 입구까지는 3km이다.

식당

용바위식당
인제군 북면 용대3리 71-3
033-462-4079

복바위식당
인제군 북면 용대3리
033-462-1571

숙박

설악훼미리하우스펜션
인제군 북면 용대리 1624
033-462-2949

용대자연휴양림
인제군 북면 용대리 산 262-1
033-462-5031

명소

백담사

원통장날 2일, 7일
인제장날 4일, 9일

신선봉(神仙峰) 1214m   마산(馬山) 1051.8m

신선봉 · 마산

강원도 고성군 토성면, 간성읍(江原道 高城郡 土城面, 杆城邑)

개요

신선봉(神仙峰. 1214m)과 **마산**(馬山. 1051.8m)은 백두대간 남한의 마지막코스이기도 하다. 신선봉에서 마산에 이르는 주능선은 백두대간으로서 동쪽은 동해바다 서쪽은 산악지역으로 이루어져 있으며 등산로는 무난한 편이며 위험한 곳은 없다.

미시령에서 상봉, 신선봉, 대간령, 마산, 흘리, 진부령까지는 중간 탈출로가 마땅치 않아 진부령까지 가야만 한다. 이 구간은 너덜지역이 많고 눈이 많이 오는 지역이며 8시간 50분 소요되는 장거리 산행이므로 해가 긴 봄 산행이 적당하다.

등산로는 백두대간이므로 뚜렷하며 미시령에서 진부령까지 길 잃을 염려는 없다

산행은 미시령에서 시작하여 북쪽 백두대간 주능선을 따라 상봉을 경유하여 신선봉에 이른다. 신선봉에서 북쪽 백두대간을 따라 대간령을 경유하여 마산에 오른 다음, 마산에서 서쪽 능선으로 가다가 진부령스키장으로 내려가서 흘리를 경유하여 도로를 따라 진부령으로 하산한다.

원통이나, 속초에서 미시령까지는 대중교통이 없고, 하사지점 진부령에는 시내버스(흘리-속초 간 5회) (진부령-원통 간 8회)가 운행한다.

등산로(8시간 50분 소요)

미시령→ 90분→ 상봉→ 75분→ 신선봉→ 85분→ 큰새이령→ 2시간→ 마산→ 70분→ 갈림길→ 30분→ 진부령

미시령휴게소에서 북쪽 건물 우측 숲 속으로 백두대간 등산로를 따라 오른다. 청음에는 다소 희미하게 보이지만 등산로가 뚜렷하다. 뚜렷한 등산로를 따라 오르면 바로 825.7봉에 선다. 여기서 상봉과 신선봉이 시야에 들어온다. 상봉을 향해 올라가면 대부분 너덜지대로 등산로가 이어져 1시간 30분을 오르면 상봉에 닿는다.

상봉에서 신선봉까지는 바윗길로 이어지며 1시간을 오르면 삼거리가 나온다. 삼거리에서 직진하면 신선봉을 안거치고 새이령 방면으로 가는 길이므로 반드시 삼거리에서 우측으로 가야 한다. 우측으로 15분을 더 오르면 헬기장인 신선봉 정상이다.

신선봉에서 남쪽 편을 바라보면 설악산 북쪽 편 일대가 시야에 들어오고 북쪽으로는 백두대간이 펼쳐진다.

신선봉에서 하산은 서쪽 편 오른쪽 길로 내려간다. 오른쪽 길을 따라 15분을 내려가면 왼쪽에서 질러오는 갈림길을 만나게 된다. 갈림길에서 오른편 북쪽 주능선 길을 따라 내려가면 무난한 길로 이어져 1시간 10분을 내려가면 큰새이령(대간령)에 닿는다.

큰새이령은 사거리 고개이며 야영을 할 수 있는 집터도 있고, 왼쪽으로 300m 내려가면 샘이 있다. 큰새이령은 옛날 주막이 있었던 고개였던 곳으로 추정되며 쉬어가기에 좋은 곳이다.

다시 북쪽 백두대간 주능선을 따라 올라가면 완만한 주능선으로 등산로가 이어진다. 등산로는 완만하게 이어지며 작은 봉우리를 오르고 내리는 큰 어려움이 없는 구간이다. 큰새이령에서 장거리 무난한 등산로를 따라 1시간 30분 거리에 이르면 병풍바위봉 닿기 전에 오른쪽 사면 길로 이어지는 지점에 닿는다. 이 지점에서 오른쪽 비탈길로 이어지다가 주능선을 따라 내려가게 되며 조금 올라가면 마산 정상 전 삼거리에 닿고, 오른쪽으로 조금 올라서면 폐건물이 있는 마산 정상에 닿는다. 병풍바위봉전 비탈길에서 30분 거리다. 정상은 폐 군막사 잔해가 있고 동쪽 능선으로 산길이 있다.

마산 정상에서 하산은 올라왔던 삼거리로 다시 내려 온 다음, 우측 서쪽 능선으로 간다. 서쪽 능선을 따라 30분을 능선 따라 가면 스키장 상봉에 닿고, 여기서 30분 내려가면 진부령스키장 뒷마당에 닿는다. 마당에서 북쪽으로 50m 거리에 이르면 도로에 닿는다. 여기서 왼쪽 도로를 따라 5분쯤 내려가면 흘리슈퍼 앞 삼거리에 닿는다.

삼거리에서 우측 도로를 따라 30분(2km) 거리에 이르면 진부령이다.

자가운전

수도권에서 속초 방면 6번-44번 국도를 이어타고 원통을 지나서 한계리 삼거리에서 좌회전⇒46번 국도를 따라 가다가 용대교 삼거리에서 우회전⇒(구)도로를 따라 가서 미시령휴게소 주차. 또는 원통이나, 용대리에 주차하고 미시령까지 택시 이용.

대중교통

동서울, 상봉터미널에서 속초 방면 버스 이용, 원통 하차.
원통에서 미시령 간은 대중교통이 없으므로 택시 이용한다.

식당

정상식당
고성군 간성읍 흘리
033-681-1124

복바위식당
인제군 북면 용대3리 4반
033-462-1571

용바위식당
인제군 북면 용대3리 71-3
033-462-4079

숙박

설악훼미리하우스
인제군 북면 용대리 1624
033-462-2949

명소

백담사

인제장날 4일, 9일

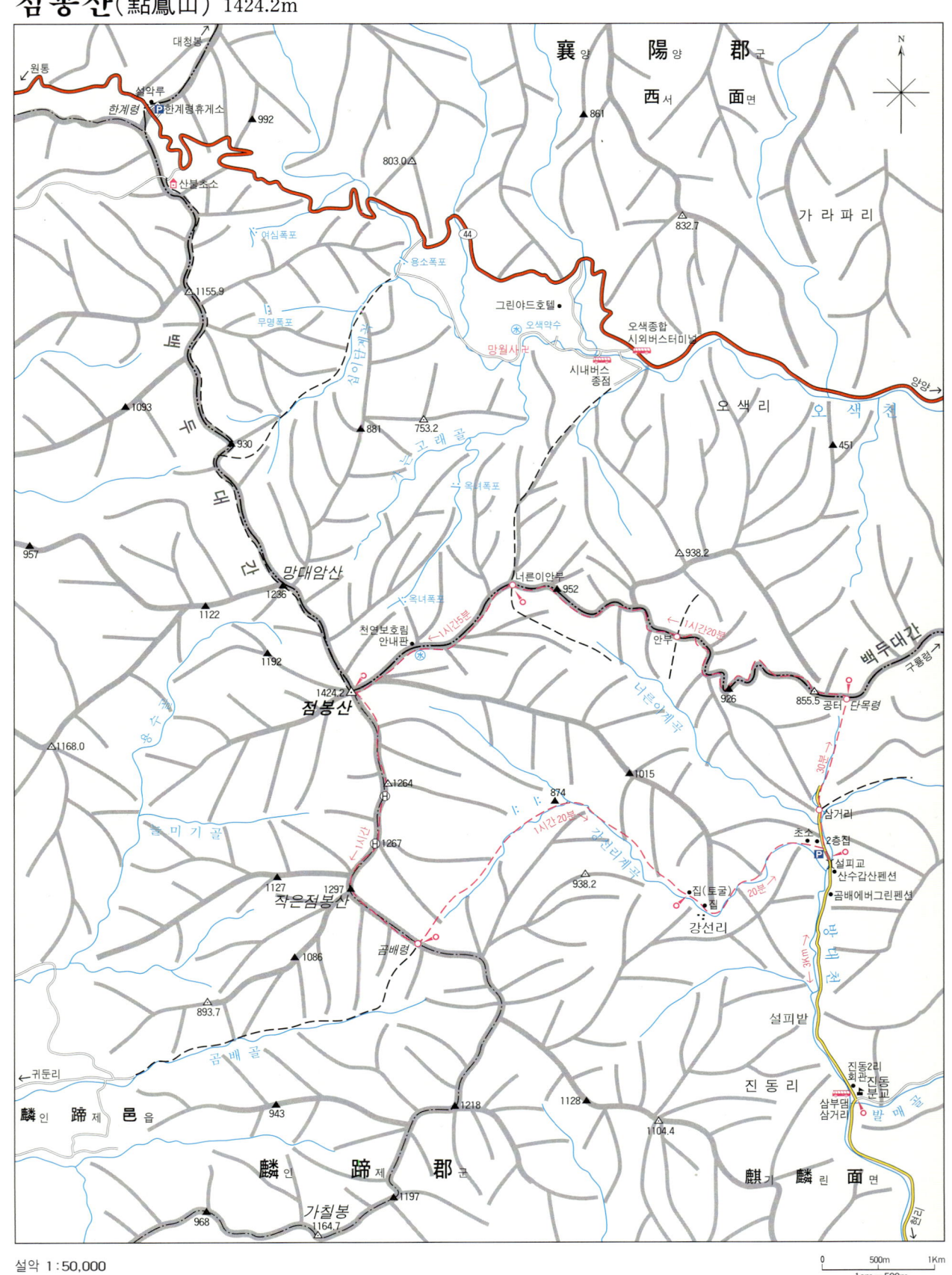

점봉산

강원도 인제군 인제읍, 기린면 (江原道 麟蹄郡 麟蹄邑, 麒麟面)

개요

점봉산(點鳳山, 1424.2m)은 한계령 남쪽에 위치한 설악산 국립공원에 속한 산이다. 등산로는 한계령에서 오르고 주전골로 하산하는 코스를 많이 이용하였으나, 이 기존 등산로가 폐쇄 되었고 최근 들어 오지인 인제군 기린면 진동리에서 단목령, 점봉산, 작은점봉산, 곰배령을 거쳐 원점회귀 산행을 많이 한다.

등산로는 전 구간이 완만하고 뚜렷하다. 산림청에서 산림보호를 위해 연중 계속 입산을 통제하므로 산행을 계획하면 사전에 인제 국유림관리소에 입산 신고를 해야 한다. 대중교통편이 불편하므로 승용차 편으로 소수 인원의 산행이 적당하다. 현리에서 진동2리 진동분교까지 대중교통이 하루 두 번 있으나 이용하기 어려우므로 현리까지 대중교통을 이용한 다음, 현리에서 택시를 이용해야한다.

산행은 설피마을 주차장을 기점으로 단목령을 경유하여 동쪽 백두대간을 타고 정상에 오른다. 하산은 남릉을 타고 곰배령을 경유하여 강선리계곡을 따라 다시 설피마을 주차장으로 원점회귀 산행이다.

등산로 (6시간 35분 소요)

주차장 → 30분 → 단목령 → 80분 → 너른이사거리 → 65분 → 점봉산 → 60분 → 곰배령 → 100분 → 주차장

진동2리 설피교를 건너면 삼거리에 넓은 주차장이 있다. 주차장 삼거리에서 오른쪽으로 4분 거리에 이르면 계곡을 건너서 바로 삼거리가 나온다. 삼거리에서 오른쪽으로 10m 가면 갈림길이 또 나온다. 오른쪽은 복암령 왼쪽은 단목령이다. 왼쪽 단목령길을 따라 가면 3분 거리 마지막집과 밭을 지나면 산길이 시작되어 23분을 올라가면 단목령에 닿는다.

단목령은 안부에 넓은 공터이며 백두대간 주요한 야영지점이다. 구룡령에서 설악산으로 이어지는 백두대간 중간지점으로 식수도 구할 수

나무가 없어 사방이 확 트인 점봉산 정상

있는 단목령에서 야영을 하는 곳이다. 단목령에서 점봉산은 왼편 서쪽 백두대간 주능선을 타고 간다. 서쪽 능선을 따라 10분을 가면 삼각점봉을 통과하고 완만한 주능선을 따라 45분을 가면 안부에 119-8번 지점에 닿는다. 여기서 17분을 가면 능선이 왼쪽으로 휘어지는 지점을 통과하고 다시 8분을 내려가면 안부에 첫 번째 너른이 사거리 119-6 이정표가 나온다.

여기서 서쪽으로 이어지는 주능선을 타고 30분을 가면 119-2지점이 나오고, 다시 25분을 가면 사진촬영 포인트 지점이 나온다. 여기서부터 주목군락지 너덜길을 따라 10분 더 오르면 점봉산 정상이다.

정상은 표지석과 삼각점이 있고 주변에 나무가 없어 사방이 막힘이 없다. 설악산 대청봉을 비롯하여 귀때기청, 가리봉, 오색 일대가 시원하게 펼쳐 보인다.

하산은 작은점봉산으로 이어지는 남쪽 능선을 탄다. 모든 나무들이 사람 키 이하로 자란 뚜렷한 남릉을 타고 45분을 내려가면 작은점봉산에 닿는다. 작은점봉산에서는 동남쪽으로 휘어지는 하산길을 따라 15분을 더 내려서면 넓은 초원지대 사거리 곰배령이다.

곰배령에서 왼편 동북쪽으로 발길을 옮겨 30분을 내려서면 물이 있는 계곡에 닿고, 40분을 내려가면 오른쪽으로 꼬부라지는 지점에 닿는다. 계속 10분 더 내려가면 계곡을 건너 보호수(쪽버들)가 나오고, 바로 서래굴 토굴(암자가 되기 전 스님이 사는 곳)이 나온다. 서래굴에서부터 소형차로를 따라 20분을 내려가면 삼거리 주차장에 닿는다.

자가운전

수도권에서 6번-44번 속초 방면 국도를 이어 타고, 인제읍을 통과하면서 우회전⇒31번 국도를 타고 현리교에서 좌회전⇒418번 지방도를 타고 24km 조침터널 삼거리에서 좌회전⇒3.7km 삼부댐 삼거리에서 좌회전⇒2.4km 설피교 건너 200m 거리 주차장.

대중교통

동서울터미널에서 4회 상봉터미널에서 2회 운행하는 현리행 버스 이용. 현리버스터널에서 진동리2리 (설피밭) 1일 2회 (06:20 17:30) 버스 이용, 종점 하차.

식당

한우명가(한우)
인제읍 상동리 45-4
033-463-5555

고향집(두부)
인제군 기린면 현 5리
033-461-7391

숙박

산수갑산펜션
인제군 기린면 진동 2리 210-2 설피교
033-462-3180

한늘내린호텔
인제읍 상동리 96-3
033-463-5700

명소

내린천

인제장날 4일, 9일
기린장날 3일, 8일

한석산(寒石山) 1119.1m   매봉 1050m

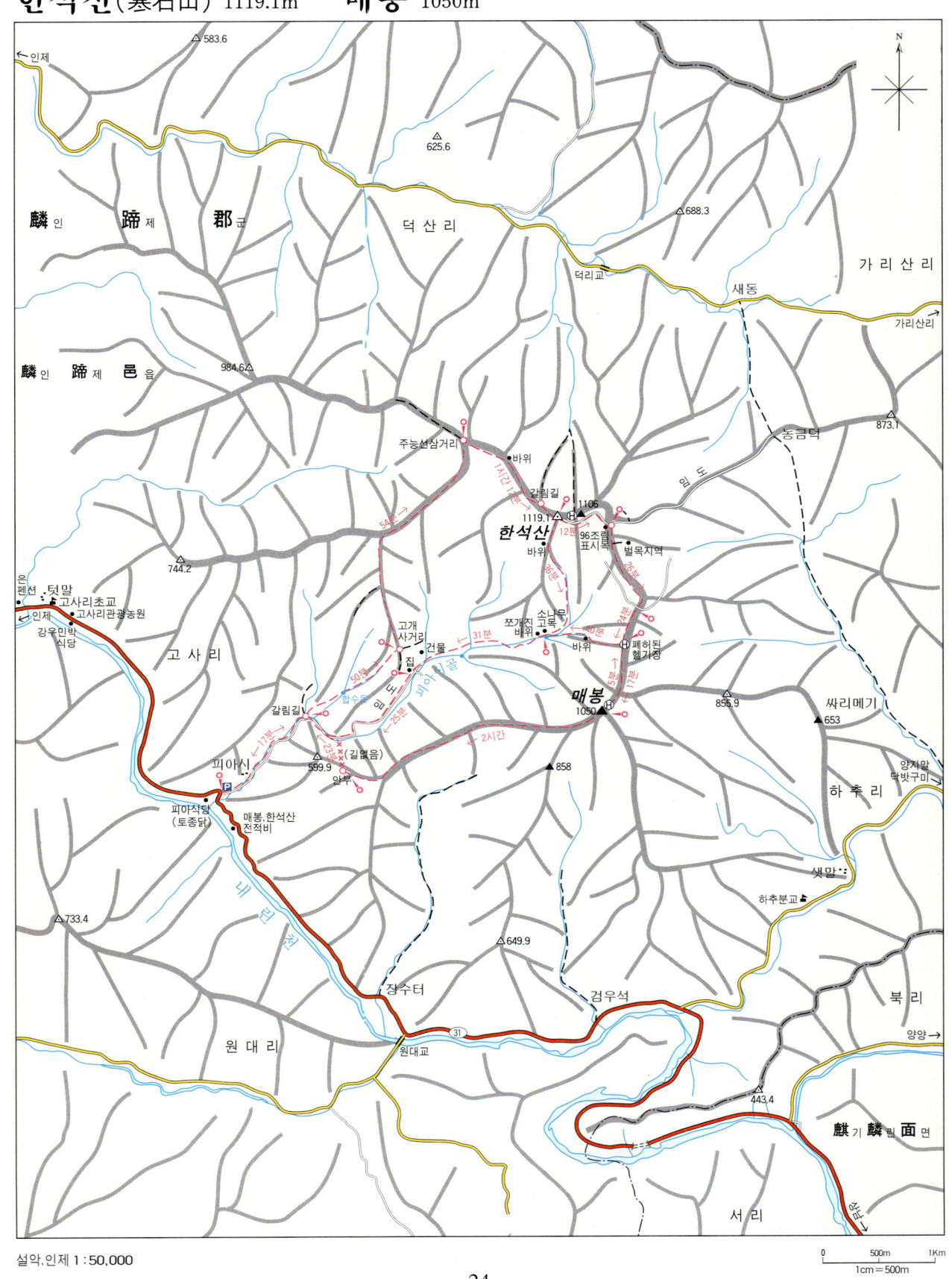

한석산 · 매봉   강원도 인제군 인제읍(江原道 麟蹄郡 麟蹄邑)

 개요

한석산(寒石山. 1119.1m)과 **매봉**(1050m)은 내린천 고사리 동쪽에 위치한 산이다. 6.25전란 때는 인민군과 치열한 전투가 벌어져 수많은 희생자를 낸 전적지이며, 산길이 희미하거나 길이 없는 구간을 통과해야 하는 개척단계에 있는 오지의 산이다.

산행은 피아시 삼거리거리에서 왼쪽계곡을 통과 능선을 타고 한석산에 오른다. 한석산에서 동쪽 임도 따라 12분 거리에서 남쪽능선을 타고 매봉에 오른 다음, 올라왔던 17분 거리 폐허된 헬기장으로 되돌아와서 서쪽 세능선을 타고 피아시골을 따라 하산한다.

등산로

한석산-매봉(7시간 40분 소요)

피아시→ 17분→ 삼거리→ 50분→ 고개→ 54분→ 주능선삼거리→ 72분→ 한석산→ 12분→ 96표지 갈림길→ 67분→ 매봉→ 15분→ 헬기장→ 71분→ 임도→ 42분→ 피아시

피아시 입구 주차장에서 동쪽 임도를 따라 17분을 들어가면 삼거리가 나온다.

삼거리에서 왼쪽 계류를 건너 바로 오른편 계곡길을 따라 20분을 가면 합수곡이 나온다. 합수곡에서 오른쪽 희미한 계곡길을 따라 12분을 가면 계곡이 끝나고, 목표지점 능선이 보인다. 희미하게 이어지는 능선길을 따라 18분을 올라가면 지능선 고개사거리에 닿는다.

사거리에서 북쪽 방향 능선을 따라 21분을 올라가면 평묘를 지나서 갈림능선이 나온다. 여기서부터 오른편 북쪽으로 휘면서 능선으로 이어져 33분을 가면 주능선 삼거리다.

주능선삼거리에서 우측 주능선을 따라 31분을 가면 바위가 나온다. 바위를 왼쪽으로 돌아 10분을 더 가면 봉우리가 나오고, 6분을 더 진행하면 갈림길이 나오며 직진으로 15분을 오르면 또 갈림길이 나온다. 갈림길에서 오른쪽 주능선을 따라 10분을 더 가면 참호를 지나서 한석산 정상에 닿는다. 정상은 200평 정도 공터에 한석산 기념비가 새워져 있다.

하산은 동쪽 임도 30m 거리에 이르면 오른편 남쪽으로 지능선이 시작되고 갈림길이 있다.

* 한석산만 계획하면 이 갈림길을 따라 하산한다. 희미한 하산길을 따라 6분 내려가면 바위를 지나서 바로 능선이 두 갈래로 갈라진다. 여기서 희미한 왼쪽 능선길을 따라 6분을 내려가면 피아시골 상류에 닿는다. 계곡은 넓은 지형으로 길이 뚜렷하지 않으나 계곡만을 따라 내려가면 되고, 점점 길이 뚜렷해지면서 55분을 내려가면 건물이 나오고 임도가 나온다.

임도를 따라 25분을 내려가면 올라왔던 갈림길에 닿고, 17분을 더 내려가면 피아시 입구이다.

한석산-매봉 종주산행

한석산 정상에서 동쪽 임도를 따라 12분을 가면 96표지목이 있는 갈림길이 나온다.

여기서 임도를 벗어나 오른편 남쪽 주능선을 탄다. 남쪽 능선을 따라 26분을 가면 임도가 나온다. 임도를 가로 질러 24분을 가면 작은봉 오른쪽으로 비탈길이 이어진다. 왼쪽 작은봉은 폐허된 헬기장이다. 이 지점은 하산지점이므로 표시를 해두고, 계속 17분을 더 오르면 헬기장 매봉 정상이다.

매봉에서 하산은 올라왔던 17분 거리 폐허된 헬기장으로 되 내려가서 서쪽 세능선을 타고 내려간다. 헬기장에서 서쪽 세능선은 길은 없으나 완만한 능선에 잡목이 적고, 급경사나 험로가 전혀 없어 하산하는데 큰 어려움이 없다. 세능선을 따라 19분을 내려가면 능선이 끝나는 지점에 바위가 나온다. 여기서 오른쪽으로 내려서면 계곡이 시작된다. 무난한 계곡을 따라 21분을 내려가면 뚜렷한 피아시골 하산길을 만난다. 여기서부터 계곡길을 따라 31분을 내려가면 건물을 지나 임도가 나온다. 임도를 따라 42분을 내려가면 피아시 입구이다.

자가운전

수도권에서 6번-44번 국도를 이어 타고 인제시가지 지나서 우회전⇨31번 국도를 타고 현리 방면 8km 거리 피아시 입구 주차.

대중교통

상봉버스터미널. 동서울버스터미널에서 인제 경유 속초행 직행버스 이용, 인제 하차. 인제에서 현리 방면 버스 이용, 고사리 피아시 입구 하차. 또는 택시 이용.

숙식

고사리

피아시매운탕
인제읍 고사리 피아시
033-462-2509

은펜션
인제읍 고사리 520-26
033-463-4486

인제

한우명가
인제읍 상동리 45-4
033-463-5555

하늘내린호텔
인제읍 상동리 96-3
033-463-5700

명소

내린천

인제장날 4일, 9일
두촌장날 4일, 9일

한석산 정상

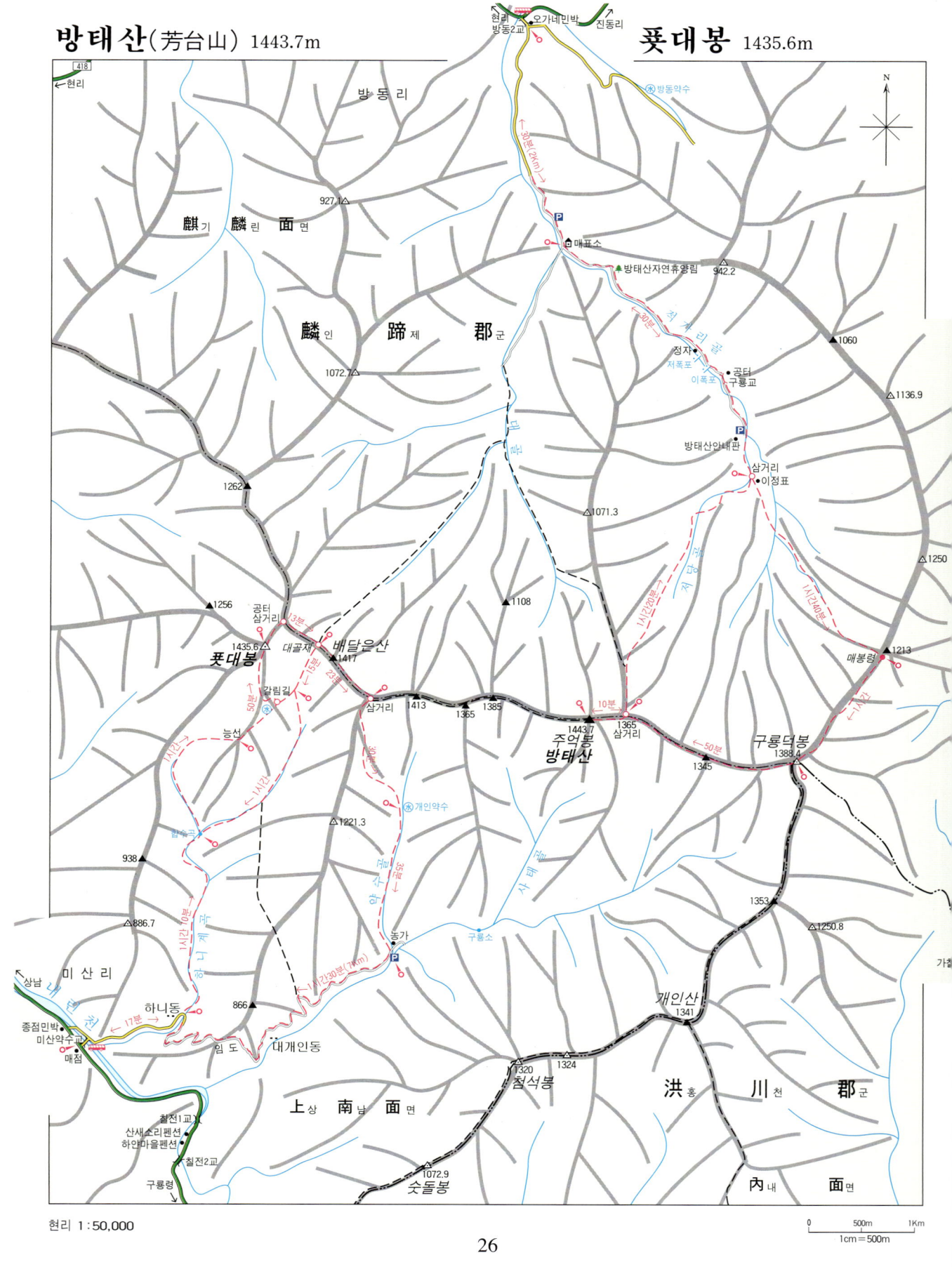

방태산 · 폿대봉

강원도 인제군 기린면, 상남면(江原道 麟蹄郡 麒麟面, 上南面)

개요

방태산(芳台山, 1443.7m)은 깊고 험준한 산세를 이루고 있으며, 주능선은 남북으로 거대한 계곡에서 흐르는 물은 내린천 상류가 된다. 방태산 북쪽 면 일대는 휴양림으로 조성되어 있고, 등산로도 잘 정비되어 있다. 산행은 매표소를 출발 매봉령-구룡덕봉-삼거리을 경유하여 주억봉에 오른 다음, 하산은 삼거리로 되내려와서 북쪽 능선을 타고 매표소로 원점회귀 산행이다.

폿대봉(1435.6m)은 방태산 주억봉에서 서쪽 주능선으로 이어져 약 4km 거리에 위치한 오지의 산이다. 산행은 상남면 미산리에서 원시림인 하니계곡을 따라 정상에 오른다. 하산은 대골재를 경유하여 하니계곡을 경유하여 미산교로 하산한다. 또는 배달은산 삼봉약수를 경유하여 차도를 따라 미산교로 하산한다.

등산로

방태산(8시간 10분 소요)

방동2교 → 30분 → 매표소 → 30분 →
삼거리 → 100분 → 매봉령 → 60분 →
구룡덕봉 → 60분 → 주억봉 → 10분 →
삼거리 → 80분 → 삼거리 → 60분 →
방동2교(승용차 이용시 6시간 10분)

매표소에서 왼쪽 산책로를 따라 22분을 가면 차도 끝 안내판이 나온다. 여기서 8분을 가면 삼거리가 나온다.

삼거리에서 왼쪽 계곡길을 따라 50분을 가면 계곡을 벗어나 능선으로 오르는 지점이 나온다. 여기서 능선을 따라 50분을 더 올라가면 매봉령에 닿는다.

매봉령에서 우측 완만한 능선을 따라 35분을 가면 임도가 나온다. 여기서 우측 임도를 따라가면 바로 오른편 능선으로 산길이 보인다. 이 산길을 따라 25분을 올라가면 시설물 잔해가 있는 구룡덕봉이다.

구룡덕봉에서 완만한 서쪽 능선을 타고 50분을 가면 삼거리가 나온다. 삼거리에서 왼쪽으로 10분을 오르면 방태산 정상 주억봉이다.

하산은 10분 거리 올라왔던 삼거리로 다시 되돌아온 다음, 북쪽 급경사 능선을 따라 40분을 내려가면 계곡에 닿고, 계곡을 따라 40분을 내려가면 안내판 주차장이다.

폿대봉(7시간 2분 소요)

미산약수교 → 87분 → 합수곡 → 60분 →
능선 → 50분 → 폿대봉 → 13분 → 대골재 →
75분 → 합수곡 → 77분 → 미산약수교

미산약수교를 건너 17분 거리 마을 끝집에서 차도를 벗어나 왼쪽으로 간다. 왼쪽 계류를 건너 하니계곡을 넘나들면서 1시간 10분을 가면 깊은 합수곡이 나온다.

합수곡에서 왼쪽 길을 따라가면 계곡 물이 없어질 때쯤, 우측으로 산길이 이어져 1시간 지나면 능선에 서게 된다.

능선에서 북쪽을 향해 가면 우측으로 비탈길이 이어지고, 왼쪽 바위 밑에 샘을 지나서 바로 삼거리가 나온다. 삼거리에서 왼쪽 급경사길을 지그재그로 올라가면 삼거리가 나오고, 우측으로 조금 오르면 삼각점이 있는 폿대봉 정상이다. 능선에서 50분 거리다.

하산은 북쪽으로 6분을 가면 삼거리봉이 나온다. 삼거리에서 우측으로 7분을 더 내려가면 대골재 사거리가 나온다.

대골재에서 우측으로 15분 내려가면 갈림길이 나온다. 갈림길에서 왼쪽으로 가면 계곡으로 이어지고, 오른쪽으로 가면 올라왔던 길로 이어진다. 여기서 왼쪽으로 계곡을 따라 1시간을 내려가면 합수곡에 닿고, 계곡을 따라 1시간 17분 더 내려가면 미산교에 닿는다.

*대골재에서 동쪽 능선을 따라 23분을 가면 배달은산 지나서 삼거리가 나온다. 삼거리에서 우측 개인약수 이정표를 따라 30분을 내려가면 개인약수가 나온다. 개인약수에서 35분을 내려가면 소형차로가 나온다. 여기서 미산약수까지 7km 1시간 30분 거리다.

자가운전

방태산 : 인제 방면 6번-44번 국도를 이어 타고 인제에서 우회전 ⇨ 31번 국도를 타고 현리에서 좌회전 ⇨ 418번 지방도를 타고 방동2교에서 우회전 ⇨ 매표소 통과 차도 끝 주차.

폿대봉 : 인제에서 31번 국도를 타고 상남에서 좌회전-446번 지방도 9km 미산교 주차.

대중교통

동서울터미널에서 현리행 버스 이용 후, 현리에서 **방태산**은 방동행 버스(1일 6회)를 타고 방동약수터 다리 하차. **폿대봉**은 현리에서 택시 이용.

숙식

방태산

고향집
인제군 기린면 현 5리
033-461-7391

방태산자연휴양림
기린면 방동2일 산282-1
033-463-8590

폿대봉

먹촌식당
인제군 상남면 상남1리 3반
033-461-6743

미산종점민박
인제군 상남면 미산1리
033-463-7225

명소

내린천

기린장날 3일, 8일
인제장날 4일, 9일

개인산(開仁山) 1341m

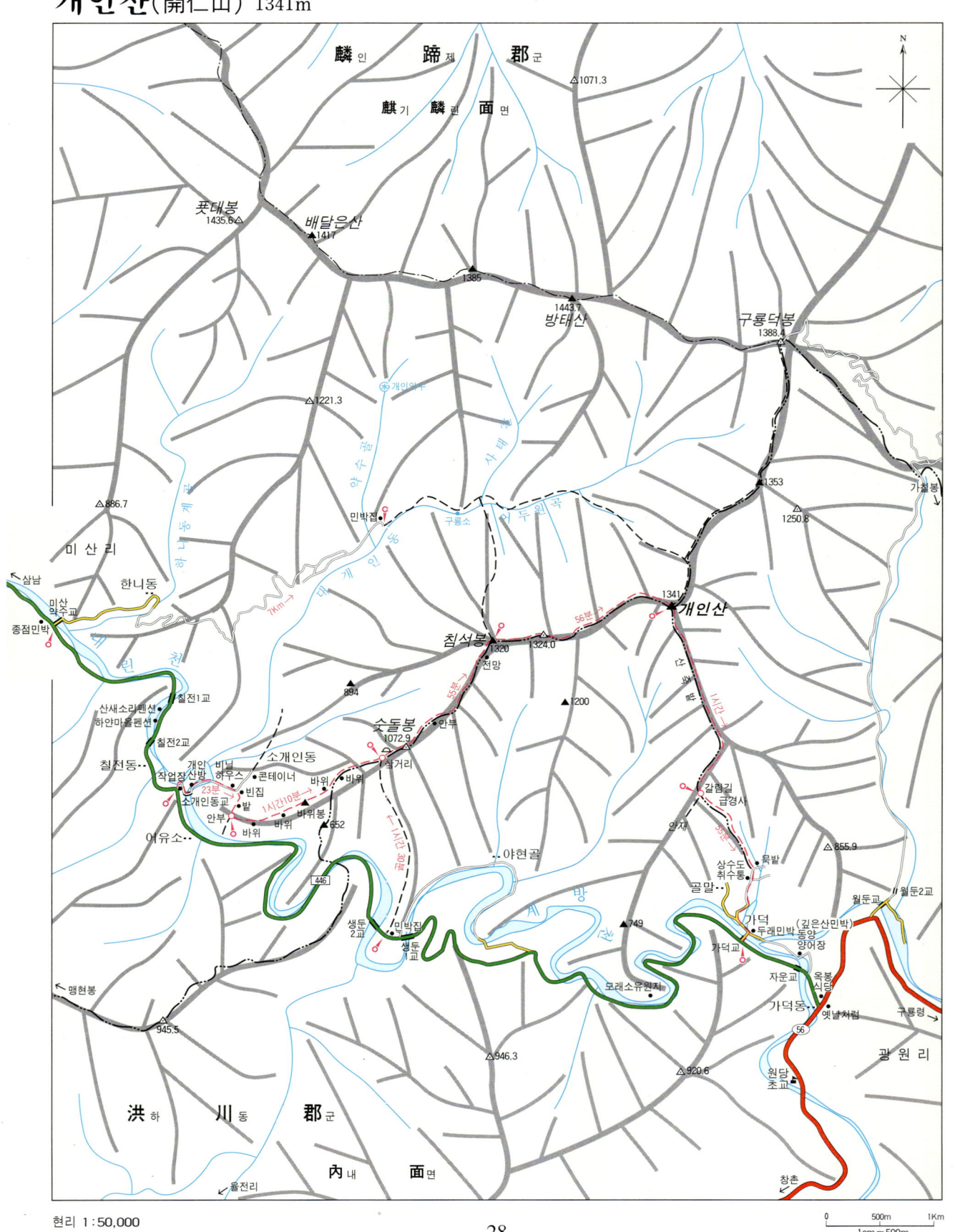

현리 1:50,000

개인산

강원도 인제군 상남면, 홍천군 내면 (江原道 麟蹄郡 上南面, 洪川郡 內面)

개요

개인산(開仁山. 1341m)은 내린천 상류 상남면 내면 경계를 이루는 산이다. 북쪽으로는 푯대봉·방태산·구룡덕봉·개인산·침석봉 등 1300m 이상 거대한 영봉과 능선이 ㄷ자 형태로 연결되어 하나의 산맥을 이루고 있으며, 그 사이에 대개인동계곡, 소개인동계곡의 물이 내린천으로 흐른다. 또한 내린천 서남쪽에는 맹현봉이 내린천을 사이에 두고 개인산과 마주하고 있다. 내린천 상류에 위치한 개인산은 산의 높이나 주변 환경으로도 빼어난 경치를 자랑하는 위치에 있는 오지의 산이다.

개인산은 높고 험준한 산세이며 산행시간도 6시간 이상 소요되는 장거리 산행이고, 원점회귀 산행이 어려우므로 참고를 해야 한다. 소개인동에서 정상까지 주능선 동쪽은 급경사 절벽이며 서쪽은 비교적 완만한 편이다. 등산로는 여러 가지 종합해 볼 때 소개인동-숫돌봉-침석봉-개인산-가덕동으로 하산하는 것이 가장 이상적인 코스로 산행코스도 가장 빼어나다.

평범한 개인산 정상

등산로(6시간 19분 소요)

소개인동 입구→ 23분→ 안부→ 70분→ 삼거리→ 55분→ 침석봉→ 56분→ 개인산→ 60분→ 갈림길→ 55분→ 가덕교

미산약수교에서 동쪽 지방도를 따라 약 3km 거리 야적장 소개인동 입구에서, 소개인동으로 가는 소형차로를 따라 18분을 가면 소형차로 삼거리가 나온다. 삼거리에서 우측으로 30m 거리에 외딴 빈집이 있다. 외딴집 오른편 밭 위로 약 100m 거리 지능선으로 간다. 외딴 집에서 안부를 향해 밭을 가로 질러 5분을 가면 안부가 나온다.

안부에서 왼쪽 희미한 옛 능선길을 따라 5분을 올라가면 정면에 바위가 나온다. 바위 왼쪽으로 돌아서면 다시 능선으로 이어져 5분을 가면 또 정면에 바위가 나온다. 또 바위 왼쪽으로 돌아서 다시 능선으로 이어져 9분을 올라가면 급경사 봉우리가 나온다. 여기서도 왼쪽으로 돌아 5분을 가면 다시 능선으로 오르게 되고 큰 바위가 또 나온다. 역기서는 오른쪽으로 우회하여 오른 후 바위능선을 정면으로 오르게 되며, 바윗길을 통과하면서 23분을 오르면 누운 소나무고목을 통과하고, 23분을 더 오르면 우측으로 뚜렷한 삼거리가 나온다.

삼거리에서 주능선을 따라 14분을 가면 우측에 숫돌봉을 지나고, 13분을 가면 안부가 나온다. 안부를 지나서 28분을 오르면 쉼터 침석봉 삼거리가 나온다.

침석봉에서 계속 동쪽 방면 주능선을 따라 20분을 가면 1324봉이 나온다. 여기서 36분을 더 오르면 개인산 정상이다. 정상은 숲에 가려있고 정상표지판이 나무에 걸려있으며 가지가 많은 참나무가 1그루 있다.

하산은 남쪽 지능선을 탄다. 오른편 남쪽 지능선을 따라 내려가면 산죽길로 이어지며 41분을 내려가면 갈림 능선이 나온다. 갈림능선에서 오른쪽 능선으로 하산길이 이어진다. 갈림능선에서 19분을 내려가면 능선을 벗어나 왼쪽 세능선으로 하산길이 이어진다. 세능선으로 5m 정도 내려가면 갈림길이 나온다.

갈림길에서 오른쪽으로 가지 말고 직진 급경사로 내려간다. 직진 하산 길은 일직선으로 골을 따라 내려가는데 매우 급경사이다. 미끄러지면서 계곡을 따라 내려가면 물이 없는 합수곡이 나온다. 합수곡에서 우측 계곡을 따라 내려가면 묵밭이 나온다. 주능선에서 35분 거리다. 묵밭을 가로질러 3분 내려가면 임도고 임도를 따라 17분을 내려가면 가덕마을 통과 가덕교 446번 지방도에 닿는다.

자가운전

수도권에서 인제 방면 6번-44번 국도를 이어타고 철정검문소 삼거리에서 우회전⇒451번 지방도를 타고 상남면에서 우회전⇒446번 지방도를 타고 9km 미산약수교에서 3km 거리 소개인동 입구 작업장 주차.

대중교통

상봉, 동서울터미널에서 현리행 버스를 이용 후, 현리에서 미산리행 1일 2회(12:40 18:30) 타고 미산리 종점 하차. 또는 택시 이용.

식당

옛날처럼
홍천군 내면 광원2리
033-435-6848

산새소리펜션, 식당
인제군 상남면 미산 1리 105
033-463-7789

숙박

종점민박
인제군 상남면 미산 1리
033-463-7225

두레민박(식사)
홍천군 내면 광원 2리 1486-1
033-435-4642
010-8936-4642

명소

내린천

상남장날 2일, 7일
창촌장날 1일, 6일

갈전곡봉(葛田谷峰) 1204m   가칠봉(柯七峰) 1240.4m

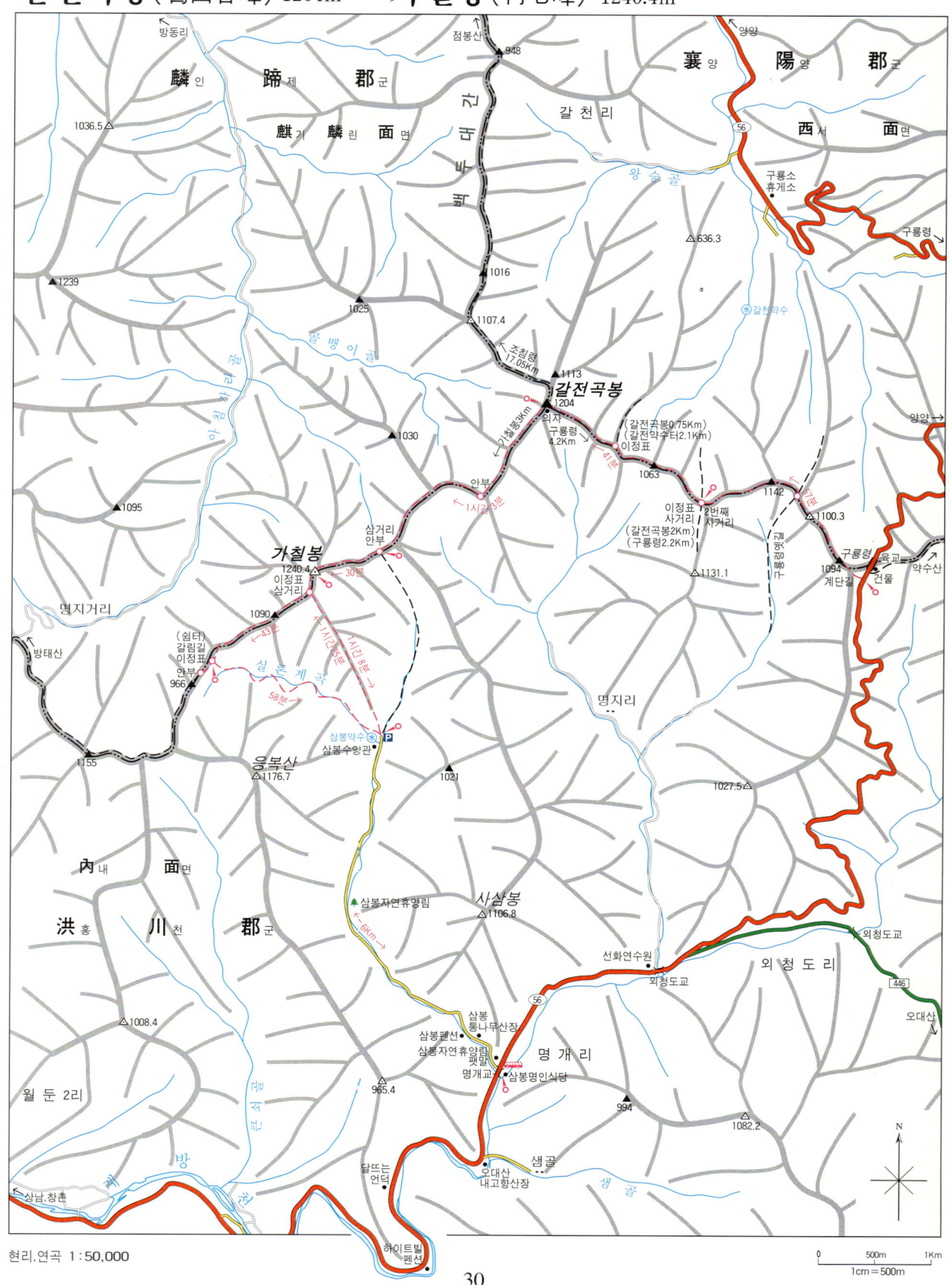

갈전곡봉·가칠봉

강원도 홍천군 내면(江原道 洪川郡 內面)

개요

갈전곡봉(葛田谷峰, 1204m)은 백두대간 단목령과 구룡령 중간에 위치한 산이다. 백두대간이 지나가는 길로 단풍이 아름다운 산이다. 산행은 구룡령 1013m 에서 시작 서북쪽 백두대간을 따라 갈전곡봉에 먼저 오른다. 하산은 다시 구룡령으로 하산하거나 서남쪽 능선을 따라 가칠봉에 오른 뒤, 삼봉약수로 하산한다.

가칠봉(柯七峰, 1240.4m)은 갈전곡봉에서 서쪽 능선으로 약 3km 거리에 위치한 산이다. 단풍이 아름답고 삼봉약수로 유명하며 삼봉자연휴양림이 있다. 산행은 삼봉약수터에서 능선을 타고 가칠봉에 오른 뒤, 하산은 서남쪽 능선을 타고 35분 거리 갈림길에서 남쪽 신론계곡을 따라 삼봉약수터로 원점회귀 산행이다.

백두대간 표지석이 새워진 구룡령

등산로

갈전곡봉-가칠봉(5시간 19분 소요)

구룡령→57분→두 번째 사거리→41분→갈전곡봉→63분→안부삼거리→30분→가칠봉→68분→삼봉약수터

구룡령 육교 동쪽 초소 앞에서 북서쪽으로 난 백두대간을 따라 11분을 오르면 첫 봉에 닿는다. 첫 봉에서 북서쪽으로 이어지는 백두대간을 따라 17분을 오르면 구룡령 옛길 첫 번째 사거리가 나온다. 사거리에서 계속 백두대간을 따라 9분을 가면 1142봉에 닿고, 계속 서쪽 방향으로 능선이 이어져 20분을 더 가면 이정표가 있는 두 번째 사거리에 닿는다.

사거리에서 계속 이어지는 서북쪽 백두대간을 따라 26분을 올라가면 우측 갈전약수터로 가는 갈림길이 나온다. 갈림길에서 왼편 능선을 따라 15분을 올라가면 의자가 있고, 이정표가 있는 삼거리 갈전곡봉이다.

갈전곡봉에서 하산은 서남쪽 가칠봉 방면 능선을 탄다. 서남쪽 능선을 따라 가면 등산로는 뚜렷한 편이며 갈림길이 없고 능선만을 타고 간다. 키 작은 산죽밭으로 이어지는 능선길을 따라 33분 거리에 이르면 안부를 통과하그 30분을 더 가면 안부삼거리가 나온다.

안부에서 계속 직진 급경사 길을 따라 30분을 더 오르면 표지석이 있는 가칠봉 정상이다.

정상에서 하산은 남쪽 능선을 따라 8분을 내려가면 이정표가 있는 삼거리가 나온다.

삼거리에서 왼쪽 오른쪽 모두 삼봉약수로 하산길이다. 왼쪽 능선을 타고 60분을 내려가면 삼봉약수터에 닿는다. 오른쪽 하산 길은 1시간 38분 소요된다.

가칠봉(4시간 3분 소요)

삼봉약수터→85분→가칠봉→43분→갈림길→55분→삼봉약수터

삼봉약수터 가칠봉 안내도에서 북쪽 능선을 따라 오른다. 뚜렷한 등산로를 따라 오르면 급경사 능선으로 이어지며 1시간 10분을 오르면 삼거리 이정표가 나온다. 여기r서 왼쪽 길은 하산 길이므로 확인을 해두고 간다. 우측 직진 길을 따라 200m 15분을 더 오르면 가칠봉이다.

하산은 올라왔던 8분 거리 삼거리까지 다시 내려간다. 삼거리에서 오른편 서쪽 방향 길을 따라 35분 거리에 이르면 쉼터가 있고, '휴양림 2km' 라고 표시된 이정표가 나온다.

이정표에서 50m 가다가 왼편 남동 방향 계곡으로 하산 길이 이어진다. 계곡을 따라 16분을 내려가면 물이 있는 계곡에 닿고, 협곡으로 이어지는 계곡을 따라 30분을 내려가면 숲길 갈림길이 나온다. 갈림길에서 오른쪽 길을 따라 12분을 더 내려가면 삼봉휴양관 주차장에 닿는다.

자가운전

수도권에서 인제 방면 6번-44번 국도를 이어타고 신내사거리에서 우회전⇨양양 방면 56번 국도를 타고 서석-창촌 통과 광원리에서 우회전⇨9.8km 삼봉휴양림 삼거리에서 **가칠봉**은 좌회전⇨6km 주차장. **갈전곡봉**은 계속 56번 국도를 타고 구룡령 주차.

대중교통

동서울터미널에서 홍천행 버스 이용 후, 홍천에서 양양행 오전 7시 버스를 타고 **갈전곡봉**은 구룡령 하차. **가칠봉**은 삼봉휴양림 입구 하차.

식당

내고향쉼터(식당, 민박)
홍천군 내면 광원1리
033-434-8228

삼봉통나무산장, 식당
홍천군 내면 광원1리 662-4
033-435-2829

숙박

하이트빌펜션
홍천군 내면 광원1리 576
033-435-5009

삼봉자연휴양림
홍천군 내면 광원1리 산97-1
033-435-8536

명소

내린천

창촌장날 1일, 6일
상남장날 2일, 7일

응복산(鷹伏山) 1359.6m　만월봉(滿月峰) 1280.9m

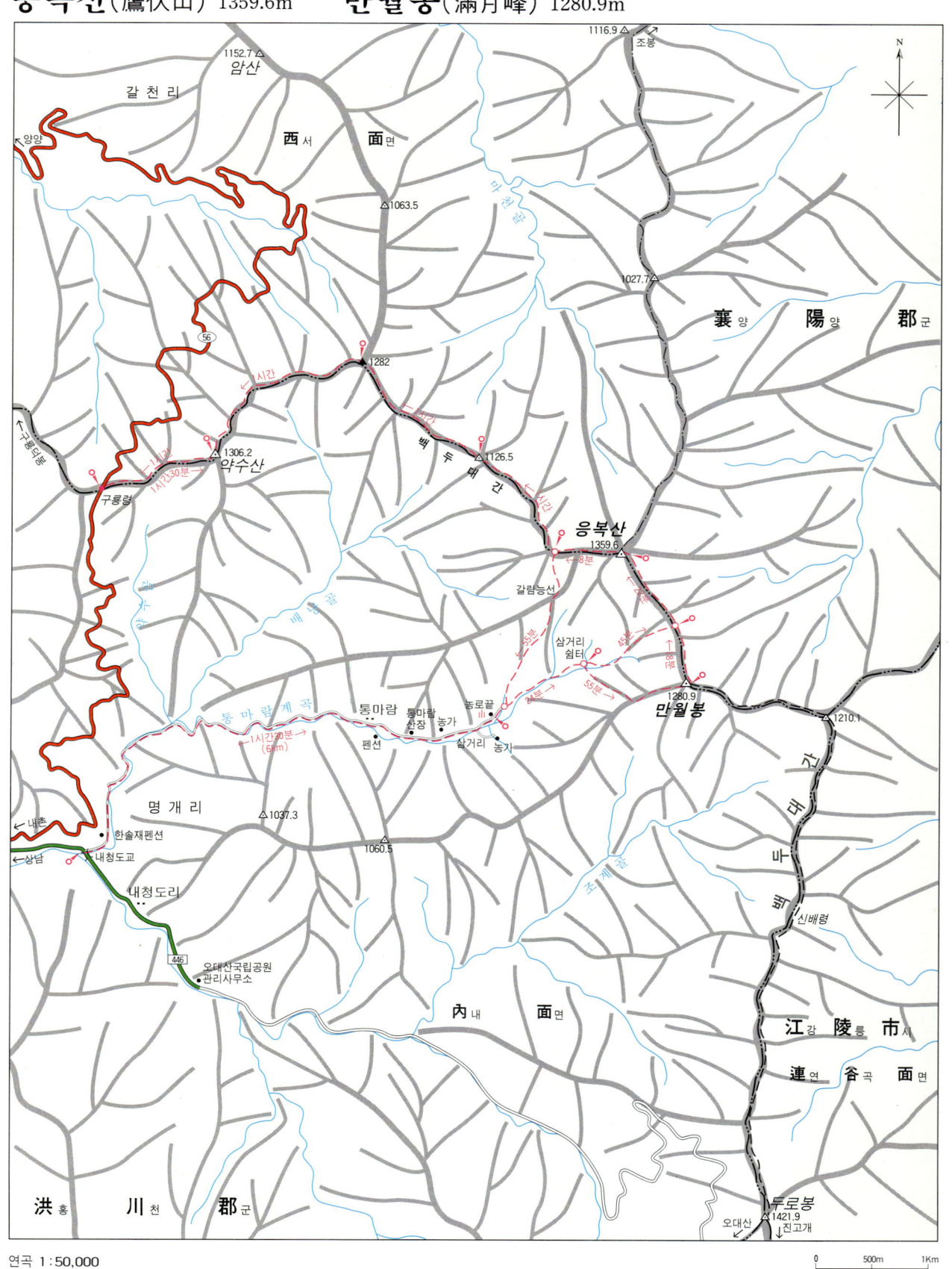

응복산 · 만월봉
강원도 홍천군 내면, 양양군 현북면(江原道 洪川郡 內面, 襄陽郡 懸北面)

개요

응복산(鷹伏山. 1359.6m)과 **만월봉**(滿月峰. 1280.9m)은 두로봉에서 구룡령으로 이어지는 백두대간 중간 정도에 위치한 산이다. 거대하고도 웅장한 형태를 이루고 있는 오지의 산이다. 깊은 산이지만 두루뭉술하고 순수한 육산이며 완만한 산세를 이루고 있다. 응복산 정상에서 바라보면 동서남북 첩첩산중이 끝없이 펼쳐진다.

응복산과 만월봉은 구룡령에서 접근하기는 너무 멀고, 서쪽 약수동에서 소형차량을 이용하여 접근하면 편리하게 오를 수 있다. 교통이 불편한 오지여서 아직까지 자연이 보존된 상태이다. 대형차량 접근은 어렵고, 소형 사륜구동 차량만 서쪽 약수동으로 접근이 가능하다.

산행은 서쪽 명계리 내사청교에서 소형차로를 따라 6km 거리 약수동 농로 끝에서 시작하여 만월봉을 먼저 오르고, 북릉을 타고 응복산에 오른다. 하산은 북릉 8분 거리 갈림길에서 서쪽 지능선을 타고 다시 약수동 산행기점으로 원점회귀 산행이다.

등산로

응복산-만월봉(4시간 7분 소요)

약수동 → 24분 → 삼거리 → 55분 →
만월봉 → 40분 → 응복산 → 8분 →
갈림길 → 60분 → 약수동

56번 국도 구룡령 초입 오대산 국립공원 입구 삼거리에서 446번 지방도로 우회전 1.5km 거리에 이르면 내청교가 나온다. 내청교 건너기 전에 왼쪽으로 비포장 소형차로를 따라 6km 가면 통마람민박집을 지나서 삼거리가 나온다. 삼거리에서 왼편 직진으로 200m 가면 농로 끝에 주차 4대 정도 공간이 나온다. 승용차는 여기에 주차하고 산행을 시작한다.

농로 끝 계곡에서 왼쪽 작은 계곡이 등산기점이다. 뚜렷한 작은 계곡으로 난 등산로를 따라 4분을 가면 큰 삼거리가 나온다. 큰 삼거리에서 왼쪽은 하산 길로 하고 우측 계곡길을 따라 20분을 가면 쉼터가 있는 삼거리가 또 나온다.

여기서 우측으로 계곡을 건너서면 왼편으로 산길이 뚜렷하며 30분을 오르면 지능선에 닿는다. 능선에서 왼쪽 능선을 따라 25분을 더 오르면 삼거리 만월봉 정상이다.

만월봉에서부터 백두대간이며 남북으로 백두대간의 웅장한 산맥이 펼쳐 보인다.

만월봉에서 북쪽 응복산을 향해 주능선을 타고 내려간다. 북쪽으로 18분을 내려가면 안부에 약수동으로 내려가는 갈림길이 나온다. 갈림길에서 계속 북쪽 주능선을 타고 22분을 더 오르면 응복산 정상이다.

정상은 응복산 표지목이 있고, 작은 공터로 되어있으며 사방이 막힘이 없다. 동쪽으로 양양지방이 서쪽으로는 내면 방면 일대가 시야에 들어오고, 남북으로는 백두대간이 끝없이 펼쳐진다.

하산은 북쪽으로 백두대간을 타고 8분을 내려서면, 안부에 왼쪽으로 희미한 갈림길이 나온다. 우측 주능선은 백두대간으로 약수산 구룡령으로 가는 길이고, 왼쪽 길은 약수동으로 하산길이다.

갈림길에서 왼쪽 희미한 길을 따라 내려가면 처음에는 반반한 지역으로 길을 구분하기가 어렵지만 점차 뚜렷해진다. 완만한 길을 따라 26분을 내려가면 갈림 능선이 나온다. 여기서 왼쪽 길을 따라 25분을 내려가면 큰 삼거리가 나오고, 4분 거리에 이르면 농로 끝 약수동 등산기점에 닿는다.

응복산-만월봉 산행기점 통마람

자가운전

수도권에서 인제 방면 6번-44번 국도를 이어 타고 신내사거리에서 우회전 ⇒ 양양 방면 56번 국도만 계속 타고 서석, 창촌, 광원리 통과 명개리에서 446번 지방도로 우회전 ⇒ 1.4km 거리 내청교에서 좌회전 ⇒ 소형차로를 따라 6km 거리 통마람민박 지난 농로 삼거리에서 직진 ⇒ 200m 소형차로 끝 주차.

대중교통

오대산 내고향쉼터 민박집에 연락 등산로입구까지 교통편을 약속한 후에 홍천에서 내촌면 명개리행 버스 1일 5회 이용, 내고향쉼터 하차.

숙식

오대산내고향쉼터
(민박, 식당)
홍천군 내면 광원리
033-435-7787
011-9879-7786

통마람산장(민박, 식당)
홍천군 내면 명개리 47-2
033-643-1684
010-2000-1684

숙박

한솔재펜션
홍천군 내면 명개리 154
033-435-8840

명소

내린천

창촌장날 1일, 6일
서석장날 4일, 9일

조봉(祖峰) 1182.3m

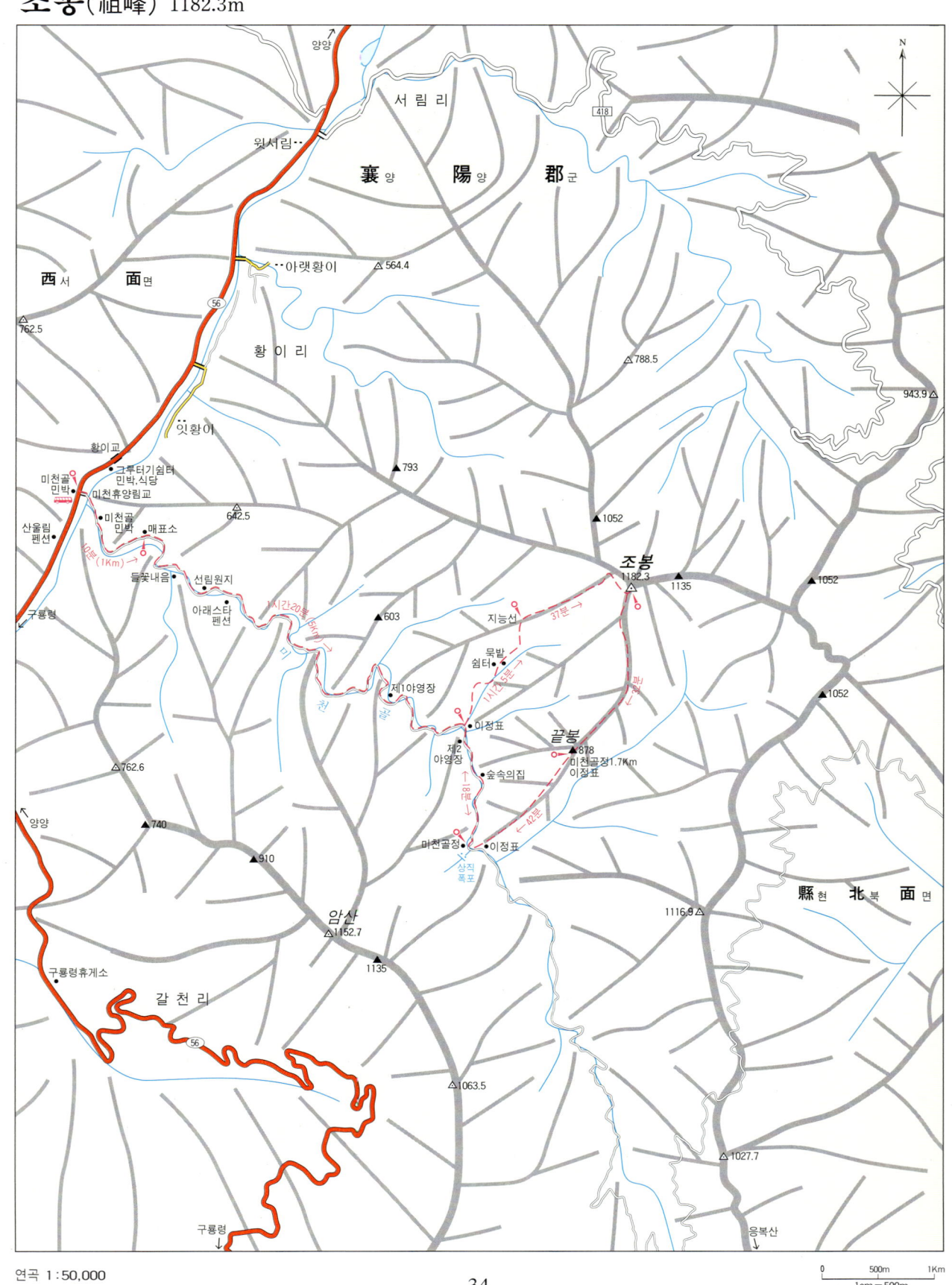

조봉

강원도 양양군 서면(江原道 襄陽郡 西面)

개요

조봉(祖峰, 1182.3m)은 백두대간 응복산(鷹伏山, 1359.6m)에서 백두대간을 벗어나 북쪽으로 뻗어나간 능선이 약 11km 거리에 위치한 산이다. 남서쪽 응복산, 조봉에서 흐르는 계곡물이 북쪽으로 흘러 약 7km에 달하는 미천골을 이룬다. 미천골(米川谷)은 선림원이라는 옛 사찰이 번성할 당시 한 끼 쌀 씻은 물이 계곡을 따라 하류까지 이른다 하여 붙여진 이름이다.

선림원은 통일신라시대의 옛 절터인 선림원지, 선림원은 9세기 초에 창건된 절로 추정되며 삼층석탑등 유물도 그 시기에 제작된 것으로 추정되고 있다. 선림원은 804년경에 창건되어 홍각선사가 번창시킨 사찰로 당대 최고의 수련원이기도 했다. 현재 이곳은 미천골자연휴양림이 들어서 있고 울창한 숲과 청정한 계곡이 있어 산중의 정취를 만끽할 수 있다.

조봉은 등산을 시작해서 하산을 완료하기까지 빼곡한 수목이며 험로가 없고 처음부터 끝까지 외길로 진행된다. 첩첩산중에 울창한 숲과 자연스러운 산세 길고 깨끗한 미천골 등 모든 조건을 두루 갖춘 산이며 휴양림이 있는 것 외에는 깊은 오지의 산이다. 등산로는 휴양림에서 관리 정비하여 이정표 안내문이 요소에 설치되어 있어 길 잃을 염려가 전혀 없다.

관광버스나 대중교통편을 이용할 때는 56번 국도변 황이리에 주차하고 미천골 입구에서 제2야영장까지 6km 1시간 30분 소형차로를 걸어야 한다. 자가용 편은 제2야영장에 주차를 하고 산행을 시작한다.

등산로(7시간 14분 소요)

미천골교 → 90분 → 제2야영장 → 65분 → 지능선 → 37분 → 조봉 → 32분 → 끝봉 → 42분 → 미천골정 → 18분 → 제2야영장 → 90분 → 미천골교 ※승용차 이용 4시간 13분.

미천골휴양림교를 건너서 미천골과 나란히 이어지는 소형차로를 따라 1km 거리에 이르면

옛사찰이었던 선림원지

매표소가 나온다. 매표소를 통과하여 5km 거리에 이르면 제2야영장 빨간색 다리가 나온다.

다리 반대쪽으로 조봉 등산로 안내표시가 있다. 뚜렷한 등산로를 따라 올라가면 계곡을 수차례 넘나들고, 자연스럽고 깊은 산행의 느낌을 받으면서 49분을 올라가면 와폭을 지나서 쉼터가 나온다. 쉼터를 출발하면 우측에 묵밭을 지나고 세능선으로 이어져 16분을 올라가면 지능선에 닿는다.

지능선에서부터는 능선길로 이어져 28분을 올라가면 주능선에 닿는다. 주능선에서 우측으로 6분을 가면 바위가 나온다. 바위를 우회하여 비탈길을 따라 2분을 가면 삼거리가 나온다. 삼거리에서 왼쪽으로 25m 오르면 삼각점이 있는 조봉 정상이다.

하산은 남쪽 지능선을 타고 미천골정으로 간다. 올라왔던 25m 삼거리로 되돌아가서 왼편 직진 능선길을 따라 17분을 내려가면 봉우리를 지나 미천골정 2.2km 이정표가 나온다. 여기서부터 오른쪽 방향으로 하산길이 휘어지면서 15분을 내려가면 끝봉을 지나서 미천골정 1.7km 이정표가 나온다.

여기서 14분 정도 거리에 이르면 내리막길이 시작되고, 말 등 같은 아기자기한 바위 능선길을 따라 28분을 내려가면 상직폭포가 있는 미천골정이 나온다. 물 좋은 미천골에서 땀을 씻고 휴식을 취한 다음, 하산한다.

미천골정에서 북쪽으로 이어지는 소형차로를 따라 18분 거리에 이르면 식수대를 지나서 제2야영장이다. 제2야영장에서 미천골 휴양림교까지는 6km 1시간 30분 소요된다.

자가운전

수도권에서 6번-44번 국도를 이어타고 신내사거리에서 우회전⇒양양 방면 56번 국도를 타고 서석-창촌-구룡령을 넘어서 약 14km 황이리에서 우회전⇒미천골휴양림교를 건너 5.9km 제2야영장 주차.

대중교통

동서울터미널에서 홍천행 버스 이용, 홍천 하차. 홍천에서 양양행 버스 오전 7시 10분 버스를 타고 구룡령 넘어 황이리 미천골휴양림 입구 하차. 양양에서는 8시 30분 출발 미천골 입구 9시 도착하는 버스 이용.

식당

미천골식당(민박)
서면 황이리 미천골 입구
033-673-1838,
010-3458-1838

그루터기쉼터(식당, 민박)
서면 황이리 402-14
033-673-8767-8

숙박

들꽃내음펜션
양양군 서면 황이리 미천골휴양림 내
010-2325-2230

미천골자연휴양림
양양군 서면 황이리
033-673-1806

명소

미천골, 내린천

창촌장날 1일, 6일
상남장날 2일, 7일

소계방산(小桂芳山) 1490.3m

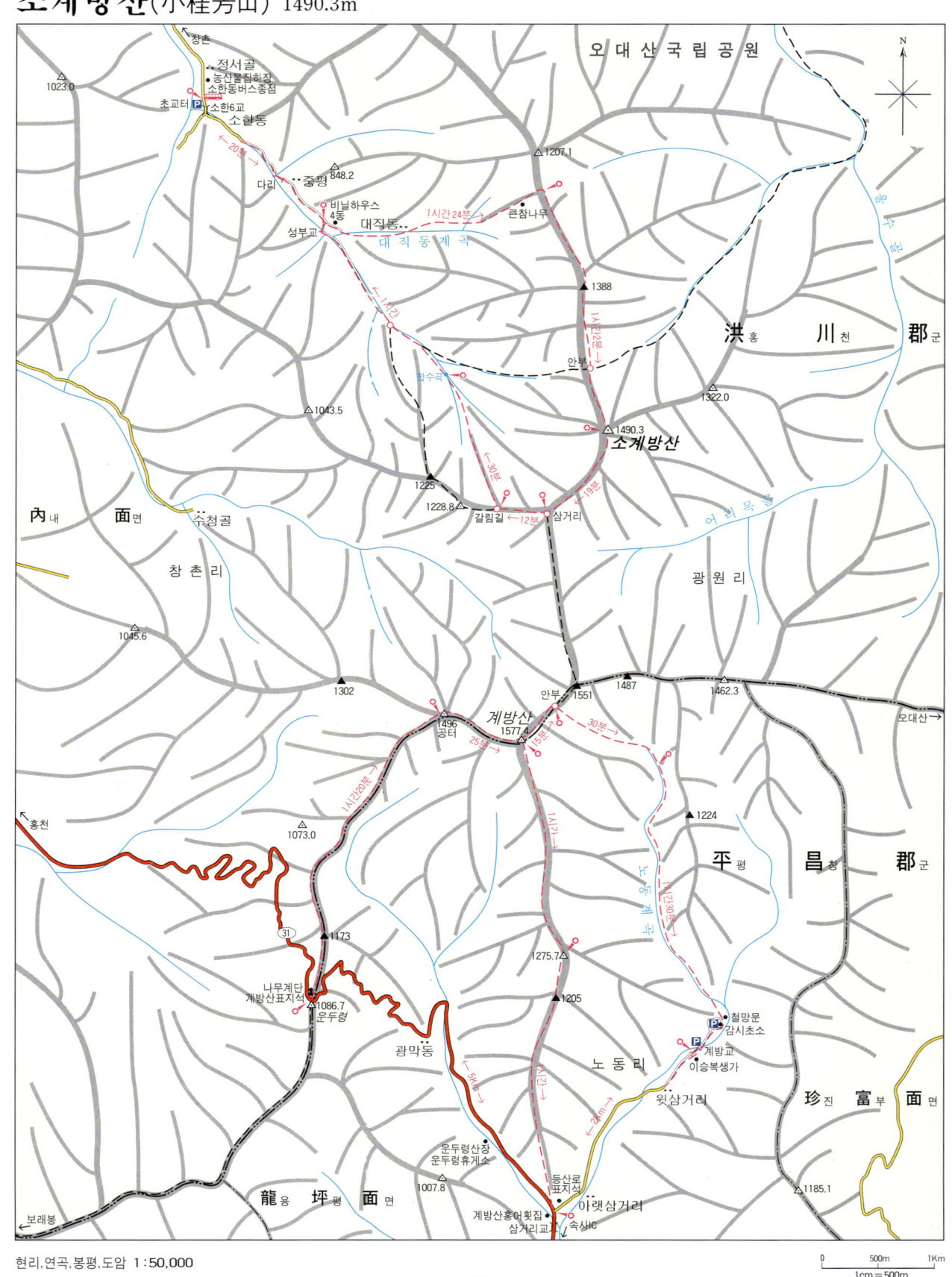

소계방산

강원도 평창군 용평면, 홍천군 내면 (江原道 平昌郡 龍坪面, 洪川郡 內面)

개요

소계방산(小桂芳山. 1490.3m)은 백두대간 두로봉(1422m)에서 서남쪽으로 뻗어나간 한강지맥이 오대산 비로봉(1563.4m) 호령봉(1566m) 계방산(1577.4m)으로 이어진다. 계방산 이르기 전 1551m봉에서 북쪽으로 능선이 갈라져 3km 거리에 솟은 산이 소계방산이다. 정상에서 바라보면 오대산에서 계방산으로 이어지는 한강기맥이 웅장하게 펼쳐지고, 백두대간 갈전곡봉에서 방태산 개인산으로 이어지는 거대한 산맥이 펼쳐진다.

소계방산은 전체적으로 순수한 육산이며 완만한 산세를 이루고 있다. 하지만 울창한 숲과 깊은 계곡으로 이루어져 있고, 옛 산길을 찾아가는 오지의 형태를 유지하고 있는 산이다.

유명한 계방산에 가려 있고 교통이 불편하여 등산객이 거의 없는 편이다. 산에는 인적이 뜸해 멧돼지가 많고 진드기가 있으므로 여름 산행은 참고를 해야 한다. 숙식은 모두 창촌면 소재지에서 해결해야 하고, 창촌에서 소한동까지 4km 구간 교통편은 버스 편이 없으므로 창촌에서 일반차량을 이용해야 한다.

산행은 소한동 마을 초교터에서 대직동계곡을 경유하여 남쪽 주능선을 타고 소계방산에 오른 다음, 남쪽 1330봉을 경유하여 서쪽 능선을 타고 계곡을 경유하여 다시 소한동마을로 원점회귀 산행이다.

등산로 (6시간 7분 소요)

초교터 → 20분 → 성부교 → 84분 →
주능선 → 62분 → 소계방산 → 19분 →
삼거리 → 12분 → 갈림길 → 30분 →
합수곡 → 60분 → 성부교 → 20분 → 초교터

창촌에서 구룡령 쪽 56번 국도를 따라 4km 거리 광대평삼거리에서 우회전 4km 가면 소한동 초교 터 버스종점이 나온다. 초교 터에서 동남쪽 농로를 따라 소한 6교를 통과한 삼거리에서 왼쪽 농로를 따라 1.5km 들어가면 오른쪽으로

소계방산 산행기점 대직동 갈림길

성부교가 나온다.

여기서 성부교를 건너지 말고, 왼쪽 길로 70m 가면 왼쪽에 비닐하우스 4동이 있고, 50m 더 들어가면 대직동계곡 입구 갈림길이 나온다. 갈림길에서 왼쪽 대직동 계곡길을 따라 가면 합수곡이 나오고, 합수곡에서 우측으로 산길이 이어지며 다시 왼쪽 계류를 건너 가다가 오른쪽으로 건너와서, 다시 왼쪽 계류를 건너 면 묘가 나오고 지능선으로 산길이 이어진다. 성부교에서 23분 거리다. 여기서부터 하산할 때까지 물이 없으므로 충분한 물을 보충한다. 다시 능선을 따라 43분을 올라가면 세 아름반이나 되는 참나무가 나타나고, 계속 능선을 따라 18분을 더 오르면 주능선에 닿는다.

주능선에서는 우측 남릉을 따라 올라가면 산죽밭이 시작되어 17분을 거리 1338봉까지 이어지고, 이어서 완만한 능선길로 15분 내려가면 안부삼거리가 나온다. 오른쪽 길은 소한동으로 쉽게 하산길이며 주능선을 따라 오르면 너덜길이 이어지고, 30분을 오르면 소계방산 정상이다.

하산은 계방산 방면 남쪽 능선 길로 19분을 내려가면 삼거리가 나온다.

이 삼거리에서 우측 서쪽 길을 따라 12분을 내려가면 두 능선 갈림길이 나온다.

이 삼거리에서 오른쪽 길을 따라 간다. 정북쪽으로 꼬부라진 지능선길로 들어서 지능선을 따라 30분을 내려가면 계곡에 닿는다.

여기서부터 계곡길을 따라 40분을 내려가면 비닐하우스 한 동이 있는 농로에 닿는다. 여기서 20분을 더 내려가면 성부6교이고, 20분을 더 내려가면 소한동 초교 터에 닿는다.

자가운전

수도권에서 인제 방면 6번-44번 국도을 이어타고 신내사거리에서 우회전 ⇨ 56번 국도를 타고 창촌을 지난 4km 광대평삼거리에서 우회전 ⇨ 4km 소한동 마을 주차.

대중교통

상봉터미널에서 홍천 방면 버스 이용 후, 홍천에서 서석 경유 창촌행 버스 하루 11회 이용 창촌 하차.

창촌에서 소한동 4km 구간은 버스 편이 없고 창촌은 택시가 없으므로 일반차량을 이용해야 한다.

식당

서강쉼터식당
홍천군 내면 창촌2리 1573-59
033-432-2025

계방산숯불갈비
홍천군 내면 창촌2리
033-432-2050

숙박

솔내음황토찜질방, 식당
홍천군 내면 창촌리 1515
033-432-2738

국빈장
홍천군 내면 창촌리 1612-6
033-432-3451

명소

내린천

창촌장날 1일, 6일
서석장날 4일, 9일

석화산(石花山) 1146m   문암산(門岩山) 1164.7m

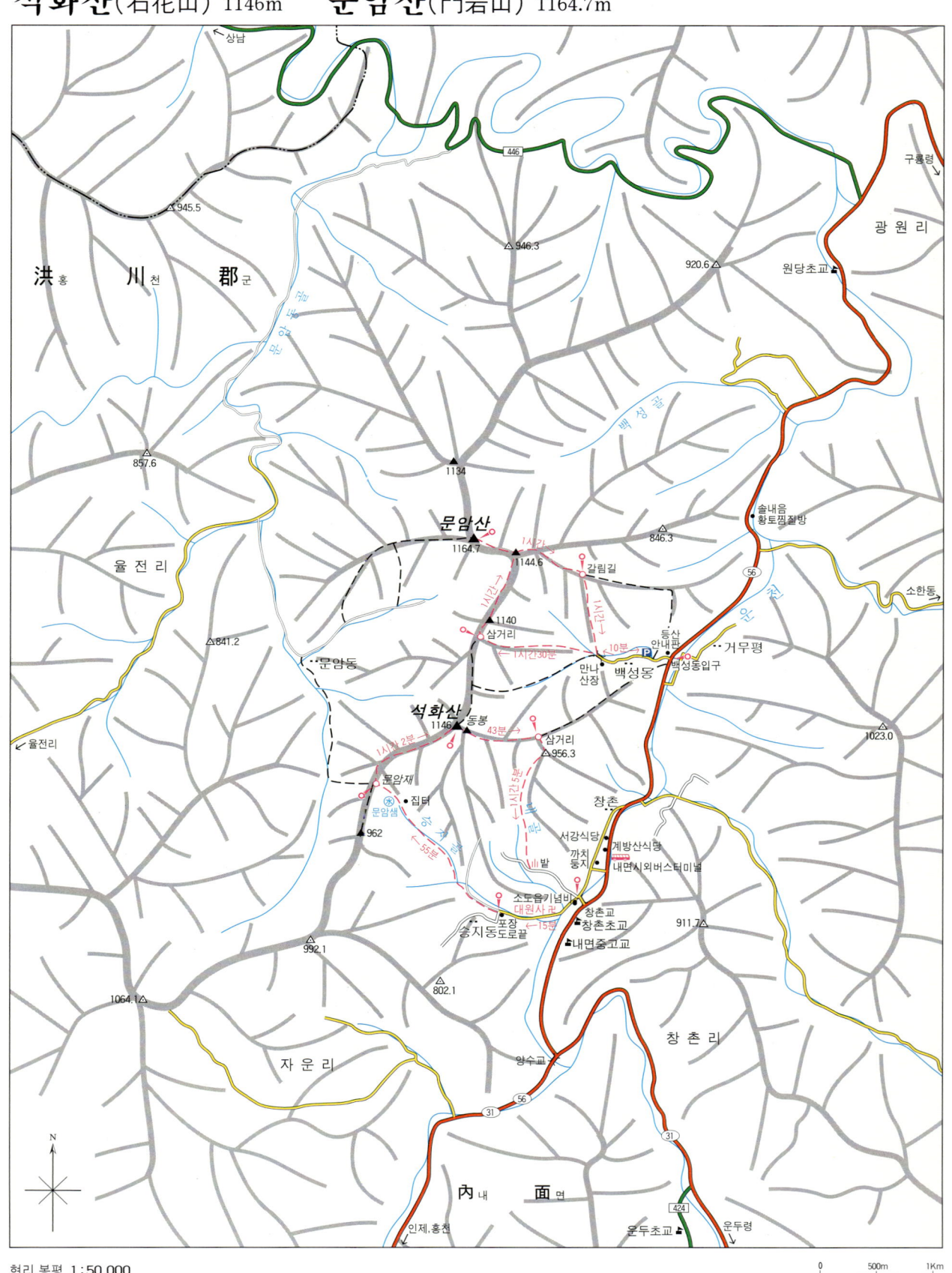

석화산·문암산 강원도 홍천군 내면(江原道 洪川郡 內面)

개요

석화산(石花山. 1146m)은 창촌리 북쪽에 위치한 산이다. 전체적인 산세는 육산이나 정상에서 동쪽 하산길이 바윗길이므로 다소 주의가 필요하나 위험한 편은 아니다. 산행은 창촌에서 승지골 문암재를 경유하여 석화산에 오른 뒤, 하산은 동릉을 타고 갈림길에서 950봉 내골을 경유하여 다시 창촌으로 원점회귀 산행이다.

문암산(門岩山. 1164.7m)은 석화산에서 북쪽 능선 약 5km 거리에 위치한 산이다. 산행은 백석동에서 중간능선을 타고 1140봉, 1144.6봉을 경유하여 정상에 오른 뒤, 하산은 올라왔던 1144.6봉 삼거리로 되돌아온 다음, 동쪽능선을 타고 다시 백석동으로 원점회귀 산행이다.

등산로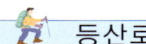

석화산(5시간 소요)

창촌 → 70분 → 문암재 → 62분 → 석화산 → 43분 → 삼거리 → 45분 → 밭 → 20분 → 창촌

창촌교 소도읍 기념비에서 서쪽으로 도로를 따라 1km 가면 대원사를 지나고 포장도로 끝이 나온다. 도로 끝에서 이어진 농로를 따라가면 합수곡을 지나 5분을 가면 갈림길이 나온다. 갈림길에서 왼쪽 계곡을 끼고 희미한 길로 16분을 가면 지류를 건너고, 낙엽송 군락지를 지나서 5분을 더 가면 묵밭이 나온다. 집터도 있는 묵밭 뒤 길을 따라 잡초가 우거진 길을 23분을 가면 문암샘이 있고, 6분을 더 올라가면 사거리 문암재에 닿는다.

문암재에서 우측 능선은 완만한 편이나 바윗길로 이어지면서 1시간을 오르면 삼거리가 나오고 2분을 더 오르면 남쪽은 절벽인 석화산 정상이다.

정상삼거리에서 북쪽 길은 문암산, 동쪽은 창촌으로 하산길이다.

창촌 하산길은 처음에는 북쪽 방향으로 조금 가다가 바로 오른쪽 비탈길로 돌아 내려가게 되고 큰 바위를 만난다. 큰 바위 북쪽으로 돌아가면 동봉에 닿는다. 정상에서 23분 거리다. 동봉에서 경사진 길을 따라 20분을 내려가면 삼거리가 나온다.

삼거리에서 왼편 동쪽 길은 뚜렷하고, 우측 남쪽 길은 희미하다. 삼거리에서 우측 남쪽 길을 따라가면 바위를 돌아 희미한 길로 내려서면 번번한 안부가 나온다. 안부에서 능선길을 버리고 우측 계곡 쪽으로 5분가량 내려가면 계곡길이 나온다. 계곡길을 따라 40분을 내려가면 밭이 나오고, 농로를 따라 20분을 더 내려가면 창촌교에 닿는다.

문암산(5시간 50분 소요)

백석동 → 100분 → 삼거리 → 60분 → 문암산 → 60분 → 갈림길 → 70분 → 백석동

창촌에서 북쪽 56번 도로를 따라 3km 가면 백석동 입구가 나온다. 여기서 왼쪽 백석동으로 마을길을 따라 10분을 가면 왼쪽에 만나산장 가든이 나온다. 가든 앞 다리를 건너서 마을길을 따라 가면 갈림길이 나온다. 갈림길에서 우측 길을 따라 가면 왼쪽 지능선으로 산길이 보인다. 리본도 있는 이 능선길을 따라 간다. 처음에는 완만한 길이 이어지다가 다시 가파른 산죽길이 시작되어 급경사 산죽길을 따라 1시간 30분을 오르면 주능선 삼거리봉에 닿는다.

삼거리에서 우측으로 5분을 가면 1140봉에 닿고, 계속 북쪽능선을 따라 45분을 가면 1144.6봉에 닿는다. 1144.6봉에서 서쪽으로 10분을 더 가면 문암산 정상이다. 정상은 특징이 없고 협소하며 맹현봉이 바로 건너다보인다.

하산은 올라왔던 길로 다시 1144.6봉까지 되돌아 간 다음, 왼쪽 동릉을 타고 내려간다. 급경사 바윗길인 동릉을 타고 50분을 내려가면 능선 삼거리가 나온다.

삼거리에서 오른쪽으로 간다. 우측 지능선을 타고 내려가면 산길이 무난하며, 1시간을 내려가면 백석동 마을에 닿는다. 백석동에서 10분 더 내려가면 백석동 입구이다.

자가운전

수도권에서 6번-44번 국도를 이어 타고 홍천 지나 신내사거리에서 우회전 ⇨ 59번 국도를 타고 서석 통과 양양 방면으로 가다가 내면 양수교 삼거리에서 좌회전 ⇨ **석화산**은 창촌에 주차하고, **문암산**은 56번 국도를 따라 3km 더 가서 백석동 주차.

대중교통

상봉, 동서울터미널에서 홍천 방면 버스 이용 후, 홍천에서 내면(창촌)행 금강버스 1시간 간격 이용, 창촌 하차. 진부에서 내면(창촌)행 버스는 하루 4회 있다. 창촌에서 3km 문암산 입구 백석동까지는 차편이 없다.

식당

서강쉼터
홍천군 내면 창촌2리 1573-59
033-432-2025

계방산숯불갈비
홍천군 내면 창촌2리 1반
033-432-2025

숙박

국빈장
홍천군 내면 창촌2리 1573-59
033-432-3451

명소

내린천

창촌장날 1일, 6일
서석장날 4일, 9일

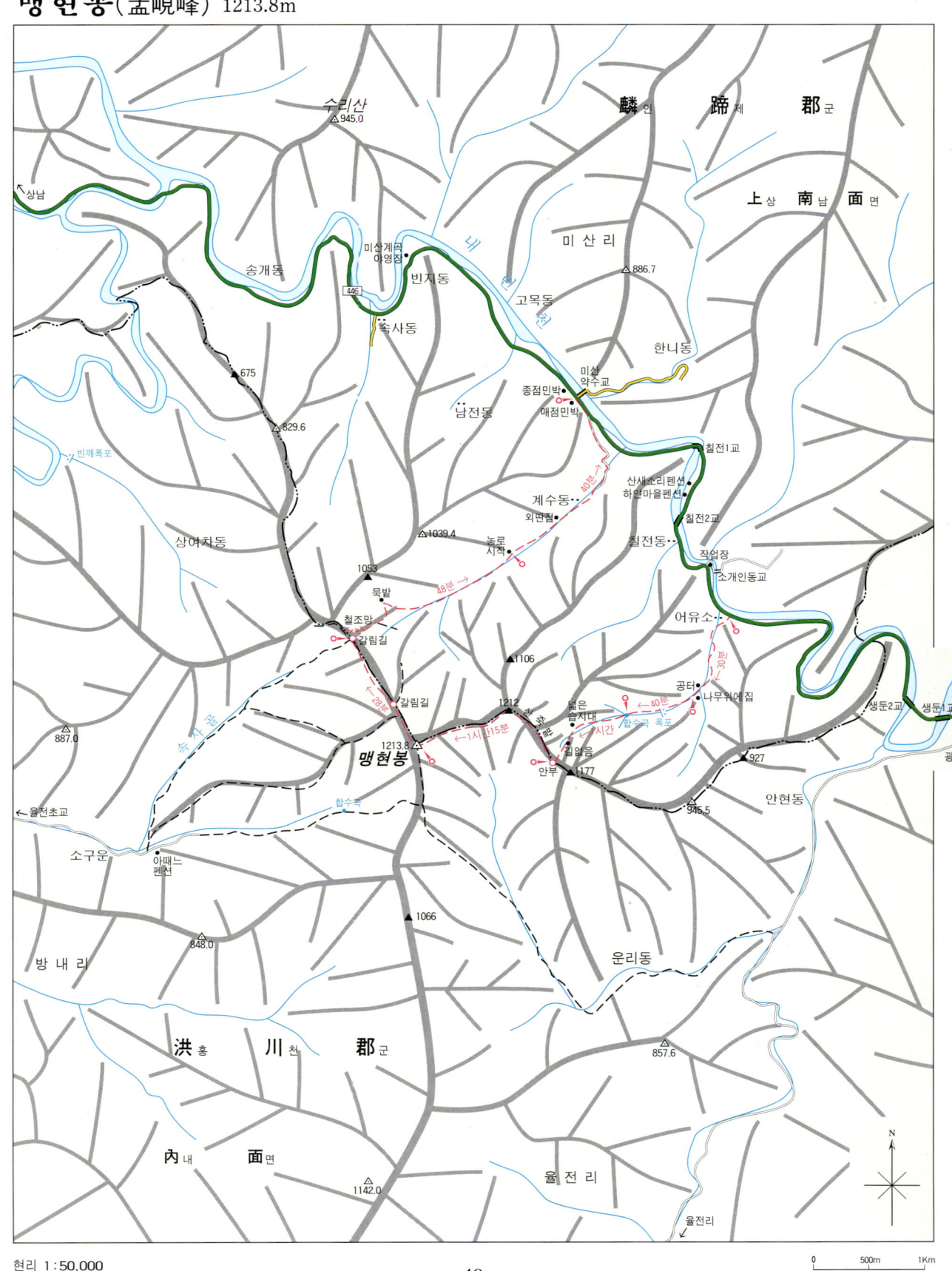

맹현봉

강원도 홍천군 내면, 인제군 상남면 (江原道 洪川郡 內面, 麟蹄郡 上南面)

개요

맹현봉(孟峴峰. 1213.8m)은 상남에서 내린천을 따라 내면으로 가는 446번 지방도 미산리 서남쪽에 위치한 산이다. 이름만 들어도 긴장이 되는 오지의 산이며, 아직 뚜렷한 산길이 없고 옛 산길을 찾아가는 개척단계의 산이다. 옛길도 희미하고 일부 구간은 산길 흔적만 있거나 길이 없는 구간이 있어 단체산행은 어렵고, 소수 전문산악인만의 산행만 가능하다.

산길은 미산리, 방내리, 운리동 3곳이 있으나 방내리, 운리동 쪽은 대형버스가 들어갈 수 없고 미산리 쪽만 대형버스가 가능하다. 교통 편의상 미산리 어유소에서 시작하여 정상을 경유하여 계수동으로 하산하는 것이 가장 이상적이다.

등산로 (6시간 21분 소요)

어유소 → 30분 → 공터 → 40분 →
합수곡 → 60분 → 주능선 → 75분 →
맹현봉 → 28분 → 삼거리 → 88분 → 미산교

미산약수교에서 동쪽 446번 지방도를 따라 3km 거리에 이르면 우측에 어유소안내판이 있고 공터가 있으며 계곡이 나온다. 이 계곡이 맹현봉 산행기점이다. 뚜렷하고 자연그대로인 원시림 계곡을 따라 30분을 올라가면 합수곡 중간에 수백 평 번번한 지역에 공터가 나온다. 공터에서 왼쪽으로 30m 거리에 바위와 나무 위에 원두막 같은 작은 통나무집이 있다.

여기까지만 산길이 뚜렷하고 여기서부터 주능선까지 산길이 없는 구간이다. 계곡을 왼쪽으로 끼고 우측으로 이어지는 옛날 산길 흔적만을 따라가게 된다. 산길을 없으나 오르는데 큰 어려움은 없다. 물소리를 들으면서 계속 계곡을 따라 26분을 올라가면 10m 정도 폭포가 나타난다. 폭포아래에서 오른쪽 급경사로 올라가서 계속 폭포 위 계곡 우측으로 13분을 올라가면 물이 적은 3합수곡이 나온다.

3합수곡에서 맨 우측과 두 번째 계곡 중간 세능선으로 오른다. 세능선을 따라 5분 정도 올라가면 길이 막혀진다. 여기서 오른쪽 골을 건너가서 다시 왼쪽으로 건너와 올라왔던 중간 세능선을 따라 올라가게 된다. 세능선 중간을 따라 오르면 오른쪽에 무너진 바위 왼쪽으로 희미한 산길 흔적이 있다. 계곡도 능선도 아닌 번번한 지역 희미한 길 흔적을 따라 합수곡에서 35분 정도 오르면 넓은 공터 습지대가 나온다. 멧돼지의 터전 같은 공터에서 맨 왼쪽 계곡으로 오른다. 길은 없으나 골을 따라 오르면 오를만하고 25분을 올라가면 주능선에 닿는다.

주능선에서는 북서쪽 주능선으로 간다. 이 지점에서부터 정상까지 주능선 산죽밭길이다. 산죽밭 능선길을 따라 16분을 올라가면 1212봉에 닿는다. 1212봉에서 왼편 서쪽으로 휘어지는 주능선을 따라 내려가면 안부로 내리다가 다시 오르막길로 이어져 1시간 거리에 이르면 헬기장인 맹현봉 정상이다. 정상은 숲에 가려 전망이 없다.

하산은 북서릉을 탄다. 북서쪽 능선을 따라 10분을 내려가면 헬기장 삼거리가 나온다. 삼거리에서 우측으로 직진한다. 우측 20m 거리에 이르면 또 헬기장을 통과하고, 다시 2분 거리에 이르면 갈림길이 나온다. 갈림길에서 왼쪽으로 간다. 갈림길에서 왼편 산죽밭길을 따라 16분 거리에 이르면 안부 닿기 전 50m에서 오른쪽으로 세능선이 나온다.

여기서 오른쪽 세능선을 타고 간다. 북동 방향 세능선을 따라 50m 내려가면 왼쪽으로 철조망이 시작된다. 여기서부터 철조망과 나란히 이어지는 세능선을 따라 14분을 내려가면 갈림길이 나온다. 갈림길에서 직진 계속 능선을 따라 4분 거리에 이르면 하산길은 왼쪽 철조망을 넘어서 비탈길로 이어지며 10분 정도 비탈길을 내려가면 수천 평 공터가 나온다. 공터에서 우측으로 내려가면 계곡으로 뚜렷하게 이어져 20분을 내려가면 산을 파헤진 지역에 농로가 시작된다.

여기서부터 농로를 따라 내려간다. 농로를 따라 40분을 내려가면 446번 지방도 미산약수교에 닿는다.

자가운전

수도권에서 6번·44번 국도를 이어타고 철정검문소에서 우회전 ⇨ 451번 지방도를 타고 상남면에서 우회전 ⇨ 446번 지방도를 타고 9km 미산교 주차.

대중교통

상봉, 동서울터미널에서 현리행 1일 7회 버스를 타고 현리 하차. 현리에서 미산리까지는 1일 2회 (12:40 18:10) 버스뿐이므로 택시를 이용한다.

식당

먹촌식당
인제군 상남면 상남1리 3반
033-461-6743

숙박

미산종점민박
인제군 상남면 미산1리
033-463-7225, 011-9139-7225

산새소리펜션, 식당
상남면 미산 1리 105
033-463-7789

하얀마을 펜션
상남면 미산 1리 105-5
033-463-7782

명소

내린천

상남장날 2일, 7일
기린장날 3일, 8일

초원을 이룬 맹현봉 정상

응봉산(鷹峰山) 1103.3m

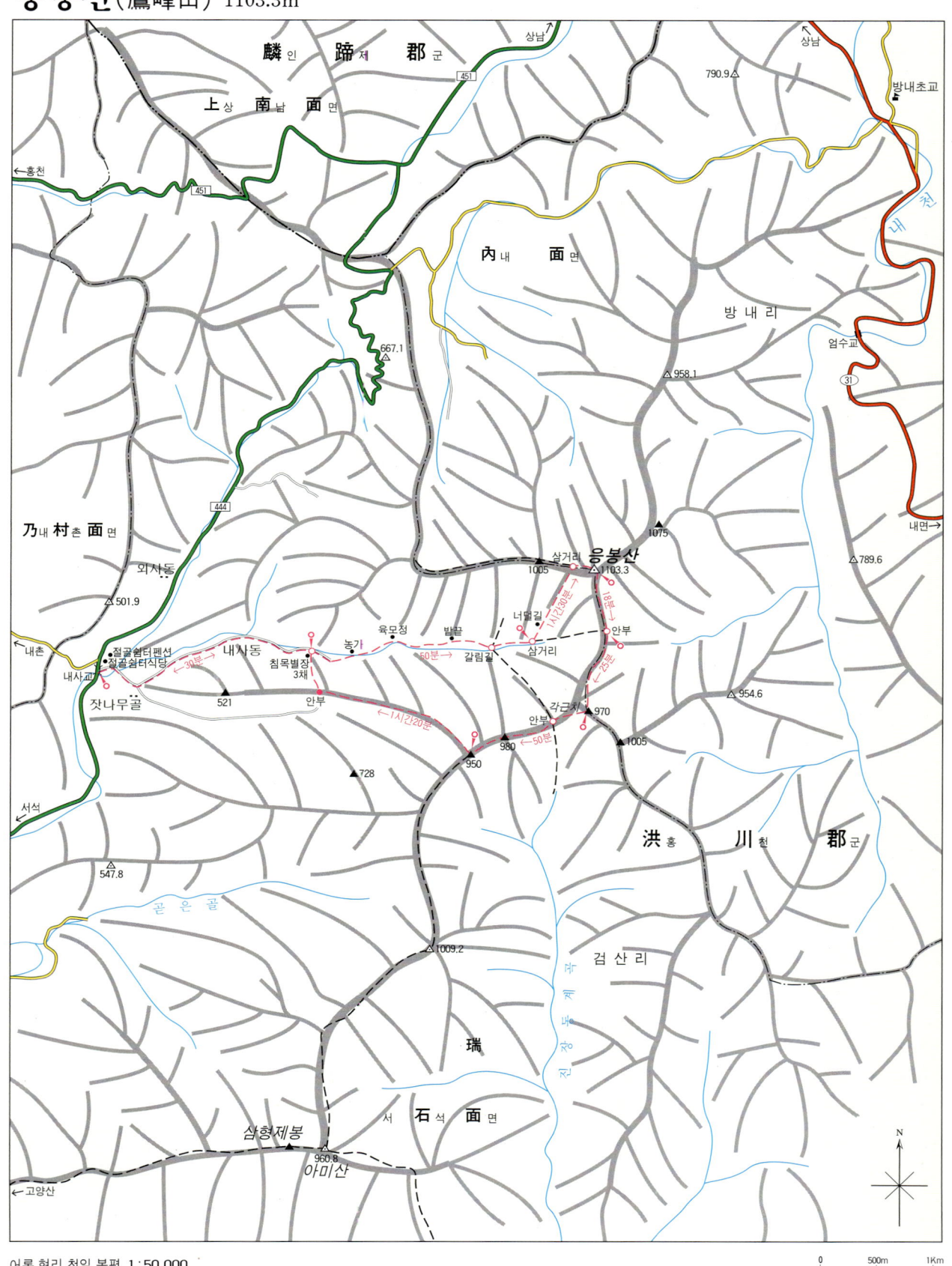

어론,현리,청일,봉평 1:50,000

응봉산

강원도 홍천군 서석면, 내면(江原道 洪川郡 瑞石面, 內面)

개요

응봉산(鷹峰山, 1103.3m)은 아미산에서 북쪽 능선으로 이어져 약 10km 거리에 위치하고 있다. 대중교통이 불편하여 인적이 뜸한 편이다.

산행은 서석면 수하리 내사교에서 시작하여 침목별장 안절골을 경유하여 정상을 보고 왼쪽 능선을 타고 정상에 오른 다음, 하산은 정상에서 서쪽능선을 타고 970봉, 950봉, 작은 안부를 경유하여 우측 침목별장을 지나서 다시 내사교로 원점회귀 산행이다.

응봉산 산행지점에 지어진 침목별장

등산로(7시간 13분 소요)

내사교 → 30쿤 → 침목별장 → 50분 → 갈림길 → 90분 → 응봉산 → 18분 → 안부 → 25분 → 970봉 → 50분 → 950봉 → 80분 → 침목3채 → 30분 → 내사교

내사교 남단에 절골 쉼터와 펜션이 있고, 동쪽 절골로 가는 소형차로가 있다. 여기서 절골 차로를 따라 100m 가면 갈림길이 나온다. 갈림길에서 왼쪽으로 포장된 소형차로를 따라 약 2km 30분을 가면 검은 침목으로 지은 별장 3채가 나온다.

여기서 우측으로 보이는 안부는 하산길이며 계속 계곡을 따라간다. 계곡을 건너서 100m 가면 길을 가로막은 농가에 닿는다. 여기서 농가 문을 열고 들어가거나, 또는 오른쪽 계곡을 따라 5분 정도 가다가 다시 농가 끝에서 왼쪽으로 올라서면 원래 계곡 길로 접어들어 간다. 농가에서 조금 지나면 육각정이 나온다. 계속된 계곡 왼쪽으로 난 경운기 길을 따라 올라가면 밭길이 갈라지는데 우측으로 가면 밭길이 끝난다. 밭 끝에서 왼쪽으로 10m 가서 우측 산으로 들어가면 바로 산길이 나온다. 이 길을 따라 6분을 가면 삼거리가 나온다. 삼거리에서 왼쪽으로 10m 가면 다시 갈림길이 나온다. 여기서 계곡 방향 우측으로 간다. 이 길을 따라 약 10분 정도 가면 왼편 북쪽 방향으로 산길이 이어진다. 침목별장에서 50분 거리다.

갈림길에서 왼쪽 계곡길 따라 10분을 가면 건 계곡 너덜지대 길이 시작되어 40분을 오르면 계곡을 벗어나 길이 없는 우측 능선으로 붙는다. 능선은 길이 없고 희미한 길 흔적만 있다. 길이 없는 능선을 타고 30분을 오르면 응봉산 서능 삼거리가 나온다. 여기서 우측으로 10분을 더 오르면 주능선삼거리가 나오고, 삼거리에서 왼쪽으로 15m 거리에 응봉산 정상이다. 정상은 삼각점이 있고 나무를 배어내어 조망이 매우 좋다.

하산은 다시 서쪽으로 15m 거리 삼거리로 되돌아온 다음, 왼쪽 남릉을 탄다. 남쪽 길을 따라 18분을 내려가면 사거리안부가 나온다.

여기서 우측 절골로 가면 검은 침목 세 채가 있는 곳으로 하산한다. 다시 안부에서 남쪽 970봉을 향해 25분을 오르면 970봉 삼거리에 닿는다.

970봉 삼거리에서 우측 서릉을 탄다. 우측 능을 타고 10분을 내려가면 각근치 안부에 닿는다. 안부 우측으로 희미한 비탈길이 보인다. 다시 서능을 따라 20분을 오르면 990봉에 닿는다. 990봉에서 왼쪽 사면길로 돌아가면 삼거리가 나온다. 삼거리에서 우측 사면길로 간다. 우측으로 가면 다시 능선이 나온다. 계속 능선길을 따라 내려가다가 다시 올라가면 20분 거리에 950봉 아미산 삼거리에 닿는다.

삼거리에서 우측 능을 탄다. 우측 능선길을 타고 가면 갈림 능선이 나온다. 갈림 능선에서 우측으로 간다. 우측 능선을 따라 30분을 가면 왼쪽에 낙엽송 밭을 지나게 되고, 20분을 더 내려가면 안부사거리에 닿는다. 안부에서 우측으로 18분을 내려가면 침목 세 채 별장에 닿고, 별장에서 30분을 가면 내사교에 닿는다.

자가운전

인제 방면 6번-46번 국도를 이어 타고 홍천외곽도로 지나 신내사거리에서 우회전 ⇒ 56번 국도를 타고 서석면소재지 전 삼거리에서 좌회전 ⇒ 444번 지방도로를 타고 10km 거리 내사교 건너기 전에 우측 소형차로 절골 길을 따라 2km 거리 침목 별장 주차.

대중교통

상봉, 동서울터미널에서 홍천 방면 버스 이용 후, 홍천에서 서석(1일 16회) 버스 이용 후, 서석에서 내사동(1일 5회) 버스 이용, 내사교 하차.

식당

절골쉼터식당
홍천군 서석면 수하리 105
033-435-4864

향우식당
홍천군 서석면 풍암리
033-433-0687

숙박

절골쉼터펜션
홍천군 서석면 수하리 105
033-435-4864

명소

가령폭포
잔여울유원지

서석장날 4일, 9일
홍천장날 1일, 6일

아미산(峨媚山) 960.8m 동막산(東幕山) 731.2m

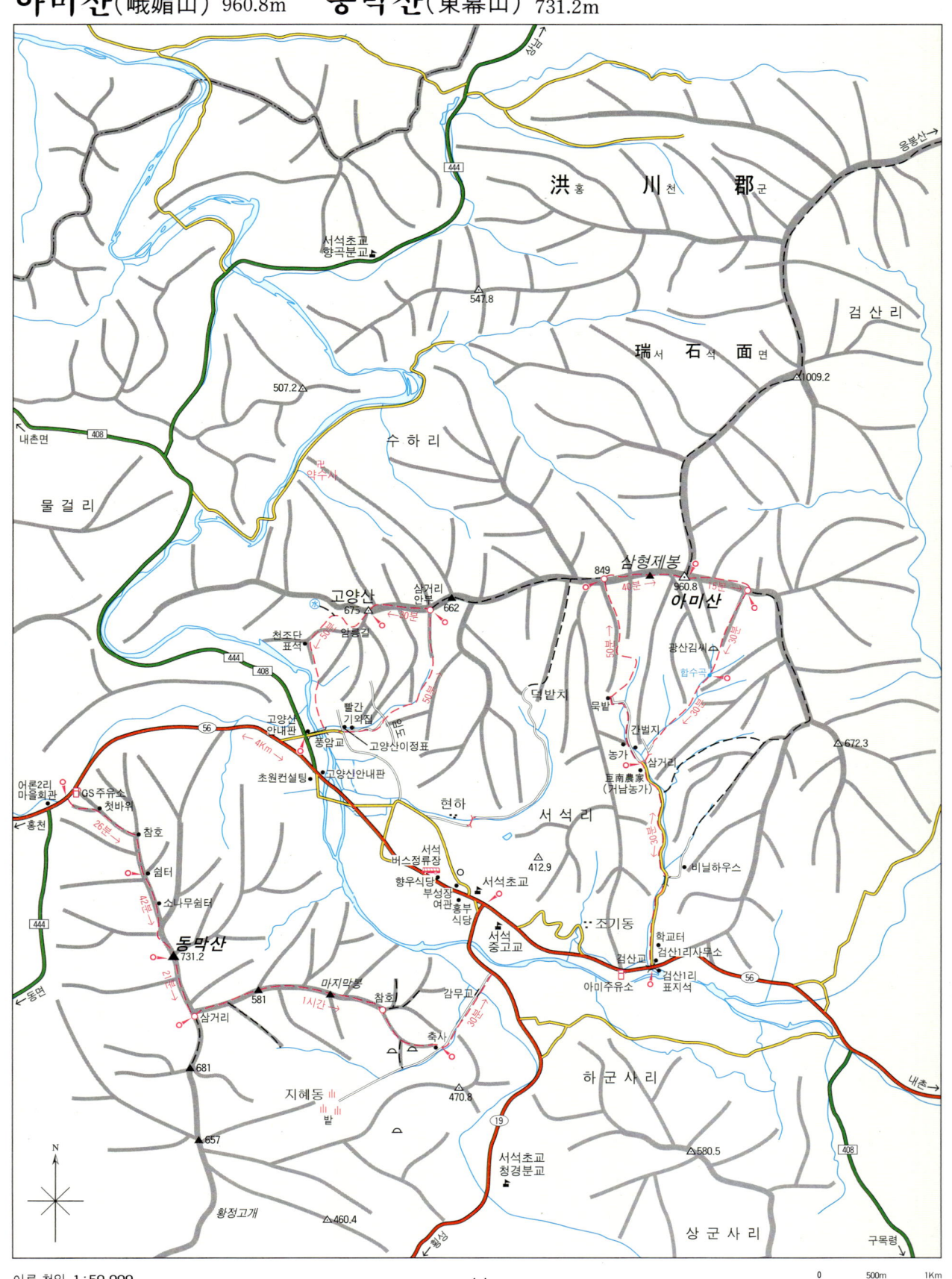

아미산 · 동막산　　강원도 홍천군 서석면(江原道 洪川郡 瑞石面)

 개요

아미산(峨媚山, 731.2m)은 서석면 소재지 북쪽에 위치한 산이다. 전체적이 산세는 육산이며 등산로가 정비되어 있어 큰 어려움 없이 산행을 할 수 있는 산이다.

동막산(東幕山 731.2m)은 소나무가 많은 육산이며 등산객이 거의 없는 자연 그대로의 산이다. 정상에서 하산길 21분 거리 갈림길에서 581봉 동쪽으로 뻗어나간 지능선은 갈림길 세능선이 수차례 나오는데 언제나 주능선을 벗어나지 말고 주능선 갈림길에서 57분 거리 참호가 있는 삼거까지만 주의하면 길 잃을 염려는 없다.

 등산로

아미산(4시간 15분 소요)

검산교→ 30분→ 삼거리→ 50분→ 849봉→ 40분→ 아미산→ 15분→ 갈림길→ 30분→ 삼거리→ 30분→ 검산교

검산1리 검산교에서 북쪽으로 난 소형차로를 따라 15분 거리 삼거리에서 왼쪽으로 15분을 가면 거남농가(巨南農家) 삼거리가 나온다.

삼거리에서 왼쪽으로 400m 거리 삼거리에서 우측으로 200m 가면 또 삼거리가 나온다. 여기서 우측 농로로 접어들어 10분을 가면 계곡을 건너 왼쪽으로 올라서면 넓은 밭이 나온다. 여기서 밭 우측 농로를 따라가면 계곡으로 길이 이어져 5분을 가면 왼쪽 비탈길로 이어져 능선에 닿는다. 가파른 능선길을 따라 25분을 오르면 849봉 우측 주능삼거리에 닿는다.

주능 삼거리에서 동쪽 능선을 타고 가면 바윗길이 시작되어 삼형제봉을 오르고 내리기를 반복하면서 40분을 지나면 아미산 정상에 닿는다.

하산은 삼각점에서 동릉을 따라 15분을 가면 능선갈림길이 나온다.

갈림길에서 우측으로 지능선을 따라 30분을 내려가면 합수곡에 닿는다. 합수곡에서부터 계곡을 따라 20분을 내려가면 장독 집에 닿고, 10분을 더 내려가면 삼거리 거남농가(巨南農家)에 닿는다.

여기서부터 소형차로를 따라 30분을 가면 검산교이다.

동막산(4시간 9분 소요)

GS주유소→ 68분→ 동막산→ 21분→ 삼거리→ 70분→ 축사→ 30분→ 서석

어론2리 삼거리에서 서석 방면 300m 거리 GS주유소 전 우측 골 쪽으로 40m 들어가면 묘가 나온다. 묘 중앙 쪽 능선을 따라 6분을 오르면 바위가 있고 능선길이 시작되어 13분을 오르면 참호가 있는 봉이다. 참호를 지나 소나무가 많은 능선만을 따라 47분을 올라가면 삼각점이 있는 봉우리가 나온다. 여기서 40m 거리 밑동이 두 아름쯤 되는 참나무가 있는 봉이 동막산 정상이다.

하산은 계속 남쪽 능선을 따라 13분을 가면 우측은 급경사이고 왼쪽으로 능선길이 이어진다. 급경사 내려서면 완만한 능선으로 이어져 8분을 가면 안부를 지나 조금 올라서면 갈림능선이 나온다.

여기서 왼편 동쪽 능선을 따라 7분을 가면 갈림길이 나온다. 갈림길에서 왼쪽능선을 따라 10분을 가면 갈림 능선이 나온다. 여기서도 왼쪽 능선으로 간다. 뚜렷한 능선 길을 따라 15분을 내려가면 지능능선에서 가장 높은 봉에 닿는다. 이 주변에 비닐 망을 쳐 놓아 다소 불편한 능선 길이다. 하지만 곳 없어지고 15분 거리에 이르면 마지막봉에 닿는다. 마지막봉에서 10분을 내려가면 참호가 있고 갈림길이 나온다. 여기서는 오른쪽 능선길을 따라 4분을 가면 갈림길이 나온다. 여기서는 왼쪽 능선을 따라간다. 처음에는 희미하다가 점점 뚜렷한 능선으로 이어져 능선만을 따라 끝까지 내려가면 축사 입구 농로가 나온다. 마지막 능선에서 9분 거리다.

축사에서부터 농로를 따라 30분 거리에 이르면 서석 버스터미널이다.

자가운전

동막산은 수도권에서 홍천 인제 방면 6번-44번 국도를 이어타고 홍천 통과 신내사거리에서 우회전⇒서석 방면 56번 국도를 타고 어론2리삼거리 주차. **아미산**은 계속 진행 서석 통과 2.5km 검산교에서 좌회전⇒2km 삼거리 주차.

대중교통

동막산은 홍천에서 서석 방면(1일 16회) 버스를 타고 어론2리 삼거리 하차. **아미산**은 서석 또는 검산교 하차. 원주에서 서석행 1일 9회 이용, 서석 하차.

식당

홍부식당
홍천군 서석면 풍암리 218-17
033-433-0802

향우식당
홍천군 서석면 풍암리
033-433-0687

홍천원조화로구이
홍천읍 하오안리 631-7
033-435-8613

숙박

부성장여관
홍천군 서석면 풍암리 214
033-433-6878

진주여인숙
홍천군 서석면 풍암리
033-433-4053

풍암장날(서석) 4일, 9일

백암산(白岩山) 1099.1m

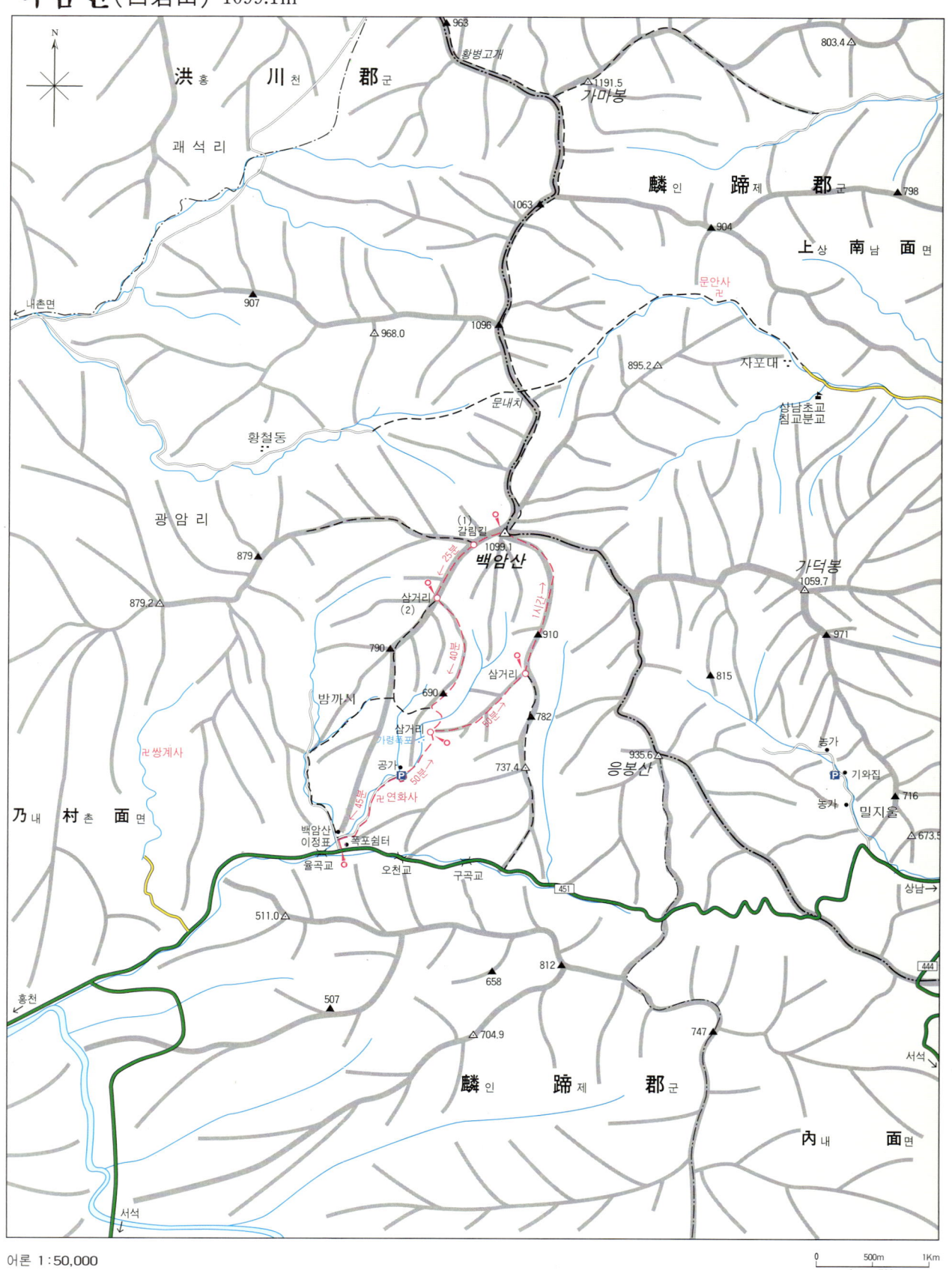

백암산

강원도 홍천군 내촌면, 인제군 상남면(江原道 洪川郡 乃村面, 麟蹄郡 上南面)

개요

백암산(白岩山, 1099.1m)은 홍천군 내촌면에서 인제군 상남면으로 넘어가는 아홉사리고개 북쪽에 위치한 산이다. 두루뭉술한 산세에 순수한 육산이며 소나무가 많은 산이다. 등산로가 완만하고 험로가 없으며 수도권에서 1시간 30분 거리로 주말 산행지로 매우 좋은 산이다.

정상은 나무를 베어내어 사방이 막힘이 없어 홍천군 일대가 시야에 들어온다. 백암산 남쪽 산행기점에는 약 50m 가령폭포가 있고 여름 피서지로 좋은 곳이다.

산행은 451번 지방도로변 폭포쉼터를 기점으로 가령폭포를 경유하여 폭포 우측 능선을 타고 정상에 오른 뒤, 정상에서 하산은 남서쪽 지능선을 타고 가령폭포를 경유하여 폭포쉼터로 원점회귀 산행이다.

등산로(5시간 28분 소요)

폭포쉼터 → 48분 → 폭포 위 삼거리 → 50분 → 능선삼거리 → 60분 → 백암산 → 25분 → 삼거리(2) → 40분 → 폭포 위 삼거리 → 45분 → 폭포쉼터

내촌면에서 상남으로 가는 451번 지방도 폭포쉼터가 나온다. 폭포쉼터에서 451번 도로를 벗어나 북쪽 소형차로를 따라 100m 가면 이정표가 있는 갈림길이 나온다. 갈림길에서 우측 소형차로를 따라 20분을 가면 작은 절 연화사가 있고, 1분 더 들어가면 공터가 나온다. 여기까지 승용차 진입이 가능하다. 승용차 편이라면 이곳에 주차한다.

공터에서 우측으로 둔덕을 넘고 계류를 건너 15분을 가면 가령폭포가 나온다. 가령폭포에서 오른쪽 급경사로 10분을 올라가면 이정표가 있는 삼거리가 나온다.

이 삼거리에서 왼쪽 길은 하산길이며 오른쪽 능선을 타고 오른다. 오른쪽 능선길로 올라가면 소나무 숲과 순수한 흙길로 이어진다. 다소 가파른 지능선길은 깨끗한 솔잎 낙엽 길로 이어진다. 가파른 등산로를 따라 50분을 올라가면 오른편 아홉사리고개 쪽에서 올라오는 삼거리가 나온다.

삼거리에서 왼편으로 간다. 왼편 주능선은 완만하게 이어진다. 완만한 능선을 따라 진행을 하면 산죽밭을 통과하게 되고, 산죽밭을 지나면서 계속 완만하게 이어지는 능선을 따라 1시간을 올라가면 정상표지가 있는 백암산 정상이다.

정상은 삼거리이고 나무를 베어내서 조망이 막힘이 없다. 정상에서 북쪽 주능선은 가마봉으로 이어진다.

하산은 서남쪽으로 능선을 타고 간다. 서남쪽 능선을 따라 10분을 내려가면 갈림능선이 나온다. 갈림 능선에서 왼쪽으로 간다. 왼쪽 지능선을 따라 15분을 내려가면 이정표가 있는 삼거리가 또 나온다.

이 삼거리에서도 왼쪽으로 간다. 여기서부터 왼편 남서쪽 지능선을 따라 20분을 내려가면 갈림 능선이 나오는데 왼쪽으로 길이 이어진다. 왼쪽으로 5분을 내려가면 묘가 나오고, 8분을 더 내려가면 묘를 또 지나서, 3번째 묘가 있는 사거리 안부가 나온다. 사거리에서 왼쪽(동)으로 비탈길을 따라 6분을 내려가면 계곡에 닿는다. 계곡에서 50m 거리에 이르면 가령폭포 위 올라왔던 이정표 삼거리에 닿는다.

여기서부터는 올라왔던 길을 따라 10분을 내려오면 가령폭포 아래가 나오고 15분 내려가면 연화사에 닿으며 20분 더 내려가면 폭포쉼터에 닿는다.

백암산 산행기점 아름다운 가령폭포

자가운전

수도권에서 6번-44번 국도를 이어 타고 홍천을 지나 철정검문소 삼거리에서 우회전 ⇨ 451번 지방도를 타고 내촌면 통과 와야교 삼거리에서 직진 ⇨ 약 3km 폭포쉼터 주차.

대중교통

동서울터미널에서 홍천행 버스 이용. 홍천에서 현리행 완행버스(07:10 16:20) 이용. 백암산 입구 폭포쉼터 하차.
직행버스는 홍천에서 1시간 간격으로 현리행이 있으나, 백암산 등산로 입구에 정차하지 않아 내촌에서 하차 후, 택시를 이용해야 한다.

식당

폭포식당
홍천군 내촌면 외야 1리 4반
033-433-3451, 011-9950-7472

할머니청국장
홍천군 두촌면 철정 1리
033-435-4709

홍천원조화로구이
홍천읍 하오안리 631-7
033-435-8613

명소

가령폭포

홍천장날 1일, 6일

바위산 858m

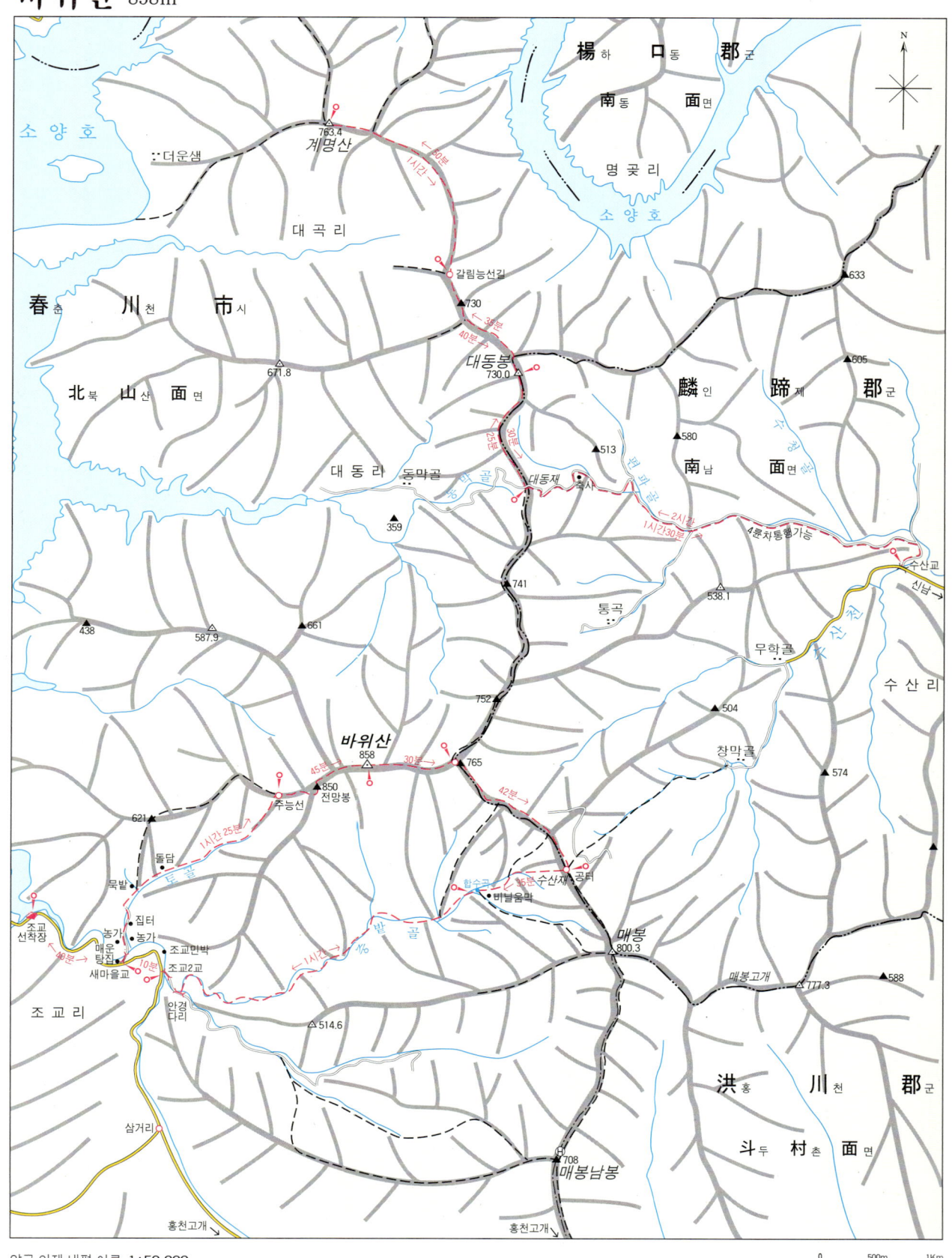

바위산

강원도 춘천시 북산면(江原道 春川市 北山面)

개요

바위산(858m)은 거대한 소양호 중간 북산면 조교리 동쪽에 위치한 산이다. 정상에 서면 서쪽으로 거대한 소양호가 굽이굽이 내려다보여 마치 바닷가의 산처럼 느껴진다. 동쪽은 첩첩산중의 오지이며 남쪽으로는 매봉과 매봉남봉이 바로 근접해 있고, 북쪽으로는 대동봉 계명산이 동일한 능선으로 이어져 있다.

바위산은 단풍이 아름답고 특히 하산길 중밭골은 계곡이 깊고 숲이 우거져 단풍이 매우 아름답다. 토골, 능선, 수산재, 중밭골, 등산로 주변은 오염이 전혀 안된 오지의 자연그대로이며 자연미의 깊은 감정을 느끼게 한다.

바위산은 얼마 전까지만 해도 육로 교통이 없어 소양강댐에서 조교리까지 배편만을 이용하여 산행을 해왔으나 2000년도부터는 홍천군 두촌면에서 홍천고개를 넘어 조교리까지 2차선 포장도로가 개통 되어 등산로 입구까지 차량 진입이 가능해졌다. 서울에서 차량으로 2시간 정도 거리로 오지의 산을 당일 여유 있게 다녀올 수 있다.

산행은 조교리 새마을교에서 시작하여 토골을 경유하여 능선을 타고 바위산 정상에 오른다. 하산은 동릉 765봉에서 남쪽능선을 타고 수산재에 이른 다음, 서쪽 중밭골을 따라 조교민박집으로 하산한다.

등산로(6시간 7분 소요)

새마을교 → 85분 → 주능선삼거리 → 45분 → 바위산 → 30분 → 765봉삼거리 → 42분 → 수산재 → 105분 → 조교민박

홍천에서 인제로 가는 44번 국도 두촌면 사무소에서 인제 방면으로 2km 에서 우측으로 빠져나와 좌회전 2.5km 에서 좌회전 홍천고개 넘어 물로리 삼거리에서 우회전 2km 거리에 이르면 삼거리가 나온다. 삼거리에서 우측으로 100m 내려가면 왼쪽으로 새마을교가 나온다. 새마을교를 건너 농로를 따라 토골 방면으로 가면 다리를 건너서 삼거리가 나온다. 삼거리에서 왼쪽으로 들어가면 산행이 시작된다. 왼쪽으로 이어지는 계곡길을 따라 가면 집터를 지나서 오솔길로 접어들어 계류를 건너 묵밭을 지나면 두 번째 계류를 건넌다. 새마을교에서 20분 거리다.

자연그대로 보존된 계곡을 따라 올라가면 기분 좋은 감정이 느껴지는 계곡 산행이다. 계곡을 따라 45분 거리에 이르면 계곡을 벗어나 왼쪽 능선으로 등산로가 이어진다. 능선길은 급경사로 이어지면서 20분 오르면 주능선삼거리에 닿는다.

주능선에서 우측 능선을 따라 15분을 올라가면 전망봉에 닿는다. 정상이 전망이 좋지 못하므로 전망봉에서 전망을 감상해야 한다. 전망봉에서 남쪽으로 50m 거리 사거리에서 왼쪽으로 간다. 왼쪽 주능선을 따라 27분을 올라가면 바위산 정상이다. 정상은 삼각점이 있고 협소하며 숲이 우거져 시야가 시원치 않다.

하산은 동쪽 주능선을 따라 30분 거리에 이르면 삼거리 765봉에 닿는다. 북쪽은 대동봉 남쪽은 수산재이다.

삼거리에서 수산재 방향 우측 비탈길을 따라 남쪽 능선길로 17분을 내려가면 우측으로 갈림길이 나온다. 갈림길에서 왼쪽으로 간다. 왼쪽 주능선을 따라 11분 거리에 이르면 또 우측으로 갈림길이 나온다. 여기서도 왼쪽 주능선으로 간다. 계속된 주능선을 타고 14분을 내려가면 쉼터로 좋은 수산재 삼거리에 닿는다.

수산재에서는 우측 서쪽 계곡으로 간다. 뚜렷한 우측 하산길을 따라 35분을 내려가면 중밭골 삼거리가 나온다. 이지점이 중밭골 상류이고 여기서부터 중밭골 계곡을 따라 내려간다. 중밭골은 물이 많고 숲이 울창하며 매우 상쾌한 하산길이다. 특히 가을에는 단풍이 아름답다. 수없이 많은 계류를 넘나들면서 1시간을 내려가면 무애골에서 오는 소형차로를 만나서 우측으로 200m 내려가면 조교민박집이다. 여기서 등산기점 새마을교까지는 1km 이다.

자가운전

수도권에서 인제 방면 6번-44번 국도를 이어 타고 두촌면 지나 2km 에서 좌회전 ⇨ 홍천고개 넘어 물로리 삼거리에서 우회전 ⇨ 2km 갈림길에서 우회전-새말교 주차.

대중교통

상봉터미널에서 춘천행 버스 이용. 춘천에서 소양댐행 버스 이용. 소양댐에서 오전 8시 30분에 출발하는 조교리행 배편 이용, 9시 10분 조교리 도착.
소양댐 배편 안내
033-257-0196

숙식

조교민박집, 토종닭
춘천시 북산면 조교리
033-243-7256

가리산막국수
홍천군 두촌면 역내리 237-1
033-435-2704

통나무집
홍천군 두촌면 역내리 358-2
033-435-2017

현리식당
홍천군 두촌면
033-435-4709

명소

소양강

홍천장날 1일, 6일
두촌장날 4일, 9일

매봉 800.3m   매봉남봉 708m

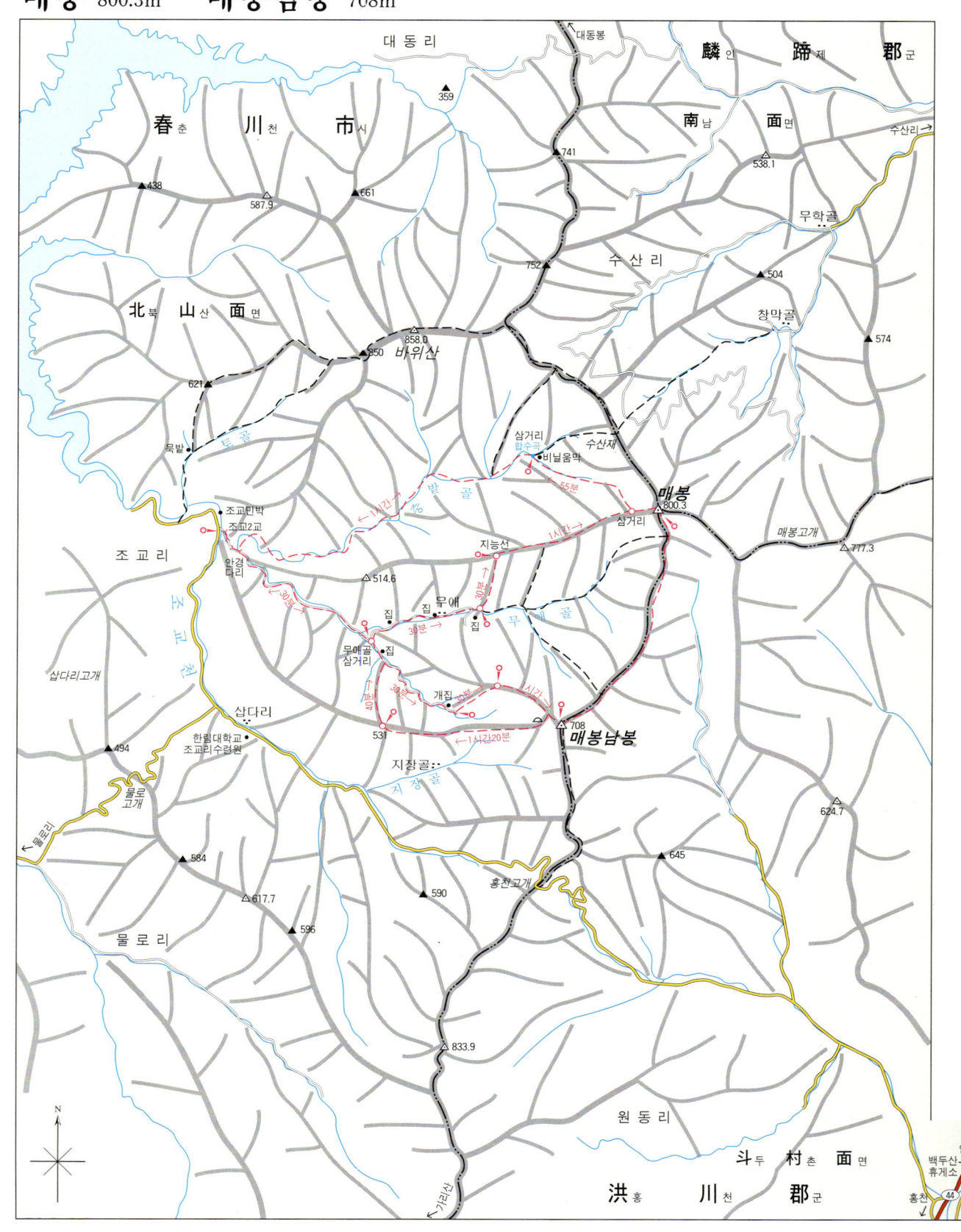

매봉・매봉남봉 강원도 홍천군 두촌면, 춘천시 북산면(江原道 洪川郡 斗村面, 春川市 北山面)

개요

매봉(800.3m)은 소양강 중간 조교리 동쪽에 위치한 산이다. 북서쪽은 바위산 남쪽은 매봉남봉 홍천고개를 넘어 가리산으로 이어진다. 전에는 배를 타고 조교리에 접근하여 산행을 하였으나 2000년부터는 홍천고개를 확 포장하여 홍천, 두촌면에서 조교리까지 2차선 도로가 개통되어 버스와 승용차 통행이 가능하다. 아직 대중교통편이 없으므로 관광버스나 승용차를 이용한다.

하산길 증밭골은 7~8월 장마철에는 물이 많아 산행이 어렵고, 10월 단풍이 절경이다. 산행은 조교민박집 무애골 끝집 왼쪽 능선을 타고 정상에 오른 다음, 올라왔던 20분 거리 삼거리를 경유하여 증밭골을 따라 다시 조교민박집으로 원점회귀 산행이다.

매봉남봉(708m)은 매봉에서 남쪽 능선으로 연결되어 약 2.5km 지점에 위치한 육산이다. 산행은 무애골 삼거리에서 왼쪽 능선을 타고 매봉남봉에 오른 다음, 서쪽 능선을 타고 537봉을 경유하여 다시 무애골삼거리로 원점회귀 산행이다.

등산로

매봉(5시간 25분 소요)

조교민박 잡→ 60분→ 마지막농가→ 30분→ 지능선 삼거리→ 60분→ 매봉→ 55분→ 합수곡삼거리→ 60분→ 조교민박

조교민박집에서 우측 조교2교를 건너서 산모퉁이를 지나면 두 번째 다리를 통과하고 소형차로를 따라 2km 가면 무애골 삼거리가 나온다. 이 삼거리에서 왼쪽으로 가다 보면 왼편에 첫 번째 농가가 있고, 더 들어가면 두 번째 농가가 있다. 두 번째 농가에서 계류를 건너 소형차로를 따라 들어가면 마지막농가가 나온다.

마지막농가에서 왼쪽 계류를 건너서면 바로 삼거리가 나온다. 이 삼거리에서 왼쪽 능선을 따라 30분을 올라가면 지능선 삼거리에 닿는다. 삼거리에서 우측 능선을 따라 40분을 가면 왼쪽 증밭골에서 올라오는 안부 삼거리가 나온다. 삼거리에서 계속 직진하여 급경사 지능선을 따라 20분을 더 올라가면 매봉 정상이다.

하산은 15분 거리 올라왔던 서쪽 안부 삼거리로 다시 내려간 다음, 오른편 증밭골 방향으로 내려간다. 우측으로 내려가면 계곡길로 이어져 40분을 내려가면 수산재에서 내려오는 합수곡 삼거리가 나온다.

삼거리에서 왼쪽 증밭골 긴 계곡을 수없이 건너면서 하산길이 이어진다. 계곡길을 따라 1시간을 내려가면 조교민박집에 닿는다.

매봉남봉(6시간 소요)

조교민박 집→ 60분→ 개 사육장→ 30분→ 지능선삼거리→ 60분→ 매봉남봉→ 80분→ 531봉→ 70분→ 조교민박

조교민박집에서 조교2교를 건너 무애골 방면으로 2km 가면 무에골 삼거리가 나온다. 이 삼거리에서 오른쪽 농로를 따라 가면 왼쪽에 농가가 있고, 계속해서 농로를 따라 20분을 들어가면 왼쪽에 개 사육장이 나온다.

개 사육장 바로 우측 세능선으로 산길이 있다. 이 능선을 따라 30분을 오르면 지능선삼거리가 나온다.

지능선삼거리에서 우측 능선을 따라 40분을 올라가면 하산길 삼거리에 닿는다. 이 하산길을 기억을 해두고 간다. 삼거리에서 10분을 더 오르면 삼거리 매봉남봉 정상이다.

하산은 올라왔던 10분 거리 삼거리까지 되내려간 다음, 왼편 서쪽 능선을 탄다. 왼쪽 능선을 따라가면 바로 묘가 나온다. 묘에서부터 긴 지능선을 따라 1시간 20분을 내려가면 531봉에 닿는다.

여기서 오른편으로 새능선을 타고 20분을 내려가면 올라왔던 농로를 만나고, 농로에서 왼쪽으로 20분을 내려가면 농가를 지나 무애골 삼거리에 닿는다. 여기서 왼쪽 소형차로를 따라 2km 가면 조교민박집이다.

자가운전

매봉은 수도권에서 인제 방면 6번-44번 국도를 이어 타고, 홍천 통과 두촌면소사무소 지난 2km 삼거리에서 좌회전⇒홍천고개 넘어 물노리 삼거리에서 우회전⇒1.5km 조교민박집 부근 주차.

매봉남봉은 조교민박집까지는 매봉과 같고, 조교민박집에서 조교2교를 건너 2km 무애골 삼거리 주차.

대중교통

정기노선버스는 없으므로 자가용을 이용해야 한다.

식당

조교민박집
춘천시 북산면 조교리
033-243-7256

가리산막국수
홍천군 두촌면 역내리 237-1
033-435-2704

시골막국수
두촌면 자은리 원동 입구
033-435-4951

현리식당
홍천군 두촌면 소재지
033-435-4709

숙박

드오모텔
두촌면 천현리 576-1
033-435-4070

명소

조교리 소양강변

홍천장날 1일, 6일
자은(두촌)장날 4일, 9일

물안봉 781.1m

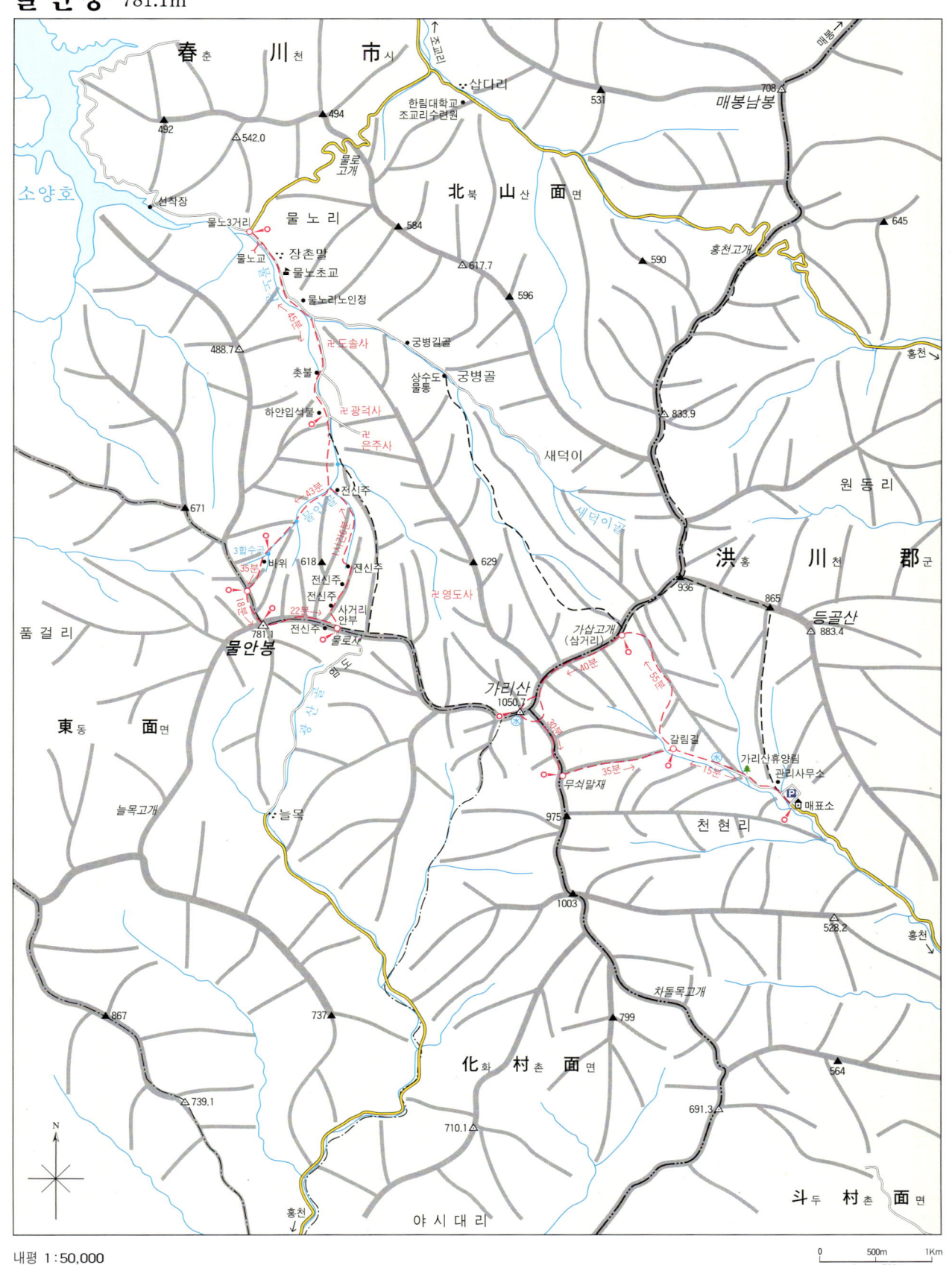

내평 1:50,000

물안봉

강원도 홍천군 두촌면, 춘천시 북산면(江原道 洪川郡 斗村面, 春川市 北山面)

개요

물안봉(781.1m)은 소양호 중간 물로리 남쪽에 위치한 오지의 산이다. 모산인 가리산에서 서쪽 능선으로 이어져 약 3km 거리에 위치한 숨은 산이다. 아직 뚜렷한 등산로가 없고 옛 희미한 산길을 찾아가는 개척단계의 산이다.

처음 계곡을 따라 오르는 길이 희미하고 가다가 없어진다. 거의 길이 없는 계곡과 지능선을 타고 주능선까지 오르면 이 후부터는 비교적 길이 뚜렷하다. 교통이 불편하여 찾아가기도 어렵고 소개도 되어있지 않아 등산객이 거의 없는 산이므로 전문 산악인과 동행을 해야 한다.

2000년 전에는 소양댐에서 배를 타고 물로리로 접근하여 산행을 하였으나, 지금은 두촌면 44번 국도에서 홍천고개를 넘어 물로리까지 2차선 포장도로가 개통되어 교통이 편리해 졌다.

산행은 물로리 마을 입석불에서 시작하여 합수곡 갈림길에서, 오른쪽 물안골을 따라 삼합수점을 경유하여 지능선을 타고 주능선에서 동쪽 주능선을 타고 정상에 오른다. 하산은 동쪽 주능선을 타고 임도에서 왼쪽 지능선을 타고 전신주를 따라 골을 경유하여 다시 입석불로 원점회귀 산행이다.

홍천군 두촌면에서 홍천고개를 넘어 육로가 개통되어 있지만 대중교통이 없어 대중교통은 소양댐에서 배편을 이용해야 한다.

등산로 (5시간 34분 소요)

물로삼거리 → 45분 → 입석불 → 43분 →
3합수곡 → 35분 → 주능선 → 18분 →
물안봉 → 22분 → 물로재 → 66분 →
입석불 → 45분 → 물로삼거리

물로리 입구 삼거리에서 왼편 마을 쪽 소형차로를 따라 가면 물로초교 터와, 노인정을 지나면서 15분 거리에 이르면 갈림길이 나온다. 갈림길에서 오른쪽 다리를 건너 20분을 가면 왼쪽은 광덕사 오른쪽은 은주사 삼거리가 나온다. 여기서 오른쪽 다리를 건너 10분을 가면 하얀 입석불이 있는 삼거리가 나온다.

여기서 상수도 물통을 두고 왼쪽은 은주사, 오른쪽은 묵밭인 우측 길을 따라 6분을 가면 전신주가 있는 삼거리가 나온다. 여기서 왼쪽은 하산길이고 오른쪽으로 간다. 오른쪽 계곡길을 따라 15분을 가면 합수곡이 나온다. 합수곡에서 오른쪽으로 계류를 건너서 왼쪽 골을 따라간다. 희미한 계곡길을 따라 22분을 가면 길이 없어진다. 이 지점은 3계곡 합수점이다.

여기서 1번, 2번 계곡 중간능선길이 없는 지능선으로 오른다. 길은 없으나 잡목이 없어 큰 어려움은 없다. 무조건 능선으로 들어가 5분을 오르면 바위가 나타난다. 바위를 우회하여 오르면 다시 본 능선으로 이어져 완만한 능선을 따라 30분을 오르면 주능선에 닿는다.

주능선에서 왼쪽으로 18분 거리에 이르면 삼각점이 있는 물안봉 정상이다.

하산은 삼각점에서 동남쪽으로 10m 거리에 이르면 능선이 갈라진다. 여기서 남쪽 주능선을 버리고 왼편 동쪽으로 내려서면 뚜렷한 동쪽으로 주능선이 이어진다. 동쪽 주능선을 따라 22분 거리에 이르면 전신주가 나오고, 조금 더 내려서면 임도사거리 물로재가 나온다.

물로재에서 왼편 북쪽으로 간다. 왼편으로 가면 비탈길로 이어진다. 비탈길을 따라가면 왼편 지능선으로 하산길이 이어진다. 하산길과 같이 전신주 따라 내려가다가 전신주가 계곡으로 이어질 때, 하산길도 전신주를 따라 계곡으로 가야 한다. 무심코 가다보면 능선으로 가게 된다. 이 지점에서는 반드시 전신주를 살펴보면서 전신주를 따라 하산을 해야 한다. 지능선을 내려서면 계곡으로 하산길이 이어진다. 계곡길은 희미하게 있다가 없어지고 반복하면서 하산을 하게 된다. 임도사거리에서 1시간 내려가면 올라왔던 계곡 삼거리에 닿는다. 여기서부터는 올라왔던 길을 따라 6분 내려가면 입석불 삼거리다.

입석불에서 30분을 내려가면 마을 상단 삼거리에 닿고, 15분 더 내려가면 물로리 입구 삼거리에 닿는다.

자가운전

수도권에서 홍천 인제 방면 6번-44번 국도를 이어타고 두촌면소재지 지나 2km에서 좌회전⇨홍천고개 넘어 조교리 보건소 삼거리에서 좌회전⇨물로리 입구에서 좌회전⇨물로리 마을 삼거리에서 우회전⇨운주사 입구 입석불삼거리 주차.

대중교통

상봉, 동서울터미널에서 춘천행 버스 이용. 춘천에서 소양댐행 버스 이용.
소양댐에서 오전 8시 30분에 출발하는 조교리행 배편 이용, 9시 10분 조교리 도착.
조교리에서 소양댐 행 배편(5월~8월)은 오후 4시 (9월~4월)은 오후 3시 출발한다.
소양댐 안내
033-257-0196

식당

조교민박집, 토종닭
춘천시 북산면 조교리
033-243-7256

가리산막국수
홍천군 두촌면 역내리
033-435-2704

명소
소양강

자은장날(두촌) 4일, 9일
홍천장날 1일, 6일

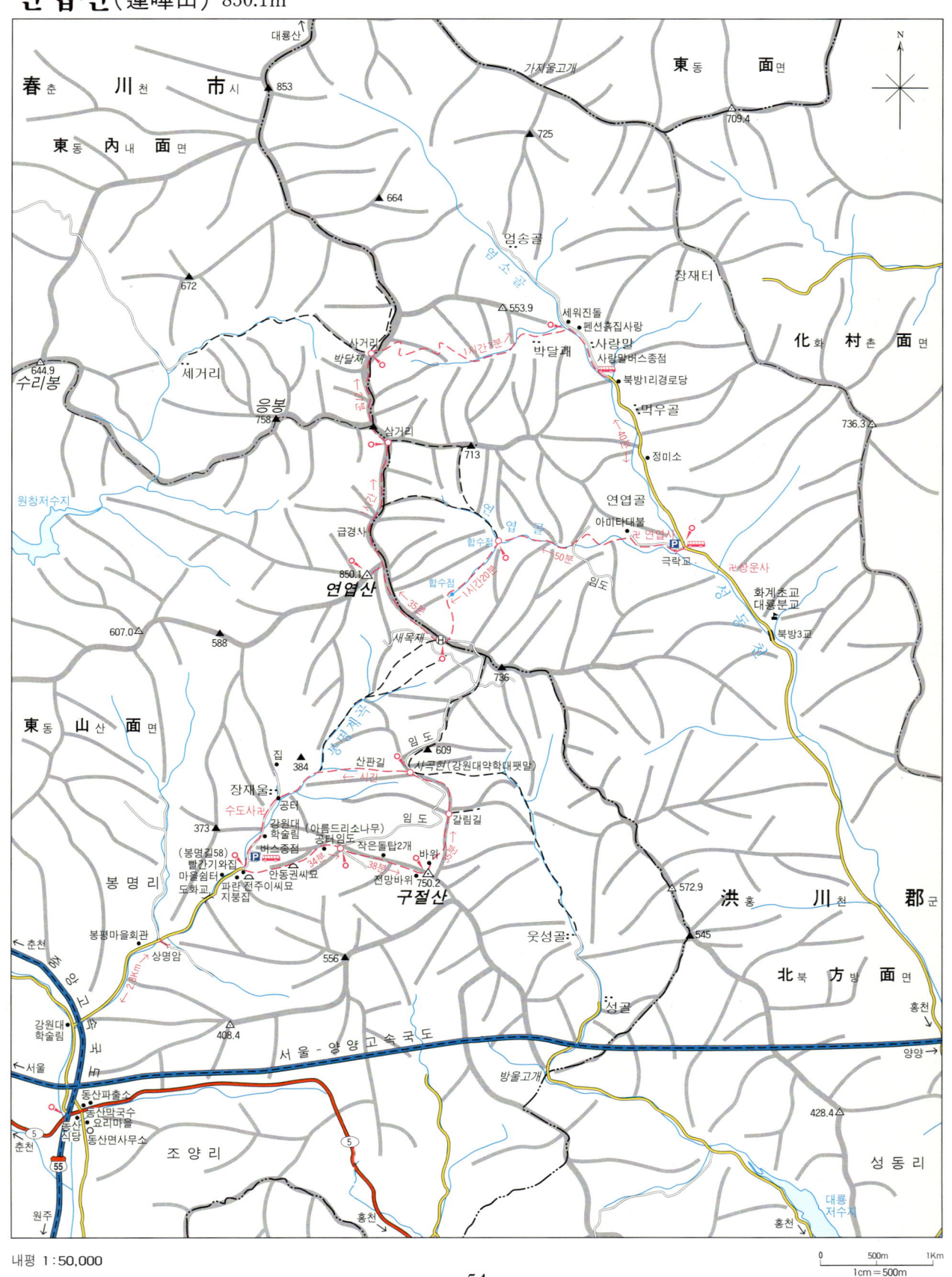

연엽산 강원도 춘천시 동산면(江原道 春川市 東山面)

개요

연엽산(蓮葉山, 850.1m)은 모산인 대룡산에서 남쪽으로 주능선을 따라 약 7km 지점에 응봉산을 지나서 솟은 산이 연엽산이다. 연엽산에서 계속 남쪽으로 이어지는 주능선은 3km 거리에 구절산을 이루고, 남쪽으로 이어져 방울고개를 넘어 성치산으로 이어진다.

중앙고속도로 동산면에서 춘천으로 넘어가는 원창고개에서 동쪽으로 바라보면 남북으로 길게 이어진 산맥의 가장 높은 봉이 연엽산이다.

연엽산 주능선을 기준으로 동쪽 면은 급하고, 서쪽 면은 완만한 산세를 이루고 있는 있다. 예전에는 서쪽에서 오르고 내려오는 산행이었으나, 현재 서쪽 면은 강원대학교 수림지역으로 등산로를 통제하고 있어서, 동쪽 동산면 북방리에서 산행을 시작하고 있다. 동쪽 북방리 연엽골 입구에는 연엽사가 자리하고 있다.

연엽산은 수도권에서 가까운 거리이나 등산안내가 부족하였고, 교통이 불편하여 한동안 묻혀있었던 산이다. 서쪽 면은 완만하고 교통이 좋은 편이나 동쪽 면은 깊은 오지의 산세이며 교통이 불편한 지역이었다.

산행은 동쪽 연엽사에서 연엽골을 따라 새목현을 거쳐 연엽산에 오른 뒤, 하산은 북릉을 타고 박달재고개에서 동쪽 능선 계곡을 따라 사랑말로 하산한다.

등산로 (6시간 15분 소요)

극락교 → 50분 → 합수곡 → 80분 →
새목재 → 35분 → 연엽산 → 87분 →
박달재 → 63분 → 버스종점

북방면 북방리 연화사 입구에서 서쪽 극락교를 건너 3분을 가면 연화사 대형 아미타대불이 나온다. 여기서 왼편 두 번째 철다리를 건너 우측 산길로 10m 가서 오른편 건곡을 건너면 큰 계곡 왼쪽으로 길이 이어진다. 큰 계곡을 건너서 언덕으로 올라서면 임도가 나온다. 연화사에서 20분 거리다. 임도에서 왼쪽으로 2분을 가면 임도를 벗어나 계곡을 건너서면 우측 계곡으로 길이 있다. 여기서부터 뚜렷한 계곡길을 따라 18분을 가면 계곡을 건너간다. 계곡을 건너 7분을 가면 합수곡이 나온다.

합수곡에서 왼쪽으로 간다. 길 흔적만 있는 왼쪽 계곡을 따라 25분을 가면 쓰러진 큰 고목나무를 넘어가고, 다시 10m 거리에 이르면 계곡으로 또 쓰러진 나무를 통과하며 14분을 더 가면 능선을 사이에 두고 양 골이 나온다. 여기서 왼쪽 골로 간다. 왼쪽 골을 따라 10분쯤 오르면 작은 산사태지역이 나온다. 여기서 왼쪽으로 30m 가서 약간 비탈진 왼쪽 계곡을 따라 오르게 되고 벌목지대인 급경사를 능선을 따라 31분 오르면 새목재에 닿는다.

새목재에서 왼쪽은 구절산 오른쪽은 연엽산이다. 오른쪽으로 가면 넓은 공터를 통과하게 되고 주능선을 따라 33분을 오르면 주능선 삼거리가 나온다. 삼거리에서 왼쪽으로 올라서면 산불초소가 있고 50m 정도 서쪽으로 더 가면 삼각점이 있는 연엽산이다.

하산은 50m 거리 삼거리로 되돌아온 다음, 왼편 북쪽으로 간다. 북쪽 하산 길은 급경사이며 100m 정도 내려가면 완만한 능선으로 이어진다. 완만한 북쪽 주능선을 따라 1시간 거리에 이르면 730봉 삼거리가 나온다.

730봉 삼거리에서 왼편 북쪽으로 7분을 가면 응봉삼거리가 나오고, 응봉삼거리에서 우측 길을 따라 20분을 가면 사거리 박달재에 닿는다.

박달재에서 우측 비탈길로 가면 능선으로 이어지다가 우측으로 꺾어져 계곡으로 이어지며 다시 왼쪽으로 꺾어져 원래 능선으로 이어진다. 원래 능선을 타고 15분을 내려가면 왼쪽으로 직각 꺾어져 1분 거리 계곡에서 우측으로 계곡 따라 17분을 내려가면 물이 있는 계곡에 닿는다. 여기서 계곡길을 따라 30분을 더 내려가면 차도에 닿고, 우측 도로 따라 13분을 가면 북방1리회관 버스종점이다.

여기서 연엽사 입구까지는 2km 이다.

자가운전

서울–홍천 간 44번 국도. 또는 중앙고속도로 홍천IC에서 춘천 방면 5번 국도로 진입 3km 북방면 삼거리에서 우회전 ⇨ 1km 삼거리에서 좌회전 ⇨ 14km 연엽사 주차.

대중교통

홍천버스터미널에서 1일 5회(06:00 08:30 12:10 15:10 18:30) 북방리행 버스 이용, 종점 하차.

식당

홍천강민물매운탕
홍천군 북방면 상화계리
033-435-8951

별난매운탕
북방면 상화계리 220
033-435-1707

머슴화로구이
홍천읍 하오안리 593
033-435-3592

장수횟집
홍천군 화동리 326-1
033-434-5453

숙박

홍천온천, 모텔
북방면 소매곡리 24-2
033-435-1011

흙집사랑펜션
북방면 북방리 813-4
033-433-0099

명소

강재구공원
연엽사

홍천장날 1일, 6일
양덕원장날 5일, 10일

구절산(九節山) 750.2m

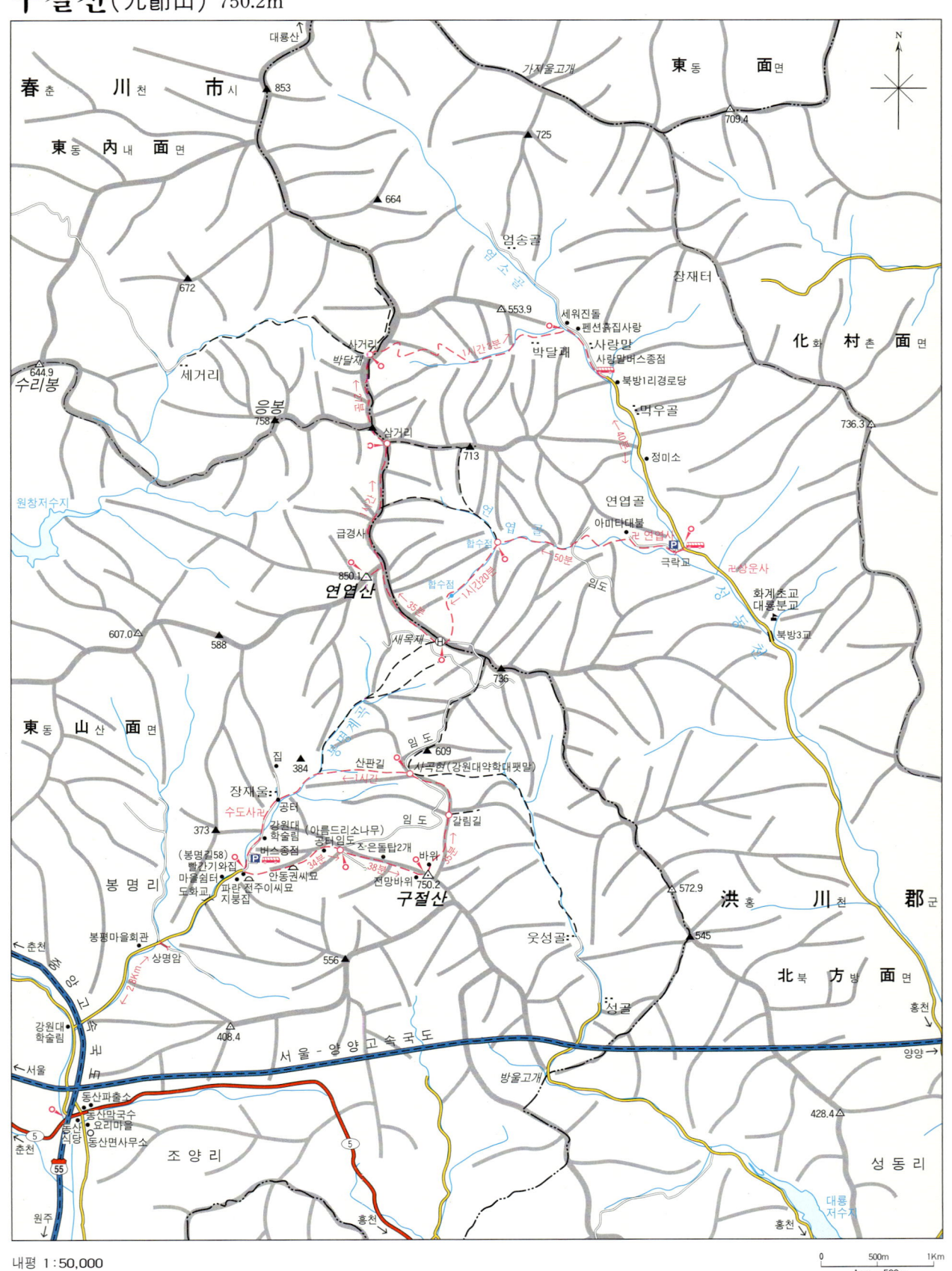

구절산

강원도 춘천시 동산면(江原道 春川市 東山面)

개요

구절산(九節山. 750.2m)은 모 산인 대룡산에서 남쪽으로 주능선이 뻗어나가 약 6km 거리에 응봉이 있고, 다시 2km 거리에 연엽산이다. 연엽산에서 계속 남쪽으로 능선이 이어져 3km 거리에 솟은 산이 구절산이다.

구절산에서 계속 남쪽으로 이어지는 능선은 방울고개를 넘어 성치산으로 이어진다. 구절산 정상 남북으로 이어지는 주능선 동쪽은 급경사에 바위지역이 많고, 서쪽 면은 비교적 완만한 산세를 이루고 있다. 구절산 서쪽 면 일대는 강원대학교 수림지역으로 각종 수림표시들이 있다.

구절산은 750.2m 그리 높지는 않은 산이나 오지에 위치하고 있고, 등산로도 정비가 되어있지 않으며 자세한 산행안내도 없어 오르는 사람이 별로 없어 산길이 희미한 편이다.

봉명리에서 새목현을 넘어 북방리로 넘어가는 임도를 사이에 두고 연엽산과 남북으로 마주하고 있으며, 구절산에서 연엽산까지 주능선은 완만하고 가까운 3km 거리로 종주산행도 좋은 코스이다. 고속도로가 개통되어 서울에서 1시간 거리로 가족산행지로 좋은 산이다.

산행은 동산면 봉명리 버스종점에서 동쪽 지능선을 타고 임도를 가로질러 구절산 정상에 오른 뒤, 하산은 북쪽 능선 더운짐내기고개에서 서쪽으로 하산 수도사 광원대학교 수림관을 통과 다시 버스종점으로 원점회귀 산행이다.

잡목이 우거진 구절산 정상

등산로 (3시간 47분 소요)

버스종점 → 34분 → 임도 → 38분 → 구절산 → 35분 → 강원대 안내판 → 60분 → 버스종점

동산면 삼거리에서 북동쪽 봉명리로 가는 도로를 따라 약 3km 거리 도화동 버스종점 전 봉명2리 마을 정자에서 강원대수림관 쪽 50m 거리에 이르면 오른쪽 산으로 오르는 길이 있다.

이 길을 따라 올라서면 빨간 기와집 뒤로 묘가 나온다. 묘 왼쪽으로 난 능선길을 따라 12분을 올라가면 밭과 묘를 지나서 안동권씨 묘비가 나온다. 안동 권 씨 묘비를 지나 능선으로 이어진 길을 따라 22분을 올라가면 임도가 나온다.

임도 우측 10m 거리에서 왼쪽 능선으로 있는 뚜렷한 능선길을 따라 12분을 올라가면 작은 돌탑 2개가 있다. 동탑에서 15분을 더 올라가면 바윗길이 시작된다. 왼쪽은 절벽인 급경사 바윗길을 따라 7분을 올라가면 오른쪽에 전망바위가 나오고, 4분을 더 오르면 삼각점이 있는 구절산 정상이다. 정상은 협소하고 전망은 숲에 가린다.

하산은 정상에서 서쪽으로 10m 다시 되내려온 다음, 희미한 북쪽 길로 내려간다. 처음에는 급경사 바윗길로 이어지며 다소 주의를 하면서 20분을 내려가면 급경사 험로는 끝나고 완만한 능선으로 이어진다. 북쪽으로 이어지는 완만한 능선길을 따라 7분 거리에 이르면 갈림길이 나온다. 갈림길에서 왼쪽 능선을 따라 8분을 가면 안부사거리 임도가 나온다. 임도에는 강원대 약대 약초원 안내판이 있다.

안내판에서 임도 북쪽으로 50m 거리에서 왼쪽으로 산판길이 있다. 이 산판길을 따라간다. 산판길을 따라 47분을 내려가면 합수점에 닿는다. 합수점은 북쪽 연엽산에서 내려오는 길과 만난다. 합수점에서 왼쪽으로 3분 내려가면 큰 삼거리 넓은 길이 나오고, 10분 더 내려가면 강원대 수림관을 지나서 버스종점에 닿는다.

자가운전

서울-양양 간 고속도로 조양IC에서 빠져나와 좌회전 ⇒ 500m 동산면 삼거리에서 좌회전 ⇒ 500m 삼거리에서 우회전 ⇒ 약 2.5km 도화2동 버스종점 주차.

춘천 홍천 방면에서는 춘천-홍천 간 5번 국도를 타고 동산면 조양리 삼거리에서 우회전 ⇒ 3km 거리 도화2동 버스종점 주차.

대중교통

춘천에서 복명리행 43번 1일 4회(05:30 09:30 13:30 19:00) 이용, 종점 하차.

식당

동산막국수
춘천시 동산면 봉명리 548-1
033-261-7410

동산기사식당
동산면 봉명리 549-1
033-262-6564

학곡리막국수
동내면 학곡리 345-2
033-261-5775

숙박

홍천온천 모텔
홍천군 북방면 소매곡리 24-2
033-435-1011

명소

팔봉산광광지
김유정문학촌

홍천장날 1일, 6일

수리봉 959.6m   발교산(髮校山) 995.2m   병무산(兵務山) 920m

청일 1:50,000

수리봉 · 발교산 · 병무산   강원도 횡성군, 홍천군(江原道 橫城郡, 洪川郡)

 ## 개요

수리봉(959.60m), **발교산**(髮校山, 995.2m), **병무산**(兵務山, 920m)은 전체적인 산세는 육산이나 주능선을 중심으로 급경사 바윗길이 종종 나타는 편이지만 산행에는 큰 문제가 없는 산이다. 산행은 모두 봉명리에서 오르고 내려온다. 대중교통과 대형버스는 춘당초교까지만 들어갈 수 있고 소형차는 안구접이까지 들어갈 수 있다.

 ## 등산로

수리봉(4시간 7분 소요)

버스종점 → 72분 → 안부 → 30분 → 수리봉 → 25분 → 여우재 → 60분 → 버스종점

안구잡이 버스종점에서 북쪽으로 마을길을 따라 7분을 가면 다리를 건너 삼거리가 나온다. 삼거리에서 우측 길을 따라 5분을 가면 마지막 농가가 있다. 여기서 북쪽 이김이골로 이어진 등산로를 따라 1시간을 오르면 안부에 닿는다.

안부에서 우측으로 15분을 가면 갈림능선 공터에 닿고, 15분을 더 오르면 삼각점이 있는 수리봉 정상이다.

하산은 남릉을 따라 18분을 가면 갈림 능선이 나온다. 여기서 왼편 동남쪽으로 7분을 더 내려가면 여우재 삼거리가 나온다. 여우재에서 우측 남쪽 지능선을 따라 40분을 내려가면 계곡 길림길에 닿고, 우측으로 20분을 더 내려가면 버스종점이다.

발교산(4시간 52분 소요)

절골 입구 → 80분 → 삼거리 → 50분 → 발교산 → 42분 → 망고개 → 60분 → 주막거리

안구잡이 버스종점 1km 전 절골입구 다리 삼거리에서 산행을 시작한다. 다리에서 서쪽 소형차로를 따라 100m 가면 갈림길이 나온다. 갈림길에서 우측으로 21분을 가면 삼거리를 지나서 융푸라원펜션이 나온다. 펜션에서 계곡길을 따라 17분을 가면 갈림길이 나오는데 우측 능선 비탈길로 간다. 비탈길로 15분을 가면 봉명폭포가 나오고, 25분을 더 가면 이정표 삼거리가 나온다.

삼거리에서 왼편 남쪽으로 골을 건너 8분을 가면 왼쪽 지능선으로 산길이 이어져 32분을 오르면 주능선이 나온다. 주능선에서 왼쪽으로 10분을 오르면 발교산 정상이다. 정상은 삼각점이 있고 이정표가 있으며 통신기가 있다.

하산은 남쪽 주능선을 타고 12분을 내려가면 바위봉이 나온다. 바위봉에서 우측 능선길을 따라 30분을 내려가면 사거리 망고개에 닿는다.

망고개 왼쪽으로 25분을 내려가면 농가에 닿고 30분을 더 내려가면 주막거리에 닿는다.

병무산(5시간 45분 소요)

주막거리 → 70분 → 망고개 → 50분 → 병무산 → 55분 → 쌍 묘 → 34분 → 곡석치 → 49분 → 전사각 → 27분 → 주막거리

주막거리에서 서쪽 소형차로를 따라 1km 가면 다리 건너 삼거리가 나온다. 삼거리에서 우측 소형차로를 따라 30분을 가면 갈림길이 나온다. 갈림길에서 왼쪽으로 가면 마지막 농가가 나온다. 여기서 30분을 오르면 망고개에 닿는다.

망고개에서 왼쪽으로 급경사를 타고 50분을 오르면 병무산 정상이다.

하산은 곡석치를 향해 남쪽 주능선을 따라 32분을 내려가면 왼쪽 비탈길로 이어져 10분을 가면 다시 능선으로 올라서 13분을 가면 분지에 쌍 묘가 나온다.

쌍 묘에서 동남쪽 능선길을 따라 18분을 가면 갈림 능선이 나온다. 여기서 우측 능선을 따라 16분을 내려가면 곡석치 사거리에 닿는다.

곡석치에서 왼편 북쪽 길을 따라 25분을 내려가면 민가에 닿고, 24분 내려가면 평해황씨 전사각을 지나며, 27분을 더 내려가면 주막거리에 닿는다.

자가운전

중앙고속도로 횡성IC에서 빠져나와 19번번 국도를 타고 청일면 춘당리에서 좌회전⇒소형차로를 따라 2km 주막거리(**병무산**). 주막거리에서 우회전⇒3km 절골 입구(**발교산**). 절골 입구에서 우측 1km 종점은 **수리봉** 산행 기점이다.

대중교통

상봉터미널에서 횡성행 버스 이용. 횡성에서는 춘당리행 버스 1시간 간격 이용, 춘당초교 하차. 원주에서 서석행 1일 4회 운행하는 버스 이용, 춘당초교 하차. 횡성에서 춘당리 사실항마을 경유 봉명리 구접이마을 행 버스 1일 2회(09:30 19:30)

식당

청일중앙식당
횡성군 청일면 유동2리 589-27
033-342-5020

윤가네면옥
청일면 유동리 861-23
033-342-0008

답십리해장국
횡성읍 종합운동장 옆
033-344-5218

숙박

융푸라원펜션
횡성군 청일면 봉명리
033-344-8254

힐스프링온천
횡선군 갑천면 삼거리 101
033-344-9333

운무산(雲霧山) 980.3m

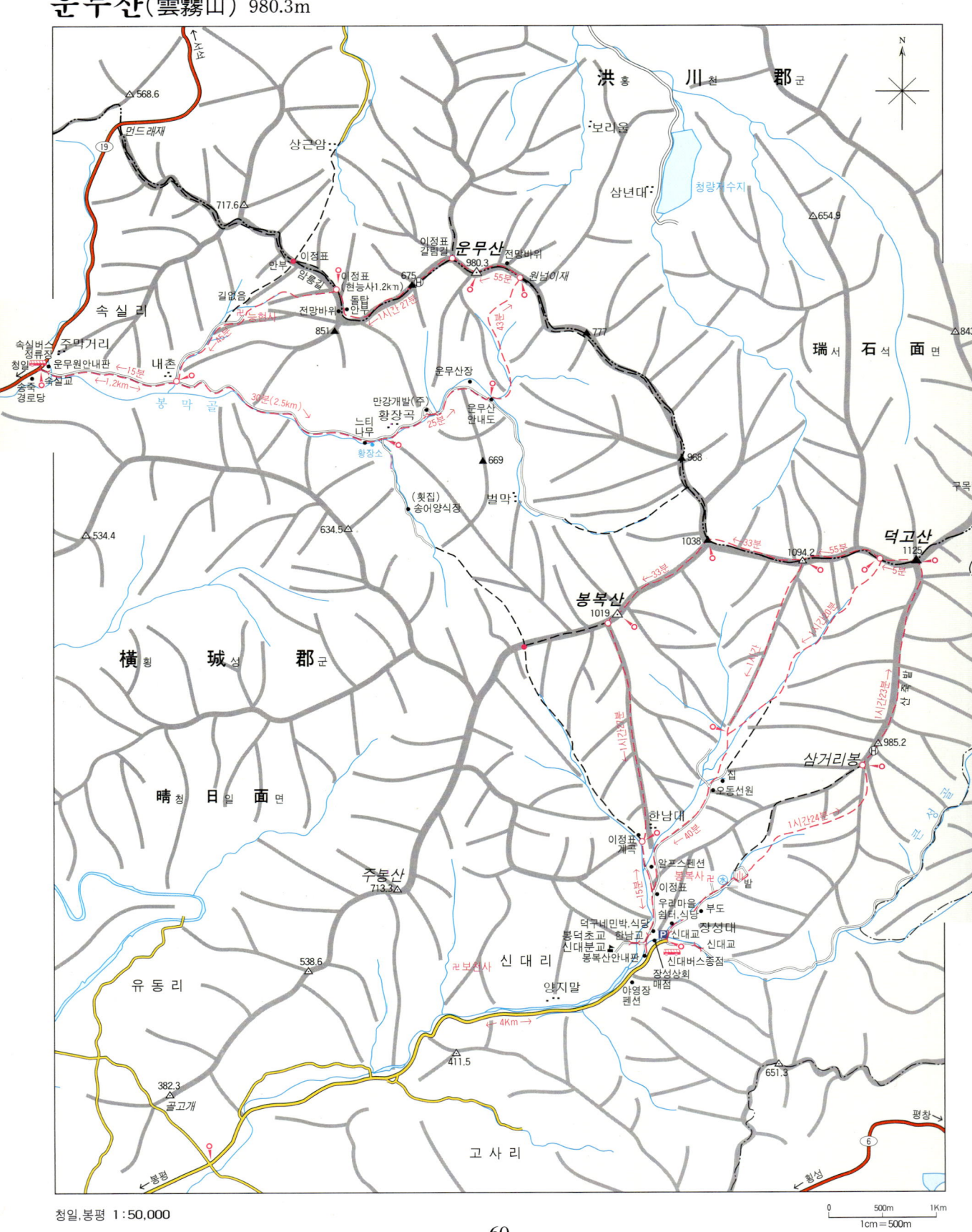

청일, 봉평 1 : 50,000

운무산

강원도 횡성군 청일면(江原道 橫城郡 晴日面)

개요

운무산(雲霧山. 980.3m)은 백두대간 오대산 두로봉에서 서남쪽으로 차령산맥을 따라 계방산, 보래봉을 지나 삼계봉에 이른 후에, 서북 방향 한강지맥을 따라 약 5km 거리에 위치한 산이다. 운무산 정상 일대는 거대한 바위로 이루어져 있으며 주능선은 대부분 바윗길이다. 등산로는 뚜렷한 편이나 주능선은 대부분 바윗길이므로 주의를 해야 하고 특히 겨울 산행은 삼가야 한다.

산행은 속실교 주막거리에서 우회전 3.7km 소형차로 황장소에서 소형차로 계곡 원님이재를 경유하여 운무산에 오른다. 하산은 서쪽 능선을 타고 능현사 삼거리에서 왼쪽 지능선을 타고 능현사를 경유하여 내촌 속실교로 하산한다.

* 황장소는 옛날 이 고을을 다스리던 현감이 이곳의 아름다운 풍광에 넋을 잃고 관기와 함께 즐기다가, 나중에 황장소 깊은 물에 떨어져 죽었다는 전설이 있는 곳이다.

운무산 동쪽 계곡 황장소

등산로 (6시간 13분 소요)

속실교 → 43분 → 황장소 → 68분 → 원님이재 → 55분 → 운무산 → 87분 → 갈림길 → 45분 → 내촌 → 15분 → 속실교

속실교 버스정류장에서 우회전 소형차로를 따라 15분(1.2km) 거리에 이르면 내촌 삼거리가 나온다. 삼거리에서 왼쪽은 능현사 하산길이다. 오른쪽 길을 따라 30분(2.5km) 거리에 이르면 느티나무가 있고 소가 있는 황장소가 나온다.

황장소에서 계속 직진 500m 거리에 이르면 만강개발(주) 입구가 나오고, 우측으로 10분을 가면 운무산장을 지나서 150m 거리에 삼거리가 나온다. 삼거리에서 왼쪽으로 60m 가면 농로가 끝나는 지점 합수곡에 운무산안내도가 있다. 여기서부터 산행이 시작된다. 계곡길을 따라 5분을 가면 합수곡이 나온다. 합수곡에서 잣나무지역인 왼쪽으로 13분을 올라가면 무너진 돌탑을 지나고 이정표가 나온다. 계속 계곡길을 따라 25분을 올라가면 주능선 원님이재 사거리에 닿는다.

원님이재에서 왼쪽 주능선을 따라 25분을 올라가면 바윗길 급경사 뒤 전망봉에 닿는다. 전망봉에서 암릉길을 따라 30분을 오르면 삼각점이 있는 운무산 정상이다.

정상은 사방이 막힘이 없다. 북쪽으로부터 서석면이 샅샅이 내려다보이고, 서석면 뒤로 아미산 고양산이 바로 가까이 보인다. 동쪽으로는 차령산맥이 시야에 들어온다. 서쪽 춘당리 서북쪽으로 수리봉, 발교산, 병무산이 바로 가까이 건너다보인다.

하산은 서릉을 탄다. 정상에서 10분을 내려가면 이정표가 있는 갈림길이 나온다. 갈림길에서 왼쪽 서남쪽 주능선을 따라 25분을 거리에 이르면 이정표가 있는 안부를 지나서 헬기장이 나온다. 헬기장에서 17분을 내려가면 안부가 또 나온다. 안부에서 5분을 가면 돌탑이 나오고, 돌탑에서 왼쪽으로 8분을 가면 이정표가 있는 능선봉이 나온다. 갈림능선 이정표에서 우측으로 30m 가서 전망봉을 우회하여 22분을 가면 '현능사 1.2km, 타락골재 3km'의 이정표가 있는 갈림길이 나온다.

갈림길에서 능현사를 향해 왼쪽 지능선을 탄다. 왼쪽 지능선을 따라 10분을 내려가면 이정표가 있는 능선에서 오른쪽 계곡으로 내려간다. 여기까지 급경사이고, 여기서부터는 완만한 계곡길을 따라 15분을 내려가면 능현사에 닿는다. 능현사에서 소형차로를 따라 20분을 내려가면 내촌삼거리에 닿는다. 여기서 황장소까지는 30분, 속실교는 15분 거리이다.

자가운전

수도권에서 횡성 방면 6번 국도를 타고 횡성읍에서 서석 방면 19번 국도를 타고 청일면에서 8km 거리 속실교에서 우회전⇒소형차로를 따라 3.7km 거리 황장소 주차.

중앙고속도로 횡성IC에서 빠져나와 우회전⇒1.5km 횡성읍에서 19번 국도를 탄다.

대중교통

동서울터미널에서 횡성행 버스 이용, 횡성 하차. 원주에서 횡성 경유 서석행(1일 17회) 버스 이용, 속실교 하차.

식당

송어횟집
횡성군 청일면 속실리 110
033-344-5633

용수가든
청일면 속실리 604
033-344-6688

답십리해장국
횡성읍 읍하택지 종합운동장 앞
033-344-5218

온천

횡성온천
횡성군 갑천면 삼거리 95-6
033-344-4200

명소

횡성호

횡성장날 1일, 6일

덕고산(德高山) 1125m 봉복산(鳳腹山) 1019m

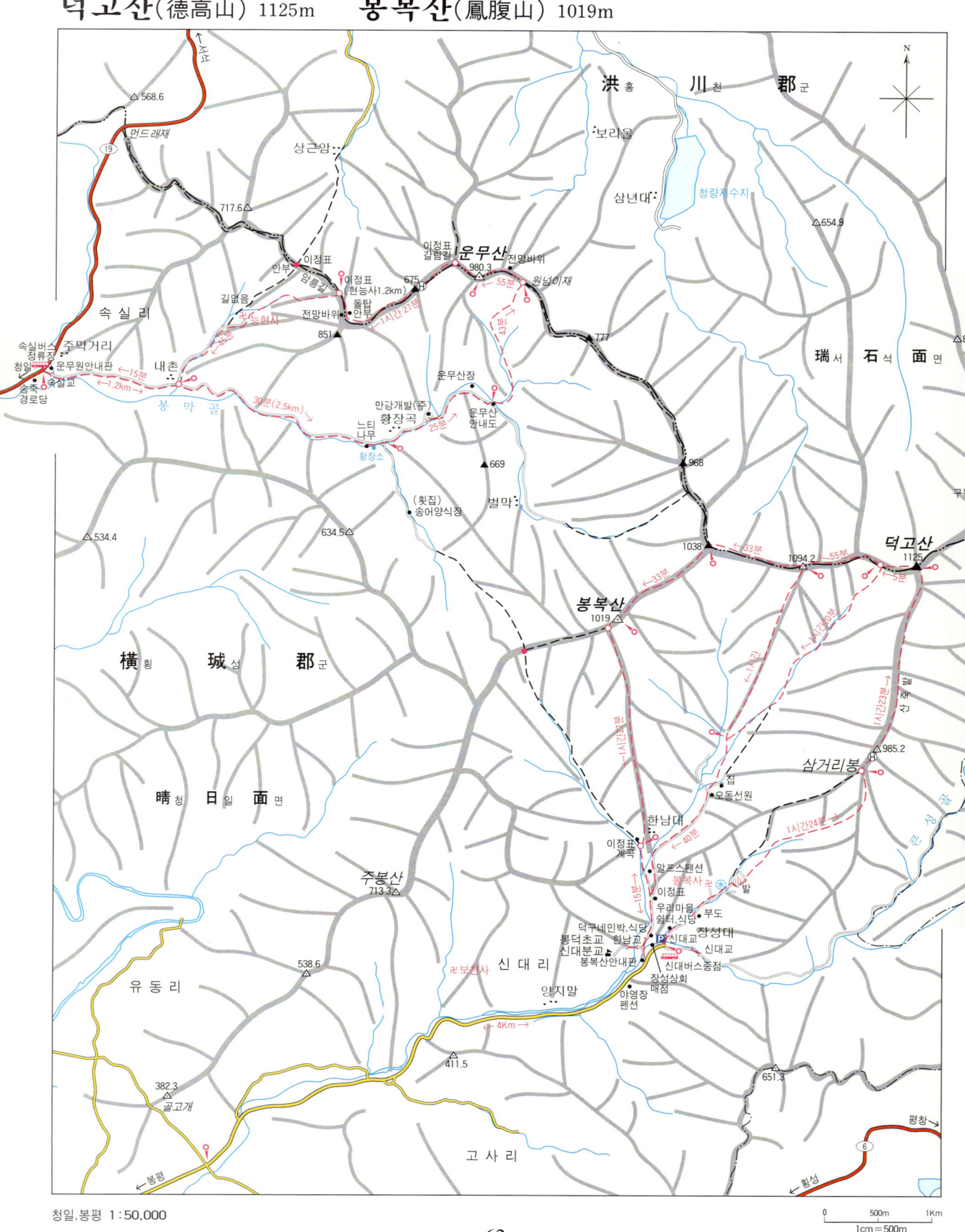

덕고산 · 봉복산

강원도 횡성군 청일면, 홍천군(江原道 橫城郡 晴日面, 洪川郡)

 개요

덕고산(德高山. 1125m)과 **봉복산**(鳳腹山. 1019m)은 백두대간 두로봉에서 서남쪽으로 이어지는 산맥이 거대한 령봉을 넘으면서 오대산 계방산 보래봉 구수령을 거쳐 덕고산 봉복산으로 이어진다. 덕고산에서 봉복산으로 이어지는 주능선 북쪽으로 홍천군 동부 서석면 일대가 내려다보이고 남쪽으로는 청일면 신대리 일대가 시원하게 내려다보인다.

전체적으로 완만한 산세를 이루고 있고, 주능선 대부분은 키 작은 산죽밭이다. 봉복산 기슭에 위치한 봉복사는 조계종 4교구 월정사 말사로서 횡성군에 있는 사찰 중에서 가장 역사가 깊은 절이다. 한때는 산중에 암자가 9개나 있었고, 승려가 100명이 넘었으며 구한말에는 의병들이 머물면서 일본군과 싸우던 곳이기도 하다.

산행은 덕고산, 봉복산을 각각 따로 해도 되지만, 가능한 덕고산과 봉복산을 함께 종주산행을 하는 것이 효율적이다. 신대리 버스종점에서 시작하여 봉복사를 경유하여 덕고산을 먼저 오른다. 덕고산에서 하산은 서쪽 주능선을 따라 5분 거리에 이르면 갈림길이 나온다. 갈림길에서 왼쪽으로 2시간 내려가면 신대리 종점이다. 계속 서쪽 주능선을 타고 1094.2봉 삼거리에서 남쪽으로 하산해도 된다. 봉복산까지 종주산행은 계속 서릉을 타고 1038봉 삼거리에서 남서능선을 타고 봉복산에 오른 뒤, 남쪽 지능선을 타고 다시 신대리 버스종점으로 원점회귀 산행이다.

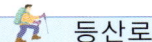 등산로

덕고산-봉복산(7시간 30분 소요)

신대종점 → 84분 → 삼거리봉 → 83분 → 덕고산 → 55분 → 1094봉 → 33분 → 1038봉 → 33분 → 봉복산 → 102분 → 신대종점

신대리 버스종점에서 왼쪽 신대교를 건너 11분을 가면 봉복사가 나온다. 봉복사 우측으로 난 농로를 따라 8분을 가면 계곡을 건너 넓은 밭

봉복산 산행기점에 자리한 봉복사

이 나오고, 밭 오른쪽으로 난 길을 따라 가면 밭이 끝나면서 산길로 이어진다. 뚜렷한 산길을 따라 40분을 오르면 우측 지능선에 닿고, 지능선에서 왼쪽 지능선을 따라 25분을 오르면 삼거리 첫 봉에 닿는다.

첫 봉에서 13분을 가면 헬기장이 나온다. 헬기장에서부터 키 작은 산죽길이다. 산죽길을 따라 1시간 10분을 가면 삼거리 덕고산 정상이다.

하산은 왼쪽 서릉을 타고 5분을 내려가면 왼편 계곡으로 하산하는 갈림길이 나온다. 갈림길에서 왼쪽으로 2시간 내려가면 신대종점이다. 봉복산은 갈림길에서 우측 주능선을 타고 간다. 우측 능선을 따라 가면 바윗길이 시작된다. 바윗길이 나오면 언제나 왼쪽으로 우회한다. 서쪽 주능선을 타고 55분을 가면 1094봉에 닿는다.

1094봉에서 왼쪽 지능선을 따라 1시간 40분 내려가면 신대 종점이다. 봉복산은 삼거리에서 우측 주능선을 타고 내려가면 안부를 지나서 33분 거리에 이르면 1038봉 삼거리가 나온다.

삼거리에서 왼편 서쪽으로 21분을 가면 왼쪽으로 갈림길이 나온다. 갈림길에서 계속 우측 주능선을 따라 12분을 더 오르면 이정표가 있는 삼거리 봉복산 정상이다.

봉복산에서 하산은 서쪽 주능선으로 2분 거리에 이르면 왼쪽으로 갈림길이 나온다. 갈림길에서 왼쪽으로 간다. 왼편 남쪽으로 내려서면 뚜렷한 지능선으로 하산길이 이어져 25분을 내려가면 억새가 많은 헬기장이 나오고, 계속 능선을 타고 1시간을 내려가면 묘를 지나 계곡삼거리에 닿는다. 계곡에서 15분을 더 내려가면 버스종점에 닿는다.

자가운전

수도권에서 6번 국도를 타고 횡성읍에 진입, 또는 중앙고속도로 횡성IC에서 빠져나와 횡성에 진입 한 후, 횡성읍에서 서석 방면 19번 국도를 타고 갑천면 지나 3km 거리 봉복산 표시석 삼거리에서 우회전 ⇒ 8km 신대리 종점 주차.

대중교통

동서울터미널에서 횡성행 버스 이용, 횡성 하차. 원주에서 횡성 경유 신대리행(1일 5회) 이용, 신대리 종점 하차.

식당

우리마을쉼터식당
횡성군 청일면 신대리 240-2
033-345-5499

덕주네민박, 식당
횡성군 청일면 신대리
033-345-5641

답십리해장국
횡성읍 읍하택지 종합운동장 앞
033-344-5218

숙박

알프스펜션
횡성군 청일면 신대리
010-5564-7061

온천

횡성온천
033-344-4200

명소

횡성호

횡성장날 1, 일 6일

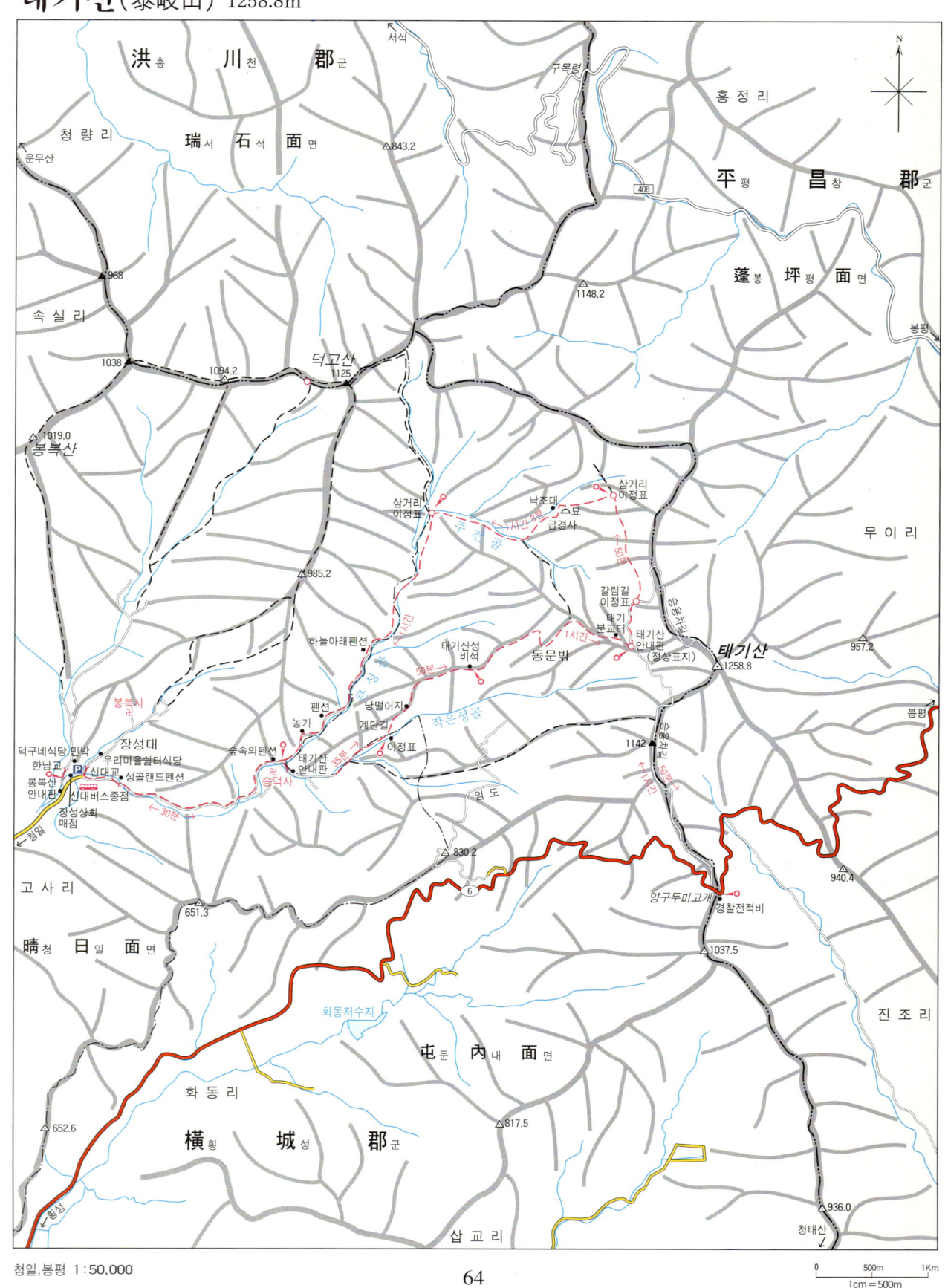

태기산

강원도 평창군 봉평면, 횡성군 청일면 (江原道 平昌郡 蓬坪面, 橫城郡 晴日面)

개요

태기산(泰岐山. 1258.8m)은 횡성군에서 가장 높은 오지의 산이다. 삼한시대 진한의 마지막 임금인 태기왕이 신라군에 쫓기어 이곳에 성을 쌓고 신라와 싸웠다는 전설에 따라 태기산이라 명명되었다. 2000여 년의 세월이 흐른 지금도 허물어진 성벽을 비롯해 집터와 샘 등이 수림지대 아래에 흩어져 있고, 산성골 북쪽 등산로 중턱에 돌무더기 있는 곳에 태기산성이 있었다고 알려주는 태기산성비가 있다. 태기산 정상은 둔내 11경 중 태기백운(泰岐白雲)이라 하여 변화무쌍한 구름의 오묘한 조화가 장관을 이루는 것으로 유명하다. 현재 정상은 통신시설로 인하여 등정이 불가하므로 서쪽 태기분교 터가 있는 삼거리를 정상으로 정하고 산행을 한다.

산행은 신대리에서 작은성골, 태기산성터를 경유하여 태기분교 터(정상)에 오른다. 하산은 낙조대, 주전골 큰성골을 따라 다시 신대리로 원점회귀 산행이다. 대형버스는 신대리 종점에서 시작하고, 승용차는 2km 더 들어가 작은성골, 큰성골 갈림길에 주차하고 산행을 시작한다.

등산로(7시간 23분 소요)

신대버스종점 → 30분 → 삼거리 → 35분 → 마지막 집 → 50분 → 태기산성 → 60분 → 태기산삼거리 → 50분 → 갈림길 → 68분 → 삼거리 → 60분 → 숲속의펜션 삼거리 → 30분 → 신대종점

신대종점에서 송덕사 쪽 소형차로를 따라 30분을 가면 합수곡 숲속의펜션 삼거리가 나온다.

삼거리에서 우측 다리를 건너 소형차로를 따라 7분을 가면 다리가 있고 집이 있는 갈림길이 나온다. 여기서 왼쪽 길을 따라 5분 거리에 이르면 마지막 집이 나온다.

마지막 집에서 오른쪽으로 다리를 건너서 집 왼쪽 계곡으로 난 산길을 따라 20분을 올라가면 이정표가 있는 갈림길이 나온다. 갈림길에서 왼쪽으로 급경사 나무계단 길로 7분을 오르면 지능선에 닿는다. 지능선에서 우측으로 이어지는 능선길을 따라 가면 양면에 낭떠러지 길을 두 번 지나서 35분을 오르면 태기산성 터와 산성비가 나온다.

태기산 서쪽 능선에 위치한 태기산성 터

여기서부터 완만한 능선길로 이어지며 작은 잣나무지역을 지나면서 2분을 가면 샘이 있는 동문박이 나온다. 여기서부터 큰 잣나무군락지이며 완만한 등산로를 따라 35분을 오르면 넓은 공터인 태기분교 터가 있고, 여기서 1분 거리에 임도삼거리 이정표가 나온다. 정상은 오를 수 없으므로 이 지점을 정상으로 표시하고 있다.

하산은 삼거리에서 왼쪽으로 임도를 따라 6분을 가면 임도를 벗어나 왼쪽으로 오솔길이 나온다. 예날 산판길인 평지와 같은 뚜렷한 비탈길을 따라 44분을 가면 갈림길이 나온다.

이 갈림길에서 왼편 서쪽 길을 따라 6분을 내려가면 물이 있는 계곡이 나온다. 계곡길을 따라서 5분을 내려가면 묘가 있는 낙수대 상단에 선다. 묘 아래는 낙수대 낭떠러지이다. 왼쪽으로 돌아가서 비탈길 급경사 길로 내려가면 낙수대폭포가 내려다보이고, 계곡으로 하산길이 이어지며 희미한 계곡을 따라 내려간다. 수물지역을 내려갈 때는 다음 연결 길을 주의 깊게 찾아가야 한다. 확실한 길이 없는 계곡길로 17분을 내려가면 계곡 왼쪽으로 뚜렷한 길이 나온다. 뚜렷한 길을 따라 25분 내려가면 수물지역이 나온다. 여기서 15분을 내려가면 봉복산계곡에서 내려오는 삼거리가 나온다.

삼거리에서 왼쪽 큰성골 평탄한 길을 따라 1시간을 가면 숲속의펜션 삼거리다. 여기서부터 소형차로를 따라 30분 더 가면 신대종점이다.

자가운전

중앙고속도로 횡성IC에서 빠져나와 좌회전 ⇒ 1.5km 에서 좌회전 ⇒ 19번 국도를 타고 청일면에서 우회전 ⇒ 2km에서 좌회전 ⇒ 4.7km 신대리 버스종점에서 우회전 ⇒ 소형차로를 따라 2km 숲속의펜션 삼거리 주차.

대중교통

동서울터미널에서 횡성행 버스 이용. 또는 원주에서 횡성행 버스 이용 후, 횡성에서 1일 5회 운행하는 신대리행 버스 이용, 신대리 종점 하차.

식당

우리마을쉼터식당
횡성군 청일면 신대리 240-2
033-345-5499

왕십리해장국
횡성읍 읍하택지 공설운동장 앞
033-344-5218

숙박

하늘아래펜션
횡성군 청일면 신대리
033-345-7652

온천

횡성온천
횡성군 갑천면 삼거리 95-8
033-344-4200

명소

횡성호

횡성장날 1일, 6일

홍정산(興亭山) 1276.5m

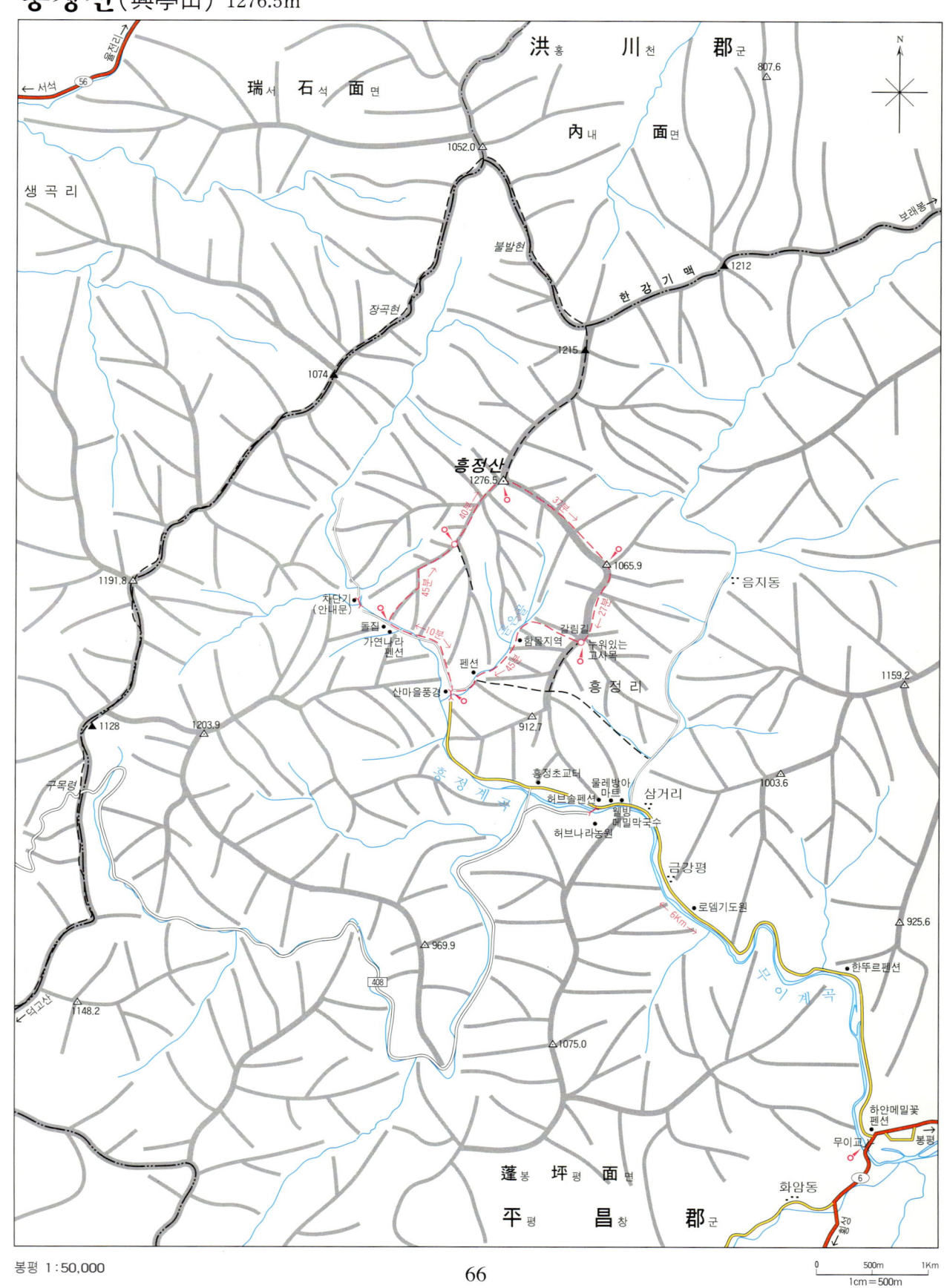

홍정산

강원도 평창군 봉평면 흥정리(江原道 平昌郡 蓬坪面 興亭里)

개요

홍정산(興亭山. 1276.5m)은 백두대간 오대산에서 서쪽으로 뻗어나가는 한강기맥이 계방산 운두령 보래봉을 거쳐 계속 서쪽으로 이어져 가다가 봉평면 홍정리에 이르러 남쪽으로 가지를 뻗어 2km 지점에 솟은 산이다. 전체적인 산세는 육산으로 완만한 산세를 이루고 있다.

대부분의 등산로는 무난한 편이나 하산길 계곡이 산사태로 다소 혼란하지만 하산을 하는데 큰 문제는 없다. 홍정산 서남쪽 홍정계곡은 열목어가 서식하는 일급수가 흐르는 오지였으나 홍정계곡에 펜션이 지어지면서부터 펜션 촌으로 탈바꿈해 지금은 전국에서 가장 많은 펜션촌이 되어버렸다.

등산로 입구인 봉평면 무이교에서 홍정계곡길 산행기점 임도 차단기까지 6km가 1차선 소형차로이고, 버스가 들어갈 수 없기 때문에 승용차 편만 산행이 가능하다.

홍정산은 봉평면 맨 북쪽 홍정리에 위치하고 있으며 봉평면 일대는 메밀의 고장으로 메밀꽃 피는 가을 8월 말에서 9월초 사이에는 봉평면 일대가 하얀 메밀꽃으로 장관을 이룬다. 또한 봉평면은 메밀꽃 필 무렵의 저자 이효석의 출생지이다.

산행은 승용차로 끝 돌집에서 북릉을 타고 홍정산에 오른 뒤, 하산은 서남쪽 능선을 타고 곧은골을 경유하여 다시 돌집으로 원점회귀 산행이다.

등산로(4시간 24분 소요)

차단기 → 45분 → 삼거리 → 40분 →
홍정산 → 64분 → 갈림길 → 20분 →
계곡 → 25분 → 풍경이있는 삼거리 →
10분 → 차단기

홍정리 입구 무이교에서 42번 국도를 벗어나 북쪽으로 난 소형차로 홍정계곡을 따라 4km 거리에 이르면 우측에 홍정분교 터가 나온다. 홍정분교에서 계속 이어지는 소형차로를 따라 2km 더 가면 다리를 건너서 바로 산마을풍경 펜션이 있는 삼거리가 나온다.

여기서 우측은 하산길이고 왼쪽으로 간다. 왼쪽 임도를 따라 10분 거리에 이르면 왼편에 단층 돌집이 있고, 60m 더 들어가면 다리가 있으며 차단기가 나온다. 여기서 다리와 돌집사이 중간에 북쪽 능선으로 희미한 등산로가 있다. 이 지점이 홍정산 산행기점이다

희미한 등산로를 따라 올라가면 가파르게 이어진다. 등산로는 점점 뚜렷해지면서 지능선으로 이어져 45분을 오르면 우측에서 올라오는 갈림길이 나온다.

갈림길에서부터 완만하게 이어지는 등산로를 따라 올라가면 산죽능선으로 이어지면서 40분을 오르면 홍정산 정상에 닿는다.

정상은 삼거리이고 삼각점이 있으며 사방이 막힘이 없다. 서쪽에 태기산이 바로 건너다보이고, 동쪽에는 회령봉이 남쪽에는 백적산 가리왕산이 시야에 들어온다.

하산은 동남쪽 능선을 탄다. 올라온 쪽에서 오른편 동남쪽 지능선을 따라 30분을 내려가면 작은 안부를 자나서 두 번째 안부가 나온다. 2번째 안부에서 다시 오르막길을 7분을 올라가면 1066봉 갈림능선에 닿는다. 여기서 우측 능선을 따라 27분을 내려가면 왼쪽 능선에 고사목이 누워있는 갈림길이 나온다.

갈림길에서 우측으로 간다. 우측 세능선을 따라 20분을 내려가면 계곡에 닿는다.

계곡에서 왼쪽으로 이어지는 계곡길을 따라간다. 계곡길은 수몰되어 폐허가 되어 다소 혼란스럽다. 하산길이 분명치 않은 지역이 있으므로 잘 살펴서 길을 찾아야 한다. 수몰된 혼란한 계곡길을 따라 20분을 내려가면 집이 나온다. 집에서부터 소형차로가 시작된다. 소형차로를 따라 5분을 내려가면 풍경이 있는 삼거리에 닿는다.

삼거리에서 우측으로 10분 거리에 이르면 차단기가 있는 산행기점이다.

자가운전

영동고속도로 장평IC에서 빠져나와 우회전 ⇒ 봉평 방면 6번 국도를 타고 봉평 통과 후 3km 흥정계곡 입구 무이교에서 우회전 ⇒ 소형차로를 따라 6km 산마을풍경에서 좌회전 ⇒ 700m차단기주차.

대중교통

동서울터미널에서 평창 강릉 방면 버스 이용, 장평 하차. 장평에서 1일 17회 운행하는 봉평행 버스 이용, 봉평 하차. 봉평에서 산행기점 차단기까지는 버스 편이 없으므로 택시를 이용 한다.

식당

풀내음(막국수)
평창군 봉평면 원길2리 763-5
033-336-0037

현대막국수
봉평면 창동리 384-6
033-335-0314

우촌정육식당
봉평면 창동1리 371-6
033-335-8888

숙박

메밀꽃필무렵
봉평면 창동1리 186-2
033-336-2460

한뚜루펜션
봉평면 흥정리 285-1
033-335-0116

명소

이효석문화마을

봉평장날 2일, 7일

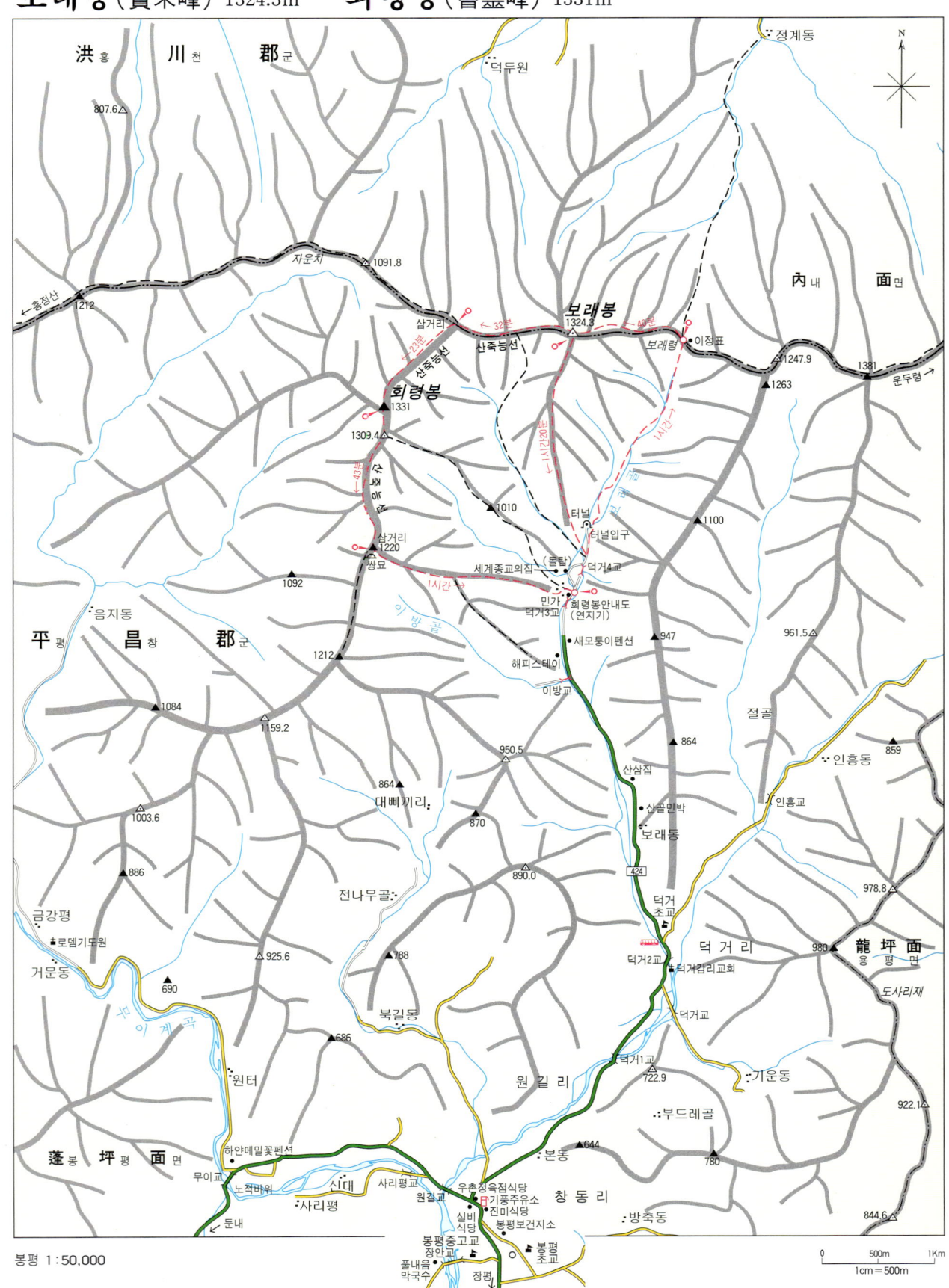

보래봉 · 회령봉

강원도 평창군 봉평면, 홍천군 내면(江原道 平昌郡 蓬坪面, 洪川郡 內面)

개요

보래봉(寶來峰. 1324.3m)과 회령봉(會靈峰. 1331m)은 홍천군과 평창군 경계를 이루면서 거대한 산맥을 형성하고 있는 산이다. 주능선 북쪽은 홍천군 내면 남쪽은 평창군 봉평면이다. 주능선 등산로 주변은 대부분 산죽길에 산길이 뚜렷하고 완만한 편이며 험로가 없다.

봉평면 일대가 해발 600~800m 고지대이고 겨울철에는 눈이 많이 오는 지역이다. 봉평면 소재지에서 연지기 까지는 버스 편이 하루 2번 있으나 이용하기 어렵고, 택시를 이용해야 한다.

산세가 완만한 편이며 보래봉 또는 보래봉-회령봉까지 종주하여도 5시간 30분 정도면 충분하므로 종주산행을 하는 것이 바람직하다.

산행은 연지기에서 출발 터널입구 오른편 공터를 통과 보래령을 경유하여 보래봉에 먼저 오른다. 보래봉에서 하산은 두 길이 있다.

* 쉬운 코스로는 남쪽 지능선을 타고 세계정교 위 합수곡을 경유하여 연지기로 하산한다.
* 회령봉까지 종주산행은 서릉을 타고 회령봉에 이른 후, 남쪽 능선을 타고 쌍 묘를 경유하여 동쪽 지능선을 따라 다시 연지기 삼거리로 하산한다.

등산로(5시간 18분 소요)

보래봉-회령봉(5시간 18분 소요)
연지기 → 60분 → 보래령 → 40분 →
보래봉 → 55분 → 회령봉 → 43분 →
쌍 묘 → 60분 → 연지기

연지기 삼거리에서 우측 도로를 따라 20분을 거리에 이르면 터널입구 우측에 갈림길이 나온다. 여기서 도로를 벗어나 우측으로 50m 가면 산길이 시작된다. 여기서부터 산길을 따라 올라서면 계곡을 건너고, 산길로 접어들어 보래골을 따라 오르게 된다. 완만하게 이어지는 계곡길을 따라 40분을 올라가면 이정표가 있는 보래령 사거리에 닿는다.

보래령 사거리에서 왼편 서쪽 주능선을 탄다. 서쪽 주능선으로 접어들면 키 작은 산죽길로 이어진다. 다소 경사가 심한 능선을 따라 40분을 올라가면 보래봉 정상에 닿는다.

정상은 삼각점이 있고 삼거리이며 이정표가 있다. 보래봉에서 보면 북쪽으로 홍천군 내면 산간 오지 일대가 내려다보이고, 남쪽으로는 봉평면 일대가 내려다보인다.

하산은 두 길이 있다. 하나는 남쪽 연지기로 쉽게 하산하는 길이 있고, 다른 하나는 서쪽 주능선을 타고 회령봉에 오른 다음, 쌍묘를 경유하여 연지기로 하산한다. 남쪽 지능선을 따라 내려가면 능선길로 이어져 1시간을 내려가면 세계정교 위 합수곡에 닿는다. 합수곡에서 20분을 더 내려가면 연지기 삼거리 이정표에 닿는다.

보래봉 정상에서 회령봉은 오른편 주능선을 탄다. 오른편 회령봉 방면 서쪽으로 주능선을 따라 15분을 내려가면 안부삼거리에 닿는다. 안부에서 남쪽계곡으로 하산하면 산행기점 연지기로 하산하게 된다. 안부에서 계속 서쪽 주능선을 따라 가면 키 작은 산죽 지역을 통과하여 17분을 올라가면 주능선삼거리에 닿는다.

삼거리에서 우측 길은 홍정산 방면 길이며 회령봉은 왼편 서남쪽 능선으로 간다. 서남쪽 능선을 따라 23분을 가면 회령봉 정상에 닿는다.

회령봉에서 하산은 남쪽 지능선을 탄다. 남쪽 지능선을 따라 8분 거리에 이르면 삼각점이 있는 삼거리봉에 닿는다.

삼거리에서 어느 쪽으로 가도 연지기로 하산을 하게 된다. 하지만 주요 코스는 우측 주능선이다. 우측 산죽길을 따라 35분을 내려가면 1220봉 쌍 묘가 있는 삼거리에 닿는다.

삼거리에서 왼편 동쪽으로 간다. 왼쪽으로 지능선을 따라 내려가면 완만한 능선길로 이어져 22분을 내려가면 갈림능선이 나온다. 여기서도 왼쪽으로 간다. 갈림능선에서 왼쪽 능선을 따라 33분 내려가면 낙엽송지대를 지나서 밭이 나온다. 밭에서 왼쪽 길을 따라 5분 내려가면 연지기 등산기점에 닿는다.

자가운전

영동고속도로 장평IC에서 빠져나와 우회전⇒6번 국도를 타고 봉평면 소재지 우일식당 삼거리에서 우회전⇒3km 덕거초교 삼거리에서 좌회전⇒2km 연지기삼거리 주차.

대중교통

동서울터미널에서 강릉행 버스 이용, 장평 하차. 장평에서 봉평 간 1일 19회 운행하는 시내버스 이용, 봉평 하차.
봉평에서 산행기점 연지기까지는 택시를 이용해야 한다.

식당

풀내음(막국수)
평창군 봉평면 원길2리 763-5
033-336-0037

우촌정육점식당
평창군 봉평면 창동1리 371-6
033-335-8888

진미식당
평창군 봉평면 창동1리
033-335-0242

숙박

허브모텔
평창군 봉평면 창동리 195-6
033-335-1477

명소

문화마을

봉평장날 2일, 7일

장군바위산 1140.4m

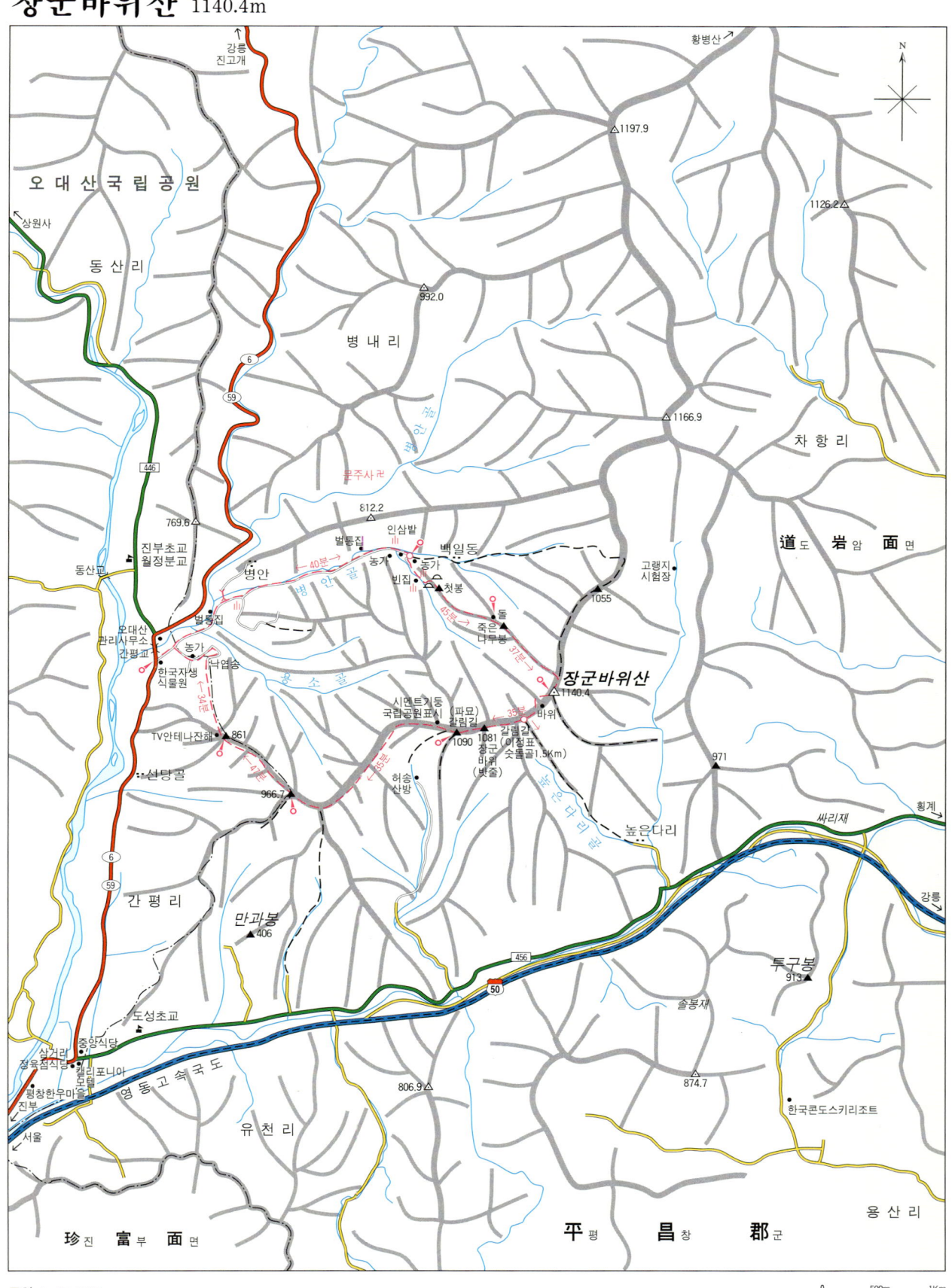

장군바위산

강원도 평창군 도암면(江原道 平昌郡 道岩面)

개요

장군바위산(將軍岩山, 1140.4m)은 오대산 국립공원 경계선에 속해있는 산이다. 정상까지 오르는 데는 어려움이 없으나, 정상에서 하산을 완료하기까지 수없이 많은 갈림길과 뚜렷하지 않은 길이 이어지므로 주의가 요망된다. 정상에서부터 하산길 967봉에 이르기까지는 서남쪽으로 주능선이 계속 이어지므로 주능선을 벗어나지 말고 주능선만을 타고 가야한다.

등산로(5시간 33분 소요)

간평교 → 40분 → 외딴농가 → 45분 → 꼬부라진능선 → 37분 → 장군바위산 → 35분 → 갈림능선 → 35분 → 967봉삼거리 → 47분 → TV봉 → 34분 → 간평교

장군봉 주능선에 위치한 장군바위봉

간평교 건너기 전 동쪽 한국자생식물원길 소형차로를 따라 18분을 가면 우측에 한국자생식물원이 있고, 5분 거리 왼쪽에 벌통집이 있으며, 17분을 더 가면 마지막 농가가 나온다.

여기서 소형차로를 벗어나 농가 앞 오른쪽 농로를 따라 가면 산모퉁이를 휘돌아 10분 거리에 이르면 계곡에 있고, 우측에 빈농가 한 채가 보인다. 여기서 왼쪽 밭 우측을 따라 3분을 가면 밭이 끝나고 산길이 시작된다. 계곡 왼쪽으로 난 희미한 산길을 따라 5분을 가면 왼쪽 편에 묘가 나온다. 묘에서 왼쪽 능선으로 희미한 산길을 따라 5분으로 올라가면 묘가 또 나오고 바로 능선에 닿는다. 능선에서 오른쪽 희미한 능선을 따라 가면 묵은 묘를 통과하고 4분을 올라가면 첫 번째 능선에 닿는다. 여기서부터 뚜렷한 능선길을 따라 18분을 가면 바위가 있고, 산길이 오른쪽으로 꼬부라지는 지점이다.

계속 뚜렷한 능선을 따라 6분을 가면 죽은 나무가 있는 봉우리를 통과하고, 이어서 가팔라지는 능선으로 산길이 이어져 26분 오르면 왼쪽 능선에서 오르는 삼거리가 나오고, 오른쪽으로 5분 더 오르면 삼거리가 나오며 오른쪽으로 50m 더 오르면 장군바위산 정상이다.

하산은 서남쪽 주능선을 타고 967봉까지 간다. 주능선에는 500m 거리마다 국립공원 시멘트 팻말이 있으니 확인을 하면서 가야한다. 서남쪽 주능선을 내려서면 바위 오른쪽으로 우회하여 다시 능선에 오르면 바윗길로 이어지며 13분을 가면 이정표가 있는 갈림길이 나온다. 갈림길에서 오른편 서남쪽 주능선을 따라 7분을 가면 바위가 나오고, 10분을 더 가면 장군바위가 나온다. 장군바위를 우회해도 되고 밧줄을 이용 바위를 오르면 장군바위에 선다. 장군바위를 뒤로하고 내려서면 다시 능선으로 이어져 5분을 가면 갈림 파묘가 있는 갈림능선이 나온다.

갈림능선에서 오른쪽으로 50m 정도 내려가면 갈림길이 나오는데 오른쪽으로 간다. 오른쪽으로 내려서면 국립공원 팻말을 지나고 계속 내려가면 갈림능선이 나온다. 갈림능선에서 왼쪽 주능선을 따라 16분 내려가면 능선이 왼쪽으로 휘면서 1090봉이 나오고 계속 16분을 더 가면 967봉삼거리에 닿는다.

967봉에서 오른쪽 능선을 따라 17분을 가면 갈림길이 나온다. 갈림길에서 오른쪽으로 12분을 가면 삼각점이 있는 봉우리에 닿고, 3분 거리 갈림길에서 오른쪽으로 5분 내려가면 바윗길이 나온다. 바윗길을 2분 정도 통과하면 순수한 능선으로 이어져 8분을 더 내려가면 TV안테나 잔해가 있는 갈림길이 나온다.

갈림길에서 오른쪽으로 2분을 가면 갈림길이 나오는데 왼쪽 지능선을 따라 16분 내려가면 묘를 통과하고, 5분 더 내려가면 밭이 나오고 농로를 따라 11분 내려가면 간평교에 닿는다.

자가운전

영동고속도로 진부IC에서 빠져나와 좌회전⇒6번 국도를 타고 3km 간평리에서 좌회전⇒4km 간평교 주차.

대중교통

동서울터미널에서 30분 간격으로 운행하는 강릉행 버스 이용, 진부 하차. 진부에서 1시간 간격으로 운행하는 상원사, 월정사행 버스 이용, 간평교 삼거리 하차.

식당

평창한우타운
평창군 진부면 하진부리
033-336-9255

평창한우마을
평창군 진부면 간평리 575-3
033-334-6200

부림식당
평창군 진부면 하진부1리 100-17
033-335-7576

숙박

모텔하이야트
평창군 진부면 상진부리
033-336-5100

명소

월정사
문화마을

진부장날 3일, 8일

매산(梅山) 1238.1m

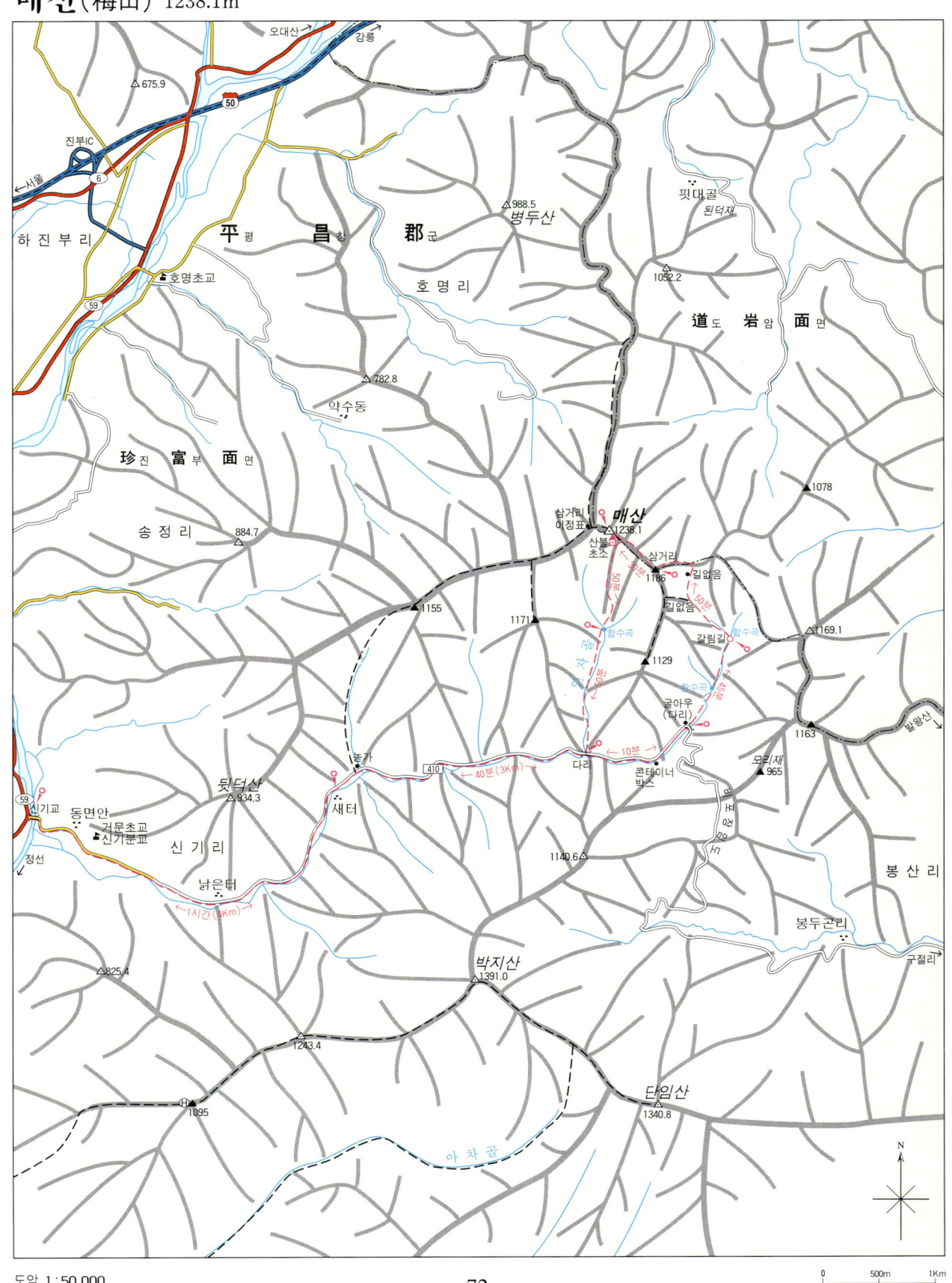

도암 1:50,000

매산

강원도 평창군 지부면, 도암면 (江原道 平昌郡 珍富面, 道岩面)

개요

매산(梅山, 1238.1m)은 진부에서 정선으로 흐르는 오대천 동쪽에 위치한 오지의 산이다. 동쪽은 발왕산 남쪽은 박지산과 인접해 있으며 산세는 육산으로 험로는 없으나 아직 뚜렷한 등산로가 없고, 어떠한 산지에도 소개되지 않아 거의 등산객이 없는 산이다. 산세는 그리 험하지 않지만 대중교통이 불편하고 산행시간이 많이 소요되며 산길이 희미한 곳이 많은 편이다. 대형차량 진입이 불가하여 아직 단체산행은 어렵고, 소형차량을 이용한 소수 산행만이 가능하다. 소형차로를 이용하여 진부면 신기리 새터 굴아우에서 원점회귀 산행이다.

산행은 59번 국도변 신기리에서 동쪽 신기교를 건너 소형차로를 따라 약 8km 거리 굴아우(다리)에서 산행을 시작한다. 굴아우에서 왼편 북쪽 계곡으로 1시간 거리 합수곡에서 서쪽 계곡을 따라 가다가 계곡이 끝나는 지점에서부터 길이 없는 12분 거리 능선을 치고 주능선에 올라서 서쪽 주능선을 타고 정상에 오른 다음, 남쪽 지능선을 타고 연자골로 내려서 연자골을 따라 내려가서 소형차로에 닿으면 왼쪽으로 10분 거리 굴아우(다리)에 닿는다. 굴아우에서 신기교까지는 8km 이다.

등산로 (4시간 55분 소요)

굴아우(다리) → 45분 → 합수곡 → 50분 →
삼거리봉 → 30분 → 매산 → 50분 →
합수곡 → 50분 → 다리 옆 소형차로

진부에서 정선 방면 59번 국도를 따라 약 8km 가면 왼쪽으로 신기교가 나온다. 여기서 59번 국도를 버리고 왼편 신기교를 건너면 신기리 마을이 나온다. 마을 앞으로 난 소형차로를 따라 가면 마을을 통과한다. 계속 소형차로를 따라 4km 가면 외딴집이 있는 새터가 나온다. 새터에서 계속된 차도를 따라 다시 4km 더 가면 우측 계곡 건너 집 한 채가 있고, 3분을 더 가면 차도가 우측으로 꼬부라지면서 다리(굴아우)가 나온다.

바로 이 다리에서 왼쪽 계곡길을 따라 오르면 본격적인 산행이 시작된다. 계곡길은 오래되어 희미하게 이어진다. 오래된 계곡길을 따라 25분을 가면 합수곡이 나온다. 합수곡에서 직진하여 20분을 더 올라가면 다시 합수곡인 갈림길이 나온다.

정면길은 산사태로 길이 폐허가 되어 있고, 왼쪽 길은 뚜렷하다. 여기서 뚜렷한 왼쪽 길을 따라 올라가면 오래된 비닐움막이 나오며 갈림길에서 26분 거리에 이르면 산길이 없어진다. 산길이 없어지는 지점에서 정 북쪽 오른편 능선으로 올라야 한다. 길이 없는 오른편 계곡을 치고 약 14분 정도 오르면 우측 능선에 닿는다. 능선에 서면 산길이 있다. 산길은 왼쪽으로 능선으로 이어진다. 능선에서 왼쪽 능선길을 따라 10분을 오르면 1186봉 삼거리가 나온다.

이 삼거리에서 우측 서북쪽으로 간다. 우측 능선을 따라 10분을 내려가면 안부에 닿고, 다시 20분을 오르면 산불초소가 있는 매산 정상이다. 정상은 표지판이 있고 넓은 공터로 되어있다.

하산은 호명리나 병풍산 방면으로 갈 수도 있고, 연하골로 하산할 수도 있다.

연하골 방면으로 하산하기로 하고, 정상에서 왔던 길로 다시 50m 내려가면 우측 남쪽으로 지능선이 있다. 바로 이 지능선을 타고 간다. 이 지능선은 잡목이 없고 한적한 능선길로 이어지며 능선 끝 무렵에서 왼쪽으로 산길이 꺾어진다. 왼쪽으로 이어지다가 다시 우측으로 내려가면 번번한 지역에 잡목이 번성하고 음침하며 짐승들이 살기에 좋은 지역이 나온다. 이 지역을 지나면 합수곡에 닿는다. 정상에서 50분 거리다.

합수곡에서부터는 계곡으로 하산길이 이어지는데 계곡을 수 없이 왕래하면서 50분을 내려가면 다리 옆 소형차로가 나온다.

여기서 왼쪽은 산행기점 굴아우(다리) 10분 거리이고 신기교는 오른쪽이다. 차도에서 우측으로 차도를 따라 30분을 내려가면 새터에 닿고, 새터에서 신기교까지는 4km 거리다.

자가운전

영동고속도로 진부IC에서 빠져나와 59번 국도를 타고 정선 방면 8km 신기교에서 좌회전 ⇨ 신기리-새터-굴아우(다리) 주차.

대중교통

동서울터미널에서 수시로 운행하는 진부 경유 강릉행 버스 이용, 진부 하차. 진부에서 1일 7회 운행하는 정선행 버스 이용, 신기교 하차(신기교-굴아우 4km 1시간 소요). 진부에서 굴아우까지는 택시를 이용하면 왕복 2시간 단축할 수 있다.

식당

부림식당
평창군 진부면 하진부1리
033-335-7576

농촌식당
평창군 진부면 하진부리
033-336-3838

평창한우
평창군 진부면 하진부리
033-336-9255

숙박

모텔하이야트
평창군 진부면 상진부리
033-336-5100

명소

월정사

진부장날 3일, 8일

오대산 월정사

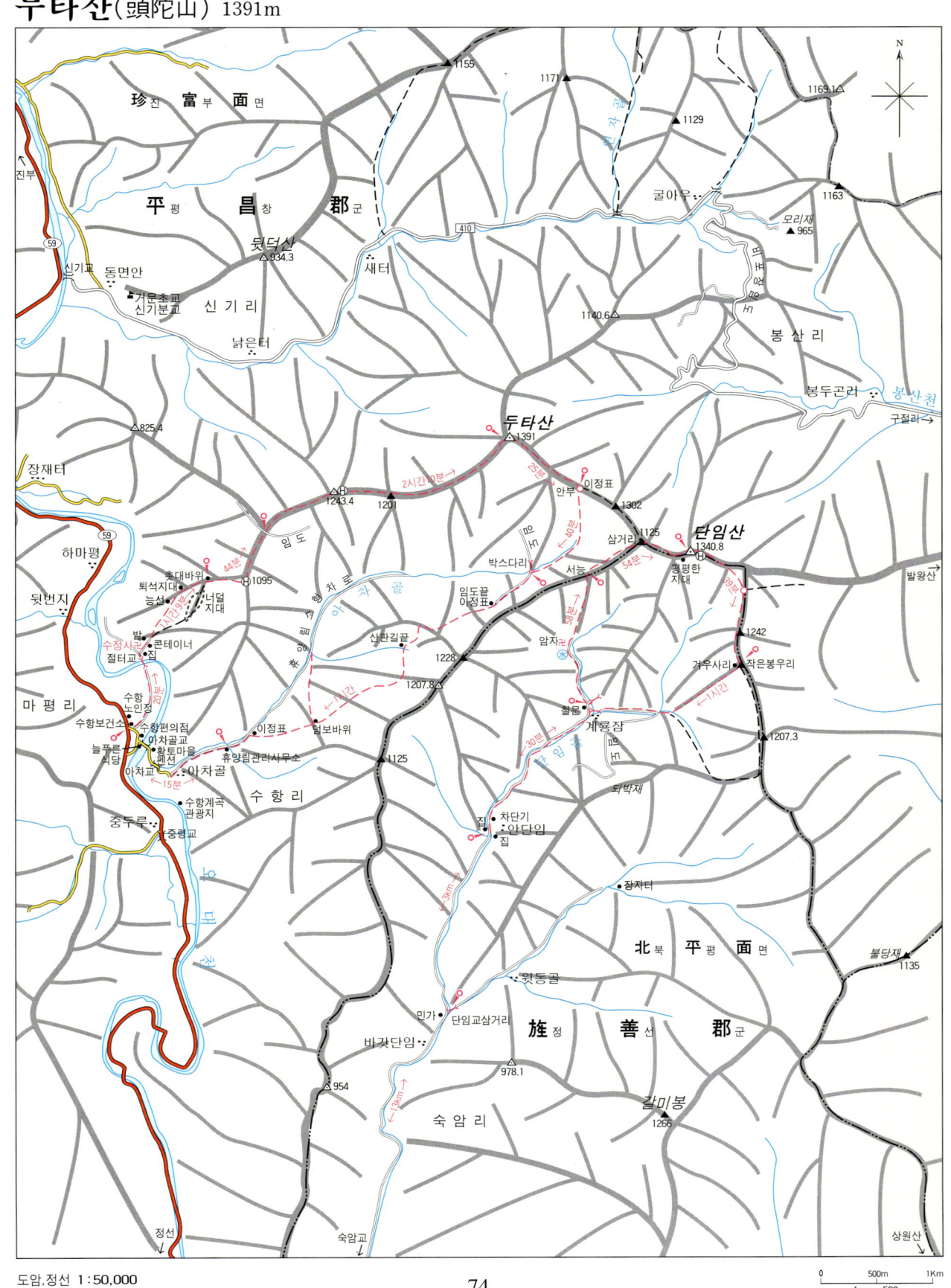

두타산

강원도 평창군 진부면(江原道 平昌郡 珍富面)

개요

두타산(頭陀山. 1391m)은 진부면 수항리 오대천 동쪽에 거대한 산이 두타산이다. 높고 웅장한 산세를 이루고 있으며 진부에서 정선군 북평면에 이르는 거대한 산맥 중 가장 높은 산이다. 정선군 봉산리를 사이에 두고 발왕산과 동서로 마주하고 있고, 서쪽으로는 오대천을 사이에 두고 잠두산 백석산과 마주하고 있다. 50,000:1지형도에는 박지산으로 표기되어 있으나 현 지자체에서 두타산으로 표기하고, 두타산휴양림으로도 표기하여 두타산으로 명명한다.

오대산에서 발원하는 오대천이 진부에서부터 나전삼거리까지 32km 거리는 농지나 마을 시설이 없는 청정지역이며 깨끗한 물은 굽이굽이 산모퉁이를 돌고 돌아 정선군 북평면 조양강으로 합류한다. 두타산 하산길 아차골은 물이 많고 긴 계곡이며, 원시적 상태로 유지되어 왔으나 휴양림이 들어서면서 휴양지로 변모하고 있다. 전체적인 산세는 급경사에 험준한 오지의 산으로 단체 산행은 어렵고 소수 산행만이 가능하다.

산행은 수항리 보건소에서 시작하여 수정사 촛대바위 임도를 경유하여 두타산 정상에 오른 후, 하산은 동남쪽 안부에서 남쪽 임도로 내려 털보바위를 경유하여 아차골교로 원점회귀 산행이다.

두타산 하산지점 털보바위

등산로 (7시간 43분 소요)

수항리 보건지소 → 20분 → 수정사 →
69분 → 촛대바위 → 44분 → 임도 →
130분 → 두타산 → 25분 → 안부 삼거리 →
40분 → 임도 → 75분 → 아차골교

수항리 보건지소에서 동북쪽으로 난 도로를 따라 1.2km 가면 절터교를 건너서 농로 삼거리가 나온다. 여기서 우측 농로를 따라 200m 가면 농로 끝 지점 왼쪽에 작은 부처 수정사가 나온다. 보건소에서 20분 거리다.

여기서 오른쪽으로 10m 가서 왼쪽으로 올라서면 밭이 나온다. 우측 밭둑을 따라 60m 가면 밭이 끝나고, 오른쪽 20m 거리에서 왼쪽 지능선 방향 희미한 길로 올라간다. 산길이 묵어 길 형태만 있는 직선으로 10분만 오르면 능선길이 뚜렷하게 보이는 지점이 나온다. 여기서 직선으로 보이는 길을 따라 오르면 계속 능선으로 산길이 이어지면서 30분 오르면 퇴석 바위지대가 나오고 바위지대를 지나면 뚜렷한 능선길이 이어지며 26분을 가면 길 왼쪽에 촛대바위가 나온다.

촛대바위에서 22분을 더 오르면 헬기장 1095m 봉이 나온다. 1095봉에서 계속 동릉으로 22분을 가면 임도가 나온다.

임도를 가로질러 동쪽 주능선을 따라 오르면 희미한 능선으로 산길이 이어져 40분을 올라가면 1243봉 헬기장이다. 1243봉을 지나서 동쪽 주능선을 따라 가면 밋밋한 1201봉을 넘은 뒤 오르막길로 이어져 1시간 30분을 더 올라가면 넓은 공터인 두타산 정상이다.

하산은 남동릉을 탄다. 동남쪽 주능선을 따라 25분을 내려가면 이정표가 있는 안부 삼거리가 나온다.

삼거리에서 오른편 서쪽 휴양림 방면으로 40분 내려가면 임도가 나온다.

임도에서 예전에는 아차골 계곡을 따라 하산길이 있었으나 휴양림에서 내 새로운 길이다.

임도에서 왼쪽 임도를 따라 10분 거리에 이르면 임도가 끝나고 숲길이 시작된다. 여기서 숲길 비탈길을 따라 16분을 가면 지능선으로 이어져 10분을 내려가면 산판길로 이어진다. 산판길을 따라 24분을 내려가면 휴양림매표소에 닿고, 15분 거리에 아차골교 59번 국도이다.

자가운전

영동고속도로 진부IC에서 빠져나와 직진 ⇒ 사거리에서 우회전 ⇒ 큰 사거리에서 좌회전 ⇒ 정선 방면 59번 국도를 타고 약 15km 거리 수항리 주차.

대중교통

동서울터미널에서 수시로 운행하는 강릉행 버스 이용, 진부 하차. 진부에서 정선행 버스 이용, 수항리 하차.

식당

부림식당
평창군 진부면 하진부1리 100-17
033-335-7576

평창한우
평창군 진부면 하진부리
033-336-9255

숙박

하이야트
평창군 진부면 상진부리
033-336-5100

황토펜션
평창군 진부변 수항리 326
033-333-9232

두타산휴양림
평창군 진부면 수항리 산 10
033-334-8815

명소

오대천

진부장날 3일, 8일

단임산 1340.8m

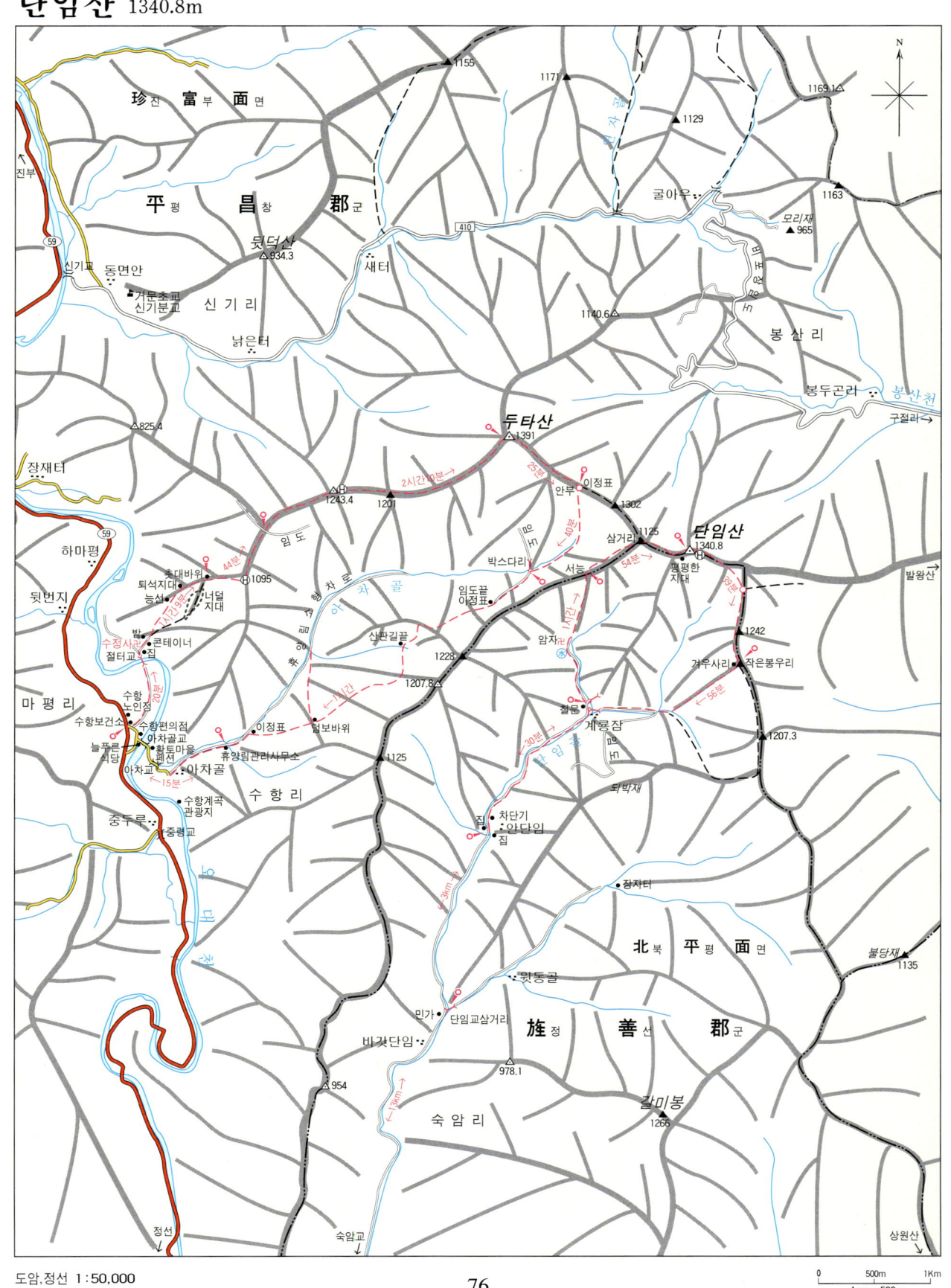

단임산   강원도 정선군 북평면, 평창군 진부면(江原道 旌善郡 北平面, 平昌郡 珍富面)

개요

단임산(1340.8m)은 강원도 정선군 북평면 숙암리 북쪽에 위치한 산이다. 평창군 진부면과 군경계를 이루는 단임산 정상에서 북쪽 능선으로 약 3km 거리에 박지산이 있고, 단임산에서 동쪽 능선으로 약 4km 거리에 발왕산이다.

단임산 남서쪽은 숙암리 안단임 바깥단임으로 불리어 지는데 정선군에서 가장 오지로 알려져 있으며 대중교통이 왕래하는 숙암리 숙암교에서 윗단임까지 1차선 소형차로를 따라 16km이고 윗단임에서 등산기점 계룡장까지 2km 거리에 위치한 산이다. 따라서 대형차량을 이용한 단체산행은 불가하고 소형차량을 이용한 소수 산행만이 가능한 산이다.

오지에 위치한 산이지만 산세는 완만한 편이고 험로는 없다. 등산로는 옛 산길을 찾아가는 정도이며 길이 희미하게 이어지다가 없어지는 구간도 있으나 안내서만 잘 확인하고 진행하면 큰 어려움이 산행을 할 수 있다.

잡목이 무성한 헬기장 단임산 정상

등산로(4시간 29분 소요)

계룡장 → 60분 → 서릉 → 54분 →
단임산 → 39분 → 작은봉우리(갈림길) →
56분 → 계룡장

진부에서 나전삼거리 정선으로 이어지는 59번 국도 북평면 수항리에서 숙암초교 500m 전 왼쪽 숙암교를 건너 좌회전-소형차로 13km 단임교 삼거리에서 좌회전하여 3km 가면 민가 2채가 있는 윗단임이 나온다. 민가에서부터 임도로 이어진다. 임도를 따라 2km 가면 계룡장 삼거리가 나온다.

계룡장 삼거리에서 왼쪽 절길을 따라 10분을 가면 절 입구가 나온다. 여기서 절 쪽으로 다리를 건너면 바로 오른쪽 계곡을 건너 묵밭으로 간다. 오른쪽 묵밭을 통과하면 계곡으로 희미하게 산길이 이어진다. 밭을 지나서 물이 없는 희미한 계곡길을 따라 13분을 가면 골을 벗어나 지능선으로 이어진다. 지능선길이 뚜렷해지면서 35분을 올라가면 주능선인 서릉에 닿는다.

주능선에서 우측 능선길을 따라 35분을 올라가면 큰 삼거리가 나온다. 삼거리에서 왼쪽은 박지산 방향 단임산은 오른쪽이다. 오른쪽으로 주능선을 따라 19분을 더 가면 1340.8봉 단임산 정상이다. 정상은 잡목이 우거진 상태이며 정상 동쪽 10m 거리에 헬기장이다.

하산은 헬기장에서 동쪽 뚜렷한 길로 2m 거리에 이르면 지나치기 쉬운 우측으로 희미한 갈림길이 있다. 여기서 우측 희미한 길로 가야한다. 희미한 우측 길을 따라 10분을 내려가면 능선 오른쪽 사면길로 이어지고, 사면길을 따라 10분을 내려가면 갈림길이 나온다. 갈림길에서 오른편 남쪽 주능선으로 간다. 주능선 길은 희미하게 이어진다. 주능선을 따라 16분을 내려가면 첫 번째 봉이 나온다. 첫 봉에서 번번한 능선길로 1분쯤 가다가 내리막길로 3분을 내려가면 안부를 지나 바로 작은 봉우리가 나온다. 정상에서 39분 거리다.

이 작은봉우리에서 오른편 서쪽 지능선을 탄다. 초입은 겨우살이가 많이 있고 나무에 작은 천 조각이 매달려있다. 이 지능선은 뚜렷한 길이 없고, 능선만을 타고 내려가면 옛날 산길이 희미하게 이어지면서 지능선길이 점점 뚜렷해진다. 주변이 잘 보여서 하산하는데 큰 어려움은 없다. 주능선에서 40분을 내려가면 합수곡에 닿는다. 합수곡에서 계곡을 건너 10m 올라서면 뚜렷한 계곡길이 나온다. 여기서 뚜렷한 계곡길을 따라 5분 내려가면 다리가 있는 임도가 나온다. 임도에서 우측 임도를 따라 11분을 내려가면 계룡장 등산기점이다.

자가운전

영동고속도로 진부IC에서 빠져나와 우회전 ⇒ 정선 쪽 59번 국도를 타고 약 22km 거리 숙암초교 500m 전 왼쪽 숙암교를 건너 좌회전 ⇒ 소형차로 13km 단임교 삼거리에서 좌회전 ⇒ 3km 거리 윗단임에서 계속 임도를 따라 2km 거리 계룡장 삼거리 주차.

대중교통

동서울터미널에서 수시로 운행하는 강릉행 버스 이용, 진부 하차. 진부에서 정선행 버스 이용, 숙암리 숙암초교 하차.

식당

부림식당
평창군 진부면 하진부1리 100-17
033-335-7576

평창한우
평창군 진부면 하진부리
033-336-9255

울엄마칼국수
정선군 북평면 숙암리
010-6275-6347

숙박

황토펜션
평창군 진부변 수항리 326
033-333-9232

명소

오대천

진부장날 3일, 8일

백적산 (白積山) 1002.5m

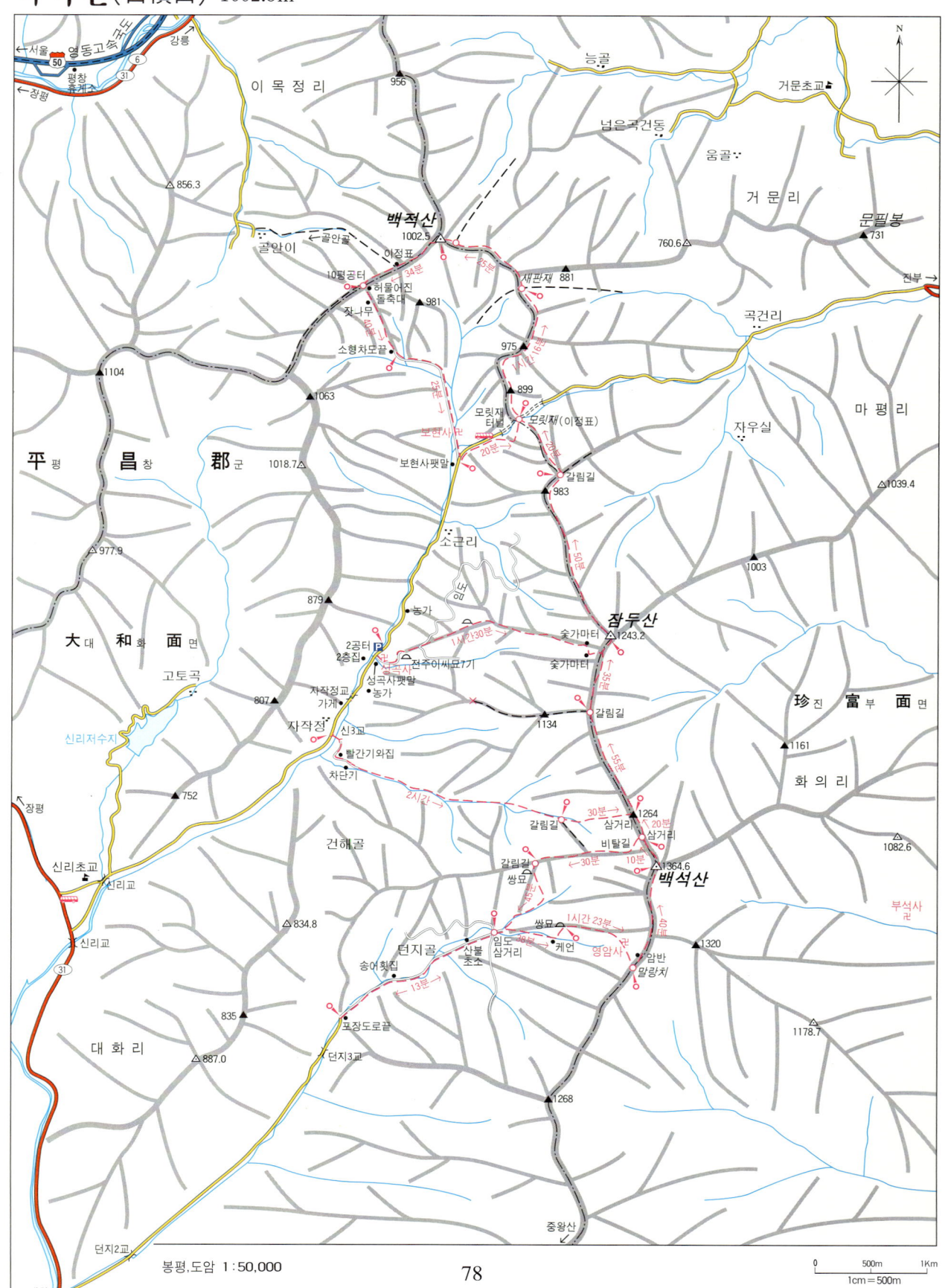

백적산

강원도 평창군 진부면, 대화면(江原道 平昌郡 珍富面, 大和面)

개요

백적산(白積山, 1002.5m)은 영동고속도로 장평IC에서 속사IC 정 남쪽으로 높게 솟은 산이다. 북쪽으로는 계방산 오대산 두로봉으로 이어지고, 남쪽으로는 잠두산 백석산으로 이어지며, 서남쪽으로는 금당산으로 이어지는 중심에 위치한 산이다. 바위와 너덜 지역에 차돌이 많이 섞여 있고, 흰 돌이 많이 싸여 있는 산이라 하여 백적산이라 이름을 얻었다고 한다.

전체적으로 육산으로 보이나 정상 주위에는 바위가 많은 산이다. 등산로는 남쪽 또는 북쪽에서 오르고 내리는 길이 있다.

원점회귀 코스로 남쪽 길을 소개하기로 한다. 남쪽 등산로는 모릿재에서 정상까지 등산로가 뚜렷하다. 정상에서 서남쪽 공터까지는 능선 길이 뚜렷하지만 공터에서 남쪽 계곡까지 길이 없는 지능선을 타고 하산을 해야 한다.

산행은 소근리 보현사 입구에서 모릿재에 오른 다음, 북쪽 주능선을 타고 백적산에 오른다. 하산은 서남쪽 주능선을 타고 공터에서 남쪽 지능선을 타고 다시 보현사 입구로 하산한다.

백적산은 가능한 9월 중순 메밀꽃 필 무렵에 산행계획을 하고, 산행 후에 봉평에 메밀꽃을 감상하고, 이효석문화마을을 돌아본 후 메밀의 고장에서 메밀막국수를 시식하고 돌아오면 기분 좋은 산행이 될 것이다.

등산로(4시간 40분 소요)

보현사 입구 → 20분 → 모릿재 → 76분 → 새판재 → 25분 → 백적산 → 34분 → 공터 → 40분 → 계곡 → 25분 → 보현사 입구

대화면 신리초교에서 모릿재 진부로 가는 도로를 따라 약 12km 거리에 이르면 소근리 보현사 입구 삼거리가 나온다.

삼거리에서 우측 도로를 따라 7분을 가면 모릿재터널 입구 50m 전이다. 여기서 도로를 벗어나 우측 소형차로를 따라 13분을 올라가면 해발 790m 옛길 모릿재가 나온다.

모릿재에서 왼편 골을 따라 가다가 왼쪽 능선으로 이어져 12분을 가면 첫 봉우리가 나오고 봉우리를 내려가다가 다시 오른쪽으로 9분을 가면 '모릿재 0.5km, 정상 1.6km'의 이정표가 나온다. 여기서 3분 거리에 이르면 978봉에 닿고, 24분을 가면 안부에 닿는다. 안부에서 7분을 오르면 능선에 닿고, 21분을 가면 '모릿재 1.5km' 이정표가 있는 새판재가 나온다.

이정표에서 25분을 더 올라가면 백적산 정상에 닿는다.

백적산 정상은 삼거리이고 삼각점이 있으며 사방이 막힘없이 조망된다. 정상에서 모릿재 '1.8km, 굴암리 1.9km, 이목정 3km' 이정표가 있다.

정상에서 하산은 서릉을 탄다. 서릉을 따라 13분을 내려가면 이정표 삼거리가 나온다. 오른쪽은 골안골 하산길이고 왼쪽 주능선을 따라 9분을 가면 왼쪽으로 희미한 갈림길이 나온다. 여기서 우측 주능선을 따라 12분을 가면 왼쪽으로 2번째 지능선이 나온다. 2번째 능선은 10평 정도 공터에 남쪽에 허물어진 돌 축대가 있다.

여기서 주능선을 벗어나 정 남쪽 지능선을 타고 내려간다. 지능선은 산길이 없고, 능선만을 따라 내려가게 되는데 능선이 잡목이 없는 편이고, 하산하는데 큰 어려움이 없다.

왼편 지능선을 따라 내려가면 잣나무 지역이며, 조금 내려가면 갈림능선이 나온다. 여기서 오른쪽 능선을 따라 간다. 오른쪽 능선을 따라 내려가고 주능선에서 16분 거리에 이르면 갈림능선이 또 나온다. 여기서는 왼쪽능선으로 간다. 왼쪽 능선을 따라 8분을 내려가면 다시 갈림능선이 나오는데 우측 능선으로 내려가게 된다. 우측 능선을 따라 내려가면 왼쪽으로 2번째 갈림능선으로 내려가게 되며 16분을 내려가면 계곡 소형차로가 나온다.

여기서 소형차로를 따라 25분을 내려가면 삼거리 보현사 입구에 닿는다.

자가운전

영동고속도로 장평IC에서 빠져나와 좌회전 ⇒ 장평삼거리에서 평창 방면으로 우회전 ⇒ 신리초교에서 좌회전 ⇒ 모릿재터널 전 보현사 입구 주차.

대중교통

동서울터미널에서 수시로 운행하는 강릉행 버스 이용, 장평 하차.
장평에서 30분 간격으로 운행하는 평창행 버스 이용, 대화 하차.
대화에서 모릿재터널 서쪽 입구까지는 택시를 이용한다.

식당

열매가든
평창군 대화면 대화 11리
033-332-8688

성문식당
평창군 대화면 대화 9리 1012-7
033-336-5070

평창하우마을
평창군 대화면 대화리 1158-3
033-332-8300

숙박

성문모텔
평창군 대화면 대화9리 1012-7
033-336-6555~6

명소

금당계곡
문화마을

대화장날 4일, 9일
평창장날 5일, 10일

백석산(白石山) 1364.6m　　잠두산(蠶頭山) 1243.2m

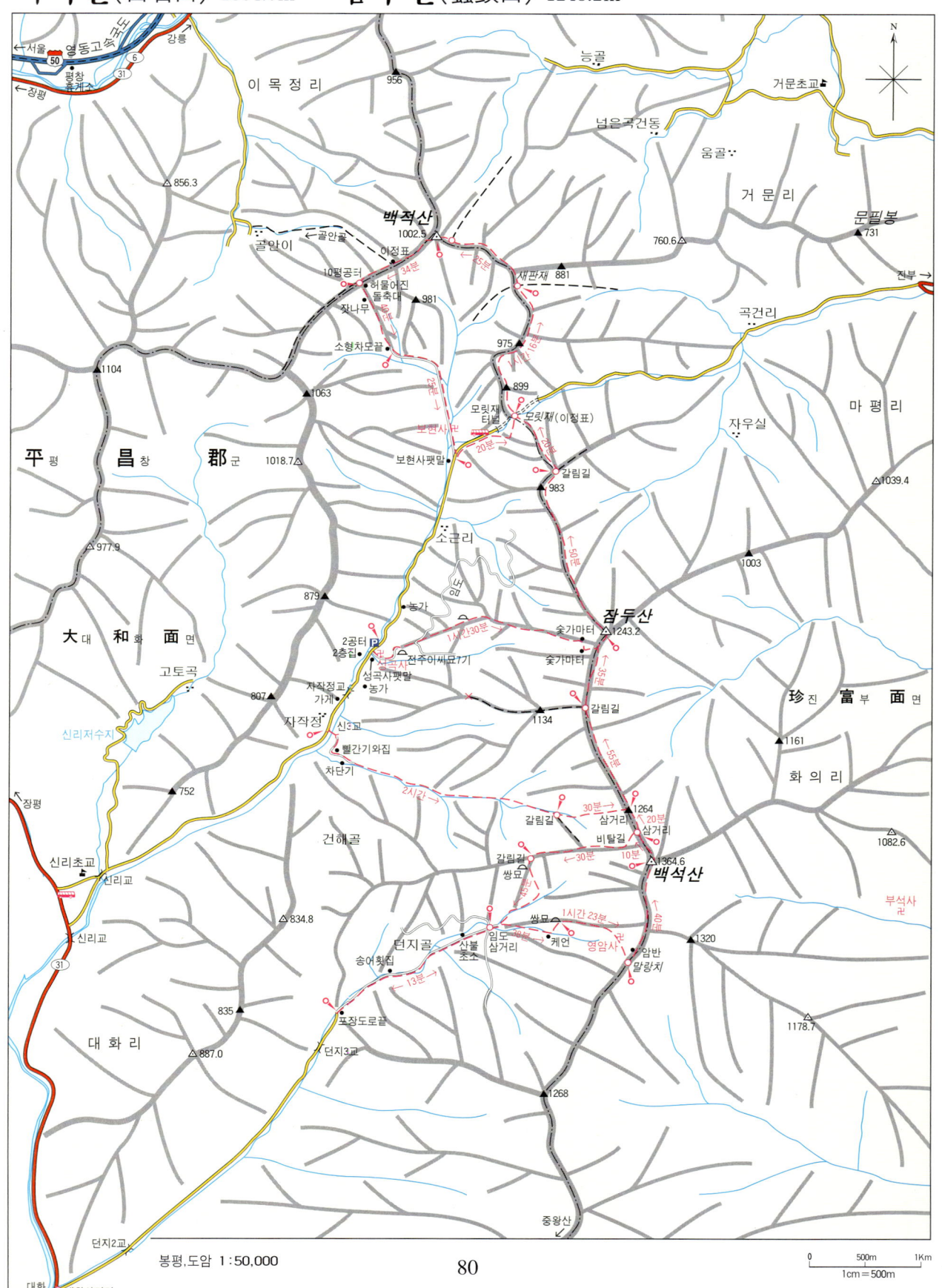

봉평,도암 1 : 50,000

백석산 · 잠두산 강원도 평창군 대화면, 진부면(江原道 平昌郡 大和面, 珍富面)

개요

백석산(白石山, 1364.6m)은 대화면 동쪽에 위치한 산이며 남북으로 거대한 산맥을 이루고 있고, 잠두산(蠶頭山, 1243.2m)은 대화면 동쪽 백석산에서 북쪽 능선으로 이어져 약 3km 거리에 위치한 산이다. 남쪽 백석산까지 평지와 같은 능선으로 이어진다.

사방이 확 트인 백석산 정상

등산로

백석산(5시간 39분 소요)

송어회집→ 51분→ 쌍 묘→ 83분→ 말랑치→ 40분→ 백석산→ 70분→ 계곡→ 35분→ 송어집

대화면에서 던지골 도로를 따라 4km 가면 포장도로 끝나오고 송어횟집이 있다. 송어횟집에서 10분을 더 가면 마을 끝에 초소가 나온다. 초소를 지나 3분을 가면 다리가 있는 임도 삼거리가 나온다. 삼거리에서 직선으로 보이는 오솔길로 들어가 계곡을 건너 2분 거리에 이르면 다시 임도를 만난다. 임도 우측으로 10m 거리 우측 계곡 쪽으로 등산로가 있다. 이 등산로를 따라가면 계곡으로 이어져 25분을 가면 돌무덤이 나온다. 여기서 왼쪽 비탈길로 11분을 오르면 쌍 묘가 있는 지능선에 닿는다.

지능선을 따라 1시간 10분을 올라가면 우측 비탈길로 접어들어 4분을 가면 영암사 입구가 나온다. 여기서 우측 비탈길로 9분을 더 가면 안부 말랑치에 닿는다.

말랑치에서 왼쪽 길을 따라 10분을 가면 왼쪽 봉으로 가는 갈림길이 나온다. 갈림길에서 계속 직진하여 30분을 더 가면 백석산 정상이다.

하산은 뚜렷한 북쪽 길을 따라 10분 내려가면 갈림길이 나온다. 갈림길에서 왼쪽 희미한 길로 간다. 비탈길을 따라 18분을 가면 지능선으로 이어지고 지능선을 따라 13분을 내려가면 왼쪽 계곡 쪽으로 꼬부라지며 20분을 더 내려가면 계곡에 닿는다.

계곡에서 7분 거리 갈림길에서 왼쪽 계곡을 건너 5분을 가면 버섯재배지 임도를 만나 10분을 더 내려가면 산행기점 임도에 닿는다.

잠두산(6시간 25분 소요)

신3교→ 120분→ 갈림길→ 30분→ 1264봉→ 90분→ 잠두산→ 50분→ 갈림길→ 20분→ 모릿재→ 15분→ 터널 입구

대화면 신리교에서 진부로 통하는 2차선도로를 따라 4km 거리 신리 마을회관을 지나서 바로 우측에 신3교가 나온다. 여기서 신3교를 건너 소형차로를 따라 200m 가면 빨간 지붕을 지나서 농로 차단기가 나온다. 차단기를 통과하여 계곡과 나란히 이어지는 뚜렷한 계곡길을 따라 장장 2시간 거리에 이르면 갈림길이 나온다.

갈림길에서 왼쪽 길을 따라 가면 지능선으로 이어져 30분을 오르면 1264봉 주능선삼거리가 나온다.

1264봉 삼거리에서 왼편 북쪽 주능선을 따라가면 평범한 능선길로 이어져 55분을 가면 갈림길이 나온다. 갈림길에서 우측 북쪽 방향 주능선을 따라 가면 산죽길로 이어져 35분을 가면 삼각점이 있는 협소한 잠두산 정상이다.

정상에서 하산은 모릿재로 간다. 정상 남쪽 10m에서 서북쪽 방향 급경사로 내려간다. 초입은 희미하게 시작하지만 급경사를 내려서면 뚜렷하고 완만한 능선길로 이어져 50분을 내려가면 갈림길이 나온다. 갈림길에서 왼쪽 급경사 능선길로 이어져 20분을 내려가면 모릿재에 닿는다. 모릿재에서 왼쪽 구도로 따라 15분 내려가면 모릿재 서쪽 터널입구이다.

자가운전

잠두산은 영동고속도로 장평IC에서 빠져나와 좌회전⇒ 장평삼거리에서 우회전⇒ 31번 국도를 따라 10km 신리교에서 좌회전⇒ 4km 신3교 부근 주차.

백석산은 대화면 소재지 북단 사거리에서 던지골 쪽 도로 4km 던지골 송어횟집 부근 주차.

대중교통

동서울터미널에서 강릉행 버스 이용, 장평 하차. 장평에서 30분 간격으로 운행하는 평창행 버스 이용, 대화 하차.
대화에서는 모두 택시를 이용한다.

식당

열매가든
평창군 대화면 대화 11리
033-332-8688

성문식당
대화면 대화 9리 1012-7
033-336-5070

평창한우마을
대화면 대화리 1158-3
033-332-8300

숙박

성문모텔
대화면 대화 9리 1012-7
033-336-6555-6

명소

금당계곡
문화마을

대화장날 4일, 9일
평창장날 5일, 10일

남병산(南屏山) 1151.1m   장암산(壯岩山) 835.8m

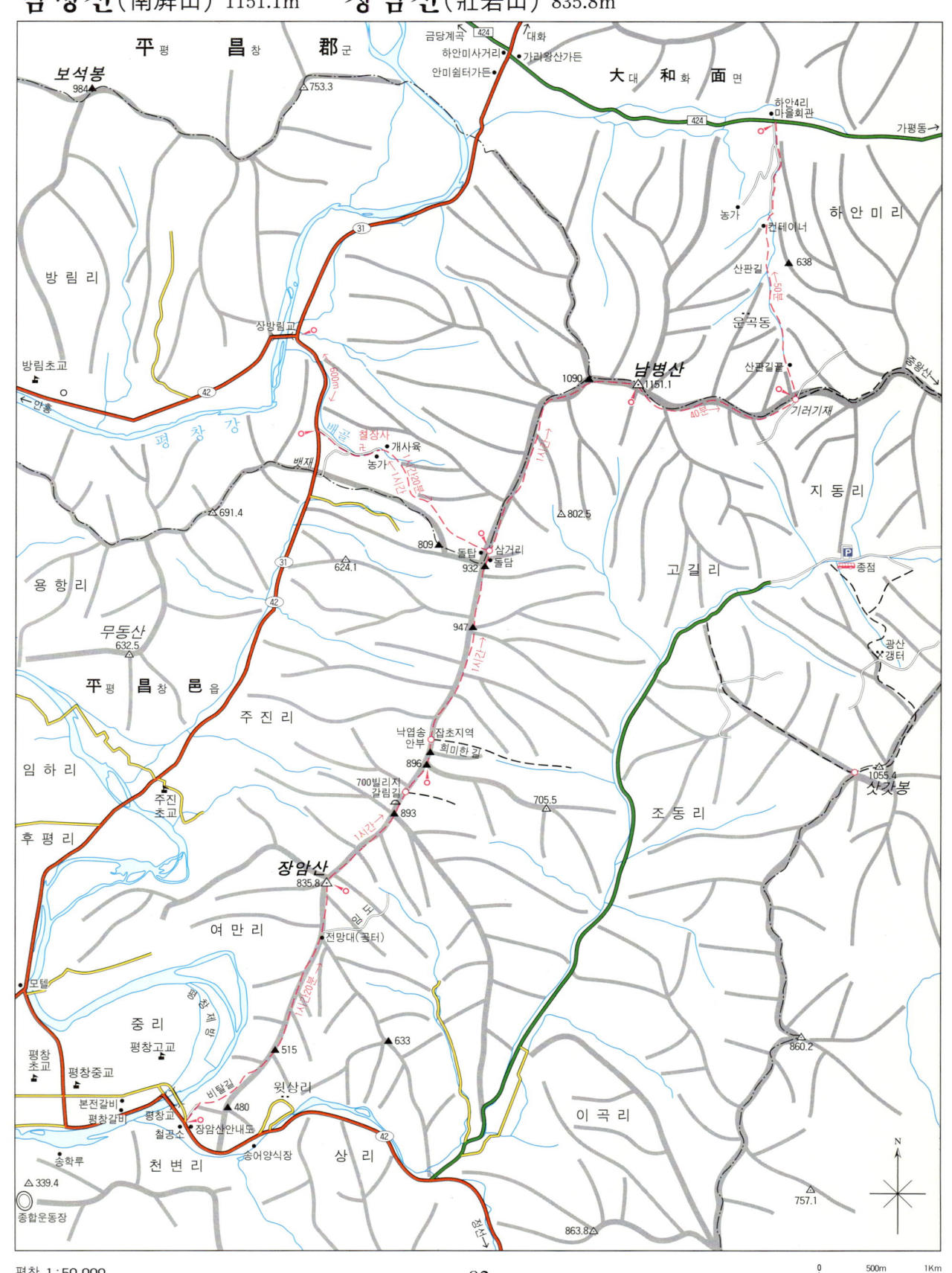

남병산 · 장암산

강원도 평창군 대화면, 방림면(江原道 平昌郡 大和面, 芳林面)

개요

남병산(南屛山. 1151.1m)은 평창군 방림면 동쪽에 위치한 산이다. 남병산 북쪽으로는 중왕산 남쪽으로는 장암산으로 능선이 이어진다. 산행은 상방림교에서 돌탑삼거리를 경유하여 남병산에 오른 후, 기러기재를 경유하여 하안미4리로 하산한다.

장암산(壯岩山. 835.8m)은 평창읍을 감싸고 있는 남병산과 동일한 능선에 위치한 산이다. 산행은 평창교 건너서 북쪽 능선을 타고 장암산에 오른다. 하산은 다시 평창교로 하산을 해야 한다.

표지석이 새워진 장암산 정상

등산로

남병산(4시간 50분 소요)

배골 입구 → 80분 → 돌무더기 삼거리 → 60분 → 남병산 → 40분 → 기러기재 → 50분 → 하안미4리 회관

상방림교 삼거리에서 평창 쪽 500m 가면 동쪽으로 소형차로가 나온다. 여기서 배골 소형차로를 따라 10분을 가면 소형차로 삼거리가 나온다. 여기서 왼쪽 다리를 통과하여 5분을 가면 마을 속에 칠장사가 나온다. 칠장사에서 계곡을 왼쪽으로 끼고 산 쪽으로 이어진 농로를 따라가면 묵밭이 시작되어 계곡 양편으로 묵밭이 이어지다가 칠장사에서 10분 거리에 이르면 묵밭은 끝 숲속 계곡길로 접어든다. 계곡길로 10분을 가면 우측 지능선으로 산길이 이어진다. 여기서부터 지능선을 따라 45분을 오르면 돌무더기가 있고, 우측 장암산에서 오는 삼거리 주능선에 닿는다.

이 삼거리에서 왼쪽 주능선을 따라 50분을 올라가면 1090봉에 닿고, 우측 능선으로 10분을 더 올라가면 헬기장 남병산 정상이다.

하산은 동쪽 능선을 따라 5분을 내려가면 갈림길이 나온다. 갈림길에서 왼쪽 주능선을 따라 35분을 내려가면 기러기재 임도삼거리에 닿는다.

기러기재에서 왼편 북쪽으로 희미한 숲길로 3분을 내려가면 산판길 끝 지점이 나온다. 여기서부터 뚜렷한 산판길을 따라 47분을 내려가면 하안미4리회관 도로에 닿는다.

장암산(5시간 30분 소요)

평창교 → 80분 → 장암산 → 60분 → 896봉 → 70분 → 돌무더기 삼거리 → 60분 → 배골 입구

평창교 동편 왼쪽에 장암산 등산안내도가 있다. 안내도를 통과하면 산길은 왼쪽 비탈길로 이어져 35분을 올라가면 능선에 닿고 8분을 가면 이정표가 나온다. 이정표에서 17분을 올라가면 임도가 있고 평창시내가 내려다보이는 전망대에 닿는다. 전망대에서 직진 넓은 등산로를 따라 20분을 오르면 이정표가 있는 장암산 정상이다.

하산은 올라왔던 코스대로 하산한다.

* **남병산까지 종주산행**은 북쪽 주능선을 따라 28분을 가면 이정표가 나오고, 17분을 더 가면 우측으로 700빌리지로 가는 갈림길이 나온다. 갈림길에서 계속 직진하여 15분을 가면 낙엽송이 있는 896봉에 닿는다.

896봉에서 왼쪽으로 내려서면 길이 없어지고 안부가 나온다. 여기서 북쪽 능선을 따라가면 산길이 희미하지만 주능선만을 타고 가면 길 잃을 염려는 없고, 주능선만을 따라가면 932봉을 지나서 돌무더기 안부삼거리에 닿는다. 896봉에서 1시간 10분 거리다.

돌무더기 삼거리에서 왼쪽 하산길을 따라 1시간을 내려가면 배골 입구에 닿는다.

자가운전

남병산은 영동고속도로 장평IC에서 빠져나와 좌회전 ⇒ 장평삼거리에서 우회전 ⇒ 31번 국도를 타고 대화 통과 방림삼거리 부근 주차.

장암산 – 남병산은 평창시내 통과 정선 방면 평창교 건너 주차.

대중교통

동서울터미널에서 수시로 운행하는 평창 · 정선행 버스 이용, **남병산**은 상방림교 하차.

장암산 – 남병산은 평창 하차.

숙식

평창

안미쉼터가든(식당, 민박)
평창군 평창읍 천변리
033-332-2545

태백장
평창군 평창읍
033-333-1235

하안미리

안미쉼터가든(식당, 민박)
평창군 대화면 하안미3리
033-332-9778

가리왕산가든
평창군 대화면 하안미3리 1019-1
033-333-8523

명소

금당계곡

평창장날 5일, 10일

청옥산(青玉山) 1255.7m   삿갓봉 1055.4m

평창,정선 1:50,000

청옥산 · 삿갓봉

강원도 평창군 평창읍, 미탄면(江原道 平昌郡 平昌邑, 美灘面)

개요

청옥산(靑玉山, 1255.7m)은 정상 남동쪽 면은 대규모 600 마지기 고랭지채소밭으로 유명한 산이다.

삿갓봉(1055.4m)은 청옥산에서 서남쪽 능선으로 이어져 약 4km 거리에 위치한 산이다. 이정표가 없고 하산길이 희미하며 헷갈릴수 있는 구간이 있어 주의하여 하산을 해야 한다.

잡목이 무성한 청옥산 정상

등산로

청옥산(5시간 1분 소요)

지동종점→ 57분→ 임도→ 40분→
주능선→ 26분→ 청옥산→ 38분→
1004봉→ 20분→ 임도→ 60분→ 종점

지동리 버스종점에서 북동쪽 마을길을 따라가면 바로 갈림길이 나온다. 갈림길에서 왼쪽으로 1km 가면 포장이 끝나면서 갈림길이 또 나온다. 여기서 우측으로 다리를 건너면 왼쪽 지능선으로 등산로 삼거리가 나온다. 종점에서 13분 거리다. 삼거리에서 왼편 능선을 탄다. 능선은 급경사로 이어지면서 33분을 올라가면 묵은묘가 나오고 8분 더 가면 임도가 나온다.

임도를 가로 질러 능선을 따라 40분을 올라가면 주능선에 닿는다.

주능선에서는 우측 능선길을 따라 26분을 올라가면 표지석이 있는 청옥산 정상이다.

하산은 삿갓봉 쪽 우측(남서)능선을 탄다. 우측 능선을 따라 11분을 내려가면 갈림길이 나온다. 갈림길에서 직진 능선을 따라 19분을 가면 1084m봉에 닿는다. 여기서 오른쪽 능선을 따라 8분을 가면 1004봉 삼거리이다.

삼거리에서 오른쪽 지능선을 따라 20분 내려가면 임도에 닿는다. 임도를 가로 질러 60분을 내려가면 지동리 버스종점이다.

삿갓봉(4시간 35분 소요)

지동리 종점→ 60분→ 임도→ 60분→
삿갓봉→ 60분→ 임도 → 35분→ 종점

버스종점에서 평창 쪽 차도 100m 거리에 왼쪽 농가로 가는 길이 있다. 농가 길로 접어들면 바로 계류를 건너 농가 비닐하우스 우측 산골짜기로 산판길이 있다. 이 산판길은 외길로 이어진다. 이 산판길을 따라 올라가면 산판길이 끝나면서 평범한 능선삼거리가 나온다. 삼거리에서 왼쪽으로 30m 거리에 광산 터가 있고 임도가 나온다. 버스종점에서 1시간 거리다.

임도에서 우측 50m 거리 왼쪽 능선으로 오르는 길이 있다. 이 능선길을 따라 오르면 바위지대를 통과하고 다시 능선으로 이어지며 48분을 오르면 1020봉 주능선 삼거리에 닿는다. 삼거리에서 우측 남서능선으로 발길을 옮겨 12분을 가면 넓은 공터 삿갓봉 정상이다.

하산은 서쪽 능선을 탄다. 서쪽 능선을 따라 10분 내려가면 갈림길이 나온다. 갈림길은 돌덩어리가 수개 있고 4개로 뻗은 참나무가 있는 쪽으로 간다. 삼거리에서 오른편 북서쪽 능선을 따라 9분을 내려가면 양편으로 능선이 갈라진다. 갈라진 능선에서 우측능선을 따라 간다. 우측능선을 따라 6분을 내려가면 중간에 작은 골이 있고 번번한 지역에 너덜길이 나온다. 중간에 골을 사이에 두고 양 능선이 계속 이어진다. 여기서 계속 오른쪽 능선만을 따라 35분을 내려가면 임도가 나온다.

임도에서 오른쪽으로 200m 5분을 가면 왼쪽으로 능선길이 나온다. 이 능선을 따라 비교적 뚜렷한 하산길을 따라 20분을 내려가면 갈림길이 나온다. 갈림길에서 우측으로 내려서면 두릅밭 사이로 농가를 거쳐 10분을 내려가면 고길리 차도에 닿는다.

자가운전

영동고속도로 장평IC에서 빠져나와 31번 국도로 우회전⇒ 평창삼거리에서 42번 국도로 좌회전⇒ 3km 노론리 삼거리에서 좌회전⇒ 지동리 종점 주차.

대중교통

동서울터미널에서 1일 11회 운행하는 평창, 정선 방면 버스 이용, 평창 하차.

평창에서 1일 4회 운행하는 지동리행 시내버스 이용, 종점 하차. 또는 택시 이용.

청옥산~삿갓봉은 대중교통이나 승용차 모두 같다.

식당

평창갈비
평창군 평창읍 변천리
033-332-2545

본전갈비
평창군 평창읍 변천리
033-332-2622

평창송어
평창군 평창읍 상리 239
033-332-0505-6

숙박

로얄장
평창군 평창읍
033-333-8001

명소

금당계곡

평창장날 5일, 10일

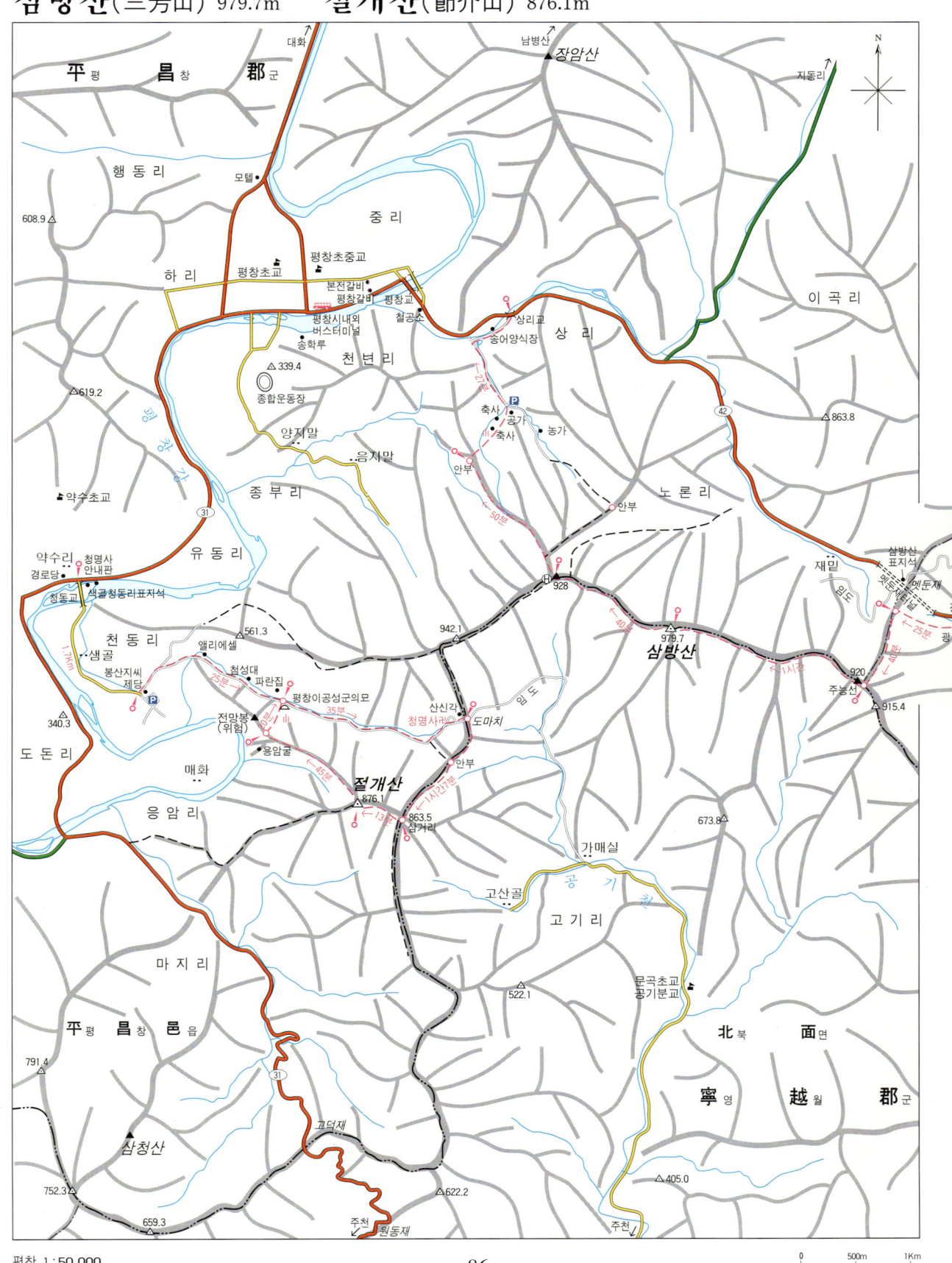

삼방산 · 절개산 강원도 평창군 평창읍, 북면(江原道 平昌郡 平昌邑, 北面)

개요

삼방산(三芳山. 979.7m)은 모산인 청옥산에서 남쪽으로 능선이 이어져 삿갓봉 멧둔재를 지나서 삼방산 절개산으로 이어진다. 산세는 육산이며 등산로는 뚜렷한 편이다.

절개산(節介山. 876.1m)은 삼방산 헬기장에서 남서쪽으로 약 3.5km 거리에 위치한 산이다.

절개산 북쪽 둔덕에 위치한 청명사

 등산로

삼방산(5시간 2분 소요)
터널 → 65분 → 920봉 삼거리 → 60분 → 삼방산 → 40분 → 헬기장 → 50분 → 작은골 안부 → 27분 → 상리교

절개산(4시간 50분 소요)
주차장 → 60분 → 도마치 → 67분 → 863.5봉 삼거리 → 13분 → 절개산 → 45분 → 안부 삼거리 → 45분 → 주차장

멧둔재 동쪽 터널 입구 50m 거리에서 서쪽으로 들어서면 삼방산 등산로가 보인다. 터널과 광산 터 사이로 난 등산로를 따라가면 계곡 쪽으로 산길이 이어지며 25분을 오르면 능선에 닿는다. 능선 우측은 통신 안테나가 있고 바로 구도로 멧둔재다. 멧둔재에서 왼쪽 능선을 따라 40분을 오르면 920봉 삼거리에 닿는다.

삼거리에서 우측 주능선을 따라 두 번 안부를 지나서 1시간을 가면 삼각점이 있고 작은 공터인 삼방산 정상이다.

하산은 평지와 같은 서쪽 능선길을 따라 40분을 가면 헬기장 삼거리가 나온다.

이 삼거리에서 우측 지능선으로 5분을 내려서면 갈림능선이 나온다. 갈림 능선에서는 왼쪽 능선을 타고 내려간다. 가파른 하산길이 이어지다가 바윗길을 통과하게 되고, 이어서 말 등과 같은 능선으로 이어지다가 45분을 내려가면 작은골 안부에 닿는다.

작은골에서는 우측(북)으로 하산길이 이어져 8분을 내려가면 밭이 나온다. 밭에서부터는 농로를 따라서 내려가면 축사를 지나고 삼거리를 지나며 19분을 가면 송어양식장 지나 상리교에 닿는다.

평창읍에서 영월 방면 31번 국도 5km 거리 약수리 경로당에서 새골, 청동리 표지석이 있는 동쪽 천동교를 건너 1.7km 가면, 천동리 마을회관을 지나서 봉산지씨(鳳山智氏) 제실 앞 주차장 전 삼거리가 나온다. 이 삼거리에서 왼쪽 소형 차로를 따라 1시간을 가면 청명사(淸明寺)를 지나서 산신각 도마치재에 닿는다.

식수는 청명사에서 보충한다. 절개산은 도마치에서 우측(남)으로 능선을 타고 오른다. 남쪽으로 난 작은 능선길을 따라 22분을 가면 안부삼거리에 닿는다. 여기서부터 급경사 능선길이 시작된다. 가파른 능선을 타고 35분을 오르면 산길이 없어진다. 이 지점에서 왼쪽 사면으로 약 50m 가서 우측으로 오르면 다시 능선길에 닿고, 10분을 더 오르면 863.5봉 삼거리에 닿는다.

삼거리에서 평지와 같은 우측능선을 따라 13분을 가면 절개산 정상이다. 정상은 삼각점이 있고 주변 나무들을 베어내서 전망이 트인다.

하산은 서북쪽 주능선을 타고 간다. 매우 가파른 하산길을 따라 내려가면 왼쪽으로 급경사 지역을 지나서 내려서면 45분 거리에 안부삼거리에 닿는다.

삼거리 안부에서 우측 계곡을 따라 20분을 내려가면 밭 갓길을 거쳐서 삼거리 이씨묘가 나온다. 여기서부터는 농로를 따라 25분 내려가면 주차장이다.

자가운전

영동고속도로 장평IC에서 빠져나와 평창 방면으로 우회전 ⇨ 31번 국도 타고 평창에 시내 주차. **삼방산**은 멧둔재까지 택시를 이용한다.

절개산은 평창에서 영월 방면 31번 국도를 타고 5km 약수리에서 천동교를 건너 지씨제실에서 좌회전 ⇨ 첨성대 부근 주차.

대중교통

동서울터미널에서 평창 정선 방면 행 버스 이용, 평창 하차.

평창에서 **삼방산**은 1일 5회 운행하는 미탄 방면 행 시내버스 이용, 멧둔재 터널 동쪽 입구 하차. **절개산**은 천동리까지 택시 이용.

식당

평창갈비
평창군 평창읍 천변리
033-332-2545

송어횟집
평창군 평창읍 상리 239
033-332-0505

숙박

태백장
평창군 평창읍
033-333-1235

명소

평창강

평창장날 5일, 10일

재치산(財峙山) 751.8m

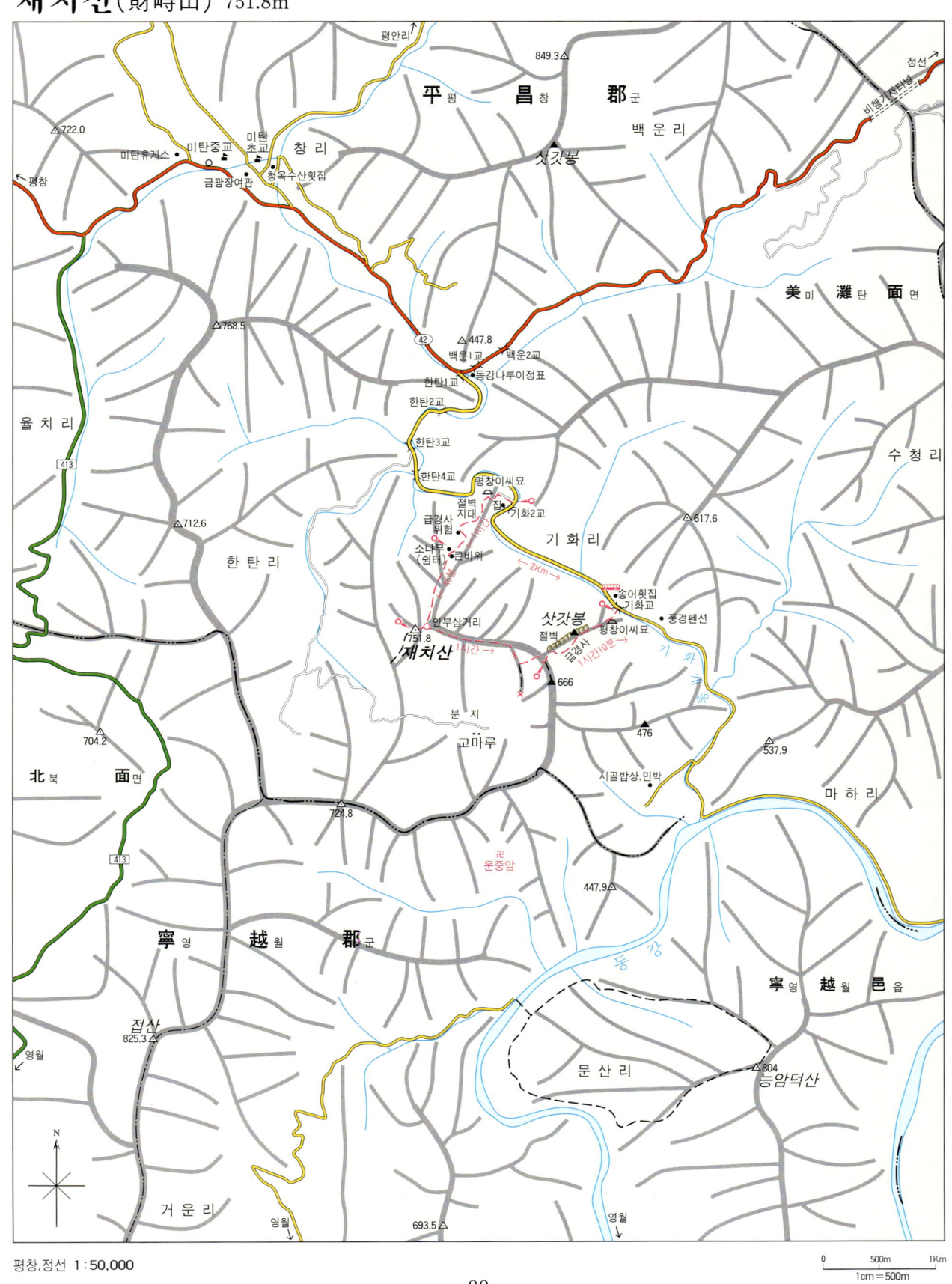

재치산

강원도 평창군 미탄면 기화리(江原道 平昌郡 美灘面 琪花里)

개요

재치산(財峙山. 751.8m)은 미탄면 기화리 오지에 위치한 산이다. 코끼리 같다 하여 코끼리산 이라고도 한다. 동쪽으로 약 3km 거리에 동강이 흐르고 있고, 동쪽으로 푯대봉과 기화개울을 사이에 두고 동서로 마주하고 있다. 동쪽 대부분이 기암절벽으로 이루어져 있으며 특히 동쪽 주등산로는 암릉과 절벽지대 급경사로 대단히 위험하고 오금이 저리는 산행이 된다. 따라서 다수 일반산악회 등산은 절대 불가하고, 전문 등산가와 동행하는 소수 산행만이 가능하다. 또한 보조자일 20m 정도는 필수이며 비바람과 눈보라 때는 산행을 절대 삼가야 한다.

산행은 기화2교를 기점으로 서쪽 능선을 타고 정상에 오른 다음, 남서쪽 능선을 타고 660봉 전 안부에서 동북쪽 지능선을 타고 삿갓봉을 경유하여 기화교로 하산한다.

등산로 (4시간 55분 소요)

기화2교 → 60분 → 큰바위 → 45분 →
재치산 → 60분 → 660봉 안부 → 70분 →
기화교

기화2교 건너기 전에 농가 우측 밭 중간으로 시멘트 농로가 있다. 이 농로를 따라 100m 정도 가면 농로가 끝난다. 농로 끝에서 왼쪽으로 밭을 가로질러 50m 가면 우측 산으로 산길이 있다. 이 길을 따라 60m 정도 가면 평창이씨 묘가 나온다. 평창이씨 묘를 뒤로 하고 조금 더 가면 작은 봉우리다. 여기서부터 우측은 절벽으로 이루어진 날릉을 타고 오른다. 계속된 절벽지대를 10분가량 가면 큰 바위가 앞을 가로막는다. 여기서 바위 우측으로 우회하여 다시 바위 위 능선으로 등산로가 이어진다. 바위 우측은 비탈진 급경사 낭떠러지이므로 매우 조심해야 한다. 약 6분을 오르면 다시 능선에 닿는다. 능선길을 따라 오르면 잠시 후에 다시 우측으로 절벽지역으로 된 능선길로 이어지며 16분을 오르면 큰 바위 밑에 닿는다. 기화2교에서 1시간 거리다.

여기서 큰바위를 우회하여 13분을 올라가면 다시 바위 위 능선에 닿는다. 여기서부터는 순탄한 흙길 능선을 따라 30분을 올라가면 안부 같은 삼거리에 닿는다. 삼거리에서 우측으로 70m 더 오르면 재치산 정상이다. 정상은 삼거리이며 삼각점이 있고, 잡목에 가려 전망은 전혀 트이지 않는다.

하산은 동쪽으로 70m 거리 올라왔던 안부 삼거리로 되 내려간 다음, 희미한 우측 능선길로 50m 가량 내려가면 하산길은 우측으로 휘어져 동남쪽 주능선으로 등산로가 이어진다. 완만한 능선길을 따라 30분을 가면 묘가 나오고, 묘에서 8분을 내려가면 안부 삼거리가 나온다. 이 삼거리에서 우측 능선길을 따라 10분을 오르면 정면으로 660봉이 보이며 갈림 능선이 나온다. 여기서 왼쪽 능선으로 10분을 가면 660봉 전 안부 삼거리가 나온다.

이 삼거리에서 왼쪽으로 하산한다. 여기서부터 27분 거리 삿갓봉까지 왼쪽은 오금이 저리는 천길 절벽이므로 매우 조심하여 하산을 해야 한다. 삼거리에서 50m 가량 내려서면 천길 절벽 위에 선다. 여기서 우측으로 급경사를 조심해서 내려가야 한다. 가능한 왼쪽 절벽을 보지 말고 우측으로 붙어 내려간다. 안부 같은 지역에서 다시 오르면 삿갓봉이다. 천 길 낭떠러지인 삿갓봉에서는 우측 남쪽으로 내려서, 다시 왼쪽 비탈길로 올라서면 안부가 나오고, 10분 더 가면 갈림 능선 마지막봉이다. 갈림 능선에서 우측으로 하산길이 이어지며 11분을 내려가면 평범한 능선이 나온다. 여기서 하산길은 희미해지는데 우측 중간쯤으로 잘 살펴보면 하산길이 있으며, 11분가량 내려가면 산판길 삼거리가 나온다. 여기서 왼쪽 아래 산판길을 따라 내려가서 다시 산판길 우측으로 1분 내려서면 왼쪽 능선으로 가는 샛길로 접어든다. 왼쪽 샛길로 가다가 평범한 지형이 나오면 약간 우측 방향으로 내려가는 길을 따라 내려가면 평창이씨 묘가 나오고, 10분을 내려가면 기화교 송어회집 앞이다.

자가운전

영동고속도로 장평IC에서 빠져나와 31번 국도로 우회전 ➡ 평창삼거리에서 42번 국도로 좌회전 ➡ 미탄면소재지에서 정선 방면 3km 삼거리에서 동강 방면으로 우회전 ➡ 4km 터널 지나 500m 기화2교 주차.

대중교통

동서울터미널에서 1일 11회 운행하는 정선행 버스 이용, 미탄 하차. 미탄에서 1일 4회(07:00 10:20 14:30 18:30분) 이용, 터널 지나서 500m 기화2교 하차.

식당

청옥수산횟집
평창군 미탄면 창리 783
033-333-6363

미탄기사식당
평창군 미탄면 창3리
033-333-3229

시골밥상, 민박
평창군 미탄면 마하리 2반
033-332-4134

숙박

풍경펜션
평창군 미탄면 기화리 340-5
033-333-1114

명소

마하리(동강)

미탄장날 1일, 6일

금당산(錦塘山) 1174m　　거문산(巨文山) 1173m

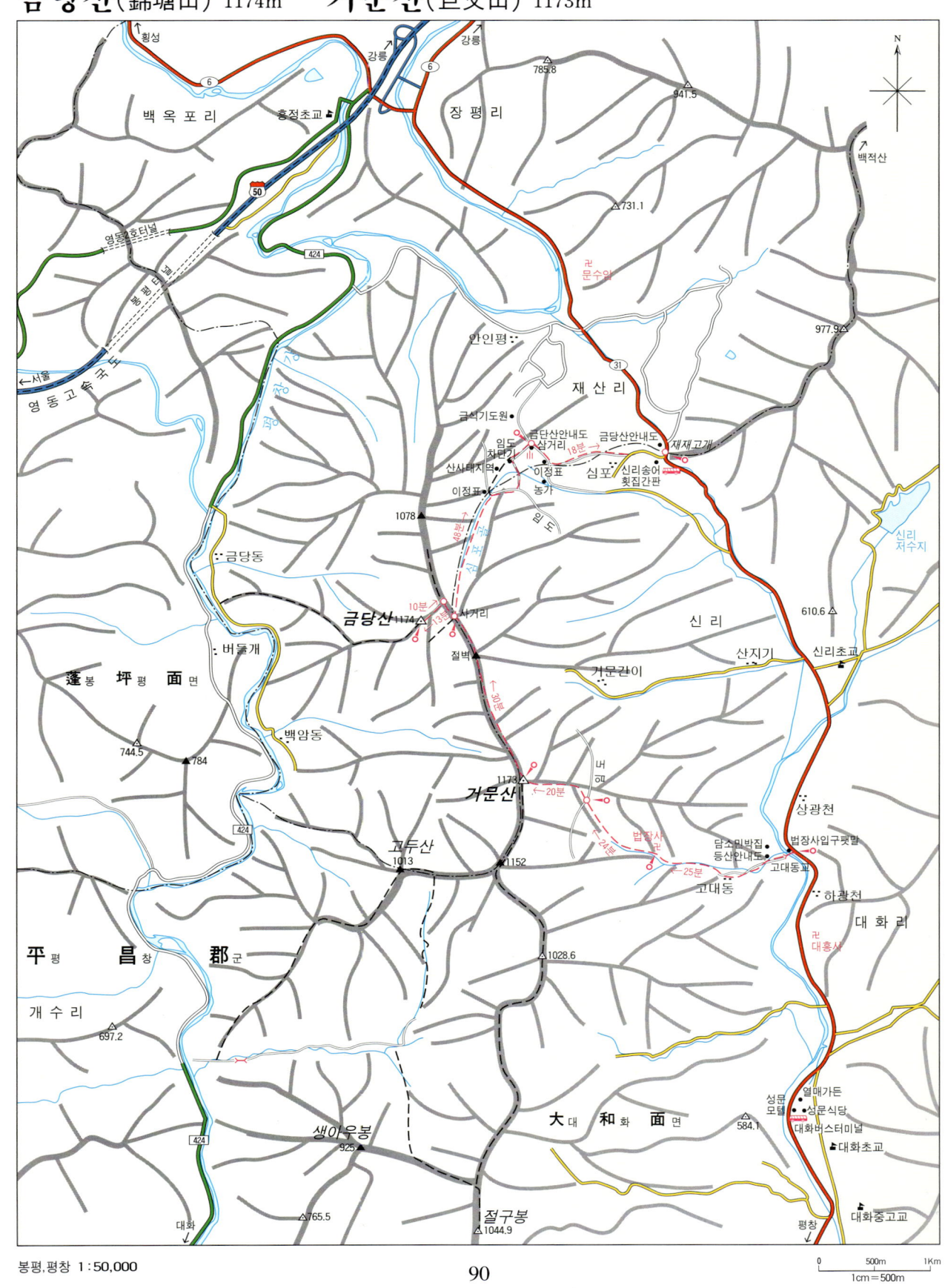

금당산 · 거문산 강원도 평창군 대화면(江原道 平昌郡 大和面)

개요

금당산(錦塘山. 1174m)과 **거문산**(巨文山. 1173m)은 장평에서 대화로 이어지는 31번 국도를 사이에 두고 동쪽은 백적산, 잠두산, 백석산이고, 서쪽은 금당계곡을 사이에 두고 청태산, 대미산, 덕수산, 장미산과 마주하고 있는 산이다. 전체적으로 완만한 산세를 이루고 있는 육산이며 주능선 등산로 주변은 아기자기한 바윗길이 있으나 험로는 없다.

거문산 정상은 별 특징이 없고 숲에 가려져 있으며, 금당산 정상은 넓은 공터에 표지석이 새워져 있다.

산행 후에 서쪽 금당계곡과 나란히 이어지는 도로를 따라 드라이브코스가 매우 좋다. 봉평면 메밀꽃 필 무렵인 8월 말에서 9월초 사이에는 봉평일대가 하얀 메밀꽃으로 장관을 이룬다. 또한 봉평면 창동 4리 메밀꽃 필 무렵의 저자 이효석의 생가 주변 문화마을도 들러보고, 순 메밀막국수도 한번 시식을 해 보고 돌아오면 더 좋을 것이다.

산행은 대화면 고대동교에서 법장사를 경유하여 거문산에 먼저 오른 다음, 북릉을 타고 금당산에 오른다. 금당산에서 하산은 북동쪽 삼포골을 따라 재재고개로 하산한다.

등산로

금당산-거문산 종주(4시간 10분 소요)

고대동교→ 25분→ 법장사→ 24분→ 임도→ 20분→ 거문산→ 43분→ 금당산→ 60분→ 밭→ 18분→ 재재고개

고대동교 건너 금당산 등산안내판에서 소형차로를 따라 25분 거리에 이르면 법장사(法藏寺)가 나온다.

법장사에서 왼편 청유당 쪽으로 가면 나무다리를 건너 계곡으로 등산로가 이어진다. 계곡길을 따라 5분 거리에 이르면 계곡을 벗어나면서 우측 비탈길로 이어지다가 가파른 우측 능선으로 이어져 19분을 오르면 임도가 나온다.

넓은 초원 금당산 정상

임도 우측 10m 거리에서 절개지를 오르면 능선으로 이어진다. 서쪽으로 이어지는 능선을 타고 가면 바윗길로 이어져 20분을 가면 이정표가 있는 거문산 삼거리가 나온다. 삼거리에서 왼쪽으로 10m 바위봉이다.

하산은 북릉을 탄다. 북쪽 능선은 바윗길로 이어지면서 16분을 가면 왼쪽이 절벽이고 금당산 정상이 보이는 바위봉에 닿는다. 바위봉에서 계속 북릉을 따라 15분을 가면 사거리안부가 나온다. 사거리 우측은 하산 길이므로 표시를 해두고 북쪽 길을 따라 7분을 오르면 이정표삼거리가 나온다. 삼거리에서 왼쪽으로 6분을 더 오르면 헬기장 금당산 정상이다. 정상은 표지석이 있고 삼각점이 있으며 사방이 막힘이 없다.

하산은 올라왔던 안부사거리로 되 내려간다. 정상에서 4분 내려가면 삼거리가 나온다. 삼거리에서 오른편으로 7분을 내려가면 안부사거리에 닿는다. 사거리에서 왼편 동쪽 방향 계곡 길로 간다. 재재고개 쪽인 동쪽 길은 돌밭길이 많은 편이나 뚜렷하고 험하지 않으며 40분을 내려가면 임도가 나온다. 임도에서 왼쪽으로 10m 정도 가서 우측 계곡으로 하산길이 있으나 현재는 폐허로 인해 통제되고 있음. 임도에서 오른쪽 임도를 따라 3분 거리에 이르면 임도 삼거리가 나온다. 임도 삼거리에서 왼쪽 희미한 임도를 따라 3분을 가면 폐허된 계곡길과 만나는 삼거리가 나온다. 여기서부터 임도를 따라 2분을 내려가면 금당산 안내도가 있는 농로삼거리가 나온다.

여기서 오른쪽 농로를 따라 18분을 내려가면 31번 국도 재재고개 버스정류장이다.

자가운전

영동고속도로 장평IC에서 빠져나와 좌회전⇨장평 삼거리에서 우회전⇨대화 방면 31번 국도를 타고 약 8km 법장사 입구 고대동교 주차장.

대중교통

동서울터미널에서 수시로 운행하는 강릉 주문진 방면 버스 이용, 장평 하차. 장평에서 1시간 간격으로 운행하는 대화 방면 시내버스 이용, 법장사 입구 하차.

식당

풀내음(막국수)
평창군 봉평면 원길2리 763-5
033-336-0037

열매가든(한우)
평창군 대화면 대화11리
033-332-8688

평창한우마을
평창군 대화면 대화리 1158-3
033-332-8300

성문식당
평창군 대화면 대화리9리
033-336-5070

숙박

성문모텔
평창군 대화면 대화리9리
033-336-6555

명소

금당계곡
문화마을

대화장날 4일, 9일
봉평장날 2일, 7일

고두산 1013m 절구봉 1044.9m

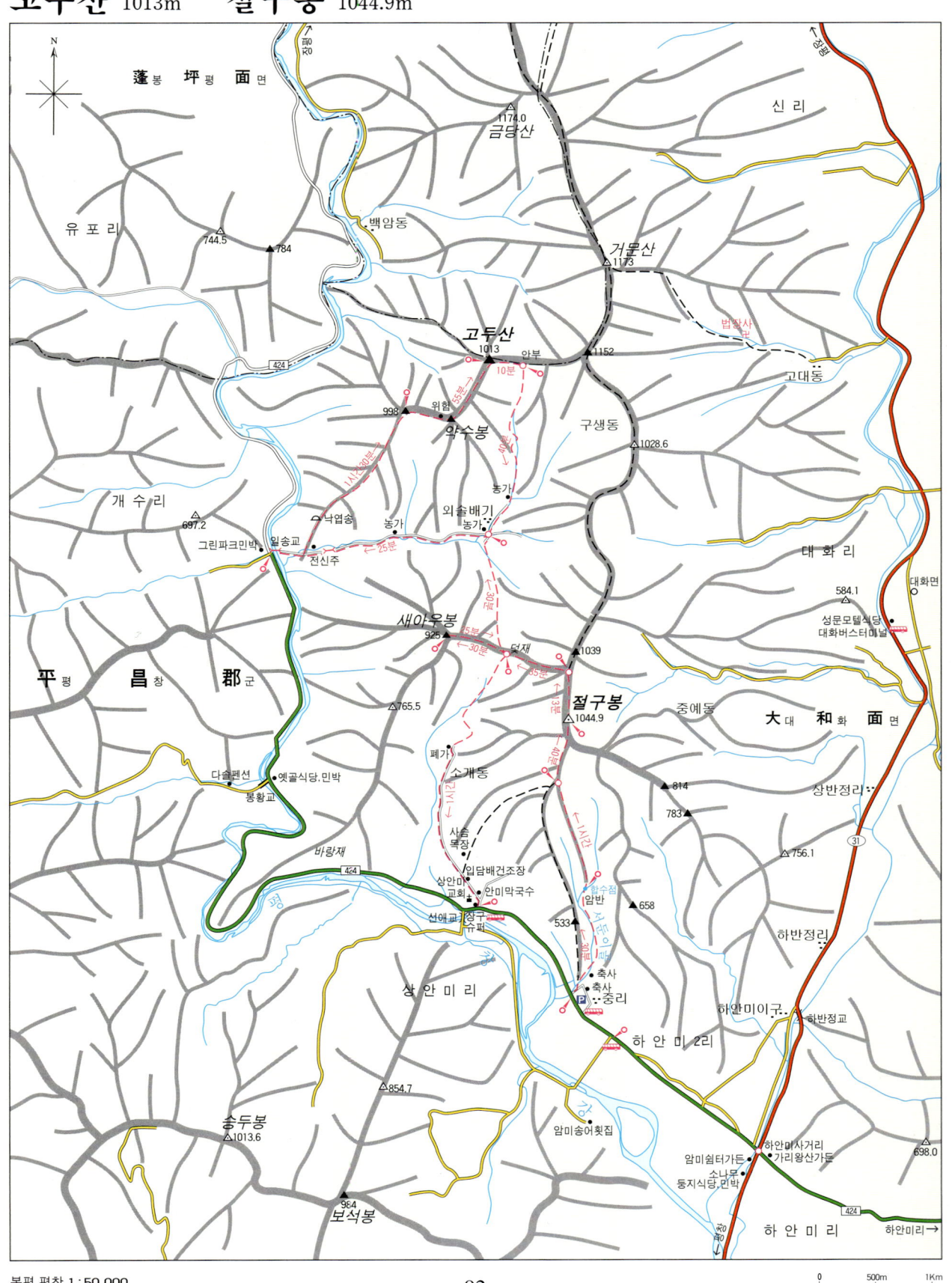

고두산 · 절구봉　강원도 평창군 대화면(江原道 平昌郡 大和面)

 개요

고두산(1013m)은 금당계곡 개수리 동쪽에 위치한 산이다. 거문산에서 절구봉으로 이어지는 남쪽 능선 1152m 봉에서 서쪽으로 1km 거리에 위치하고 있으며, 육산이나 주능선 정상 부근 굴바위를 통과하는데 험로가 한 곳 있다.

절구봉(1044.9m)은 상안미리 금당계곡 북쪽에 위치한 산이다. 모산인 금당산에서 남릉으로 이어져 거문산을 지나 남진하여 마지막봉이 절구봉이다.

보석봉에서 바라본 절구봉 전경

 등산로

고두산(4시간 40분 소요)

일송교→ 90분→ 998봉→ 55분→
고두산→ 50분→ 외솔백이 소나무→
25분→ 일송교

개수1리 그린파크 민박집 앞에서 동쪽 일송교를 건너 50m 거리 삼거리에서 왼쪽으로 10m 가면 우측에 전신주가 있는 쪽으로 등산로가 있다. 등산로는 낙엽송 지역이며 급경사로 이어져 36분을 오르면 묘가 나온다. 묘에서 일직선으로 된 능선을 따라 41분을 오르면 998봉에 닿는다.

여기서 우측 능선을 따라 6분을 내려서면 안부가 나오고, 다시 바윗길 능선으로 12분을 오르면 굴바위 험로가 나온다. 여기서 보조자일이 필요하며 매우 주의를 요하는 지점이다. 굴속으로 오르거나 굴 입구 왼쪽 끝에서 올라야 하는데 마땅치 않으므로 경험자가 먼저 올라 줄을 걸어야 한다. 험로를 올라서면 능선으로 이어져 8분을 가면 전망이 좋은 약수봉에 닿는다. 약수봉에서 우측으로 15분을 내려가면 안부삼거리가 나온다. 삼거리에서 왼쪽능선으로 14분을 올라가면 표지판이 있는 고두산 정상이다.

하산은 동쪽으로 10분을 내려가면 안부삼거리가 나온다. 삼거리에서 우측 계곡길로 이어지며 30분을 내려가면 밭이 나오고, 10분을 더 내려가면 외솔백이 보호수 소나무가 나온다.

여기서부터는 소형차로를 따라 25분 내려가면 일송교에 닿는다.

절구봉(4시간 51분 소요)

중리→ 30분→ 합수점→ 60분→
갈림길→ 40분→ 절구봉→ 41분→
덫재→ 60분→ 상안미1리

중리버스정류장에서 북쪽 마을길을 따라 100m 가면 축사가 있고 마을길 사거리가 나온다. 사거리에서 북쪽으로 보면 긴 능선이 있고 마지막봉이 절구봉이며 우측 계곡이 서둔이골이다. 산행은 이 서둔이골을 따라 가다가 능선으로 오르게 된다. 사거리에서 우측으로 가면 다시 축사가 계곡 양편에 있다. 왼쪽 축사를 통과하여 가면 다시 등산로가 이어지며 계곡 왼쪽으로 난 등산로를 따라 30분을 가면 반석이 있는 합수점에 닿는다.

합수점 반석에서 양 계곡 사이로 있는 능선을 타고 오른다. 뚜렷한 능선길을 타고 1시간을 올라가면 갈림능선을 지나고 바윗길이 이어지며 등산로가 희미해진다. 하지만 능선을 벗어나지 말고 주능선만 따라 40분을 오르면 삼각점이 있는 절구봉이다

하산은 북쪽 주능선을 타고 11분을 가면 1005봉 삼거리에 나온다. 삼거리에서 왼쪽 능선 길을 따라 14분을 내려가면 갈림길이 나온다. 갈림길에서 우측 길을 따라 16분을 더 내려가면 덫재 사거리에 닿는다.

덫재에서 남쪽으로 가면 산판길로 이어지다가 20분 거리에 이르면 농로로 이어져 40분을 내려가면 상안미1리 선애교에 닿는다.

자가운전

절구봉은 영동고속도로 장평IC에서 빠져나와 좌회전⇨ 장평삼거리에서 우회전⇨ 31번 국도를 타고 대화 지나 하안미사거리에서 우회전⇨ 3km 중리마을 주차.

고두산은 하안미리 사거리에서 우회전⇨ 424번 지방도를 따라 약 15km 개수1리 그린파크민박집 부근 주차.

대중교통

동서울터미널에서 대화 경유 평창 정선행 버스 이용 대화 하차.

대화에서 1일 4회 상안미리-개수리행 버스 이용, **절구봉**은 중리 하차. **고두산**은 개수1리 그린파크 하차.

식당

성문식당
평창군 대화면 대화 9리
033-336-5070

열매가든
평창군 대화면 대화 11리
033-332-8688

숙박

성문모텔
평창군 대화면 대화 9리
033-336-6555

명소

금당계곡
문화마을

대화장날 4일, 9일

덕수산(德修山) 1010m   장미산(長美山) 978.2m

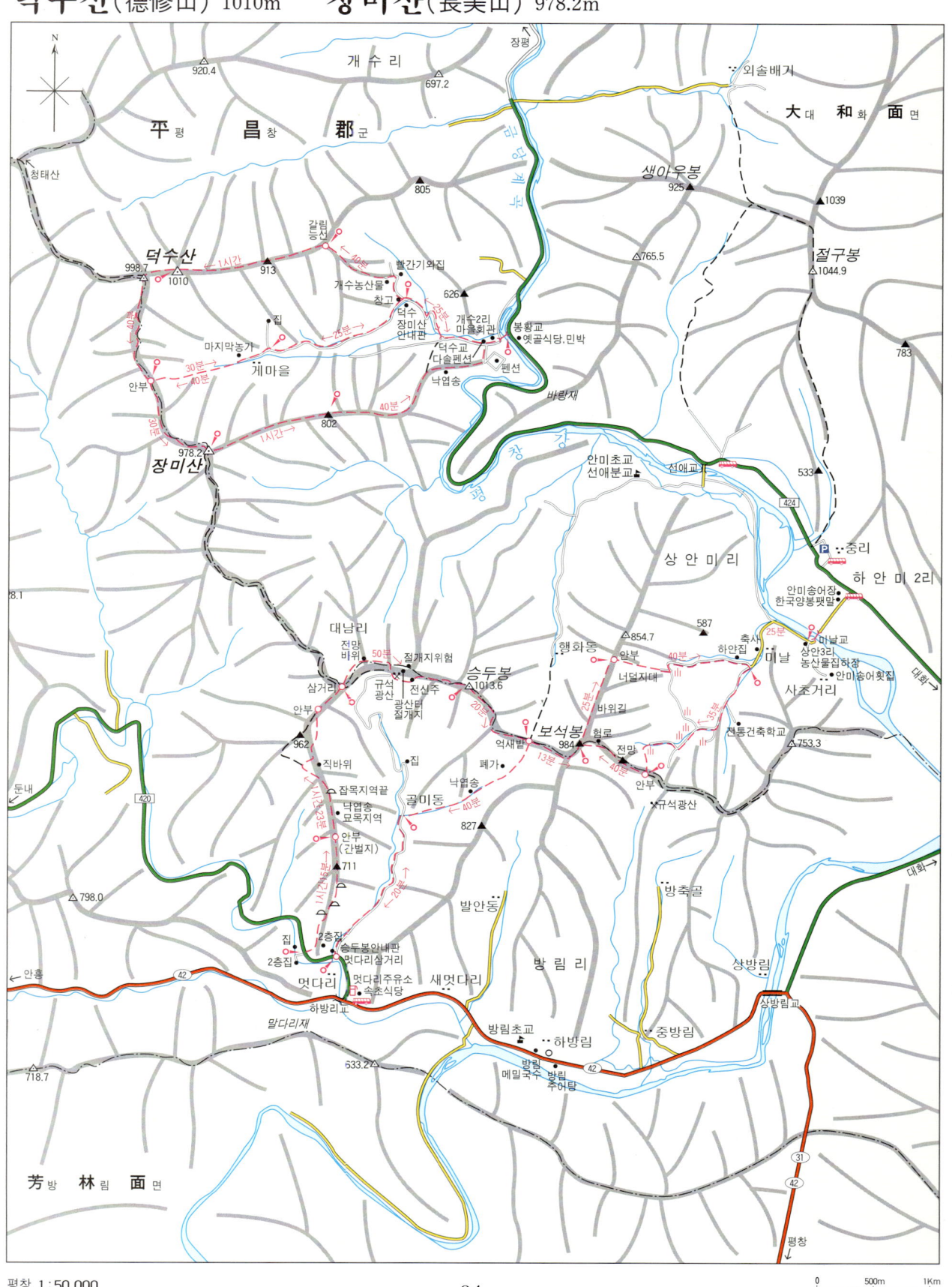

덕수산 · 장미산 강원도 평창군 대화면, 방림면(江原道 平昌郡 大和面, 芳林面)

개요

덕수산(德修山. 1010m)은 금당계곡 개수리 서쪽에 위치한 산이다. 모산인 청태산에서 남쪽으로 뻗은 능선이 대미산을 거쳐 덕수산, 장미산, 승두봉, 보석봉까지 이어진다.

산행은 봉황교에서 2km 농산물집하장삼거리를 기점으로 하여 우측 빨간 지붕 집을 지나서 서쪽 능선을 타고 정상에 오른 뒤, 남쪽 능선을 타고 삼거리에서 동쪽으로 내려와 농가를 경유하여 다시 농산물집하장으로 원점회귀 산행이다.

장미산(長美山. 978.2m)은 덕수산에서 남쪽 능선으로 이어져 약 2km 지점에 위치한 순수한 육산이다.

산행은 봉황교에서 2km 농산물집하장 2km 농가 주능선삼거리를 거쳐 남쪽 주능선을 타고 장미산에 오른 뒤, 동쪽 지능선을 타고 다시 개수교로 원점회귀 산행이다.

등산로

덕수산(5시간 5분 소요)

봉황교→25분→농산물집하장→40분→갈림능선→60분→덕수산→40분→안부 삼거리→30분→농가→50분→봉황교

개수2리에서 봉황교를 건너 소형차로를 따라 1km 가면 삼거리가 나온다. 삼거리에서 우측으로 덕수교를 건너 1km 가면 개수2리 농산물집하장이 있고, 덕수산, 장미산 안내판이 있는 삼거리가 또 나온다. 여기서 직진하여 50m 가면 우측으로 꺾어져 100m 거리에 빨간 지붕 농가가 나온다. 농가 왼쪽으로 가서 바로 오른편 작은 안부로 올라서면 지능선으로 산길이 이어진다. 이 산길을 따라 오르면 완만하게 이어져 40분을 오르면 묘를 지나서 갈림능선에 닿는다.

갈림능선에서 왼쪽으로 주능선길이 이어지며, 913봉을 지나서 내려가면 다시 오르막길로 이어져 바위봉을 지나서 5분 거리에 이르면 덕수산 정상이다. 갈림능선에서 1시간 거리다.

덕수산에서 하산은 서쪽 능선을 따라 10분 거리에 이르면 삼각점이 있는 삼거리에 닿는다. 삼거리에서 왼쪽 주능선을 따라 30분을 내려가면 안부삼거리가 나온다.

여기서 왼편 동쪽으로 30분을 내려가면 마지막 최종학 씨 농가이다.

여기서부터 소형차로를 따라 3.7km 내려가면 봉황교에 닿는다.

장미산(4시간 40분 소요)

봉황교→25분→마지막농가→25분→농가→40분→안부 삼거리→30분→장미산→60분→802봉→40분→봉황교

개수2리에서 봉황교를 건너 소형차로를 따라 1km 삼거리에서 우측 덕수교를 건너 1km 개수2리 농산물집하장과 장미산, 덕수산 이정표삼거리에서 왼쪽으로 간다. 왼쪽 소형차로를 따라 2km 가면 삼거리가 나온다. 삼거리에서 왼쪽 비포장으로 50m 가면 마지막농가 최종학씨 집이다.

농가 마당 왼쪽으로 들어서면 삼거리가 나온다. 삼거리에서 우측으로 우측 송림지대를 지나서 급경사 길로 40분을 오르면 주능선 안부삼거리가 나온다.

안부삼거리에서 왼쪽 능선을 따라 30분을 오르면 삼거리 삼각점이 있는 장미산 정상이다.

하산은 동쪽 지능선을 타고 봉황교로 한다. 정상에서 왼쪽 동릉을 따라 내려가면 동쪽으로 전망이 트이고 산길이 뚜렷하며 1시간을 내려가면 802봉에 닿는다.

802봉에서 약 10분을 내려가면 갈림능선이 나온다. 갈림 능선에서는 왼쪽으로 내려간다.

왼쪽 능선으로 15분 정도 내려서면 묘가 있고 갈림길이 나온다. 갈림길에서 우측 길을 따라 내려가면 낙엽송지역을 통과하며 왼편으로 펜션단지가 나온다. 여기서부터는 왼쪽 차도를 따라 내려가면 봉황교에 닿는다.

자가운전

영동고속도로 장평IC에서 빠져나와 우회전⇨장평 삼거리에서 우회전⇨평창 방면 31번 국도를 타고 하안미리 사거리에서 우회전⇨12km 개수2리 봉황교 부근 주차.

대중교통

동서울터미널에서 1일 11회 운행하는 대화 방면 버스 이용, 대화 하차. 대화 또는 평창에서 1일 3회 운행하는 개수리행 시내버스 이용, 개수2리 봉황교 하차.

식당

옛골식당, 민박
평창군 대화면 개수리 1222-1
011-9797-9846

열매가든(등심)
대화면 대화 11리
033-332-8688

평창한우마을
대화면 대화리 1158-3
033-332-8300

숙박

성문모텔, 식당
평창군 대화면 대화 9리 1012-7
033-336-6555-6

다솔펜션
대화면 개수2리 1193-1
033-332-5005

명소

금당계곡

대화장날 4일, 9일

승두봉(僧頭峰) 1013.6m　보석봉(寶石峰) 984m

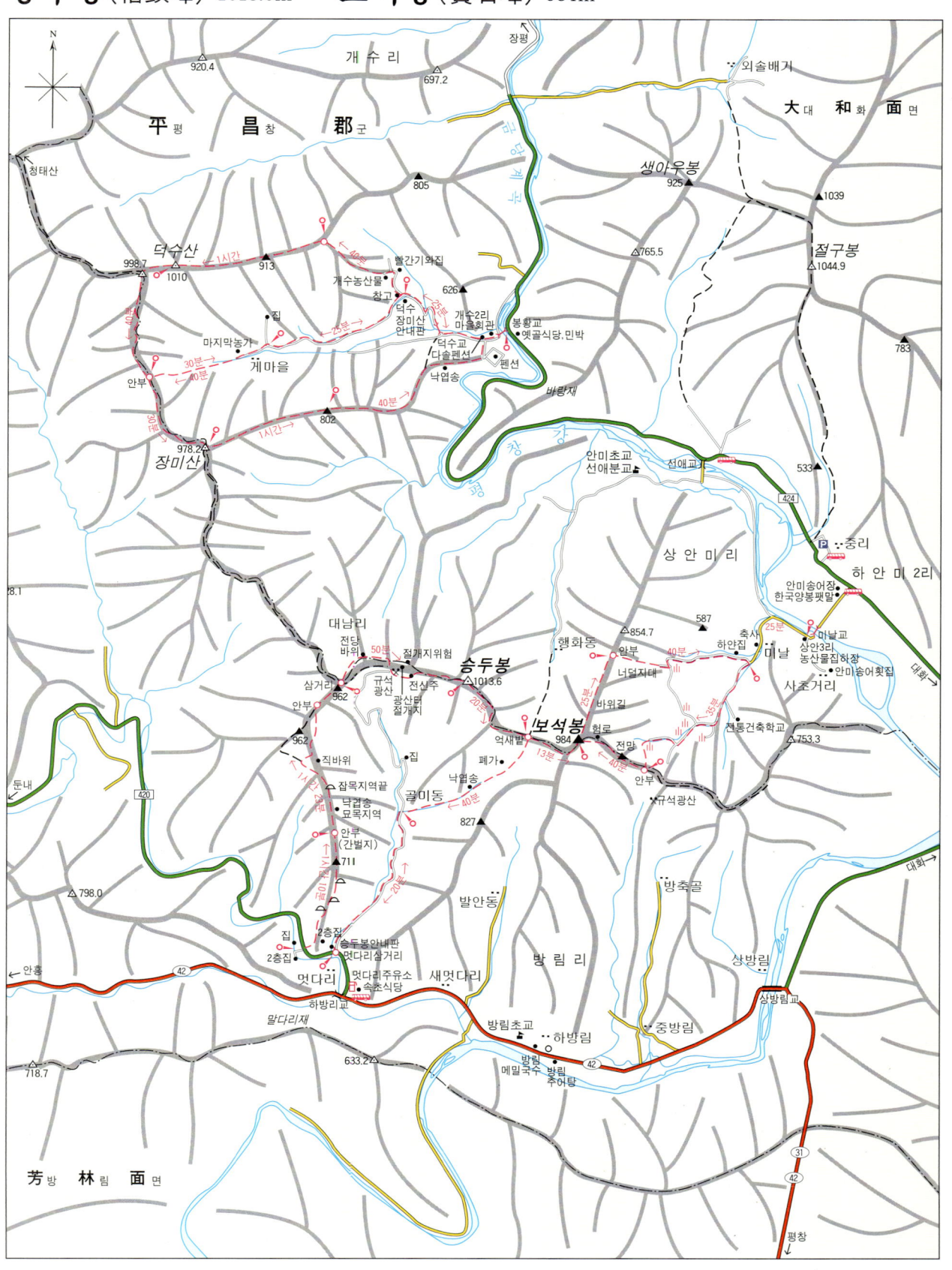

승두봉 · 보석봉

강원도 평창군 대화면, 방림면(江原道 平昌郡 大和面, 芳林面)

개요

승두봉(僧頭峰. 1013.6m)은 모산인 청태산에서 남동쪽으로 뻗어 내려간 능선이 대미산, 덕수산, 장미산, 승두봉, 보석봉을 끝으로 평창강으로 가라앉는다. 등산기점에서 주능선까지는 급경사로 힘든 구간이고 규석광산 터에 혼란스런 구간이 있다.

보석봉(寶石峰. 984m)은 승두봉에서 동쪽능선으로 이어져 약 1.5km 거리에 위치한 산이다. 초원지대 안부를 사이에 두고 서쪽은 승두봉 동쪽은 보석봉이다. 정상은 바위봉이며 동쪽 면은 급경사 험로이다.

등산로

승두봉(5시간 38분 소요)

멋다리 → 60분 → 간벌지 → 83분 → 962봉 주능선삼거리 → 55분 → 승두봉 → 20분 → 안부 → 60분 → 멋다리

멋다리주유소 삼거리에서 북쪽 도로를 따라 300m 거리에 이르면 삼거리에 승두봉 이정표가 있다. 삼거리에서 계속 도로를 따라 200m 거리 커브를 지나서 바로 우측 지능선으로 오르는 산길이 있다. 여기서 언덕을 올라서면 급경사 능선길로 이어져 20분을 오르면 능선에 묘가 나온다. 묘를 지나 능선을 따라 50분을 올라가면 간벌지 갈림길이 나온다.

갈림길에서 직진 능선을 따라 27분을 가면 잡목지역이 끝나고, 묘를 지나서 거대한 직바위 밑에 닿는다. 바위 밑에서 왼쪽으로 돌아 올라서면 산길이 없어진다. 여기서 건너편 능선 쪽으로 30m 가다가 오른쪽 바위 위쪽으로 올라서면 능선에 산길이 나온다. 이 산길을 따라 26분을 가면 962봉 오르기 전에 우측 비탈길로 이어져 주능선 안부가 나온다. 여기서 우측 능선을 따라 30분을 가면 962봉 주능선삼거리에 닿는다.

삼거리에서 우측으로 8분을 가면 전망바위를 지나고, 15분을 더 가면 규석광산 절개지가 나온다. 절개지에서 왼쪽 길은 위험하므로 우측 쌍전선주가 있는 왼쪽으로 내려서면 규석광산 공터가 나온다. 공터에서는 동쪽 전주 쪽으로 가면 승두봉으로 가는 산길로 이어진다. 공터를 지나서 비탈길로 6분을 가다가 길이 없는 왼쪽 주능선으로 치고 4분 올라붙는다. 주능선에서 우측으로 10분을 가면 통신시설이 있고 삼각점이 있는 승두봉 정상이다.

하산은 동쪽으로 20분을 내려가면 사거리안부 억새밭이다.

안부에서 남쪽 억새밭을 통과 10분을 내려가면 집터 지나서 계곡길을 따라 30분을 내려가면 골미동 삼거리가 나온다. 여기서 소형차로를 따라 20분 내려가면 등산기점 삼거리이다.

보석봉(4시간 10분 소요)

하안2리 → 60분 → 안부 사거리 → 40분 → 보석봉 → 25분 → 안부 → 65분 → 하안2리

하안미2리 버스정류장에서 서쪽 마을길을 따라 미날교를 건너 우측으로 200m 거리 삼거리에서 왼쪽으로 가면 축사를 지나서 삼거리가 나온다. 삼거리에서 왼쪽으로 400m 거리 삼거리에서 우측으로 200m 가면 전통건축학교 삼거리가 나온다. 여기서 우측으로 200m 거리 갈림길에서 왼쪽으로 200m 지난 삼거리에서 왼쪽 농로를 따라가면 농로가 또 갈라진다. 여기서 우측농로를 따라 약 500m 올라가면 밭이 끝난다. 여기서 밭 상단부 왼쪽 중간쯤에 우측으로 산길이 있다. 이 산길을 따라 5분을 오르면 주능선 안부사거리가 나온다.

안부에서 우측 능선을 따라 30분을 오르면 바위지대 밑에 닿는다. 여기서부터는 가파른 급경사이며 10분을 오르면 삼거리 바위봉 정상이다.

하산은 북릉을 따라가면 바윗길로 이어져 25분을 내려가면 안부에 닿는다.

안부에서 우측으로 내려가면 희미한 하산길이 이어져 17분을 내려가면 묘가 나온다. 여기서부터는 농로를 따라 23분을 내려가면 마을 앞 삼거리에 닿는다.

자가운전

승두봉 : 영동고속도로 새말IC에서 빠져나와 우회전 ⇒ 300m에서 좌회전 ⇒ 42번 국도를 타고 멋다리 삼거리에서 좌회전 ⇒ 400m 삼거리 주차.

보석봉 : 영동고속도로 장평IC에서 빠져나와 평창 방면 31번 국도를 타고 하안미 사거리에서 우회전 ⇒ 2km 하안미2리 버스정류장에서 좌회전 ⇒ 미날교 건너 우회전 ⇒ 200m에서 좌회전-마을 주차.

대중교통

승두봉 : 동서울터미널에서 방림 경유 평창 방면 버스 이용, 멋다리 하차.

보석봉 : 동서울터미널에서 대화 경유 평창 방면 버스 이용, 대화 하차. 대화에서 1일 6회 있는 개수리행 시내버스 이용, 하안미2리 하차.

식당

안미송어횟집
평창군 대화면 상안미리 68
033-333-7493

방림추어탕
평창군 방림면 우체국 앞
033-333-9966

명소

금당계곡
문화마을

대화장날 4일, 9일
계촌장날 2일, 7일

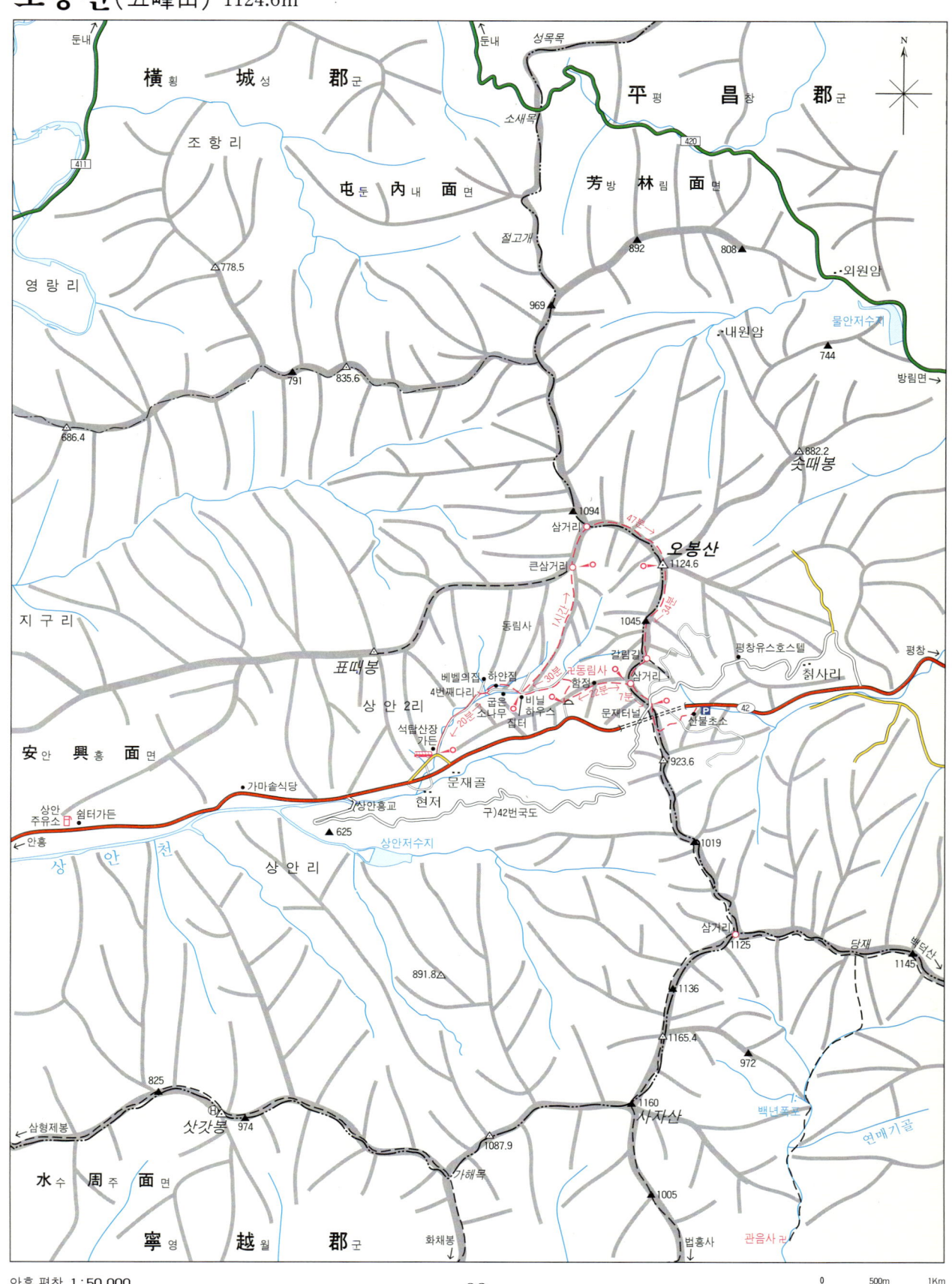

오봉산

강원도 횡성군 안흥면, 평창군 방림면(江原道 橫城郡 安興面, 平昌郡 芳林面)

개요

오봉산(五峰山, 1124.6m)은 42번 국도가 지나가는 문재를 사이에 두고 남쪽은 백덕산 북쪽은 오봉산이다. 순수한 육산이며 험로는 없으나 산길이 다소 희미한 곳이 있다.

산행은 상안2리 버스종점에서 계곡으로 난 소형차로를 따라 20분 거리 집터에서 왼편 지능선-주능선을 이어타고 오봉산 정상에 오른 다음, 문재 방면 능선을 따라 35분 거리 작은 봉에서, 직진하면 문재로 하산하고, 우측 지능선을 타고 가면 묘를 경유하여 다시 상안2리 원점회귀 산행이다.

오봉산 산행기점 삼거리

등산로(4시간 53분 소요)

석탑산장 → 20분 → 집터 → 60분 → 주능선삼거리 → 47분 → 오봉산 → 34분 → 갈림길 → 22분 → 묘 → 30분 → 집터 → 20분 → 석탑산장

상안2리 버스종점에서 왼쪽에는 석탑산장 든이 있고, 산장 우측으로 북동쪽으로 패어든 계곡을 따라 난 소형차로가 있다. 이 소형차로를 따라가면 입구 왼쪽에 바로 강명수씨 농가를 지나서 약 1km 거리 다리를 4번 건너가면, 오른쪽에 영수와 보가네집 왼쪽에 하얀 집을 지나고, 굽은 소나무를 지나서 50m 가면 삼거리가 나온다. 왼쪽으로 집이 보이고 우측에는 비닐하우스 2동이 있으며, 삼거리 중간에 집터가 있고 집터 뒤로 지능선이 있다. 이 지 능선이 오봉산 등산 기점이다.

삼거리에서 왼쪽 뚜렷한 지능선을 따라 오르면 묘를 3번 지나고, 우측으로 동림사가 보이며 32분을 오르면 완만한 능선에 닿고, 다시 28분을 오르면 왼편에 흰 바위를 지나고 주능선삼거리가 나온다.

삼거리에서 우측으로 주능선 등산로를 따라 12분을 가면 갈림길이 나온다. 갈림길에서 우측으로 간다. 우측 능선을 따라 20분을 가면 정상과 비슷한 봉에 닿는다. 계속된 주능선 뚜렷한 등산로를 따라 15분을 더 가면 삼각점이 있는 오봉산 정상이다. 정상주변 나무들을 베어내서 조망이 트인다.

하산은 남쪽으로 뚜렷한 등산로를 따라 내려간다. 26분을 내려가면 묘가 보이는 지점이 나온다. 묘 50m 닿기 전에 우측으로 갈림길이 나온다. 갈림길에서 우측으로 희미하게 난 갈림길을 따라 8분 거리에 이르면, 왼쪽에 뻗어진 소나무가 있고 함정이 2개가 있는 작은 봉에 닿는다.

여기서 우측 희미한 서쪽 지능선 길로 간다. 희미한 우측 길을 따라 가면 지능선으로 하산길이 이어진다. 산길은 희미하지만 큰 어려움은 없다. 왼쪽으로는 42번 국도가 하산길과 나란히 이어져 내려가고 우측은 상안리 계곡이다. 능선만을 따라 22분을 가면 안부에 뚜렷한 묘가 나온다. 묘에서 우측으로 뚜렷한 산길이 있다.

묘에서 우측길을 따라 내려서면 비탈길로 이어져 13분을 가면 다시 왼쪽으로 내려간다. 왼쪽으로 11분을 내려가면 밭이 나온다. 밭을 가로질러 왼쪽으로 내려가면 농로를 만나 동림사 길과 합해져 6분 거리에 이르면 등산기점 집터가 나온다.

집터에서부터는 소형차로를 따라 내려가면 버스종점에 닿는다.

* 정상에서 34분 거리 갈림길에서 왼쪽으로 직진하여 6분을 내려가면 문재 구 도로에 닿는다. 구 도로를 가로질러 남쪽으로 난 임도를 따라 70m 가량 가면 왼쪽으로 내려가는 하산길이 나온다. 이 하산길을 따라 10분을 내려가면 산불초소가 있는 문재터널 동편 입구이다.

자가운전

영동고속도로 새말IC에서 빠져나와 우회전 ⇒ 300m에서 좌회전 ⇒ 42번 국도를 타고 안흥 통과 1km에서 우회전 ⇒ 8km 거리 상안2리에서 우측으로 굴다리를 통과하여 버스종점 부근 주차.

대중교통

동서울터미널에서 안흥 경유 평창, 정선 방면 버스 이용, 안흥 하차. 안흥에서 1일 5회 운행하는 상안 2리행 버스 이용, 상안 2리 종점 하차. 안흥택시 011-342-4136

식당

가마솥
횡성군 안흥면 상안리 297
033-342-4558

산골밥상
횡성군 안흥면 안흥리 282-5
033-342-4558

왕십리해장국
횡성읍 읍하택지 공설운동장 앞
033-345-9990

한우푸라자
횡성군 우천면 우항리 167
033-342-6680

숙박

안흥모텔
횡성군 안흥면
033-344-0540

안흥장날 3일, 8일

원당산(元堂山) 968.6m

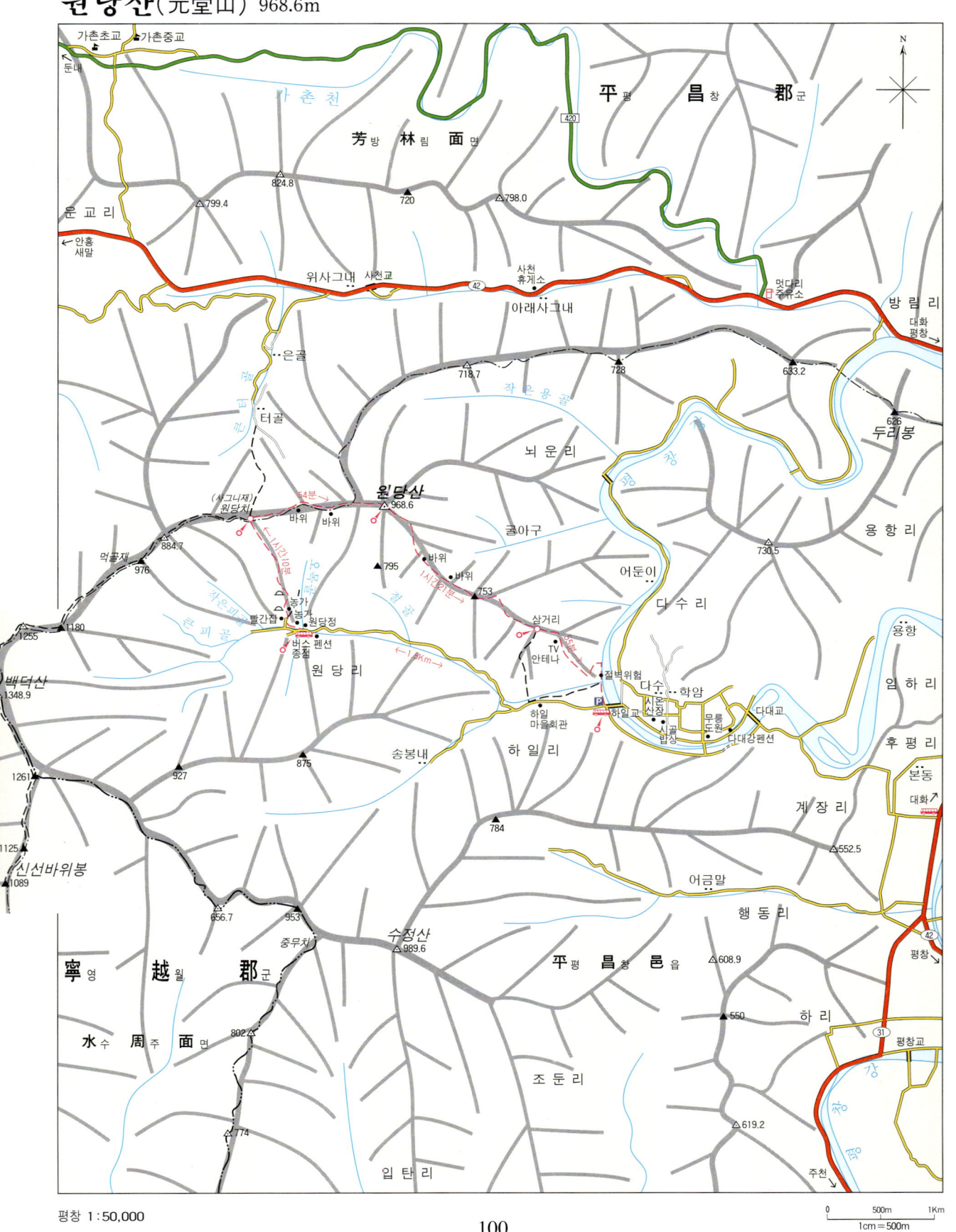

원당산

강원도 평창군 평창읍 원당리(江原道 平昌郡 平昌邑 元堂里)

개요

원당산(元堂山, 968.6m)은 백덕산에서 동북쪽으로 뻗어나간 능선으로 약 5km 지점에 위치한 산이다. 평창읍 원당리에서는 서쪽 백덕산에서 동쪽으로 이어지는 능선 북쪽에 원당산 위치하고 있고, 능선으로 계속 이어지면서 동쪽 평창강으로 가라앉는다.

전체적인 산세는 완만한 편이나 하산지점 평창강 일대는 급경사로 이루어져 있다. 아직 등산에 대한 안내가 없고 등산객들이 거의 없는 편이다. 산길은 옛길이 흔적은 있으나 희미한 편이다. 하지만 대부분 산길이 능선으로 나있고, 능선은 잡목이 없어 능선만을 벗어나지 않으면 길 잃을 염려는 없다. 전체적인 산행은 큰 어려움이 없으나 마지막 하산길 평창강으로 내려서는 길이 희미하고, 평창강에서 강변 비탈길은 급경사 험로이므로 주의를 해야 한다.

철쭉으로 에워싸인 원당산 정상

등산로 (5시간 20분 소요)

버스종점 → 70분 → 원당치 → 54분 → 원당산 → 81분 → 갈림길 → 55분 → 하일교

원당리 버스종점에서 계곡 오른편 소형차로를 따라 200m 정도 가면 산 밑에 빨간 집을 사이에 두고 갈림길이 나온다. 갈림길에서 빨간 집 오른쪽으로 100m 정도 가면 마지막집이 나온다. 종점에서 5분 거리다. 마지막집 왼쪽으로 밭둑에 올라서면 산으로 가는 길이 나온다. 산길을 따라 가면 묘를 지나면서 뚜렷한 산길이 있고, 산길은 능선 오른편 비탈길로 이어진다. 마지막집에서 5분을 올라가면 지능선에 올라서고, 다시 비탈길로 이어져 12분을 올라가면 묘 입구에 갈림길이 나온다. 갈림길에서 왼편 묘를 통과하여 능선을 따라 18분을 오르면 왼편 비탈길을 지나서 다시 지능선으로 이어진다. 지능선길은 뚜렷한 편이며, 30분을 더 오르면 사거리 원당치(사그니재)에 닿는다.

원당치 서쪽은 백덕산, 동북쪽은 터골, 은골, 방면이며 원당산은 동쪽 주능선이다. 원당치에서 동쪽 주능선을 따라 16분을 가면 바위가 나온다. 바위 오른쪽으로 우회하여 다시 바위 위 능선으로 이어져 18분을 가면 또 바위가 나온다. 바위를 우회하여 주능선을 따라 20분을 더 가면 삼각점이 있는 원당산 정상이다.

하산은 동남 방향 주능선을 탄다. 삼각점에서 바로 뚜렷한 길이 없는 동남쪽 능선 방향으로 내려서면 능선으로 하산길이 나타나면서 주능선으로 뚜렷한 길이 이어진다. 정상에서 13분을 내려가면 바위가 가로 막는다. 바위를 오른쪽으로 우회하여 가면 바로 동남 방향 능선을 만나게 된다. 여기서 동남 방향 능선을 따라 9분을 내려가면 봉우리가 나온다. 왼편은 바위 절벽이고 오른편 주능선으로 간다. 오른쪽 주능선을 따라 35분을 내려가면 두 갈래 능선길이 나온다. 갈림능선에서 직진 주능선을 따라 24분을 가면 갈림길이 나온다.

갈림길에서 왼쪽 주능선을 따라 14분을 가면 마지막 봉우리 오른편 비탈길로 이어지고, 다시 오른편 능선을 타고 내려가면 TV 안테나를 지나서 소나무 숲길로 이어지면서 10분 거리에 갈림 능선이 나온다. 갈림 능선에서 왼쪽 능선을 따라 11분을 내려가면 왼쪽으로 희미한 길이 나온다. 여기서 직진은 절벽지역이므로 왼편 골 쪽으로 하산한다. 희미한 왼쪽 길을 따라 내려가면 길 흔적이 이어지고 마지막 강변에서 급경사이므로 조심하여 내려선다. 능선에서 10분 내려가면 평창강변이다. 강변에서 오른편 비탈길로 이어진다. 비탈길 중간쯤에 왼쪽이 절벽이므로 매우 주의가 필요하다. 비탈길 위험한 구간을 통과하며 10분 거리에 이르면 하일교에 닿는다.

자가운전

영동고속도로 장평 IC에서 빠져나와 좌회전 ⇨ 장평삼거리에서 우회전 ⇨ 평창 방면 31번 국도를 타고 상방림교 삼거리에서 직진 ⇨ 6km 주진교 지나 1km 거리 삼거리에서 원당리로 우회전 ⇨ 5km에서 좌회전 ⇨ 하일교 건너 1,2km에서 우회전 → 1,5km 버스 종점 주차.

대중교통

동서울에서 평창행 버스 이용 후, 평창터미널에서 원당리행 시내버스 (08:30, 17:00) 이용, 원당리 종점 하차.

식당

방림메밀국수
평창군 평창읍 방림면 방림1리
033-332-1151

방림추어탕
평창군 평창읍 방림면 방림우체국 옆
033-333-9966

본전갈비
평창군 평창읍 천변리
033-332-2622

숙박

다대강펜션
평창군 평창읍 다수리
033-336-6680

명소

평창강
원당계곡

평창장날 5일, 10일

삿갓봉 1028.3m 화채봉 966.7m

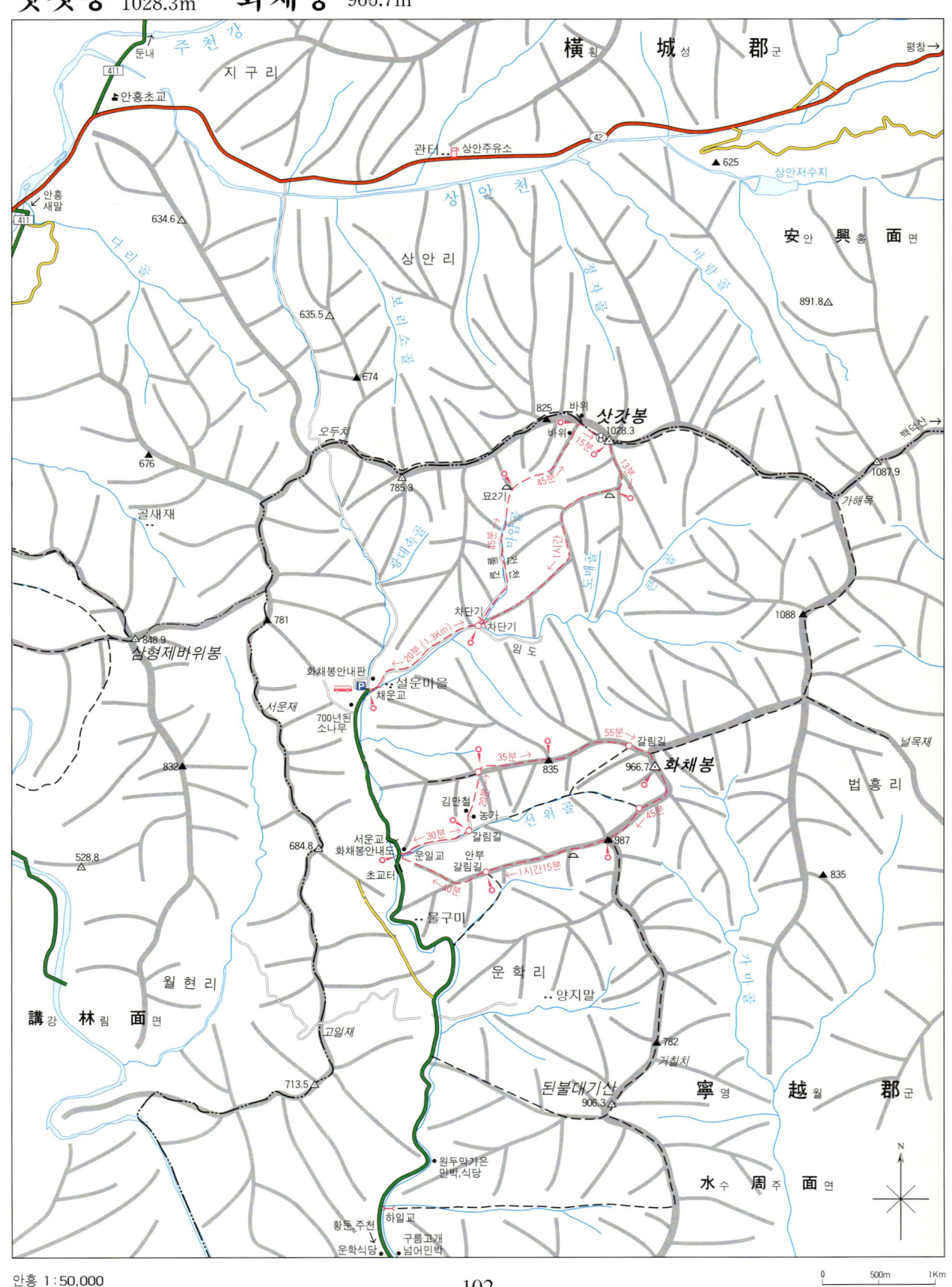

삿갓봉 · 화채봉

강원도 횡성군 안흥면, 영월군 수주면(江原道 橫城郡 安興面, 寧越郡 水周面)

개요

삿갓봉(1028.3m)은 횡성군 안흥면과 영월군 수주면 경계에 위치한 무난한 산이다.

산행은 남쪽 수주면 설운마을에서 소형차로를 따라 차단기 삼거리에서 왼쪽 마암골 묘2기 능선을 타고 삿갓봉에 오른다. 하산은 남쪽 능선을 타고 다시 차단기 삼거리로 원점회귀 산행이다.

화채봉(966.7m)은 삿갓봉에서 동남쪽 능선으로 이어져 약 8km 거리에 위치한 산이다. 등산 기점인 선위마을에서 지능선까지 등산로가 뚜렷하지 않으나 오르는데 어려움이 없고, 하산 길 마지막봉에서 운일교까지 길이 희미한 편이다.

등산로

삿갓봉(4시간 48분 소요)

서운마을 → 20분 → 삼거리 → 45분 → 묘2기 → 60분 → 삿갓봉 → 73분 → 합수점 → 30분 → 서운마을

서운마을에서 동쪽 채운교 건너 소형차로를 따라 1.3km 가면 임도삼거리가 나온다.

삼거리에서 왼쪽 마당골 임도를 따라 끝까지 가면 계곡 돌밭길이 나온다. 여기서 돌밭길로 접어들어 300m 정도 가면 왼쪽으로 산길이 보인다. 이 산길을 따라 들어서면 지능선으로 산길이 이어지고 잣나무 숲이 있으며 묘 2기가 나온다. 임도 삼거리에서 45분 거리다.

묘2기에서 북동쪽으로 이어지는 능선을 따라 20분을 오르면 전망바위가 나오고, 다시 25분을 더 오르면 침니바위가 나타난다. 침니 사이로 바위에 올라서 다시 북쪽으로 20m 올라서면 주능선 삼거리에 닿는다. 삼거리에서 동쪽으로 15분을 가면 삿갓봉 정상이다.

하산은 남쪽 지능선을 따라 13분 내려가면 큰 묘가 있고 갈림능선이 나온다. 묘에서 우측 서쪽 능선을 따라 1시간을 내려가면 임도 삼거리에 닿고, 20분을 내려가면 서운마을 채운교에 닿는다.

화채봉(6시간 소요)

한일교 → 30분 → 선위마을 → 20분 → 능선삼거리 → 90분 → 화채봉 → 45분 → 987봉 → 75분 → 갈림길 → 40분 → 구한일교

운일초교터 북쪽 화채봉안내도에서 운일교 건너 선위골 소형차로를 따라 30분을 가면 컨테이너박스 지나서 첫 번째 갈림길이 나온다.

갈림길에서 왼쪽으로 50m 가면 농가 두 채가 있다. 첫 번째 농가(김만철) 우측을 통과해서 다시 두 번째 농가 마당 왼쪽으로 들어가면 계곡 입구가 나온다. 이 계곡을 따라 올라간다. 계곡 길은 희미하고 가다가 없어진다. 하지만 능선까지 오르는데 큰 어려움 없고 갈림길에서 20분을 올라가면 능선에 닿는다.

능선에서 우측으로 30분 올라가면 835봉에 닿고, 20분을 더 가면 소나무전망대 쉼터가 나온다. 쉼터에서 계속 동릉을 타고 30분을 가면 선위골에서 올라오는 삼거리가 나온다. 삼거리에서 10분을 더 오르면 삼거리 화채봉에 닿는다.

하산은 남쪽 주능선을 따라 15분 내려서면 갈림능선이 나온다. 갈림능선에서 우측 능선길로 10분을 더 내려가면 삼거리안부가 나온다. 삼거리에서 서남 방면 주능선을 따라 20분을 올라가면 제2화채봉 987봉에 닿는다.

987봉에서 남쪽으로 10m 가면 갈림길이 나온다. 갈림길에서 오른편 서쪽 능선 따라 25분을 내려서면 묘가 나오는데, 묘 닿기 전에 오른쪽으로 산길이 이어지고 바로 또 묘가 나온다. 이 묘에서는 약간 왼쪽 방향으로 능선길이 이어진다. 여기서 왼쪽 방향 주능선을 따라 50분을 내려가면 안부 갈림길이 나온다.

갈림길에서 우측 희미한 능선길로 올라서면 작은 능선으로 이어져 8분 거리에 이르면 갈림길 끝 봉이 나온다. 끝 봉에서는 두 능선으로 갈라지는데 오른쪽 능선으로 간다. 오른쪽 능선길은 희미하다. 하지만 능선만 따라 가면 길 잃을 염려는 없으며 30분을 내려가면 운일교에 닿는다.

자가운전

화채봉은 중앙고속도로 신림IC에서 빠져나와 우회전 ⇒ 88번지방도를 타고 황둔에서 좌회전 ⇒ 운학리 운일초교(폐) 주차.

삿갓봉은 운일초교터에서 1km 거리 버스종점 주차.

대중교통

강남, 동서울터미널에서 원주행 버스, 또는 청량리역에서 열차 이용, 원주 하차.

원주시외버스터미널에서 운학리행 시내버스 1일 3회(08:50 13:30 18:50) 이용. **삿갓봉**은 설훈마을 종점 하차. **화채봉**은 운일초교(폐) 하차.

식당

경기식당
영월군 수주면 운학1리 905
033-375-2030

대교가든, 민박
원주시 신림면 송계2리 345-2
033-765-2333

황둔치악산한우
원주시 신림면 황둔리 689-3
033-765-8998

숙박

야생화펜션
원주시 신림면 송계리
011-9918-7508

명소

운학리계곡 변 길 드라이브

신림장날 4일, 9일

구룡산(九龍山) 953.7m   된불데기산 908.3m

안흥 1:50,000

구룡산 · 된불데기산 강원도 영월군 수주면(江原道 寧越郡 水周面)

 개요

구룡산(九龍山. 935.7m)과 **된불데기산**(908.3m)은 수주면 운학리 최북단에 위치한 산이다. 삿갓봉에서 동남쪽으로 뻗어 내려가는 산맥이 화채봉, 된불데기산, 구룡산을 끝으로 서만이강으로 가라앉는다. 소재를 사이에 두고 북쪽은 된불데기산 남쪽으로 구룡산이다. 주변 경치가 빼어나 산행 후 드라이브 코스로 좋은 곳이다.

운학리에서 바라본 구룡산 전경

 등산로

구룡산(4시간 32분 소요)

두산교 → 94분 → 삼거리 → 23분 →
구룡산 → 30분 → 소재 → 25분 →
운학사 → 40분 → 하일교

두산교 약수터에서 운학리 쪽 50m 거리 도로 우측 농로를 따라 올라가면 왼쪽에 민가가 있고, 이어서 컨테이너를 지나 우측에 비닐하우스가 있으며 농로 끝이다. 여기서 계곡 왼편으로 난 산길을 따라 30m 가면 계곡을 건너게 되며, 계곡을 건너 20m 가서 다시 왼쪽으로 계곡을 건너 3분을 가면 삼거리가 나온다. 두산약수터에서 15분 거리다. 이 삼거리에서 왼쪽 능선으로 3분을 오르면 지능선삼거리에 닿는다. 지능선에서 우측 지능선을 따라 16분을 오르면 평 묘가 나온다. 계속 완만한 능선 등산로를 따라 1시간을 오르면, 급경사로 이어지는 길목에 차두덕골에서 오르는 이정표삼거리가 나온다.

삼거리에서 10m 거리에 전망 좋은 쉼터바위가 있고, 13분을 오르면 주능선삼거리가 나온다. 삼거리에서 왼쪽으로 10분을 더 오르면 헬기장 구룡산 정상이다.

삼면이 숲에 가려져 있고 서쪽 운학리 일대만 잘 보인다. 하산은 북쪽 주능선으로 접어들면 약간 경사진 길로 하산길이 이어지며 30분을 내려가면 소재에 닿는다.

소재에서 왼편 서쪽으로 내려가면 낙엽송지역을 통과하며 25분을 내려가면 운학사 수련장에 닿는다.

수련장에서부터는 소형 차로이며 40분을 내려가면 하일교에 닿는다.

된불데기산(4시간 40분 소요)

하일교 → 20분 → 삼거리 → 55분 →
삼거리 → 40분 → 된불데기산 → 40분 →
소재 → 65분 → 하일교

운학리에서 동쪽 하일교를 건너 소형차로를 따라가면 왼쪽에 운학분교를 지나고 다리를 건너서 계속 소형차로를 따라 가면, 계류를 건너기 전에 농로 같은 소형차로 삼거리가 나온다. 하일교에서 20분 거리다.

이 삼거리에서 왼쪽으로 올라가면 왼편으로 파란지붕과 폐가를 지나서 5분 거리인 소형차로 끝나는 지점 왼쪽에 새로운 묘가 나온다. 묘에서 왼쪽으로 20m 희미한 비탈진 길을 가면 세능선 삼거리가 나온다. 삼거리에서 우측으로 10분을 오르면 묘가 있는 지능선삼거리가 나온다. 지능선 삼거리에서 우측 지능선을 따라 오르면 급경사로 이어져 40분을 오르면 묘가 있는 큰 삼거리가 나온다.

이 삼거리에서 우측 주능선을 따라 20분 거리에 이르면 묘가 나오고, 20분을 더 오르면 된불데기산 정상이다.

하산은 남쪽 구룡산 방면 주능선을 따라 40분을 내려가면 소재에 닿는다.

소재에서 우측으로 내려서면 급경사로 이어져 낙엽송 지역을 통과하며, 25분을 내려가면 운학사 수련장에 닿는다. 수련장에서부터 소형차로를 따라 40분을 내려가면 하일교에 닿는다.

자가운전

구룡산은 중앙고속도로 신림IC에서 빠져나와 우회전⇨88번 지방도로를 타고 황둔리에서 좌회전⇨4km 섬안교에서 좌회전⇨4km 두산교 삼거리 주차.

된불데기산은 두산교에서 운학리 쪽으로 4km 더 가서 운학리 주차.

대중교통

동서울버스터미널에서 원주행 버스 이용 후, 원주역 또는 원주시외버스터미널에서 1일 3회(08:50 13:30 18:50) 운행하는 수주면 운학리행 버스 이용, 두산교 하차.

식당

경기식당
영월군 수주면 운학1리 905
033-375-2030

대교가든, 민박
원주시 신림면 송계2리 345-2
033-765-2333

황둔치악산한우
원주시 신림면 황둔리 689-3
033-765-8998

숙박

야생화펜션
원주시 신림면 송계리
011-9918-7508

명소

운학리계곡변 길 드라이브

신림장날 4일, 9일

회봉산(回峰山) 764m 응봉(鷹峰) 849.4m

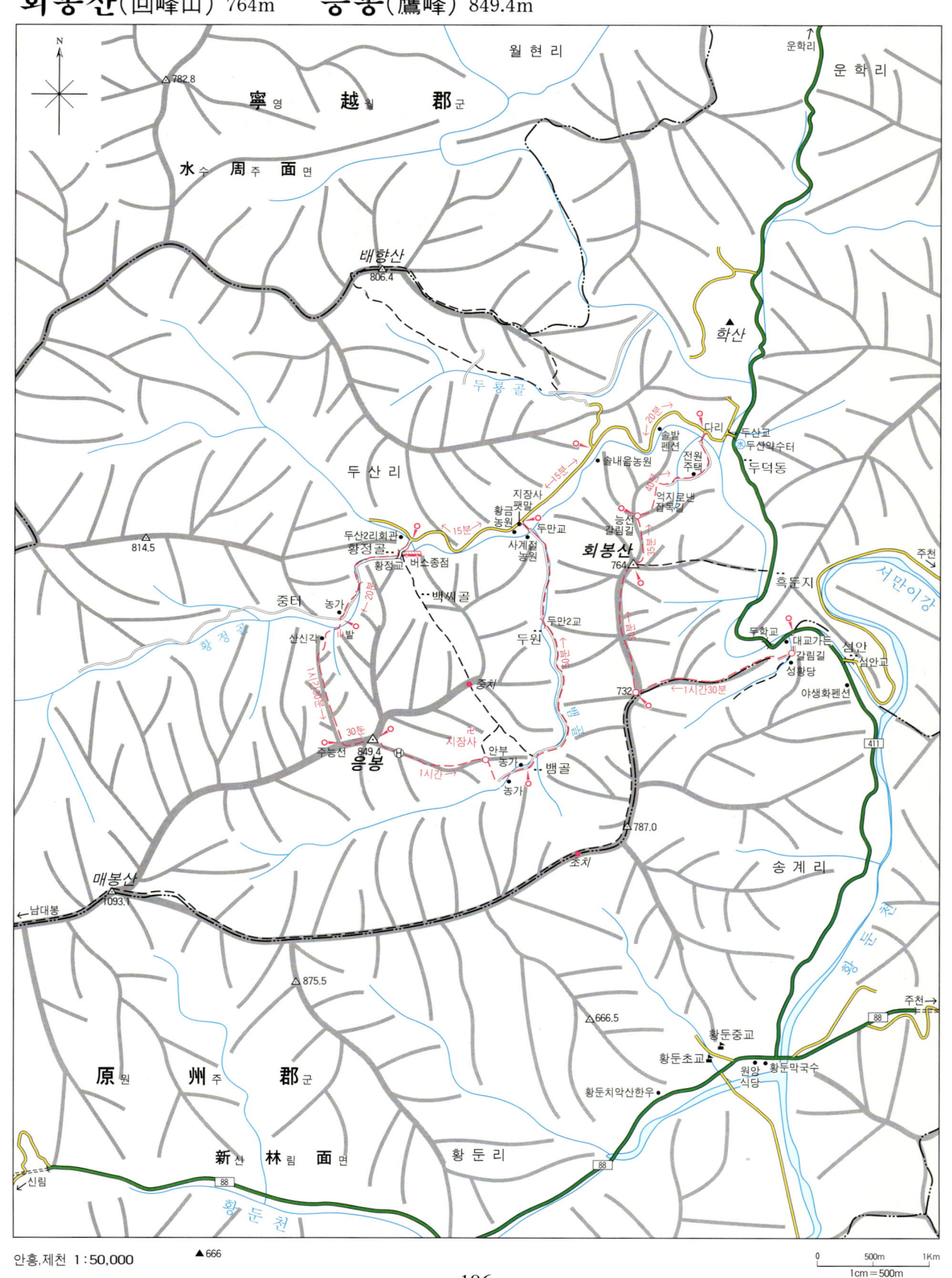

회봉산 · 응봉 강원도 영월군 수주면(江原道 寧越郡 水周面)

개요

회봉산(回峰山. 764m)은 서만이강 동쪽에 위치한 산이다. 산세가 험한 편이며 주능선 동쪽은 급경사이고 서만이강이 흐르고 있고 서쪽은 첩첩산중이다.

응봉(鷹峰. 849.4m)은 모산인 매봉에서 동북쪽 능선으로 약 3km 거리 두산리 첩첩산중에 위치한 오지의 산이다. 등하산지점이 모두 외부와 차단된 전형적인 오지이다.

등산로

회봉산(4시간 35분 소요)

두학교→ 90분→ 732봉→ 50분→ 회봉산→ 35분→ 갈림능선→ 40분→ 두산교

대교가든 전 송계교 왼쪽 소나무가 있는 주차공간에서 농로를 따라 5분을 가면 왼쪽에 나무다리가 있고 성황당 터가 있으며, 우측에 방갈로 터가 있다. 여기서 우측 방갈로 터 바로 계곡 우측 지능선으로 올라가는 길이 보인다. 뚜렷한 우측 능선길을 따라 30분을 가면 전망바위가 나온다. 전망바위에서 계속 능선을 따라 55분을 오르면 732봉 삼거리에 닿는다.

732봉에서 우측 주능선을 따라 50분을 가면 산불초소가 나오고 이어서 회봉산 정상이다. 정상은 바위로 이루어져 있고 사방으로 전망이 빼어나다.

하산은 동쪽 방면으로 30m 내려선 다음, 왼편 북쪽 비탈길로 간다. 희미한 비탈길로 가면 정상에서 북쪽으로 이어진 능선으로 이어지게 되어 희미한 능선길이 나온다. 이 능선 길을 따라 25분을 내려가면 큰 바위가 나온다. 바위를 왼쪽으로 돌아서 다시 능선에 이른 다음, 10분을 더 내려가면 갈림능선이 나온다.

여기서 오른쪽 희미한 능선으로 4분을 내려가면 1평정도 공간이 있는 지점이 나온다. 여기서 왼쪽 숲 속으로 억지로 낸 하산길이 있다. 급경사인 숲 터널길로 6분을 내려가면 뚜렷한 하산길이 나온다. 여기서 7분을 내려가면 합수곡이 나오는데 왼쪽으로 간다. 계곡길을 따라 3분 정도 내려가면 집이 보이는데서 왼쪽으로 내려가 마을길을 따라 20분을 내려가면 두산교 버스정류장이다.

응봉(5시간 15분 소요)

두산리 종점→ 20분 → 외딴집→ 15분→ 지능선→ 80분→ 주능선삼거리→ 30분→ 응봉→ 60분→ 농가→ 50분→ 두만교

두산교 삼거리에서 좌회전하여 4km 가면 두산리 마을 버스종점이다. 종점이 있는 마을서쪽 황정교에서 우측 소형차로를 따라 1.5km 들어가면 우측에 외딴집이 나온다.

외딴집 마당 입구에서 왼쪽으로 약 50m 정도 가서 왼쪽으로 계곡을 건넌다. 계곡을 건너 밭 우측으로 난 산판길을 따라 가면 밭이 끝나면서 산길이 이어진다. 산길은 왼쪽 지계곡으로 이어져 100m 올라가면 계곡 우측에 산신각이 있다. 외딴집에서 5분 거리다. 산신각 왼쪽으로 계곡을 따라 50m 더 올라간 다음, 오른쪽 능선을 보고 양 능선 사이 길이 없는 골짜기로 약 10분가량 치고 올라가면 지능선에 닿는다.

지능선에서부터는 길이 뚜렷하다. 남쪽 지능선 길을 따라 1시간 20분을 올라가면 주능선삼거리에 닿는다.

주능선에서 왼편 동릉을 따라 30분을 가면 삼각점이 있는 응봉 정상이다.

정상에서 하산은 동쪽 능선길로 내려서면 바로 두 능선으로 갈라지는데 우측 능선으로 간다. 15분을 내려가면 헬기장 갈림 능선이 나온다. 여기서도 우측으로 내려가며 우측으로 42분을 내려서면 삼거리가 나오는데 우측으로 간다. 우측으로 3분을 내려서면 뱀골계곡을 건너 농로에 닿고, 이어서 농가 앞 삼거리에 닿는다.

여기서부터는 왼쪽 농로를 따라 50분을 내려가면 두산교 차도에 닿는다.

자가운전

회봉산은 중앙고속도로-신림IC에서 빠져나와 우회전⇨88번 지방도를 타고 주천 방면 황둔에서 좌회전⇨섬안교에서 좌회전⇨약 1km 대교가든 주차. **응봉**은 대교가든에서 운학리 쪽으로 약 3km 두산교에서 좌회전⇨두산리 버스종점 주차.

대중교통

원주에서 1일 12회 주천행 버스 이용, 주천에서 1일 2회 (10:00 17:00) 두산리행 버스 이용, **회봉산**은 대교가든 하차. **응봉**은 두산리 버스종점 하차.

식당

대교가든식당, 민박
원주시 신림면 송계2리 345-2
033-765-2333

원앙식당
신림면 황둔리 661-8
033-761-4046

황둔치악산한우
신림면 황둔리 689-3
033-765-8998

숙박

야생화펜션
원주시 신림면 송계리
011-9918-7508

명소

운학리계곡변 길 드라이브

신림장날 4일, 9일
주천장날 1일, 6일

선바위봉 999m 매봉산 1093.1m

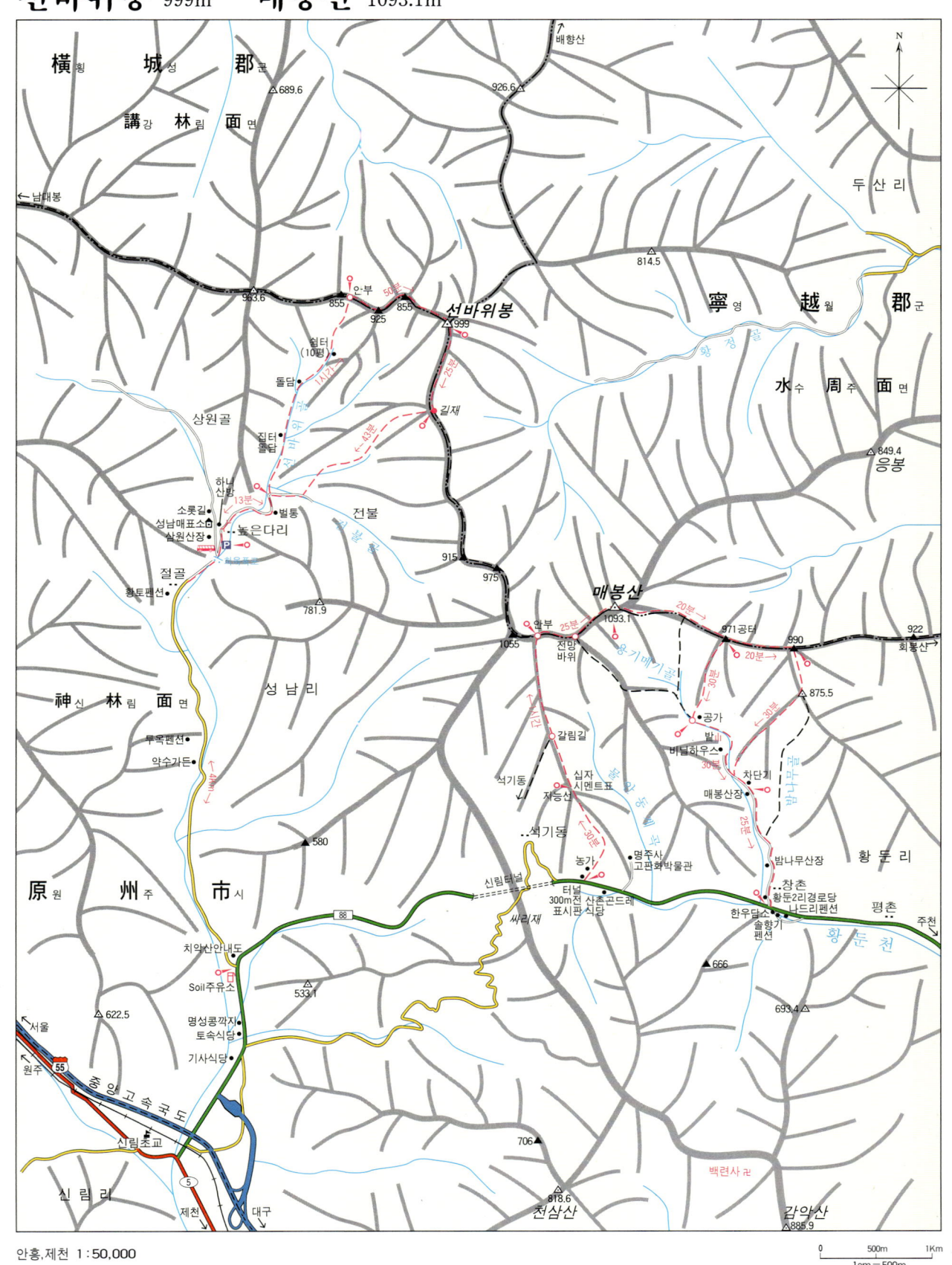

선바위봉·매봉산

강원도 원주시 신림면, 영월군 수주면(江原道 原州市 神林面, 寧越郡 水周面)

개요

선바위봉(999m)은 치악산 남대봉에서 동쪽으로 뻗어나간 능선으로 약 6km 지점에 위치한 산이다. 선바위골에서 855봉 주능선까지 계속 길이 희미하므로 방향을 잘 잡고 산행을 해야한다.

매봉산(1093.1m)은 선바위봉에서 남쪽 주능선 약 5km 지점에 위치한 산이다. 완만한 산세에 등산로가 뚜렷한 편이며 험로가 없는 산이다. 산행은 신림터널에서 시작하여 능선을 타고 정상에 오른 후, 하산은 3곳이 있으나 가능한 990봉에서 하산하는 것이 바람직하다.

등산로

선바위봉(4시간 24분 소요)

성남종점→ 13분→ 벌통→ 60분→ 주능선 안부→ 50분→ 선바위봉→ 25분→ 길재→ 56분→ 성남종점

성남종점에서 우측 높은다리를 건너 소형차로를 따라 800m 가면 우측에 벌통이 있고 작은 창고가 나온다. 벌통에서 50m 왼쪽으로 계곡을 건너는 갈림길이 나온다.

여기서 왼쪽 계곡을 건너서 15분을 가면 계류를 한번 건너서 왼쪽에 돌담이 있는 집터가 나온다. 계속 계곡길을 따라 17분을 가면 합수곡이 나온다. 합수곡에서 왼쪽으로 몇 발 가다가 오른쪽으로 계곡을 건너 우측 계곡길을 따라가면 왼쪽에 돌담이 있고, 낙엽송 지역으로 이어지다가 우측으로 계곡을 건너서 산길이 이어져 10분을 가면 10평정도 쉼터가 나온다. 여기서 18분을 더 올라가면 주능선 안부에 닿는다.

안부에서 우측 주능선을 따라 50분을 가면 삼각점이 있는 선바위봉 정상이다.

하산은 남쪽 주능선을 따라 25분을 내려가면 삼거리 길재에 닿는다.

길재에서 우측 서쪽으로 18분을 내려가면 낙엽송 밭 계곡에 닿는다. 계곡과 나란히 이어지는 길을 따라 7분을 내려가면 산판길이 시작되고, 4분 거리에 이르면 농로가 나온다. 농로를 따라 8분을 내려가면 삼거리 민가에 닿고, 19분 더 내려가면 버스종점이다.

매봉산(4시간 30분 소요)

신림터널→ 90분→ 주능선→ 25분→ 매봉산→ 40분→ 990봉→ 30분→ 매봉산장→ 25분→ 휴게소

신림터널 동쪽 300m 신림터널안내판에서 도로를 벗어나 북쪽으로 들어가면 왼쪽에 외딴 농가를 지나 50m 가면 밭 끝이 나오고, 낙엽송지역으로 산길이 이어진다. 산길은 희미하게 지능선까지 이어지는데 처음부터 지능선까지 등산로를 따라 빨간 비닐 끈으로 표시가 되어있다. 비닐 끈과 같이 이어지는 능선길을 따라 30분을 올라가면 지능선에 닿는다. 여기서부터 1시간 거리 주능선까지 지능선길은 외길이며 뚜렷하다. 완만한 지능선을 따라 20분을 가면 왼쪽에서 올라오는 삼거리가 나오고, 계속 완만한 능선을 타고 가다보면 경사진 길로 이어져 40분을 올라가면 주능선 안부에 닿는다.

안부에서 오른쪽으로 10분을 가면 전망바위가 있고 우측으로 갈림길이 나온다.

계속 주능선을 타고 가면 헬기장을 지나 매봉산 정상이다. 주능선에서 25분 거리다.

하산은 990봉으로 이어지는 동쪽 능선을 탄다. 동쪽 능선을 따라 14분을 내려가면 안부사거리에 닿고, 계속 능선을 따라 가면 6분 거리에 공터를 이룬 971봉 삼거리에 닿는다. 안부 또는 971봉에서 우측으로 30분 내려가면 용가메기골에 닿고, 30분을 계곡 따라 내려가면 매봉산장이다. 다시 971봉에서 계속 동쪽 능선을 따라 20분을 가면 990봉에 닿는다.

여기서는 우측(남)으로 지능선을 타고 약 10분 거리에 이르면 갈림길이 나오는데 우측 능선으로 간다. 우측 길로 10분 거리에 또 갈림길이 나오는데, 계속 우측으로 가며, 10분 더 내려가면 삼거리를 지나 매봉산장이다. 산장에서 25분 거리에 이르면 만남휴게소이다.

자가운전

선바위봉: 중앙고속도로 신림IC에서 빠져나와 우회전⇒1km 성남주유소 삼거리에서 좌회전⇒4km 버스종점 주차.

매봉: 중앙고속도로 신림IC에서 빠져나와 우회전⇒88번 지방도 신림터널을 통과 주변 주차.

대중교통

선바위봉: 동서울터미널에서 원주행 버스 이용. 원주시외버스터미널 앞에서 1일 5회 23번 성남행 버스 이용, 종점 하차.

매봉: 원주버스터미날 앞에서 운학리, 주천행 버스 이용, 신림터널 지나 200m 하차.

숙식

선바위봉

약수가든식당
원주시 신림면 상남리 535
033-763-3638

하니산방, 민박
신림면 상남 2리 1061
011-377-7776

매봉산

산촌식당
신림면 황둔리 산 88-2
033-761-0755

한우담소
신림면 황둔리 1548-2
033-765-870

명소

명주사(고단화박물관)
황둔2리

신림장날 4일, 9일

사자산(獅子山) 1160m

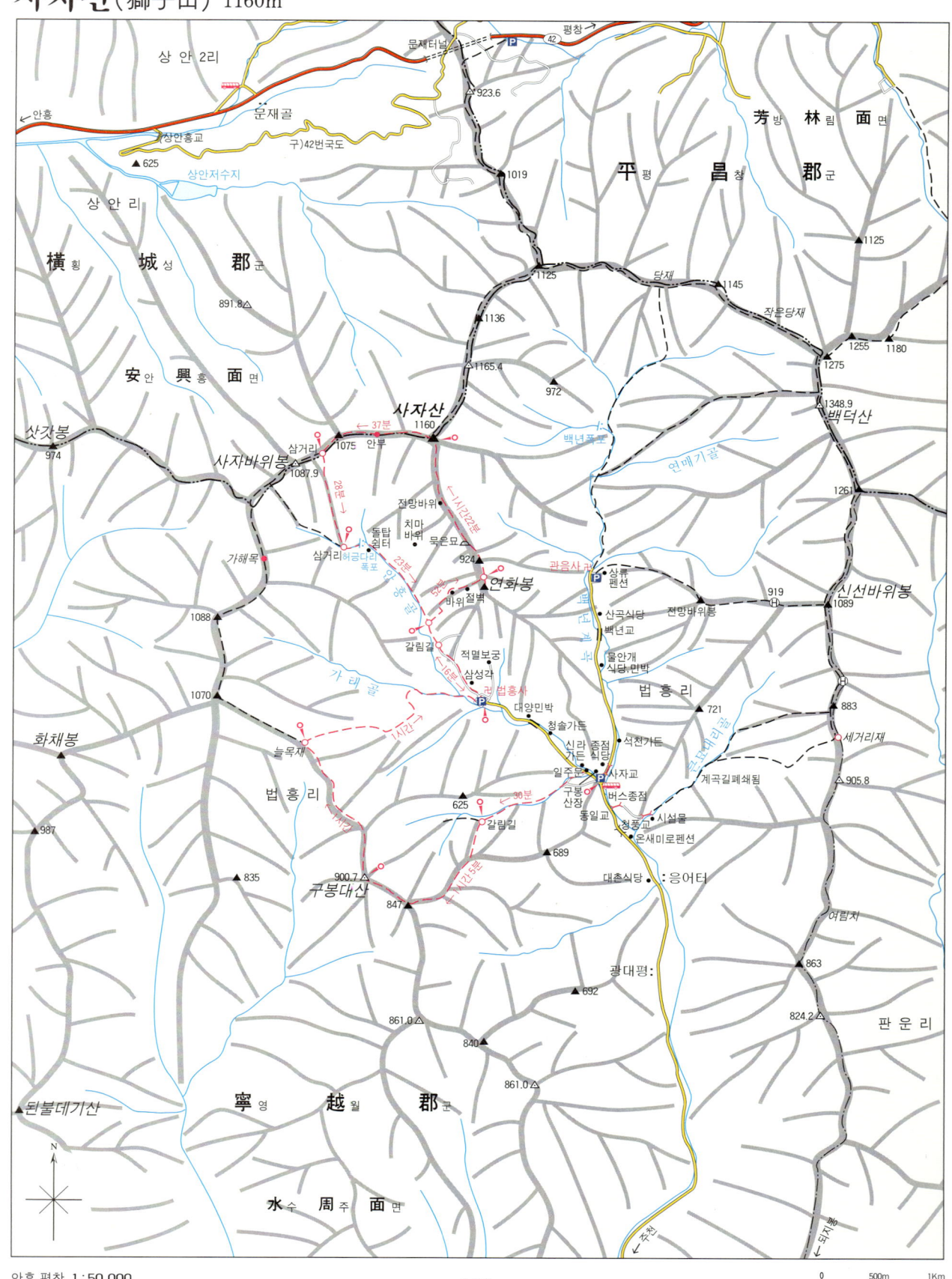

사자산

강원도 영월군 수주면 법흥리(江原道 寧越郡 水周面 法興里)

개요

사자산(獅子山. 1160m)은 영월군 수주면 법흥사 뒤 북쪽에 위치하고 있는 오지의 산이다.

동쪽은 백덕산이 웅장한 산세를 이루고 있고, 법흥사를 사이에 두고 남쪽은 구봉대산이다. 백덕산 구봉산 유명세에 가려 숨어 있는 산이며 등산로도 정비가 되어있지 않은 희미한 옛 산길이다.

산행중 절골에서 연화봉 능선으로 오르는 구간은 바윗길 험로가 있어 주의가 요구되는 구간이 있고, 연화봉 능선에서 정상까지는 무난한 편이며 하산길은 뚜렷하다.

연화봉 아래 법흥사는 통일신라말기 선문9산 중 사자산문이 중심도량인 흥령선원지의 옛 터이다. 자장율사가 이절을 창건했으며, 도윤국사와 징효국사 때 크게 산문이 번성하였다. 그 후 수차례 소실되어 명맥을 유지해오다가 1902년 법흥사로 개칭되었다. 이곳에 부처님의 사리를 모시는 적멸보궁과 문화재가 있다.

산행은 법흥사에서 연화봉능선을 경유하여 정상에 오른다. 하산은 서쪽 능선 첫 번째 삼거리에서 남쪽 지능선을 타고 안흥골을 따라 다시 법흥사로 원점회귀 산행이다.

등산로 (5시간 14분 소요)

법흥사 → 16분 → 갈림길 → 52분 → 연화봉 → 82분 → 사자산 → 37부 → 안부삼거리 → 28분 → 계곡 삼거리 → 39분 → 법흥사

법흥사주차장 끝에서 계곡 쪽으로 50m 거리에 이르면 구봉대산 사자산 갈림길이 나온다.

갈림길에서 오른쪽으로 간다. 산신각 왼쪽으로 난 넓은 길을 따라 5분을 가면 밭이 나오고, 2분 거리 밭 끝을 지나서 4분을 가면 삼거리가 나온다. 이 삼거리에서 왼쪽으로 5분 거리에 이르면 오른쪽으로 (등산로 없음) 표지가 있다. 골 초임기도 한 이 지점에서 오른쪽으로 간다. 뚜렷

바위로 이루어진 사자산 정상

한 길은 없으나 계곡을 따라 5분 거리에 이르면 왼쪽 지능선으로 오르는 산길이 있다. 능선으로 5분을 오르면 지능선이다. 지능선에서부터는 산길이 뚜렷하다. 바위가 많고 소나무능선 길을 따라 20분을 오르면 큰 바위가 나온다. 바위에서 왼쪽으로 우회하여 오른다. 다소 주의하면서 12분을 오르면 다시 본 능선으로 이어지고, 본 능선으로 이어져 오르게 된다. 오른쪽은 절벽이므로 매우 주의를 해야 하는 구간이다. 조심하여 10분을 더 오르면 연화봉 위 왕소나무가 있는 주능선에 닿는다.

여기서부터 북쪽 주능선을 타고 11분을 오르면 쉼터가 있는 봉우리에 나오고, 12분을 가면 묵은 묘가 나오며 20분을 지나면 왼쪽능선으로 갈림길을 통과하고, 8분을 지나면 전망바위를 지난다. 정망바위에서부터 무난한 길을 따라 31분을 더 오르면 사자산 정상이다.

하산은 서릉을 탄다. 서쪽 주능선을 따라 내려가면 키 작은 산죽길을 통과하면서 20분을 내려가면 안부가 나온다. 안부에서 12분을 오르면 1089봉을 지나고, 다시 4분을 내려가면 전망바위를 지나서 1분 거리에 이르면 삼거리 안부가 나온다.

삼거리에서 왼쪽으로 간다. 왼쪽으로 내려가면 우측 지능선으로 이어져 28분을 내려가면 계 계곡삼거리에 닿는다.

계곡삼거리에서 왼쪽 계곡을 따라 4분 거리에 폭포를 지나 합수곡을 지나고, 계속 뚜렷한 계곡 길을 따라 35분을 내려가면 주차장에 닿는다.

자가운전

중앙고속도로 신림IC에서 빠져나와 우회전 ⇒ 88번 국도를 타고 주천면사거리에서 좌회전 ⇒ 평창 방면 2km에서 좌회전 ⇒ 16km 법흥사 주차장.

대중교통

청량리역에서 중앙선 열차 또는 강남, 동서울터미널에서 원주행 버스 이용, 원주시외버스터미널에서 1시간 간격으로 운행하는 주천행 버스 이용, 주천 하차. 주천에서 법흥사행 1일 4회(06:30 10:35 15:15 17:50) 이용, 법흥사 하차.

숙식

신라가든
영월군 수주면 법흥리 519
033-374-1473

청송가든, 펜션
영월군 수주면 법흥리
033-374-8140

종점식당, 민박
영월군 수주면 법흥리
033-374-9170

주천

다하누사거리점
영월군 주천면 주천리 1260-1
033-372-2280

명소

법흥사
운학리 계곡변 도로 드라이브

주천장날 1일, 6일
신림장날 4일, 9일

신선바위봉 1089m 돼지봉 817.7m

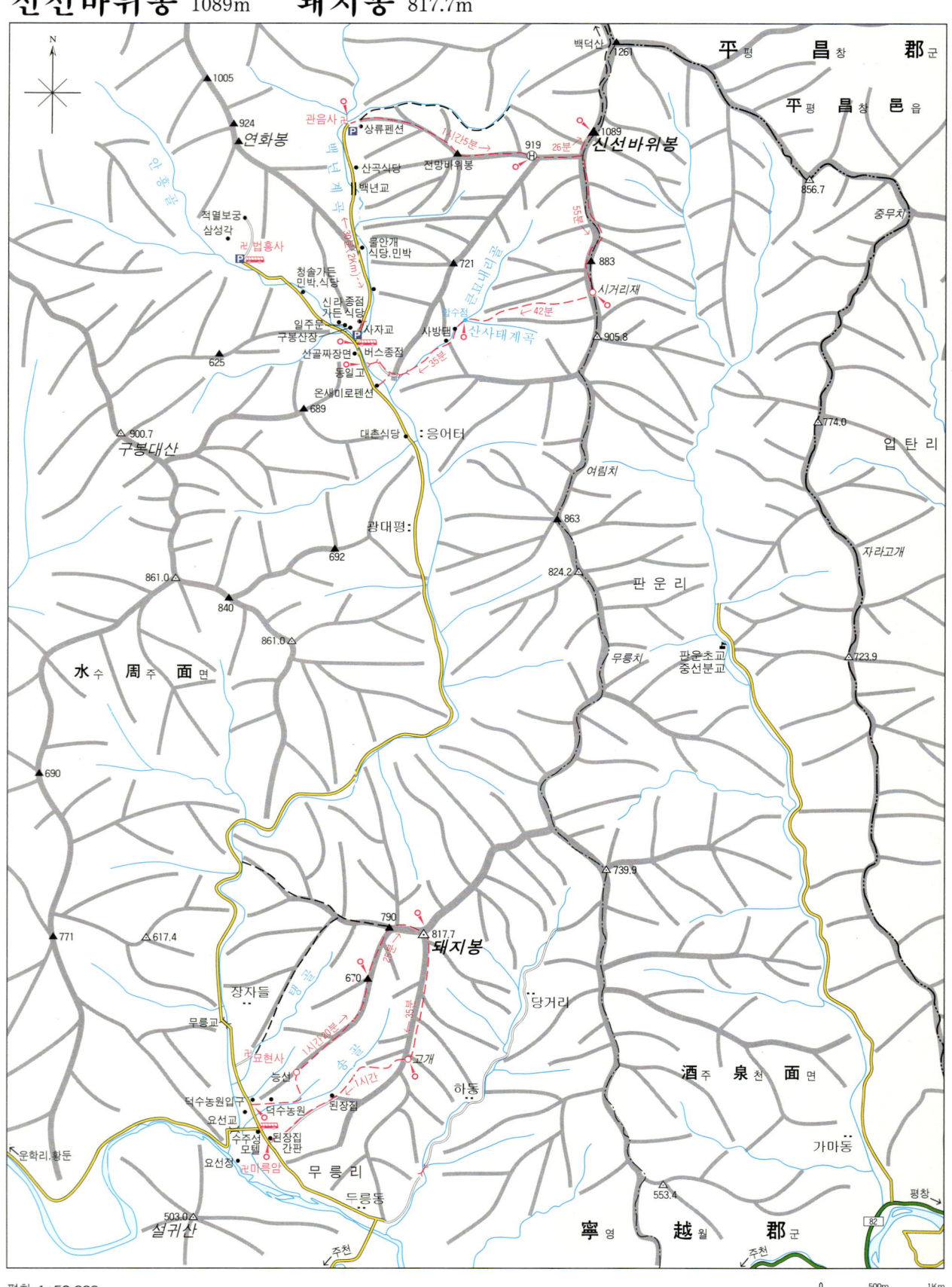

신선바위봉 · 돼지봉 강원도 영월군 수주면(江原道 寧越郡 水周面)

개요

신선바위봉(1089m)은 백덕산에서 남쪽능선으로 이어져 약 2km 거리에 위치한 산이다. 정상은 넓은 암반 바위봉이고 전망이 빼어나다.

돼지봉(817.7m)은 멧돼지가 많다 하여 돼지봉으로 불리어 온 산이다. 모산인 백덕산에서 남쪽으로 이어진 능선이 신선바위봉을 이루고 남진하여 마지막봉이 돼지봉이다.

시루처럼 생긴 신선바위봉

등산로

신선바위봉(4시간 43분 소요)

상류펜션→ 65분→ 헬기장→ 26분→ 신선바위봉→ 55분→ 시거리재→ 42분→ 계곡→ 35분→ 도로

법흥사 입구 사자교에서 우측 소형차로를 따라 2km 가면 상류펜션주차장이 나온다.

주차장 북쪽 편 이정표에서 오른쪽으로 10m 들어가면 갈림길이 나온다. 갈림길에서 오른쪽 능선을 탄다. 오른쪽 능선을 따라 16분을 올라가면 오른쪽에서 오르는 갈림길이 나온다. 갈림길에서 왼쪽 능선을 따라 12분을 오르면 낮은 봉에 닿고, 완만한 능선을 타고 19분을 올라가면 저망바위에 닿는다. 전망바위를 뒤로하고 평지 같은 능선을 따라 12분을 가면 안부가 나오고, 다시 6분을 오르면 헬기장이 나온다.

헬기장에서 완만한 길로 이어지다가 급경사로 이어져 18분을 오르면 삼거리가 나오고 , 여기서 왼쪽으로 8분을 오르면 신선바위봉이다.

하산은 올라왔던 남릉을 따라 4분 거리에 이르면 갈림길이 나온다. 갈림길에서 왼쪽 길을 따라 내려가면 큰 바위가 두 번 나오는데 모두 왼쪽으로 돌아서 내려가게 되며 정상에서 55분 거리에 이르면 세거리재에 닿는다.

시거리재에서는 우측 길을 따라 내려가면 낙엽속지역이며 벌목으로 인하여 하산길이 매우 불편하다. 시거리재에서 42분을 내려가면 물이 없는 골을 건넌다.

골을 건너 5분 거리에서 다시 계곡을 건너서 16분을 내려가면 산사태 계곡을 건너면 사방댐이 연속으로 두 개가 있고, 댐 왼쪽으로 난 길을 따라 7분을 내려가면 집을 통과하고, 다리를 건너 3분 거리에 왼쪽으로 등산로 표시가 있다. 여기서 물이 많을 때는 오른쪽 차도 따라 동일교로 건너간다.

돼지봉(4시간 20분 소요)

덕수농원 입구→ 20분→ 지능선→ 60분→ 670봉→ 25분→ 돼지봉→ 35분→ 고개→ 60분→ 수주성모텔

수주성모텔 삼거리에서 법흥사 방면으로 500m 거리에 이르면 우측 마을 입구에 덕수농원 표지석이 있다. 여기서 동쪽으로 난 마을길을 따라 끝까지 가면 마을길이 끝나고 공터가 나온다. 이 공터에서 우측으로 가면 바로 계곡을 건너서 산길로 접어들면 또 계곡을 건너면서 길이 없어진다. 여기서 길이 없는 좌측 세능선으로 치고 10분을 오르면 지능선에 닿는다.

능선에서부터는 우측으로 희미한 길이지만 능선만 벗어나지 말고 오르면 길 잃을 염려 없고, 1시간을 오르면 670봉에 닿는다.

670봉에서 15분을 오르면 790봉이고, 10분을 더 오르면 삼각점이 있는 돼지봉 정상이다.

하산은 남릉을 따라 35분을 내려가면 우측으로 꼬부라진 고개가 나온다. 고개에서 오른편 서쪽으로 지그재그로 가다가 계곡으로 내려간다. 계곡길을 따라 45분 내려가면 별장이 나온다. 여기서 마을길을 따라 15분을 내려가면 수주성 모텔에 닿는다.

자가운전

돼지봉은 중앙고속도로 신림IC에서 빠져나와 우회전⇒88번 지방도를 타고 주천에서 좌회전⇒2km에서 좌회전⇒3km 오선교 삼거리 주차.

신선바위봉은 오선교 삼거리에서 우회전⇒약 10km 법흥사 입구에서 우회전⇒2km 상류펜션 주차.

대중교통

원주시외버스정류장에서 1일 12회 운행하는 주천행 버스 이용, 주천에서 1일 4회 운행하는 법흥사행(06:00 10:35 14:15 17:50) 이용, **돼지봉**은 수주성모텔 하차.

신선바위봉은 법흥사 입구 구봉산장 하차.

숙식

종점식당
영월군 수주면 법흥리
033-374-9170

상류펜션
영월군 수주면 법흥2리 286-20
033-375-6611

풍류관
영월군 주천면 주천리 888-9
033-372-8851-2)

명소

법흥사

운학리계곡

주천장날 1일, 6일

어래산(御來山) 1063.6m   시루봉 950m

어래산 · 시루봉

강원도 영월군 · 충북 단양군 · 경북 영주시 (江原道 寧越郡 · 忠北 丹陽郡 · 慶北 榮州市)

개요

어래산(御來山. 1063.6m)은 백두대간 선달산에서 북서쪽으로 뻗어 내려온 능선으로 약 7km 거리에 있으며 강원, 경북, 충북 삼도의 경계를 이루고 있는 산이다.

시루봉(950m)은 어래산에서 북쪽능선으로 약 3km 거리에 있는 산이다. 바윗길이 많고 산길이 희미한 편이며 옛길을 따라 산행을 하게 되는 오지의 산이다.

등산로(총 5시간 13분 소요)

어래산(4시간 33분 소요)

어은동 입구 → 60분 → 어은재 → 55분 → 어래산 → 8분 → 삼거리 → 90분 → 파란 집

의풍2리 의풍1교에서 동쪽 도로를 따라 18분을 가면 우측에 1번째 안경다리가 있고, 7분을 더 가면 2번째 안경다리가 나온다. 안경다리 100m 전에 왼쪽에 절개지 2곳이 있는데, 중간에 왼쪽 계곡으로 들어가는 마을길이 있다. 이 길을 따라 2분을 가면 왼쪽에 물탱크가 있고, 우측 계곡을 건너 26분을 가면 희미한 갈림길이 우측으로 2번 나타나는데, 뚜렷한 왼쪽 계곡길을 건너서면 10m 거리 갈림길에서 우측 길 따라 32분을 오르면 어은재에 닿는다.

어은재에서 우측 주능선을 따라 43분을 오르면 삼도봉이고, 2분 지나 삼거리가 나온다. 삼거리에서 10분을 더 오르면 헬기장과 김해김씨 묘를 지나 삼각점이 있는 어래산 정상이다.

하산은 동남쪽 주능선을 타고 8분을 내려오면 삼거리가 나온다.

삼거리에서 우측 지능선 길을 탄다. 서남쪽 지능선을 따라 8분을 내려가면 갈림 능선이 나오는데 우측으로 간다. 우측 능선을 타고 7분을 가면 큰 바위가 나오는데, 우측으로 우회하다가 다시 왼쪽 능선으로 올라서 10분을 가면 바위능선에 서게 된다. 여기서 왼쪽으로 30m 내려가서 다시 우측 능선으로 등산로가 이어진다. 뚜렷한 바윗길을 따라 60분을 내려가면 밭 상단 삼거리가 나온다. 여기서 왼쪽으로 가면 인삼밭을 지나 파란지붕 농가 앞 도로에 닿는다.

시루봉(4시간 45분 소요)

내리2교 → 40분 → 화전민 터 → 35분 → 왕소나무 능선 → 40분 → 시루봉 → 65분 → 갈림능선 → 45분 → 내리상회

내리 느티나무식당에서 내리2교를 건너 70m 가면 마을 표석 삼거리가 나온다. 여기서 우측 농로를 따라가면 하우스 5~6동 우측으로 가다가 다시 왼쪽 계곡으로 농로가 이어져, 8분을 가면 큰살개골 입구 삼거리가 나온다. 여기서 우측 계류를 건너 8분을 가면 물탱크가 나온다. 물탱크에서 20m 거리 합수점에서 우측으로 계류를 건너서 22분을 가면 수십 개가 있는 화전민 터가 나온다.

화전민 터에서 10분을 더 가면 계곡을 벗어나 우측 언덕으로 올라가서 비탈길로 50m 정도 가면 왼쪽 지능선으로 갈림길이 나온다. 여기서 왼편 세능선을 따라 22분을 오르면 소나무가 많은 주능선 작은 봉에 닿는다.

여기서 바로 큰 바위를 우회하여 22분을 오르면 전망이 좋은 바위봉에 선다. 여기서부터는 바윗길로 이어지며 15분을 지나서 급경사 홈통바위를 오르면 20m 거리에 시루봉 정상이다.

하산은 동쪽 10m 갈림길에서 왼편 북쪽 능선을 탄다. 희미한 북쪽 능선을 따라 22분을 내려가면 암릉을 지나면서 우측에 전망바위가 나온다. 전망바위를 지나서부터 절벽을 내려서 고 바윗길로 이어지며 주능선 왼편으로 바위를 우회하면서 28분 정도 내려가면 험로 난코스를 통과하여 다시 오른쪽 능선으로 올라선다. 여기서 능선을 따라 15분 거리 마지막봉우리 갈림능선이 나온다.

갈림능선에서 왼쪽 능선을 따라 10분 정도 내려가다가 오른편 능선으로 하산길이 이어져 30분을 가면 내리 계곡을 만나고 우측 보 길을 따라 100m 가서 다리를 건너면 내리상회 앞이다.

자가운전

시루봉은 중앙고속도로 제천IC에서 빠져나와 영월 방면 38번 국도를 타고 영월IC에서 빠져나와 하동 방면 88번 지방도를 타고 칠용교에서 우회전⇒1km 내리마을회관 주차.

어래산은 88번 지방도 김삿갓계곡 입구에서 우회전⇒의풍1교에서 1km 어은동골 입구 주차.

대중교통

시루봉은 영월에서 내리행 버스 이용, 내리마을회관 하차. **어래산**은 영춘에서 1일 3회(05:30 14:00 17:00) 이용, 의풍리 어은동골 입구 하차.

숙식

내리

솔밭집(민박, 토종닭)
영월군 김삿갓면 내리 386
033-378-0180

내리산촌펜션
김삿갓면 내리 537-2
033-378-0515

의풍

소백산민박, 식당
단양군 영춘면 의풍리 2리
033-422-6309

해선식당, 민박
김삿갓면 와석1리 921
033-374-9209

명소

김삿갓유적지, 고씨굴
영월장날 4일, 9일
녹전장날 2일, 7일

목우산(牧牛山) 1066m   쇠이봉 1119.2m

목우산 · 쇠이봉

강원도 영월군 중동면, 김삿갓면, 상동면(江原道 寧越郡 中東面, 金삿갓面, 上東面)

개요

목우산(牧牛山, 1066m)은 중동면 녹전리 남쪽에 위치한 육산이다 등산로가 뚜렷하고 험로가 없어 가족 산행지로 좋은 산이다. 정상은 바위봉으로 전망이 매우 좋은 산이다.

쇠이봉(1119.2m)은 하동면 내리 북쪽에 위치한 산이다. 목우산에서 남동쪽 능선으로 약 3km 거리에 위치하고 있다. 원골재에서 정상으로 오르는 구간 일부가 산길이 희미하고 없어지는 구간이 있어 길을 찾아가는데 다소 주의해야 한다.

절벽으로 이루어진 목우산 정상

등산로

목우산(5시간 33분 소요)

매표소→ 63분→ 삼거리→ 30분→ 935봉→ 80분→ 목우산→ 50분→ 안부→ 50분→ 매표소

응고개 버스정류장에서 우측 다리를 건너면 삼거리에 목우산안내판이 나온다. 안내판 우측 20m 거리 왼쪽 산길을 따라 3분을 가면 밭이 나온다. 밭 우측으로 가면 산길로 이어져 20분을 가면 전망장소에 닿는다. 전망장소에서 능선을 따라 40분을 오르면 삼거리가 나온다.

삼거리에서 왼쪽으로 30분을 오르면 935봉 헬기장 삼거리가 나온다.

삼거리에서 왼쪽 주능선을 따라 30분을 가면 목우사로 가는 삼거리가 나온다. 여기서 동쪽 주능선을 따라 25분을 가면 정상 직전 삼거리가 또 나온다. 이 삼거리에서 왼쪽 주능선으로 25분을 오르면 목우산 정상이다. 정상은 전망이 빼어나며 협소하고 동쪽은 절벽이다.

하산은 동북쪽 능선으로 20분을 내려가면 이정표가 있는 세 아름이 넘는 목우송이 나온다. 여기서 왼쪽으로 30분을 내려가면 안부에 닿는다.

안부에서 왼편으로 20분을 내려가면 민가와 이정표가 나온다. 여기서 소형차로를 따라 30분을 내려가면 목우산 안내도이다.

쇠이봉(4시간 10분 소요)

원골재→ 35분→ 묘→ 55분→ 쇠이봉→ 35분→ 안부삼거리→ 65분→ 대야치

내리 원골재에서 동쪽으로 70m 내려가면 왼쪽에 도로 밑은 다리이며 왼쪽으로 좁은 협곡이 나온다. 바로 이 협곡이 쇠이봉 등산기점이다.

왼쪽 협곡으로 들어서면 계곡 왼쪽으로 산길이 이어져 30분을 오르면 합수곡이 나온다. 합수곡에서 오른쪽으로 50m 가면 두 번째 합수곡이 나오고 중간에 묘가 나온다.

묘에서 왼쪽 계곡을 끼고 따라가면 오른편에서 작은 계곡이 여러 차례 나온다. 하지만 언제나 왼쪽 긴 계곡만 따라 가야하며 35분을 오르면 정면으로 큰 바위가 있고 왼쪽으로 능선이 보이는 지점이 나온다. 여기서부터 산길이 희미해지는데, 바위 왼쪽 능선만 바라보고 15분을 오르면 능선에 닿는다. 능선에서 우측으로 5분을 더 오르면 삼각점이 있고, 10평 정도 공터이며 남쪽은 절벽인 쇠이봉 정상이다.

하산은 올라왔던 서쪽으로 20m 내려가면 갈림길이 나온다. 갈림길에서 우측 서북쪽 목우산 방면으로 하산한다. 경사진 희미한 길로 10분가량 내려가면 목우산으로 이어지는 뚜렷한 능선길 따라 25분을 가면 안부 삼거리에 닿는다.

삼거리에는 뿌리째 베어진 나무가 누어있고, 왼쪽으로 희미한 산길이 있다. 여기서 왼쪽 희미한 길을 따라 15분을 내려가면 계곡에 닿고, 계곡길 따라 50분을 내려가면 농가를 지나서 대야치 88번 지방도로에 닿는다. 내리종점 또는 원골재까지는 각각 40분 거리다.

자가운전

목우산 : 중앙고속도로 제천IC에서 빠져나와 태백 쪽 38번 국도를 타고 석항에서 빠져나와 좌회전⇒석항삼거리에서 우회전⇒31번 국도 녹전삼거리에서 좌회전⇒1km 응고개 다리 건너 소공원 주차.

쇠이봉 : 영월에서 88번 지방도로 만을 타고 원골재 주차.

대중교통

목우산 : 동서울터미널에서 태백행 버스 이용, 영월하차. 영월버스터미널에서 1일 10회 운행하는 상동 행 시내버스 이용, 응고개 하차.

쇠이봉 : 영월시외버스터미널 앞에서 1일 4회 내리행 버스 이용, 종점 하차(내리-원골재 4km).

숙식

녹전

휴게소식당
영월군 중동면 녹전리 881-2
033-378-8778

솔펜션
중동면 녹전리 886-1
010-3587-8859

내리

솔밭식당, 민박
김삿갓면 내리 386
033-378-0180

명소

김삿갓유적지, 고씨동굴

영월장날 4일, 9일
녹전장날 2일, 7일

망경대산(望景臺山) 1087.9m   운교산(雲橋山) 922m

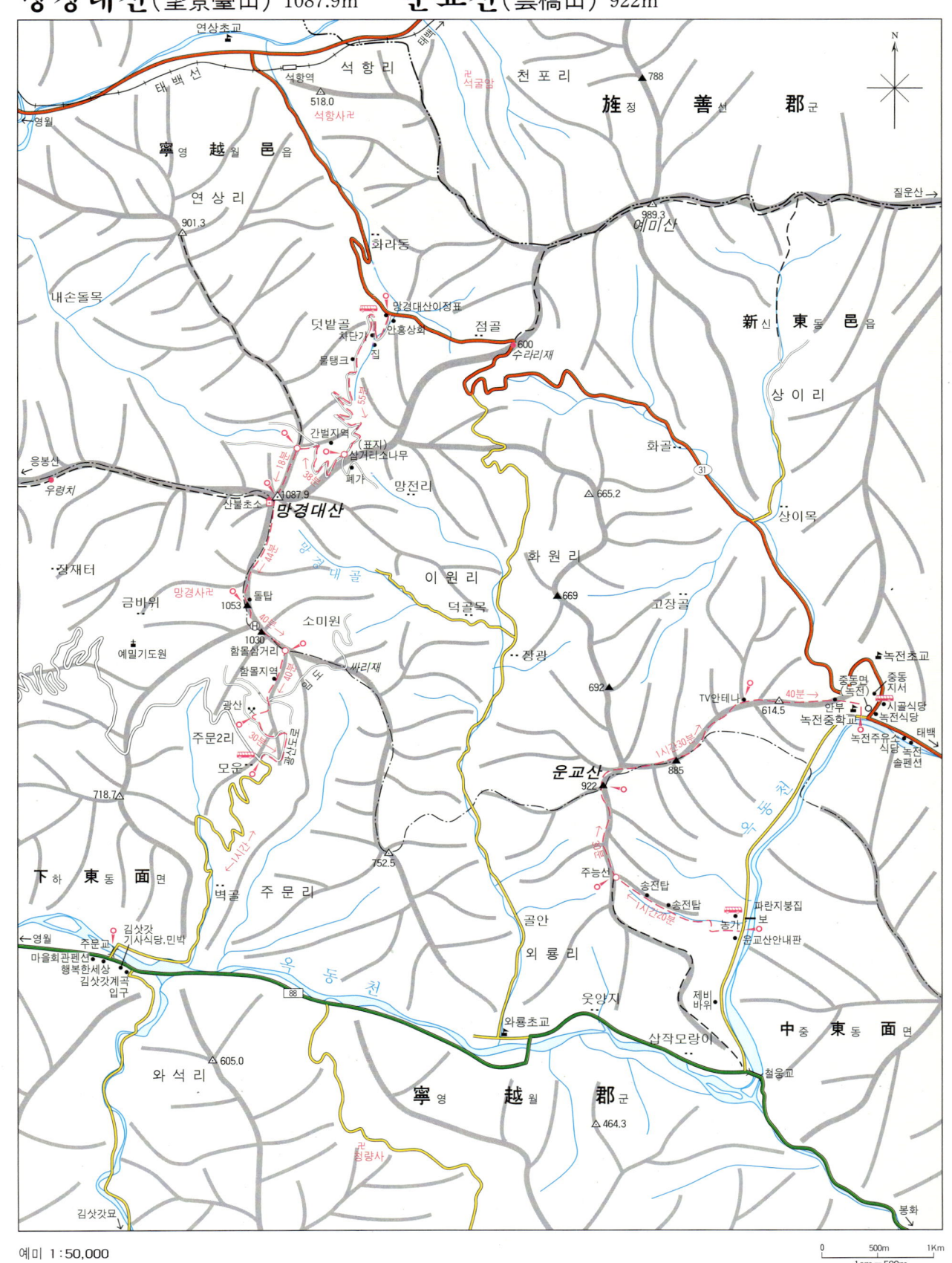

만경대산 · 운교산

강원도 영월군 영월읍, 하동면(江原道 靈越郡 寧越邑, 下東面)

개요

망경대산(望京臺山. 1087.9m)은 석항에서 녹전으로 넘어가는 31번 국도 수라지재 서남쪽에 높은 산이다. **운교산**(雲橋山. 922m)은 중동면 옥동천 서쪽에 위치한 바위산이다.

등산로

산불초소가 있는 만경대산 정상

망경대산(5시간 25분 소요)

안흥상회→ 55분→ 삼거리→ 56분→
망경대산→ 44분→ 돌탑→ 40분→
함몰삼거리→ 40분→ 광산→ 30분→ 모운

안흥상회에서 남쪽 임도를 따라 200m 가면 삼거리가 나온다. 삼거리에서 우측 다리를 건너 차단기를 통과하여 임도를 따라 50분을 올라가면 입산금지표시 삼거리가 나온다.

삼거리에서 우측 임도를 따라 26분을 가면 임도삼거리가 나온다. 여기서 왼쪽 임도를 따라 12분을 가면 주능선 안부가 나온다. 주능선에서 임도를 벗어나 왼편 남쪽 산길을 따라 18분을 오르면 망경대산 정상이다. 정상은 산불초소와 표지석이 있으며 4개 방면으로 능선에 길이 있다.

하산은 남쪽 방면 능선을 탄다. 남쪽 능선을 따라 6분을 내려가면 우측은 간벌지대인 안부를 지나서 능선을 타고 38분을 내려가면 돌탑이 있는 1050봉에 닿는다.

계속 남릉을 따라 10분을 내려가면 갈림길이 나오는데, 왼쪽 경사진 길로 10분 내려서면 안부 갈대밭이(헬기장) 나온다. 갈대밭에서 남쪽 능선으로 올라서면 산길이 뚜렷하고 남쪽 능선으로 계속 가게 되며 20분을 가면 함몰삼거리가 나온다.

여기서 우측 정남쪽 능선을 따라 내려가면 함몰지대를 통과하고, 함몰지대에서 12분을 내려가면 헬기장이 나온다. 헬기장에서는 가장 우측 방향으로 내려가면 13분 거리에 싸리재 광산 상단부가 나온다.

광산 상단부에서 서쪽은 모두 파헤쳐진 지역인데 가장 왼쪽으로 15분 내려가면 광산사무소 도로에 닿는다. 도로에서는 왼쪽으로 난 광산도로를 따라 30분을 내려가면 주문2리 모운버스정류장에 닿는다. 모운에서 주문교 버스정류장까지는 4km 이다.

운교산(5시간 소요)

제비마을→ 80분→ 주능선→ 30분→
운교산→ 90분→ TV안테나→ 40분→
녹전중학교

철룡교 삼거리에서 녹전 쪽으로 약 2km 거리 제비바위가 있고, 500m 더 가면 운교산등산안내판이 나온다. 안내판에서 서쪽으로 난 농로를 따라 150m 가면 우측으로 농로가 꼬부라져 50m 가면 언덕 왼쪽에 묘 수기가 있고, 묘 옆으로 등산로가 있다. 도로에서 5분 거리다.

낙엽송 숲길 등산로를 따라 들어가면 곳 이어서 소나무 숲을 지나 20분을 오르면 송전탑이 있는 능선에 선다. 다시 능선 길로 33분을 오르면 무덤 2기를 지나서 두 번째 송전탑에 닿고, 송전탑을 지나서 22분을 더 오르면 주능선에 닿는다.

주능선에서 우측(북)으로 주능선 바윗길을 따라 30분을 오르면 운교산 정상이다. 정상은 표지판이 있고, 남쪽은 절벽이며, 옥동천을 바라보는 조망은 일품이다.

하산은 동릉을 타고 녹전중학교로 간다. 동쪽 노송과 바위가 어우러진 능선을 따라 45분을 내려가면 885봉에 닿고, 다시 왼쪽 북동릉을 따라 45분을 내려가면 TV안테나가 있는 봉에 닿는다. 다시 동릉을 따라 40분을 내려가면 녹전중학교 정문이다.

자가운전

망경대산은 중앙고속도로 제천IC에서 빠져나와 태백 방면 38번 국도를 타고 석항IC에서 빠져나와 녹전 방면 31번 국도를 타고 3km 거리 수라리재 전 안흥상회 주차.

운교산은 수라리재 넘어 녹전에서 우회전⇨ 약 3km 제비마을 주차.

대중교통

망경대산은 동서울터미널에서 태백행 버스, 청량리역에서 강릉행 열차 이용, 영월 하차. 영월터미널 앞에서 석항 경유 녹전행 버스(1일 3회)이용, 수라리재 1km 전 안흥상회 하차.

운교산은 영월에서 옥동 경유 녹전행 버스(1일 10회) 이용, 제비마을 하차.

숙식

영월

장릉보리밥집
영월읍 장릉 옆
033-374-3986

녹전

휴게소식당
영월군 중동면 녹전리 881-2
033-378-8778

솔펜션
중동면 녹전리 886-1
010-3587-8859

명소

장릉, 김삿갓유적지

영월장날 4일, 9일
녹전장날 3일, 8일

응봉산(鷹峰山) 1013m　　덕가산(德加山) 832.2m

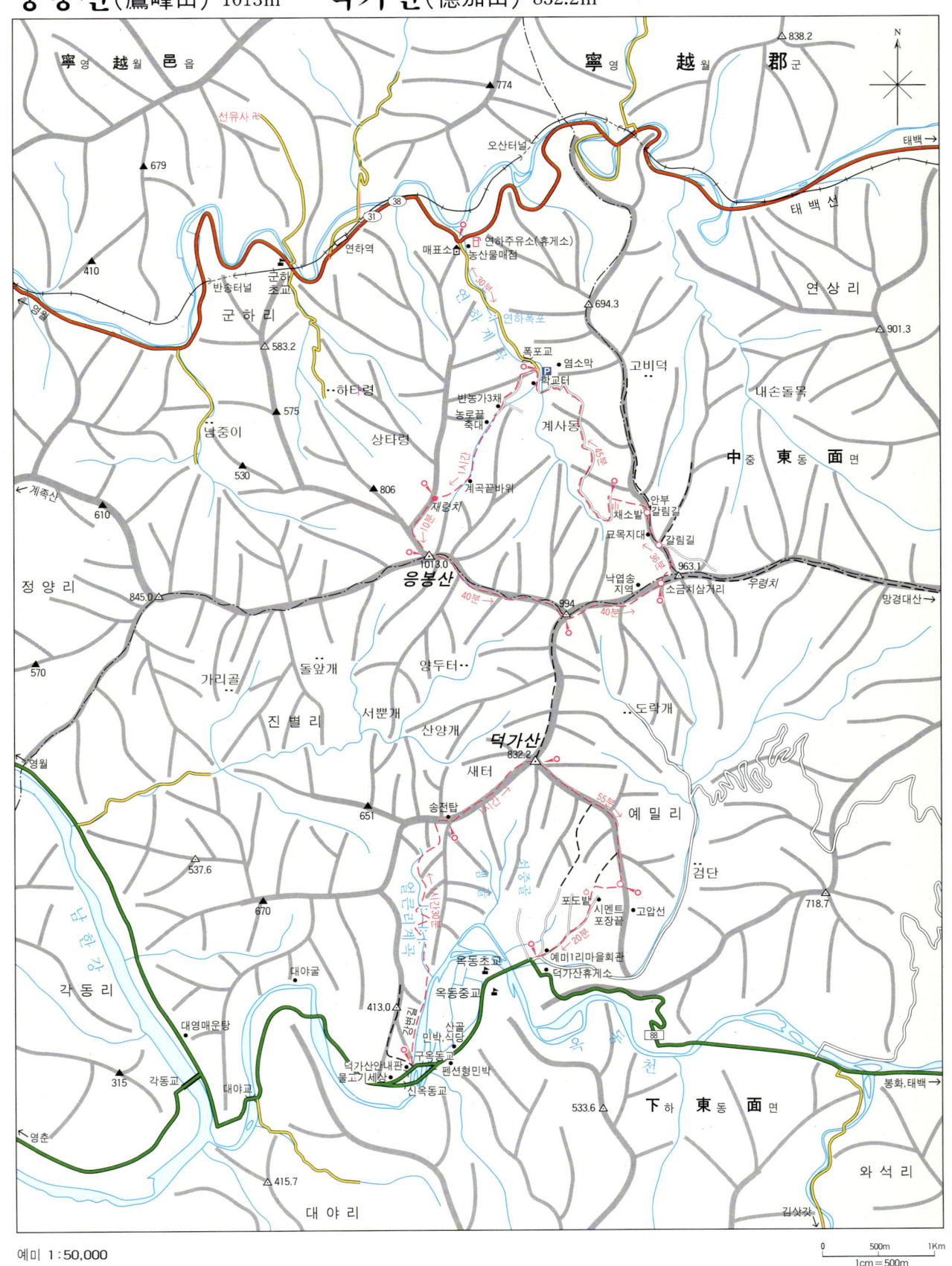

응봉산·덕가산 강원도 영월군 영월읍, 하동면(江原道 寧越郡 寧越邑, 下東面)

개요

응봉산(鷹峰山. 1013m)은 영월에서 석항으로 이어지는 38번 국도 연하리 남쪽에 위치한 산순수한 육산이다. 산행은 연하계곡 학교터에서 시작 재령치를 경유하여 정상에 오른 다음, 동릉을 타고 소금치에서 북쪽 능선과 계곡을 따라 다시 연하계곡으로 원점회귀 산행이다.

덕가산(德加山. 832.2m)은 응봉산 994봉에서 남쪽으로 뻗어나간 능선 약 1.5km에 위치한 바위산으로 정상에서 동남쪽으로 이어지는 능선 남쪽 대부분은 단애를 이룬 절벽이다. 산행은 옥동교 서편에서 강변길을 따라 얼큰리계곡 송전탑을 경유하여 덕가산에 오른 뒤, 동남쪽 능선을 타고 덕가사휴게소로 하산한다.

등산로

응봉산(5시간 51분 소요)

주유소 → 30분 → 폭포교 → 60분 → 재령치 → 10분 → 응봉산 → 40분 → 994봉 → 40분 → 964.1봉 → 36분 → 채소밭 → 75분 → 주유소

연화휴게실에서 연화계곡길을 따라 30분을 가면 폭포교를 건너 넓은 공터삼거리가 나온다.

삼거리에서 우측 언덕 농로를 따라 10분 거리 빈농가 3채 삼거리에서 우측으로 3분을 가면 축대가 나오고, 농로가 끝나며 계곡길이 시작된다. 계곡길을 따라 29분을 오르면 계곡은 끝나고 안부 방면으로 산길이 이어지며 18분을 더 오르면 재령치에 닿는다.

재령치에서 왼쪽 능선을 따라 10분을 오르면 삼각점이 있는 응봉산 정상이다.

하산은 왼쪽 동릉을 탄다. 평지와 같은 능선을 따라 40분을 가면 삼거리 994봉에 닿는다.

삼거리에서 왼쪽 능선을 따라 40분을 가면 964.1봉 전 왼쪽 비탈길 삼거리가 나온다.

삼거리에서 왼쪽 비탈길로 6분을 가면 임도를 만나서 임도를 따라 왼쪽으로 내려가면 임도 삼거리가 또 나온다. 여기서 왼쪽으로 임도를 따라 10분을 내려가면 왼쪽으로 갈림길이 나온다. 여기서 임도를 벗어나 50m 가면 간벌지 묘목지대가 나온다. 묘목지대와 잡목지대 사이로 우측 능선을 따라 10분을 내려가면 다시 임도를 만난다. 여기서 임도를 가로질러 50m 가면 왼쪽으로 희미한 하산길이 있다. 이 하산길을 따라 10분을 내려가면 채소밭에 닿는다.

채소밭을 우측으로 돌아가면 소나무가 있고 농로가 시작된다. 농로를 따라 45분을 내려가면 폭포교를 건너고, 30분을 더 내려가면 연화주유소에 닿는다.

덕가산(4시간 45분 소요)

옥동교 → 90분 → 송전탑 → 60분 → 덕가산 → 55분 → 안부삼거리 → 20분 → 덕가산휴게소

88번 지방도 하동면 옥동교 서쪽 다리 끝 왼쪽에서 북쪽으로 난 수로 길을 따라 5분을 가면 수로를 벗어나서 비탈길로 이어져 18분을 가면 얼쿨리계곡 초입에 닿는다. 계곡을 따라 등산로가 이어지는데 계곡 울퉁불퉁한 바윗길을 5분 오르면 2단 폭포가 있고, 5분 거리에 또 수직폭포가 있으며 폭포 왼쪽으로 오르면 폭포 위에 이르고, 이후부터는 완만한 산길이 이어지다가 8분을 더 오르면 수직절벽 중간으로 얼쿨리폭포가 나온다. 폭포아래에서 왼쪽 절벽으로 조심해서 바윗길을 오라서 가면, 다시 작은 폭포를 2번 지나서 10분을 가면 송전탑이 있는 주능선에 닿는다. 옥동교에서 1시간 30분 거리다.

주능선에서는 우측으로 능선길을 따라가며 우측으로는 절벽인 등산로를 따라 1시간을 오르면 덕가산 정상이다.

하산은 남능릉을 따라 20분을 내려가면 묘가 있는 안부삼거리가 나온다. 계속 남능을 타고 15분을 더 내려가면 전망바위에 닿고, 20분을 더 내려가면 송전탑 300m 전 안부삼거리다. 삼거리에서 우측으로 10분을 내려서면 포도밭이 나오고, 농로 따라 10분을 내려가면 덕가산휴게소이다.

자가운전

응봉산은 중앙고속도로 제천IC에서 빠져나와 영월 방면 38번 국도를 타고 영월IC에서 빠져나와 석항 방면 (구)38번 국도를 따라 12km 연하계곡 입구 연하휴게실 주차.

덕가산은 영월읍에서 88번 지방도 각동교에서 직진⇒3km (구)옥동교 서쪽 편 주차.

대중교통

응봉산은 영월시외버스터미널에서 함백행 시내버스 이용, 연하계곡 입구 하차.

덕가산은 영월시외버스터미널 앞에서 옥동경유 직동행 버스 이용, 옥동교 서편 하차.

식당

산골식당, 민박
영월군 김삿갓면 옥동리 1반
033-372-9320

물고기세상(송어)
영월군 김삿갓면 옥동리 626-4
033-372-1155

숙박

퀸모텔
영월읍 영흥리 901-13
033-373-9191

명소

장릉

고씨동굴

김삿갓유적지

영월장날 4일, 9일

홀통곡산 1029m

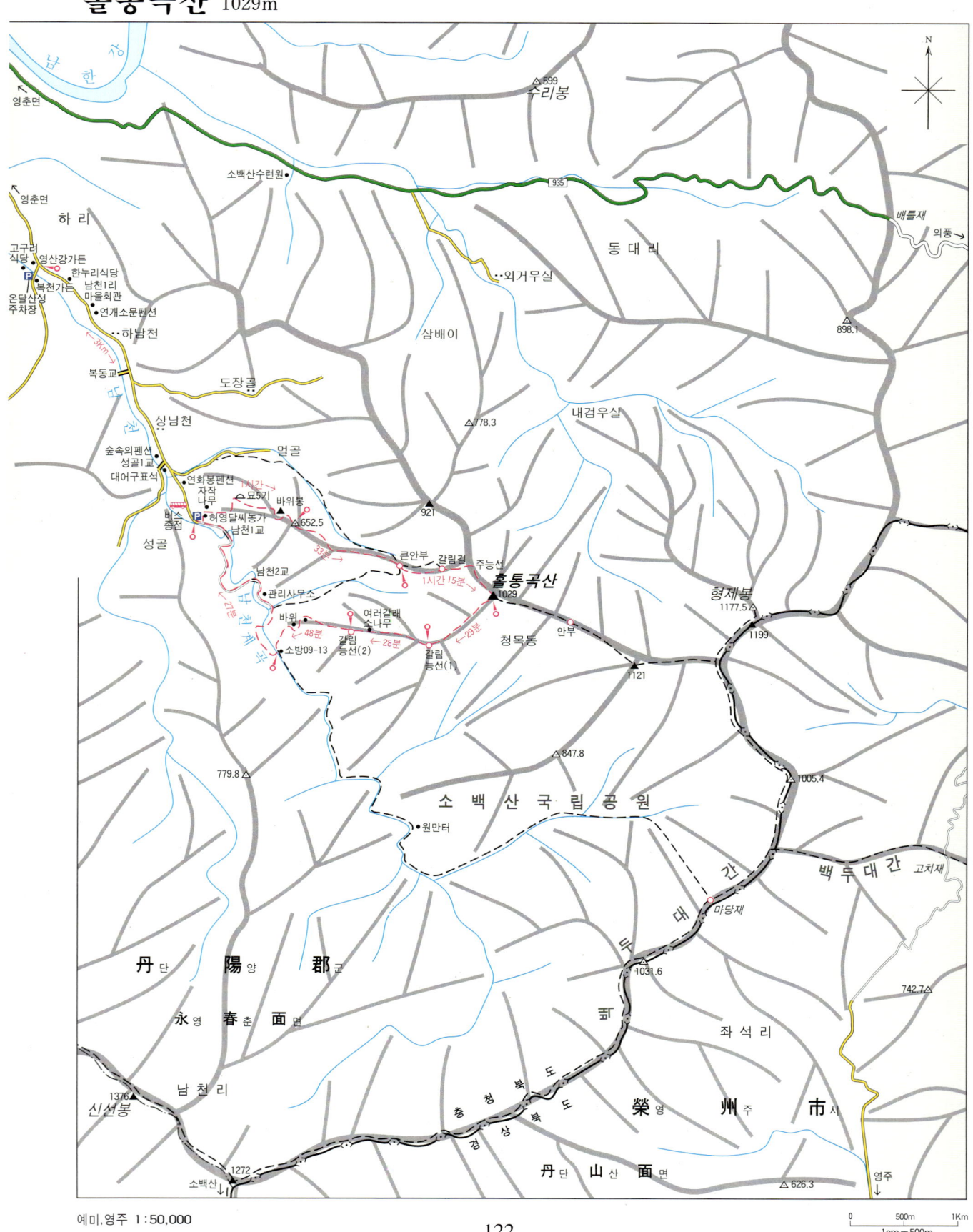

예미,영주 1:50,000

홀통곡산

충청북도 단양군 영춘면(忠淸北道 丹陽郡 永春面)

개요

홀통곡산(1029m)은 충북에서 가장 오지인 단양군 영춘면 동남쪽 소백산국립공원 남천계곡 북쪽에 위치한 산이다. 하지만 홀통곡산의 등산로는 인적이 거의 없어 천연그대로이며 오지의 형태를 그대로 간직하고 있다.

주능선 큰 안부에서 정상까지 능선 주변은 멧돼지 생활터전이므로 매우 주의를 해야 한다.

대어구에서 정상까지 산길은 비교적 뚜렷한 편이며, 정상에서 서쪽 지능선 하산길은 희미하게 이어지는 능선이며, 마지막에는 길이 없는 구간도 있다.

산행은 대어구 버스종점에서 시작 능선만을 타고 정상에 오른 뒤, 하산은 서쪽 지능선을 타고 남천계곡으로 하산 다시 버스종점으로 원점회귀 산행이다. 특히 하산길에 갈림능선이 나올 때 마다 언제나 오른쪽 능선으로 하산을 하고, 바위를 우회 할 때 마다 다시 능선으로 오르는 것을 잊지 말아야 한다.

등산로(6시간 소요)

버스종점→ 60분→ 652.5봉→ 33분→
큰 안부→ 75분→ 홀통곡산→ 29분→
1갈림능선→ 28분→ (2)갈림능선→
48분→ 남천계곡→ 27분→ 버스종점

대어구 남천계곡 버스종점 주차장에서 산 쪽으로 보면 민가 2채가 있다. 민가 두 번째 허영달씨 집 본채 왼편 창고 사이로 오르는 산길이 있다. 이 산길을 따라 5분 정도 가면 왼편에 자작나무 밭이 있고 갈림길이 나온다. 갈림길에서 밭으로 가지 말고 오른편 지능선길로 간다. 가파른 지능선길을 따라 23분을 오르면 산판길이 나온다. 산판길 왼쪽으로 1분 거리 갈림길에서 우측으로 올라서면 대형묘지 5기가 있다. 첫 묘에서 마지막 묘까지 가서 능선으로 오른다. 능선길은 희미하게 이어지면서 13분을 올라가면 바위봉 아래가 나온다. 여기서 바위 오른쪽으로 우회한다. 바윗길을 조심하여 10분을 오르면 다

쓸쓸한 홀통곡산 정상

시 바위 위 능선에 선다. 소나무와 바위가 어우러진 멋진 능선을 따라 8분을 가면 652.5봉에 닿는다.

652.5봉에서 계속 이어지는 능선을 따라 33분을 가면 큰 안부가 나온다. 안부 북쪽으로 약 30m 거리에 계곡물이 있다.

안부에서 계속 동쪽 능선을 따라 40분을 올라가면 왼쪽에서 오르는 갈림길을 통과하고 17분을 더 오르면 주능선에 닿는다. 주능선에서 오른쪽으로 18분 거리에 이르면 홀통곡산 정상이다. 정상은 작은 표지판이 나무에 걸려있다.

하산은 서쪽 지능선을 탄다. 희미한 서쪽 지능선을 따라 조금 내려가면 작은 능선이 나오는데 오른쪽 능선으로 가며 29분을 내려가면 (1)큰 갈림능선이 나온다. 여기서 오른쪽 능선으로 9분을 가면 작은 갈림능선이 나온다. 여기서 오른쪽 능선을 따라 18분을 가면 여러 갈래로 갈라진 큰 소나무가 나온다. 여기서 1분 거리에 (2)갈림능선이 나온다.

여기서 오른쪽 능선을 따라 8분을 가면 바위가 나온다. 바위에서 오른쪽으로 우회하여 11분을 지나면 다시 능선으로 올라선다. 능선을 지나면 또 바위가 나온다. 여기서는 길이 거의 없는 왼쪽으로 바위를 돌아 다시 능선으로 오른다. 능선을 따라 9분을 내려가면 갈림능선이 나온다. 여기서는 왼쪽으로 10분을 내려가면 마지막바위 안부다. 안부에서 길이 없는 왼쪽 골로 치고 10분 내려가면 남천계곡에 닿는다(소부09-03 표지목).

여기서부터 계곡을 따라 27분을 가면 1야영장을 지나 버스종점이다.

자가운전

중앙고속도로 북단양IC에서 빠져나와 단양에 진입 단양에서 59번 국도 고수대교 건너 좌회전➪군간교에서 우회전➪영춘교에서 우회전➪1km 남천교에서 좌회전➪2.5km 남천계곡주차장.

대중교통

동서울터미널에서 단양에 도착한 다음, 단양에서 영춘행 시내버스 이용, 영춘에서 남천행 평일(07:55 13:26 17:00) 휴일(08:45 13:25 17:00) 이용, 종점 하차.

식당

복천가든(식당, 민박)
단양군 영춘면 남천리 627
034-423-7206

영상강가든
단양군 영춘면 하리
043-423-0573

숙박

사계절민박
단양군 영춘면 남천리 30
043-423-7586

연화봉펜션
단양군 영춘면 남천리 197
034-423-022

명소

온달산성

영춘장날 1일, 6일

매봉산(每峰山) 1271.6m

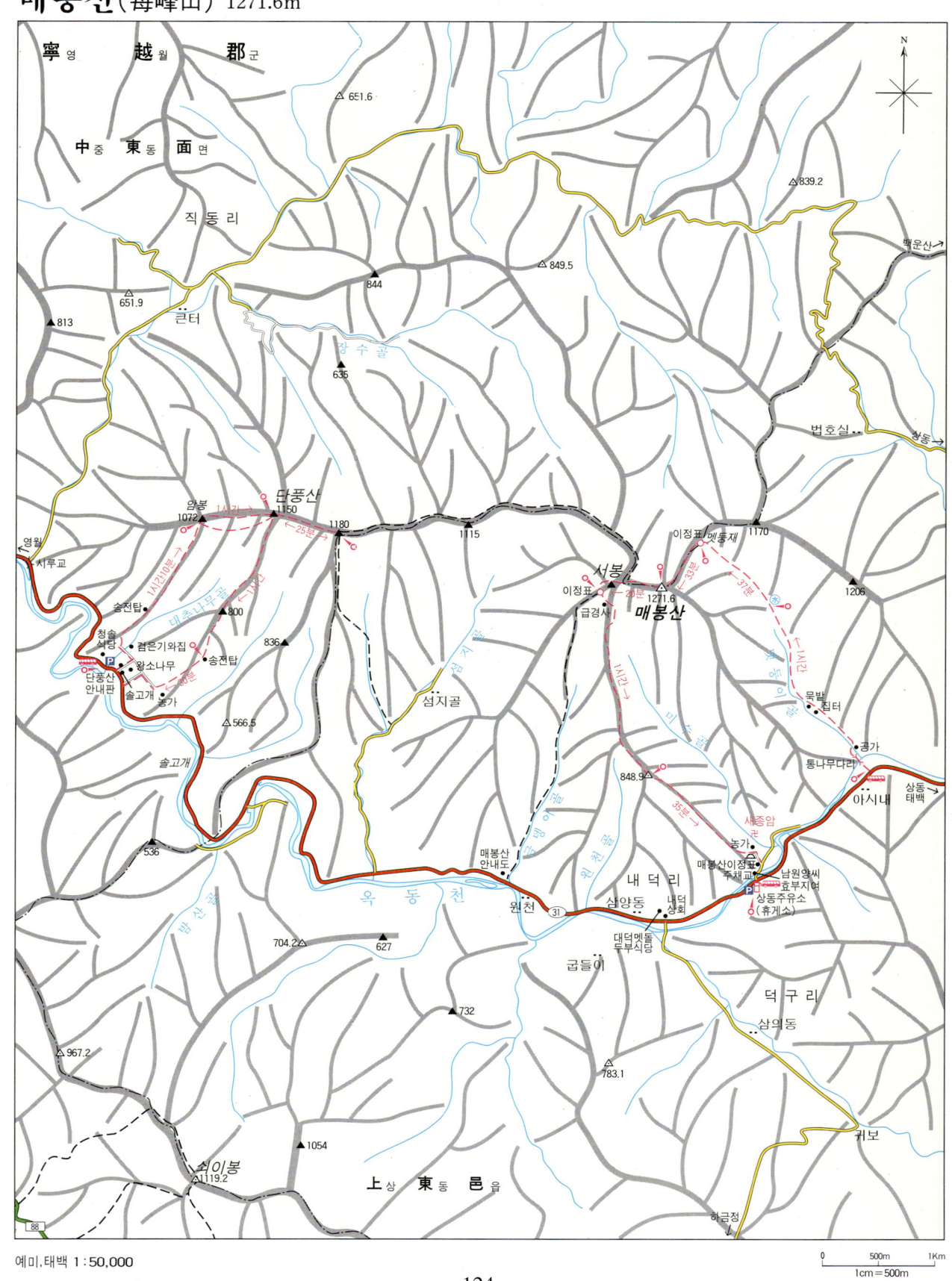

매봉산

강원도 영월군 상동읍, 중동면(江原道 寧越郡 上東邑, 中東面)

 ## 개요

매봉산(每峰山. 1271.6m)은 백두대간 함백산에서 서북쪽으로 갈라지는 능선이 백운산에서 다시 서남쪽으로 갈라져 매봉산 단풍산으로 이어진다. 정상 남쪽 면은 가파르고 북쪽 면은 완만한 산세를 이루고 있다. 주변 태백산(1566.7m) 함백산(1572.3m) 백운산(1426.2m) 두위봉(1470m) 장산(1408.8m)등 유명한 고봉들과 어깨를 나란히 하고 있는 산이다. 정상은 평범한 편이나 정상에서 20분 거리인 서봉이 바위봉이며 전망이 더 빼어나다.

산행은 상동읍 덕구리 아시내에서 북쪽 멧둥이골을 따라 멧둥재를 경유하여 정상에 오른다. 하산은 서봉을 경유하여 남쪽 지능선을 타고 상동휴게소로 하산한다.

영월군은 산과 강으로 이루어진 고을이다. 모두가 산과 계곡뿐 넓은 들이 없는 한국에서 가장 산이 밀집한 고장이다. 많은 계곡이 모여서 동강 서강을 이루고 동강 서강이 합하여 남한강 상류가 되는 곳이 영월이다.

 ## 등산로 (5시간 5분 소요)

아시내 → 60분 → 샘 → 37분 → 멧둥재 → 33분 → 매봉산 → 20분 → 서봉 → 60분 → 삼각점봉 → 35분 → 상동휴게소

영월에서 태백으로 가는 31번 국도변 상동휴게소를 지나서 약 1.5km 거리에 이르면 아시내 버스정류장이 있다.

버스정류장에서 태백 방면으로 도로를 따라 50m 거리에 이르면 왼쪽 농가로 가는 길이 있다. 여기서 31번 국도를 벗어나 마을길을 따라 내려가면 민가 앞을 지나서 옥동천 통나무다리를 건너가게 된다. 다리를 건너 3분 거리에 이르면 계곡을 건너 공가를 지난다. 잘 정비된 등산로를 따라 13분을 가면 집터가 있고 수천 평 묵밭이 나온다. 묵밭 우측 편으로 묵밭 상단을 통과하여 등산로를 따라 24분을 올라가면 계곡을 건너가는 지점에 이르게 되고, 10분을 더 올라가

조용하고 한가한 가을 매봉산 정상

면 식수로 좋은 샘이 나온다.

여기서 식수를 충분하게 보충하고 휴식을 취한 다음, 뚜렷한 등산로를 따라 24분을 오르면 쉬어가기에 좋은 쉼터가 나온다. 쉼터를 지나서부터 급경사로 이어진다. 급경사 능선을 타고 13분을 더 오르면 주능선 멧둥재에 닿는다.

멧둥재에서는 왼편 서쪽능선으로 오른다. 완만한 능선을 따라 12분 거리에 이르면 돌길이 시작되고 급경사로 이어져 21분을 더 오르면 표지석이 있는 협소한 매봉산 정상에 닿는다.

정상에서 남서쪽을 바라보면 빼어난 전망이다. 북동쪽은 숲에 가려 조망이 좋지 않다. 하산은 서쪽 능선을 탄다. 서쪽으로 가는 하산 길은 돌이 많은 지역이다. 돌길을 따라 20분 거리에 이르면 서봉 갈림길이 나온다. 갈림길에서 왼쪽 서봉에 오른 다음, 내려서면 바로 안부에 삼거리 이정표가 나온다.

안부 삼거리에서 왼편 남쪽으로 내려간다. 내리막길은 초 급경사이다. 내리막길을 따라 4분을 내려가면 왼편 능선을 넘어 5분을 더 내려가면 오른편 비탈길로 이어지며 다시 5분 거리에 이르면 지능선 완만한 하산길이 시작된다. 여기서부터 편안한 능선길이 이어지며 46분을 내려가면 삼각점이 있는 봉우리에 닿는다.

여기서부터 바윗길 하산길이 이어진다. 바윗길을 따라 22분을 내려가면 큰 묘를 지나서 2분 거리에 송전탑이 나온다. 송전탑을 지나 3분 거리에 이르면 갈림길이 나온다. 갈림길에서 왼쪽 길을 따라 3분을 내려가면 매봉산 등산기점 안내판이 나온다. 여기서 5분 거리에 이르면 주채교를 건너 상동휴게소이다.

자가운전

중앙고속도로 제천IC에서 빠져나와 태백 방면 38번 국도를 타고 석항IC에서 31번 국도로 우회전 ⇒ 녹전삼거리에서 좌회전 ⇒ 약 15km 매봉산휴게소 주차.

대중교통

동서울버스터미널에서 태백행 버스 이용, 상동읍 내덕리 하차.

영월에서 수시로 운행하는 상동, 태백 방면 버스 이용. 내덕리 하차.

숙식

영월
장릉보리밥집
영월읍 장릉 옆
033-374-3986

퀸모텔
영월읍 영흥 5리
033-373-9191

상동
매봉산장(식당, 민박)
영월군 상동읍 내덕4리
033-378-4771

청솔가든(민박, 식당)
영월군 중동면 녹전2리 93-2
033-378-2108

명소

장릉

별마로천문대

김삿갓 유적지

녹전장날 2일, 7일
영월장날 4일, 9일

선바위산 1030m 순경산(順鏡山) 1151.7m

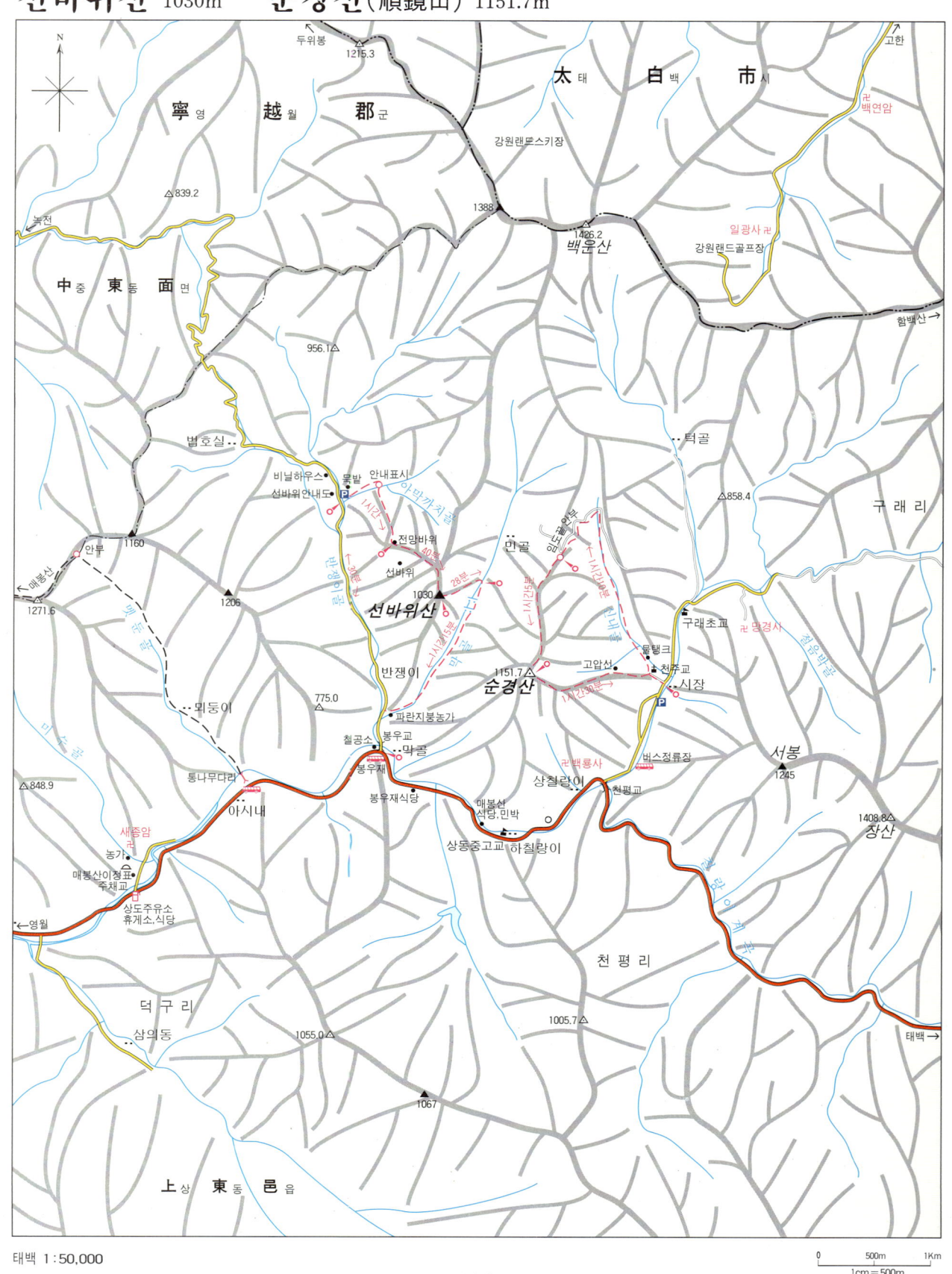

선바위산 · 순경산

강원도 영월군 상동읍(江原道 寧越郡 上東邑)

개요

선바위산(1030m)은 내덕리 봉우재 북쪽에 병풍처럼 생긴 바위산이다. 능선 중간 남쪽 면에 뾰쪽하게 솟은 선바위가 있어 선바위산이라 부른다.

순경산(順鏡山. 1151.7m)은 상동읍 뒷산이며 막골을 사이에 두고 선바위산과 직선거리로 1km 거리에 마주하고 있다. 산행은 천주교에서 산내골 임도를 경유하여 정상에 오른 다음, 하산은 동쪽 지능선을 타고 다시 천주교로 원점회귀 산행이다.

등산로

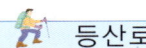

선바위산(4시간 53분 소요)

봉우교 → 30분 → 묵밭 → 60분 → 전망바위 → 40분 → 선바우산 → 28분 → 계곡 → 75분 → 봉우교

봉우교에서 북쪽 봉우교를 건너 포장된 도로를 따라 30분(2.3km)을 가면 선바위산 등산안내 표지판이 있고 넓은 공터와 묵밭이 나온다.

묵밭에서 우측 묵밭 중간으로 난 길을 따라가면 협곡으로 산길이 이어진다. 협곡으로 6분을 들어가면 삼거리갈림길이 나온다. 갈림길에서 식수를 준비하고 우측 능선으로 오른다. 정남쪽으로 난 사면길을 따라 23분을 오르면 산죽길을 지나고 노송지역이 나온다. 노송지역에서 능선길을 따라 오르면 너덜길을 지나서 30분을 올라가면 전망바위에 닿는다.

전망바위 아래서 왼쪽 능선길을 따라 8분 거리에 이르면 안부가 나온다. 안부에서 남쪽협곡으로 50m~60m 가량 뾰쪽한 선바위가 보인다.

선바위를 뒤로하고 능선으로 오르면, 산죽밭을 지나 20분을 오르면 삼거리가 나온다. 삼거리에서 오른편 남쪽으로 간다. 남릉을 따라 가면 오른쪽은 절벽이고, 왼쪽은 노송군락지역이며 12분을 오르면 선바위산 정상이다.

하산은 동쪽 능선을 따라 내려간다. 오른쪽은 수십 길 절벽이며 잡목이 많은 하산길로 28분을 내려가면 막골계곡에 닿는다.

여기서부터는 계곡을 따라 폭포를 지나면서 1시간 15분을 내려가면 봉우교 31번 국도에 닿는다.

순경산(4시간 45분 소요)

천주교회 → 70분 → 안부 → 65분 → 순경산 → 90분 → 천주교

상동읍 북쪽에 천주교회가 있다. 천주교회가 있는 왼쪽 넓은 길을 따라 100m 올라가면 우측으로 물탱크가 보이고 물탱크 왼쪽으로 넓은 길이 있으며, 넓은 길 위로 샛길 등산로가 또 있다. 계곡 왼편으로 이어지는 샛길을 따라 20분가량 가면 합수곡에 닿는다. 합수곡에서 우측 계곡을 따라 올라가면 계속 계곡 돌밭길로 이어져 30분을 올라가면 임도에 닿는다. 임도에서 왼쪽 임도를 따라 20분가량 돌아가면 임도끝 안부가 나온다.

안부에서부터 능선을 타고 정상까지는 산길이 희미하게 이어진다. 안부에서 임도를 벗어나 남쪽 오솔길을 따라 10분을 오르면 동남쪽으로 시야가 트이기 시작한다. 계속 이어지는 남쪽 능선을 따라 37분을 오르면 암봉이 나온다. 암봉을 우회하여 6분을 오르면 전망바위에 닿는다. 전망바위를 내려서 오른쪽 우회 길을 지나 능선으로 12분을 가면 묵은 묘를 지나고 너덜지대 상단부를 지나서 삼거리가 나온다. 삼거리에서 서쪽으로 30m 가면 헬기장인 순경산 정상이다.

하산은 정상에서 삼거리로 되돌아온 다음, 동쪽 능선을 탄다. 동릉을 따라 내려가면 급경사로 이어진다. 경사도가 심한 동쪽 지능선을 따라 내려가면 낙엽송지역이 나온다. 낙엽송지역에서 계속된 지능선을 따라 내려가면 고압선을 지나가면 물탱크를 지나 우측으로 내려가면 묘로 내려서 왼편으로 내려가면 천주교이다. 정상에서 1시간 30분 거리다.

자가운전

선바위산은 중앙고속도로 제천IC에서 빠져나와 영월 방면 38번 국도를 타고 석항에서 빠져나와 석항 삼거리에서 31번 국도로 우회전 ⇒ 녹전에서 좌회전 ⇒ 상동주유소 지나 3km 봉우재 주차.

순경산은 봉우교에서 계속 직진 ⇒ 약 3km에서 좌회전 ⇒ 상동 천주교 주차.

대중교통

동서울터미널에서 태백 방면행 버스 이용. **선바위산**은 봉우재 하차하고, **순경산**은 상동 하차.

숙식

봉우재식당
영월군 상동읍 천평리
033-378-6305

백운산장식당, 민박
영월군 상동읍 내덕4리 9-2
033-378-2791

청솔가든
영월군 둥둥면 녹전2리 93-2
033-378-2108

상동휴게소식당
영월군 상동읍 덕구리 178
033-378-4748

명소

김삿갓유적지
고씨동굴
장릉

녹전장날 2일, 7일
영월장날 4일, 9일

장산(壯山) 1408.8m

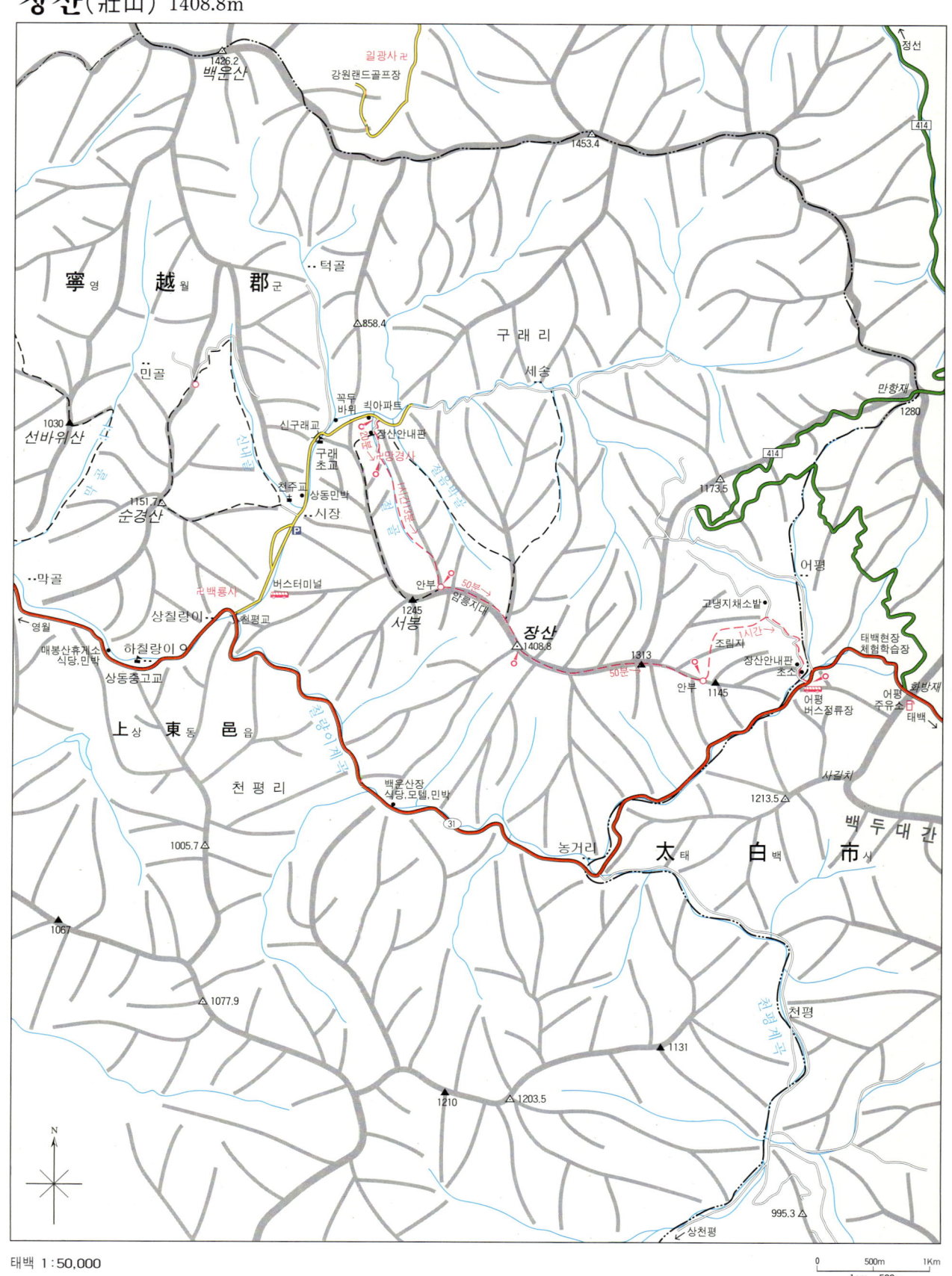

장산

강원도 영월군 상동읍(江原道 寧越郡 上東邑)

개요

장산(壯山, 1408.8m)은 백두대간 함백산 만항재에서 서쪽으로 능선이 뻗어나가 약 5km 지점에 위치한 산이다. 상동에서 31번 국도를 따라 태백 방면으로 가다보면 왼쪽으로 웅장하고 아기자기한 바위로 이루어진 산이며 영월군에서는 가장 높은 산이다. 북쪽 면은 비교적 완만한 편이며, 남쪽 면은 절벽으로 이루어져 있다. 산행기점인 상동읍에서 만경사를 경유하여 주능선을 오르는 길이 급경사이며 다소 힘든 구간이고, 주능선 길은 조망이 빼어나 재미있는 구간이며 하산 길은 완만한 길이다.

장산은 1408.8m 높은 산이지만 산행기점인 상동이 550m 이어서 900m 정도 올라가면 된다. 산행기점 상동읍은 상동광산으로 옛날에는 활기 넘치는 고을이었으나 지금은 폐광으로 인하여 대부분 빈집이다.

산행은 상동읍 만경사, 절골을 경유하여 지능선을 타고 주능선을 경유하여 동릉을 타고 정상에 오른다. 하산은 북릉을 따라 1145봉에서 북쪽 길을 따라 어평버스정류장으로 내려간다.

장산 산행기점에 자리한 만경사

등산로 (5시간 13분 소요)

만경사 입구 → 20분 → 만경사 → 73분 → 주능선 안부 → 50분 → 장산 → 50분 → 1145봉 → 60분 → 어평버스정류장

상동읍 버스터미널에서 북쪽으로 도로를 따라가면 천주교 구래초교를 지나 꼭두바위 삼거리가 나온다. 삼거리에서 우측 도로를 따라 약 500m 가면 우측으로 교촌연립(폐가)을 지나서 바로 만경사 장산 안내 표지판이 나온다.

안내판에서 만경사까지 시멘트포장 소형차로이다. 이 소형차로를 따라 가면 10분 거리에 삼거리가 나온다. 이 삼거리에서 우측으로 50m 가면 우측능선으로 오르는 산길(이정표)이 나온다. 우측 길은 능선을 타고 서봉을 경유하여 정상으로 오르는 길이다. 왼쪽 길은 만경사, 절골을 경유하여 정상으로 오르는 길이다.

왼쪽 만경사로 가는 소형차로를 따라 10분을 올라가면 작은 절 만경사가 나온다.

만경사에서 산신각 우측으로 가면 본격적인 산행이 시작된다. 절골로 이어지는 등산로를 따라 15분을 올라가면 또 산신각이 나온다. 여기서부터 너덜지대를 거쳐 40분을 오르면 지능선에 닿고, 지능선을 따라 18분을 더 오르면 주능선 안부에 닿는다.

산행기점 만경사 입구에서 우측 능선을 타고 오르면 서봉을 거쳐 안부에서 만나게 된다.

안부에서 왼쪽 동릉을 따라 40분을 가면 절음박골 갈림길이 있고, 5분을 더 가면 백운산장으로 가는 갈림길이 나온다. 갈림길에서 5분을 더 오르면 장산 정상이다.

정상에 서면 사방이 막힘이 없다. 동쪽으로 태백산, 함백산, 백운산, 두위봉, 질운산, 예미산, 만경대산으로 이어지는 산맥이 웅장하게 펼쳐진다. 남쪽으로는 삼동산, 쇠이봉, 목우산이 바로 건너다보이며 사방이 깊은 산중이다.

하산은 동쪽 주능선을 탄다. 동쪽 주능선을 따라가면 바윗길로 이어진다. 바윗길 동릉을 따라가면 큰 바위가 나온다. 바위를 왼편 북쪽 편으로 우회하여 등산로가 이어진다. 바위를 지나서 다시 동쪽 능선으로 이어져 날등을 따라 50분을 내려가면 1145봉 공터 삼거리 안부에 닿는다.

이 삼거리에서 왼편 북쪽으로 간다. 북쪽 비탈길을 따라 조림지대를 거쳐 40분을 내려가면 임도에 닿는다. 임도에서 우측 길을 따라 15분을 내려가면 공터삼거리가 나온다. 여기서 왼쪽 비탈길로 5분 내려가면 소형차로를 거쳐 어평버스정류장에 닿는다.

자가운전

중앙고속도로 재천IC에서 빠져나와 영월 태백 방면 38번 국도를 타고 석항IC에서 빠져나와 좌회전 ⇒ 석항삼거리에서 우회전 ⇒ 31번 국도를 타고 수라리재 넘어 녹전삼거리에서 좌회전 ⇒ 상동삼거리에서 좌회전 ⇒ 약 1.5km 만경사 입구 주차.

대중교통

동서울터미널에서 태백행 직행버스를 이용, 상동 하차.
또는 영월에서 수시로 운행하는 태백행 버스를 타고 상동 하차.

숙식

백운산장식당, 모텔
영월군 상동읍 내덕 5리 9-2
033-378-2791

상동휴게소, 식당
영월군 상동읍 덕구리 178
033-378-4748

매봉산장식당, 민박
영월군 상동읍 내덕4리
033-378-4771

장릉보리밥집
영월읍 장릉 옆
033-374-3986

명소

장릉
김삿갓유적지

영월장날 4일, 9일
녹전장날 3일, 8일

고고산(高古山) 853.6m　신병산(神屏山) 687.2m

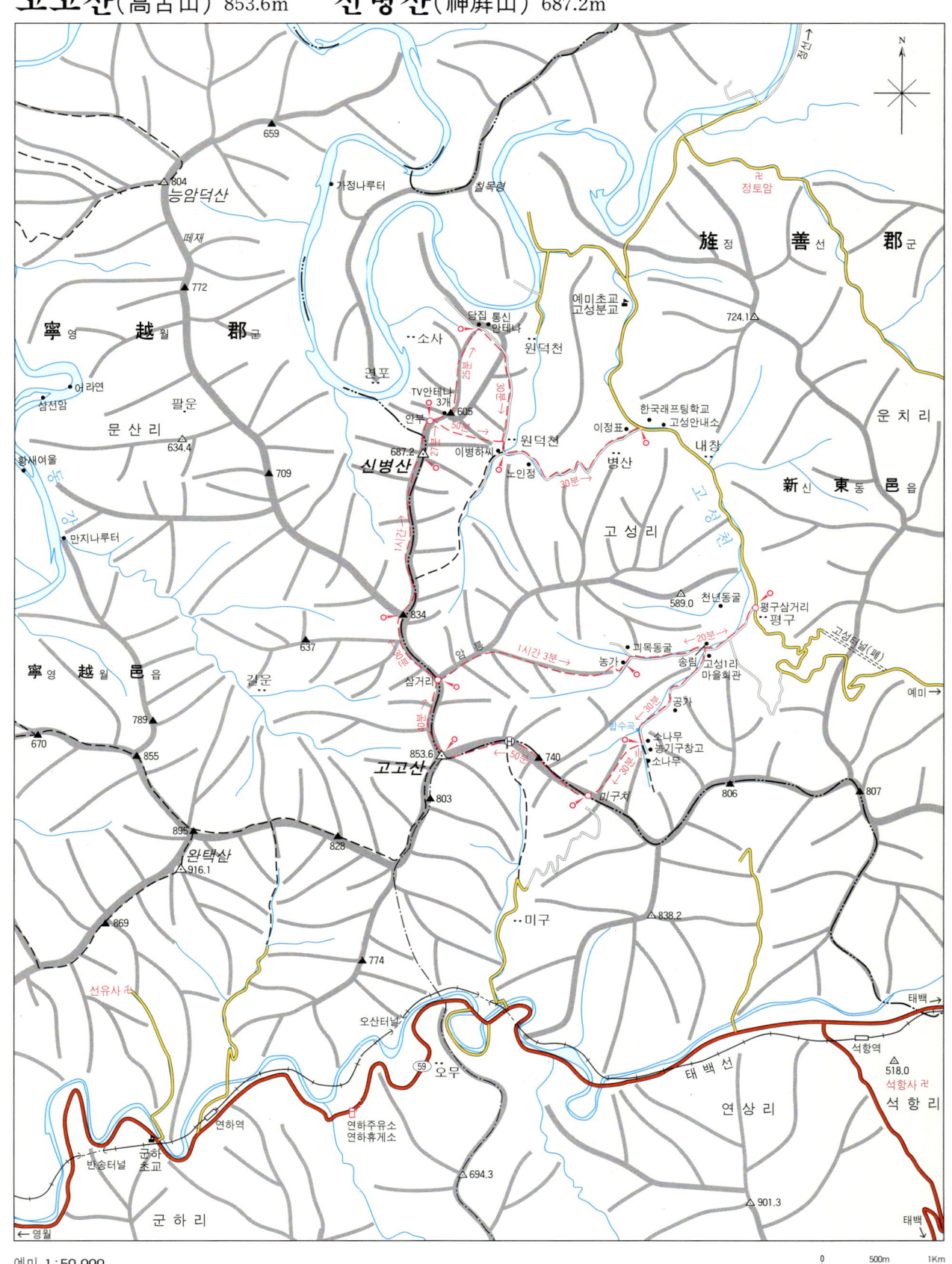

고고산 · 신병산 강원도 영월읍, 정선군 신동읍(江原道 寧越邑, 旌善郡 新東邑)

개요

고고산(高古山. 853.6m)과 **신병산**(神屛山. 687.2m)은 영월읍 고성리 동강 남쪽에 위치한 산이다. 동일한 능선에 약 4km 거리를 두고 남쪽은 고고산 북쪽은 신병산으로 이어져 있다. 고고산 등산길은 비교적 뚜렷한 편이나 신병산 길은 희미하다.

등산로

고고산(4시간 30분 소요)

마을회관→ 50분→ 마구치→ 50분→ 고고산→ 40분→ 삼거리→ 70분→ 마을회관

고성리 고림마을 입구 평구 삼거리에서 남서쪽 마을길을 따라 10분을 가면 고성1리 마을회관이 나온다. 마을회관 삼거리에서 왼쪽 마구치 방면으로 농로를 따라 15분을 가면 폐 농가 1채가 있고, 시멘트포장 끝에 갈림길이 이 나온다. 갈림길에서 우측으로 농로를 따라 5분을 가면 물이 없는 합수곡이 나온다.

여기서 왼쪽으로 50m 거리 길가에 소나무 1그루가 있다. 이 소나무에서 50m 거리 우측 밭을 가로질러 산으로 오른다. 능선 기슭에는 작은 잣나무와 잡목들로 산길이 보이지 않으므로 무조건 능선을 향해 좀 덜 우거진 곳으로 100m 정도 치고 오르면 뚜렷한 등산로가 나온다. 이 등산로를 따라 오르면 능선으로 이어지다가 주능선 부근에서 우측 비탈길로 산길이 이어져 합수곡에서 30분 거리에 이르면 사거리 마구치에 닿는다.

마구치에서는 동쪽으로 이어진 주능선을 따라 30분을 오르면 헬기장에 닿고, 20분을 더 오르면 공터에 잡목이 많은 고고산 정상이다.

하산은 삼거리에서 대중교통을 이용한다면 서쪽 능선 완택산 방향으로 가다가 완택산 가기 전 안부에서 남쪽 길로 내려가면 연하리로 하산하게 된다.

*원점회귀 산행은 정상에서 북릉을 따라간 다. 북쪽능선을 따라 30분 거리에 이르면 전망 바위봉을 지나고, 10분을 더 가면 신봉산으로 가는 삼거리가 나온다.

이 삼거리에서 우측 동쪽으로 23분을 가면 이 산의 전망대인 암릉이 나온다. 암릉을 우회하여 지나가면 다시 능선으로 이어져 40분을 내려가면 고림마을 끝집에 닿는다. 끝집에서 50m 거리 괴목동굴을 견학하고 10분 내려가면 마을회관이며 10분 거리에 버스정류장이다.

고고산-신병산 종주(6시간 37분 소요)

마을회관→ 100분→ 고고산→ 40분→ 삼거리→ 90분→ 신병산→ 27분→ 안부→ 50분→ 원덕천→ 30분→ 고성안내소

고고산 등산로를 따라 고고산 정상에서 북쪽 능선 40분 거리 삼거리에서 왼쪽 능선을 탄다.

왼쪽 능선을 따라 30분을 가면 834봉 갈림 능선이 나온다. 여기서 우측으로 간다. 족적이 거의 없는 우측 능선을 따라 1시간을 가면 신병산 정상에 닿는다.

하산은 계속 북릉을 따라 27분을 내려가면 안부가 나온다. 안부에는 땅이 파여진 곳에 약간 황토가 보이고, 우측(남)으로 원덕천 마을이 보인다.

여기서 능선을 버리고 우측으로 길이 없는 동쪽 계곡을 향해 치고 내려간다. 20분 가량 계곡을 향해 치고 내려가면 계곡길이 나온다. 여기서부터 뚜렷한 계곡길을 따라 30분을 내려가면 원덕천 마을이다.

* 또 다른 하산길은 다시 황토안부에서 계속 북쪽 능선으로 올라서면 TV안테나가 3개 나온다. 여기서 왼쪽 능선을 따라 내려가면 갈림능선이 나오는데 왼쪽 능선으로 간다. 왼쪽 능선을 따라 30분을 내려가면 당집이 있고 통신안대나가 있는 소형차로에 닿는다. 여기서 우측 소형차로를 따라 30분 내려가면 원덕천 마을이다.

자가운전

중앙고속도로 제천IC에서 영월 태백 방면 38번 국도로 진입, 석항삼거리에서 좌회전⇒예미에서 좌회전-고성리재를 넘어 첫 번째 마을 평구삼거리에서 좌회전⇒ 마을길 400m 거리 고성1리 마을회관 주차.

대중교통

청량리역에서 강릉행 열차 이용, 영월 하차. 동서울터미널에서 수시로 운행하는 영월 태백행 버스 이용, 영월 하차.

영월에서 수시로 운행하는 예미행 버스 이용 후, 예미에서 1일 5회 운행하는 고성리행 마을버스 이용하거나 택시 이용.
예미택시
011-374-7060

식당

장릉보리밥집
영월읍 장릉 옆
033-374-3986

미락(한식)
영월읍 영흥6리
033-374-3770

숙박

테마모텔
영월읍 영흥리 901-1
033-373-1227

명소

동강
장릉

영월장날 4일, 9일

능암덕산 804m

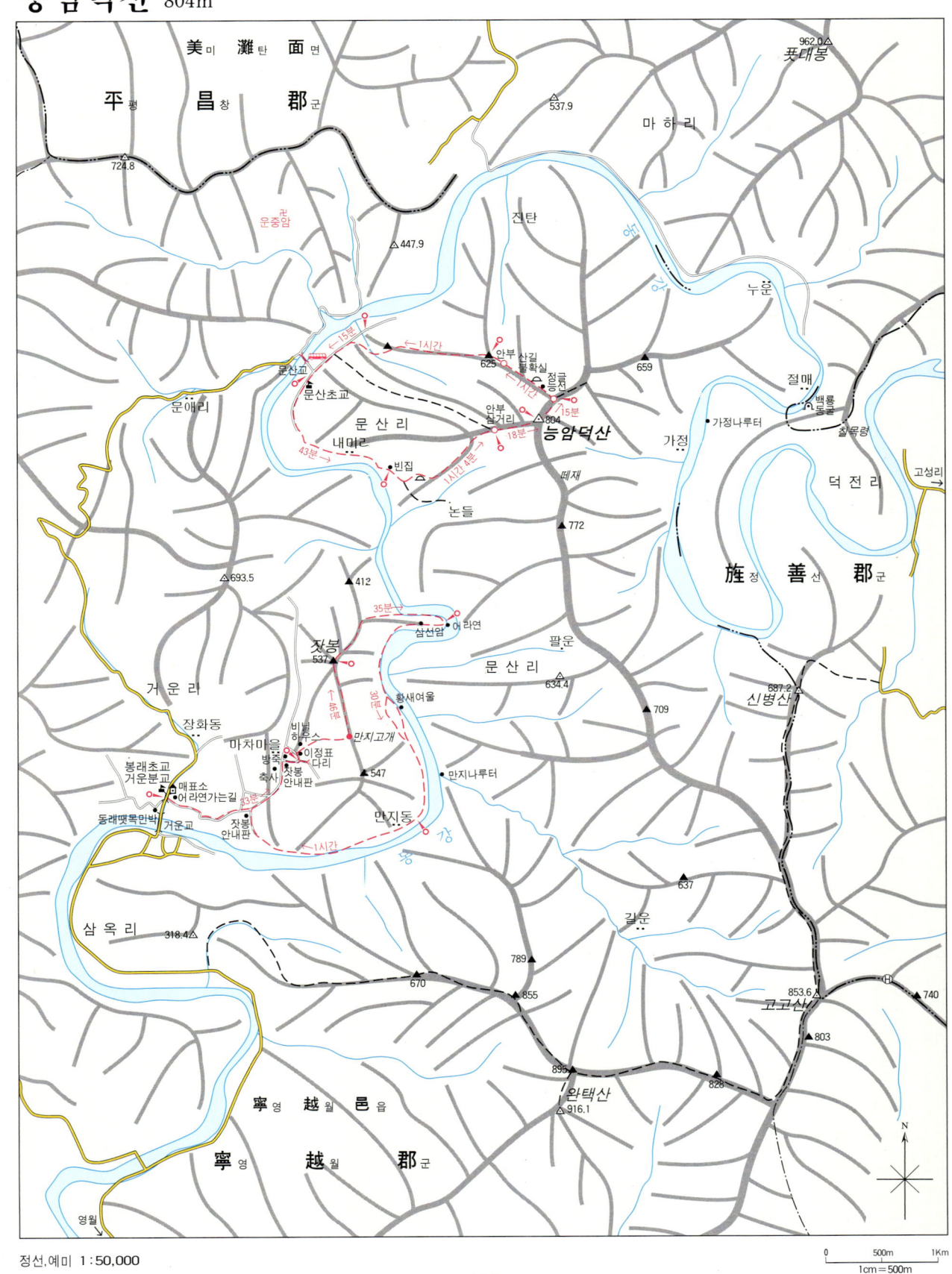

정선,예미 1:50,000

능암덕산 강원도 영월군 영월읍(江原道 寧越郡 寧越邑)

개요

능암덕산(804.m)은 영월읍 문산리 동쪽 삼면이 동강으로 에워싸인 섬 같은 오지의 산이다. 정선에서 시작하는 동강은 귤암리 가수리 덕전리 마하리 문산리 어라연을 거쳐 영월읍으로 흐른다. 바로 문산리 동쪽 어라연 북쪽에 위치한 산이 능암덕산이다. 정상에 서면 동, 북, 서쪽 삼면이 동강에 둘러싸여 있고, 북쪽은 동강을 사이에 두고 백운산 푯대봉과 마주하고 있으며, 남쪽에는 신병산, 고고산, 완택산이 이웃에 있다. 산길이 대부분 희미하고 하산길은 거의 길이 없는 정글을 해치고 내려가는 구간이 있다.

섬 같은 능암덕산은 오지의 산 그대로이며 정글을 해치고 산행을 하는 묘미가 있다. 문산교가 건설되기 전에는 나룻배를 타고 강을 건너야 하는 오지였으나 문산교가 완공되어 편리한 산행을 하게 되었다.

문산교까지 진입은 영월에서 어라연가는 차도를 따라 거문교를 건너 절운재를 넘고, 문산교를 건너 부근에 주차하고 시작한다(영월에서-문산교 약 17km).

산행은 문산교에서 식작 오른쪽 강변길을 따라 강변길이 끝나고, 임도로 진입 빈집을 지나 동북쪽 능선을 타고 능암덕산에 오른다. 하산은 북쪽 15분 거리에서 서쪽 정글 같은 지능선을 타고 다시 문산교로 원점회귀 산행이다.

등산로 (5시간 35분 소요)

문산교→ 43분 → 빈집→ 64분 → 삼거리→
18분 → 정상→ 15분 → 갈림능선→
60분 → 625봉→ 75분 → 문산교

문산교 건너 삼거리에서 우측 동강 변 소형차로를 따라 3분 거리에 이르면 문산 분교가 있고, 계속 강변 소형차로를 따라 20분을 가면 마지막 농가 삼거리가 나온다. 이 삼거리에서 우측 강변 농로를 따라 5분을 가면 농로가 산 중턱으로 이어지며 5분 거리에 이르면 빈집이 나온다. 빈집에서부터 10분을 더 가면 두 번째 빈집이 나오고 농로가 끝난다.

두 번째 빈집에서부터 산길이 시작된다. 우측 비탈길로 7분을 들어가면 능선에 삼거리가 나온다. 이 삼거리에서 왼쪽 동북 방향으로 간다. 왼쪽으로 10분을 가면 묘가 나오고 산길은 희미해진다, 묘 우측으로 5분을 더 가면 두 번째 묘가 나온다. 묘에서 우측 소나무가 만은 능선으로 치고 오른다. 길은 없으나 잡목이 없고 5분 정도 능선을 보고 오르면 원편으로 능선이 이어지면서 희미하게 길이 이어지기 시작한다. 산길은 희미하지만 능선만 벗어나지 말고 오르면, 산길을 만나게 되어 30분을 오르면 능선삼거리에 나온다. 능선삼거리에서 오른쪽으로 7분을 가면 안부삼거리가 나온다.

안부에서 능선을 따라 10분을 올라가면 왕소나무가 나오고, 8분을 더 오르면 능암덕산 정상이다. 정상은 헬기장이며 삼각점이 있다.

하산은 올라왔던 안부삼거리까지 되돌아간 다음, 안부삼거리에서 우측으로 내려가면 계곡 길로 이어져 문산콘도 방면으로 하산하게 되는 가장 편하고 좋은 길이다. 625봉 능선코스는 정상에서 북쪽 능선으로 15분을 가면 낮은 봉우리에 갈림능선이 나온다. 숲이 우거져 갈림길 능선을 지나치기 쉬운 곳이다. 따라서 시간으로 갈림길을 판단해야 한다.

갈림능선에서부터 잡목이 우거져 있어 앞이 보이지 않으므로 능선을 구분한 다음, 서북 방향 625봉 쪽으로 치고 내려간다. 정글이지만 순수한 육산이며 급경사나 험한 바위가 없어 방향만 잡고 15분 정도 치고 내려가면 묘가 나온다. 묘에서부터는 희미한 길 흔적이 있기 시작하고 잡목도 적어진다. 묘에서 능선을 벗어나지 말고 능선만을 따라 45분을 내려가면 안부를 지나서 625봉에 닿는다.

625봉에서 왼쪽 능선길이 뚜렷하다. 왼쪽 능선을 타고 1시간을 내려가면 능선 끝봉 닿기 전에 왼쪽으로 꼬부라진다. 여기서 8분 내려가면 강변 농로로 이어지고 15분을 더 내려가면 문산교에 닿는다.

자가운전

중앙고속도로 제천IC에서 빠져나와 영월 방면 38번 국도를 타고 영월IC에서 빠져나와 시내로 진입한 다음, 영월역을 지나서 200m 거리 평구삼거리에서 좌회전-거운교 건너 8km 거리⇒질운재 ⇒문산교 건너 우측 초교터 주차.

대중교통

영월시외버스터미널에서 1일 5회(06:20 08:50 12:50 15:10 18:30) 문산리행 버스 이용, 거운분교 하차.

식당

장릉보리밥집
영월읍 장릉 옆
033-374-3986

미락(한식)
영월읍 영흥 6리
033-374-3770

대흥식육식당
영월읍 하송4리
033-374-4390

숙박

킹모텔
영월읍 영흥 5리
033-373-9191

명소

동강
어라연
장릉
별마로천문대

영월장날 4일, 9일

백운산(白雲山) 882.5m　 칠족봉 962m

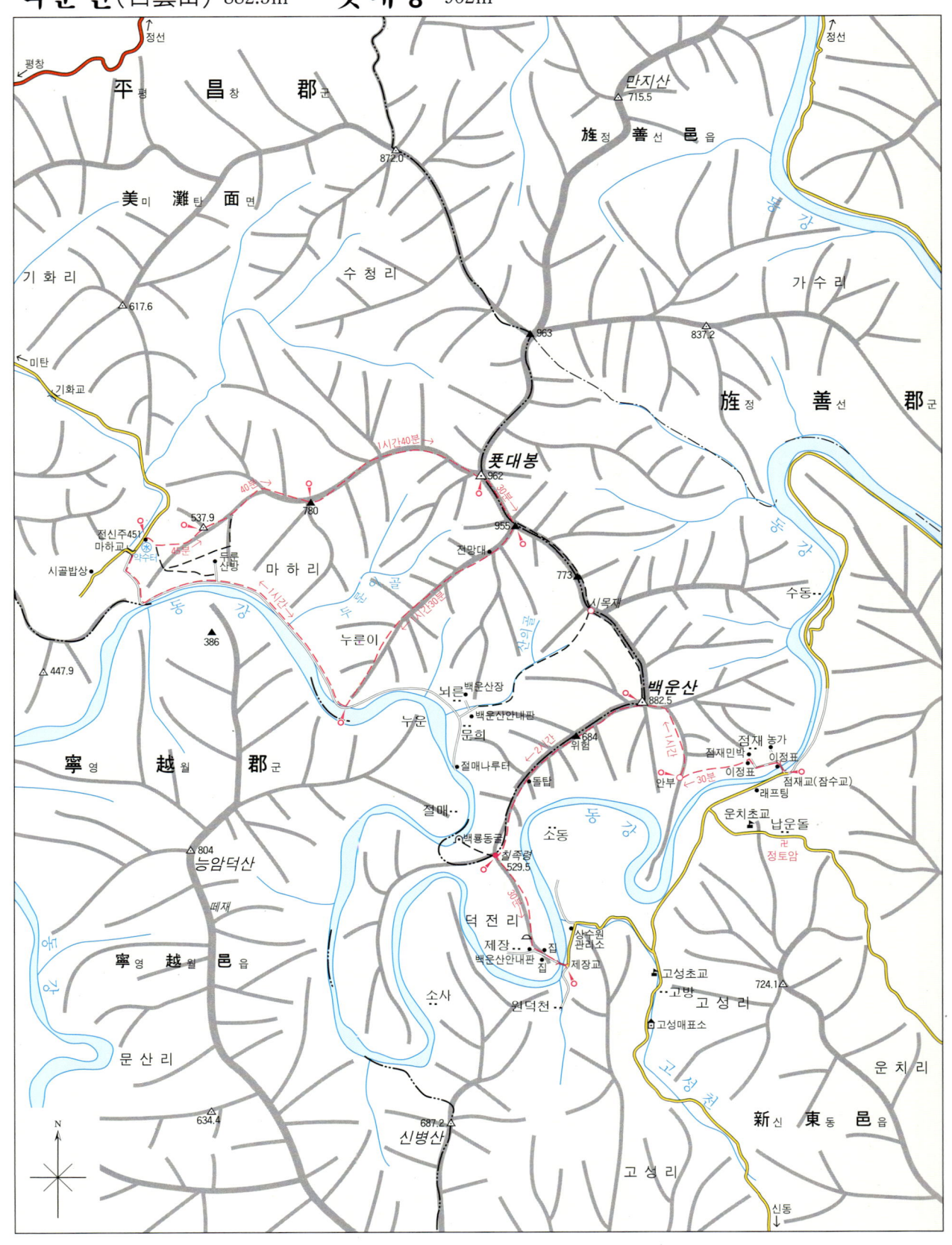

백운산 · 곷대봉

강원도 정선군 신동읍, 평창군 미탄면(江原道 旌善郡 新東面, 平昌郡 美灘面)

 개요

백운산(白雲山, 882.5m)은 신동읍 운치리 동강 북쪽에 위치한 바위산이다. 주능선 남쪽 면은 단애(斷崖)를 이룬 기암절벽이고, 구비 구비 흐르는 아름다운 자연 동강을 감상하면서 산행을 하게 된다.

산행은 점재교를 출발 정상에 오른 후, 남서릉을 타고 칠죽령을 경유 제장교로 하산한다. 점재교와 제장교가 잠수교이므로 강물이 많은 장마철에는 산행이 어렵다.

곷대봉(962m)은 미탄면 마하리 동강 북쪽에 위치한 산이다. 동남쪽의 백운산과 동일한 능선으로 이어져 약 3km 거리에 있으며 남쪽은 동강이 흐르고 있고, 북쪽으로 만지산 나팔봉으로 이어진다.

산행은 마하교에서 시작 780봉을 경유하여 정상에 오른 후, 955봉에서 남릉을 타고 동강으로 내려서 동강 변을 따라 다시 마하교로 원점회귀 산행이다.

 등산로

백운산(5시간 소요)

점재교→ 30분→ 지능선 안부→ 60분→ 백운산→ 120분→ 칠족령→ 30분→ 제장교

운치리 점재교(잠수교)를 건너면 삼거리에 백운산안내판이 나온다. 삼거리에서 왼쪽 강변길을 따라 100m 가면 점재상회 민박집 삼거리가 나온다. 민박집 왼쪽 마당을 통과하여 농로를 따라 5분을 가면 농로가 끝나고 산길이 시작된다. 가파른 사면으로 이어진 등산로를 따라 20분을 오르면 지능선 안부에 닿는다.

지능선에서 우측 능선을 타고 35분을 오르면 바위가 나타난다. 조심해서 바위를 오르면 이후 정상까지는 위험 구간이 없으며 25분을 더 오르면 백운산 정상이다.

하산은 단애를 이룬 서쪽 능선을 타고 봉우리를 5~6번 넘으면서 칠족령을 경유하여 제창나루로 이어진다. 하산을 시작하여 잠시 지나면 왼쪽은 절벽인 급경사 능선을 타고 내려가며, 완만하다가 급경사를 반복하면서 계속된 날릉길을 따라서 내려가면 칠족령 전 봉우리에 추모비가 있다. 계속 능선을 타고 내려가면 삼거리 칠족령에 닿는다. 정상에서 2시간 거리다.

칠족령 삼거리에서 왼쪽으로 30분을 내려가면 제장교에 닿는다.

곷대봉(7시간 5분 소요)

마하교→ 45분→ 537.9봉→ 40분→ 780봉→ 100분→ 곷대봉→ 30분→ 955봉→ 90분→ 동강변→ 60분→ 마하교

미탄면 마하리 마하교 100m 전에 451이라고 표시된 전신주가 나온다. 전신주에서 왼쪽으로 보면 곷대봉 등산로가 있다. 이 길을 따라 5분을 오르면 갈림길이 나온다. 갈림길에서 왼쪽 능선으로 오른다. 왼쪽 능선길은 지그재그로 이어지며 40분을 오르면 537.9봉이다.

여기서부터 주능선을 따라 40분을 오르면 임도가 보이는 780봉에 닿는다. 780봉에서 왼쪽으로 꺾어지는 동릉을 타고 가며 주능선만을 따라 1시간 40분을 오르면 삼각점이 있는 곷대봉 정상이다.

하산은 남동쪽 능선을 타고 30분을 내려가면 상장바위를 지나 삼거리 955봉에 닿는다. 여기서 우측 서남쪽 능선을 탄다.

우측 능선을 따라 내려가면 바위 급경사 낙석 등이 있다. 험한 능선길을 따라 1시간을 내려가면 절벽 위에 닿는다. 여기서 오른쪽으로 완만한 능선을 따라 내려가서 능선 끝에 바윗길이 나타나는데 바위사이로 조심스럽게 내려가면 30분 후에 자갈밭을 지나 동강 변에 닿는다.

여기서부터 강변길을 따라 1시간을 거리에 이르면 마하교 등산기점에 닿는다.

자가운전

백운산 : 중앙고속도로 제천IC에서 빠져나와 태백 방면 38번 국도를 타고 신동에서 빠져나와 고성리 방면으로 좌회전⇒ 약 12km 거리 점재교 주차.

곷대봉 : 영동고속도로 장평IC에서 빠져나와 평창 방면 31번 국도를 타고 평창 삼거리에서 좌회전⇒42번 국도 미탄면에서 3km 지나 우회전⇒ 7km 마하교 주차.

대중교통

백운산 : 영월에서 예미 행 버스 이용 후, 예미에서 점재교까지는 택시를 이용한다.

곷대봉 : 미탄에서 마하교 1일 4회(07:00 10:20 14:30 18:30)버스 이용, 마하교 하차.

숙식

백운산

점재상회, 민박
정선군 신동읍 운치3리
033-378-1570

장릉보리밥
영월읍 장릉 옆
033-373-3986

곷대봉

시골밥상
평창군 미탄면 마하리 2반
033-332-4134

명소
동강

나팔봉(喇叭峰) 693.4m　만지산(萬支山) 715.5m

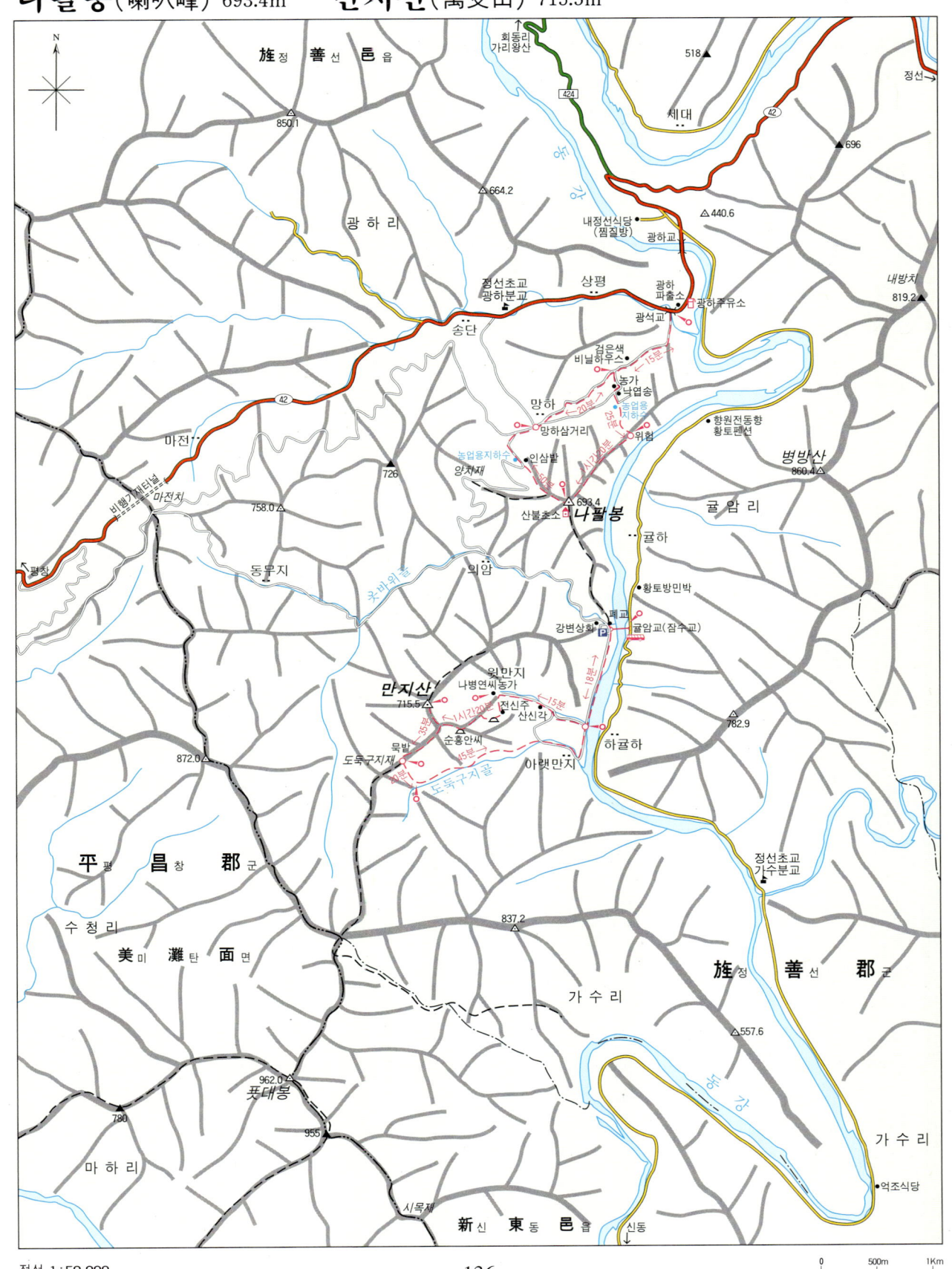

나팔봉 · 만지산 강원도 정선군 정선읍(江原道 旌善郡 旌善邑)

개요

나팔봉(喇叭峰, 693.4m)은 동강 상류 광하교에서 동강을 따라 남쪽으로 내려가면 바로 동강 서쪽에 삿갓처럼 뾰쪽하게 생긴 산이다.

만지산(萬支山, 715.5m)은 굴암리 동강 서쪽에 위치한 산이다. 하사지점 도독구지골은 자연 그대로인 천혜(天惠)의 비경지대이다.

아름다운 묵밭 만지산 도둑구이재

등산

나팔봉(4시간 25분 소요)

광석교 → 40분 → 안부능선 → 80분 → 나팔봉 → 50분 → 망하삼거리 → 35분 → 광석교

광하파출소에서 서쪽 50m 광석교를 건너 광하마을길을 따라 1km 가면 갈림길이 나온다.

갈림길에서 왼쪽 길로 내려가면 다리를 건너서 낙엽송 숲 앞 삼거리가 나온다. 여기서 우측으로 50m 가서 왼편 농로를 따라 100m 거리 밭 끝 우측 30m에 농업용 지하수 물통이 있다. 이 물통 왼쪽으로 희미한 산길을 따라 70m 가면 우측 비탈길로 이어진다. 우측으로 10m 가서 왼쪽 희미한 능선길을 타고 15분을 오르면 주능선 안부에 닿는다.

안부에서 우측 능선을 타고 간다. 왼쪽은 절벽인 능선을 따라 20분을 가면 안부가 나온다. 안부에서부터 가파른 능선을 타고 1시간을 오르면 산불초소가 있는 나팔봉 정상이다.

하산은 서쪽 능선을 따라 20분 거리의 갈림길에서 우측 능선길 따라 10분을 내려가면 임도가 나온다. 여기서부터 임도만 따라 25분을 내려가면 망하마을 삼거리에 닿는다.

삼거리에서 오른편 길을 따라 35분을 가면 산행기점을 지나 광석교에 닿는다.

만지산(4시간 48분 소요)

굴암교 → 33분 → 하얀 집 → 45분 → 순흥안씨 묘 → 32분 → 만지산 → 35분 → 도둑구지재 → 83분 → 굴암교

광하교에서 다리 밑으로 난 동강 변 도로를 따라 6km 거리에 이르면 우측에 굴암교(잠수교)가 나온다. 굴암교를 건너 삼거리에서 왼쪽 강변 소형차로를 따라 1km 가면 상만지 하만지로 가는 삼거리가 나온다. 삼거리에서 우측으로 10분을 가면 성황당 공터가 나온다. 공터에서 왼쪽 길을 따라 끝까지 가면 하얀 나병연 씨 집이 나온다.

하얀 집 마당에서 왼쪽 농로를 따라 전신주 3개를 지나면 우측으로 산길이 있다. 이 산길을 따라가면 묘 1기를 지나고, 다시 쌍 묘를 지나서 15분을 가면 묵밭 삼거리가 나온다. 묵밭에서 왼쪽으로 5분 거리에 이르면 길이 없어진다. 이 지점에서 우측 골 쪽으로 5분을 치고 오르면 우측 세능선 위에 선다. 세능선에서도 산길은 없으나 서쪽 방향 약간 왼쪽으로 이어진 지능선을 따라 오르면 큰 어려움이 없이 15분 후에 순흥안씨 묘가 있는 지능선에 닿는다.

순흥안씨 묘에서 산길이 뚜렷한 우측 능선을 따라 22분을 오르면 주능선삼거리에 닿는다. 주능선에서 우측 능선으로 10분을 더 오르면 삼각점이 있고 협소한 만지산 정상이다.

하산은 올라왔던 남쪽 주능선삼거리로 다시 내려간 다음, 우측 서쪽 주능선을 따라 25분을 내려가면 수천 평 묵밭이 있는 도둑구지재에 닿는다.

도둑구이재에서 왼편 동쪽으로 20분을 내려가면 계곡에 닿고, 계곡 따라 35분을 내려가면 하만지 마을에 닿는다. 마을에서 10분 거리에 이르면 상, 하만지 강변삼거리이고, 강변길 따라 20분 거리에 이르면 굴암교에 닿는다.

자가운전

영동고속도로 장평IC에서 빠져나와 좌회전⇨장평삼거리에서 우회전⇨31번 국도를 타고 평창삼거리에서 좌회전⇨42번 국도를 타고 비행기재 통과 광하파출소에서 **나팔봉**은 광하파출소 전 광석교에서 우회전⇨1km 공터 주차.

만지산은 광하파출소 통과 1km 광하교 건너 바로 좌회전⇨동강변 도로 6km 우측 굴암교 건너 좌회전⇨1km 삼거리 주차.

대중교통

동서울에서 정선행 버스 이용 후, 정선 버스터미널에서 **나팔봉**은 망하마을행 버스 1일 4회 이용, 광하파출소 하차.
만지산은 가수리행 버스 이용, 굴암교 하차.

식당

동광식당(콧등치기)
정선읍 봉양 5리 49-3
033-563-3100

싸리골(곤드레나물밥)
정선읍 봉양 3리
033-562-4554

숙박

아라리모텔
정선역 앞
033-562-1555

명소

동강

정선장날 2일, 7일

닭이봉 1028m 곰봉 1014.9m

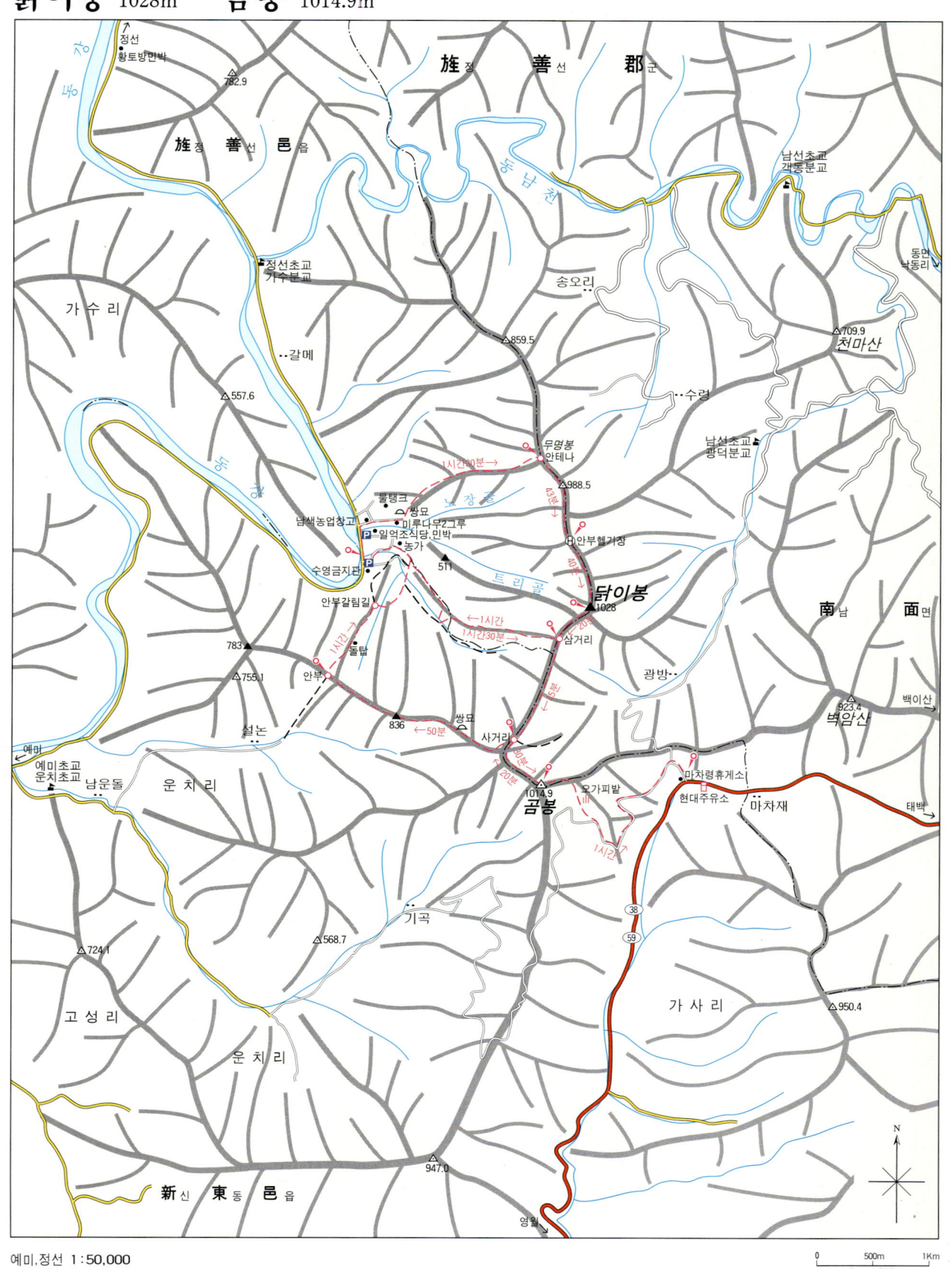

닭이봉 · 곰봉   강원도 정선군 정선읍, 남면, 신동읍(江原道 旌善郡 旌善邑, 南面, 新東邑)

 개요

닭이봉(鷄峰, 1028m)과 **곰봉**(1014.9m)은 정선읍 가수리 동강변 동쪽에 위치한 산이다.

 **등산로**

닭이봉(5시간 13분 소요)

억조식당→ 90분→ 안테나→ 43분→ 헬기장→ 40분→ 닭이봉→ 20분→ 삼거리→ 60분→ 억조식당

곰봉(5시간 50분 소요)

주차장→ 90분→ 주능선 삼거리→ 75분→ 곰봉→ 20분→ 사거리→ 50분→ 안부삼거리→ 60분→ 주차장

가탄마을 주차장에서 왼쪽 언덕으로 마을길을 따라 100m 거리 남색농협창고 삼거리를 지나서 우측으로 가면 미루나무 2그루가 오른쪽에 있고 왼쪽에 밭이 있다. 여기서 밭 갓길을 따라 100m 가면 묘2기 위에 능선으로 등산로가 있다. 뚜렷한 등산로를 따라 오르면 무난하게 이어져 1시간을 오르면 전망이 좋은 바위지역에 닿는다. 이어서 노송이 많은 지능선을 통과하여 30분을 오르면 안테나가 있는 무명봉에 닿는다.

안테나에서 남쪽 방면으로 이어지는 주능선을 따라 40분을 가면 분지가 나타나고, 분지를 사이에 두고 양 갈래 길이 나오는데 150m 거리에서 다시 합해진다. 이 지점에서 3분 거리에 이르면 헬기장이 나온다.

헬기장에서 계속 급경사 능선을 따라 30분을 오르면 바위 절벽 위에 서고, 10분을 더 오르면 동강이 내려다보이는 닭이봉 정상이다.

정상에서 바라보면 서쪽으로 굽이굽이 흐르는 동강이 내려다보이고, 동쪽은 첩첩산중 오지이다.

하산은 남쪽 곰봉 방향 주능선을 따라 20분을 내려가면 삼거리가 나온다.

삼거리에서 직진은 곰봉, 우측은 가사리 하산길이다. 우측 지능선을 따라 25분을 내려가면 묘가 나오고, 계속 능선 따라 25분을 내려가면 사거리 계곡에 닿는다. 계곡을 건너 10분을 내려가면 주차장이다.

가탄마을 수영금지 표지판이 있는 주차장에서 마을길을 따라 50m 가서 왼쪽 다리를 건너 우측으로 50m 가면 차단기가 나온다. 여기서 왼쪽 10m 거리에서 우측 전신주가 있는 밭 왼쪽 비탈길을 따라 12분을 가면 계곡 사거리가 나온다. 사거리서 왼쪽으로 50m 거리에 이르면 우측 지능선으로 이어진다. 왼쪽에 낙엽송 숲이 있고, 우측은 간벌지역인 지능선을 따라 42분을 오르면 묘가 나오고, 36분을 더 오르면 주능선 삼거리에 닿는다.

삼거리에서 완만한 우측 주능선을 따라 45분을 가면 안부를 2번 지나서 사거리가 나온다. 사거리에서 우측은 하산길이다. 표시를 해두고 직진하여 30분을 오르면 헬기장에 산불감시초소가 있는 곰봉 정상에 닿는다.

하산은 20분 거리인 올라왔던 사거리까지 되내려간 다음, 왼쪽(서) 비탈길로 간다. 사거리에서 왼쪽 비탈길로 3분 거리에 이르면 안부가 나온다. 안부에서 우측 서쪽 지능선을 따라 17분을 내려가면 묘2기가 나온다. 묘에서 작은 능선을 넘어 18분을 내려가면 작은 엄나무가 여러 개 있는 836봉에 닿는다. 계속해서 같은 능선을 따라 12분을 내려가면 안부삼거리가 나온다.

안부삼거리에서 오른편 북쪽 방면으로 비탈길이 있다. 이 비탈길을 따라 내려가면 우측 지능선으로 하산길이 이어지며, 지능선을 타고 23분 거리에 이르면 우측에 작은 돌탑이 있고, 다시 12분 거리에 이르면 안부 갈림길이 나온다. 이 갈림길에서 우측 희미한 하산길을 따라 13분을 내려가면 계곡사거리에 닿는다. 사거리에서 계곡 우측 비탈길을 따라 12분을 더 내려가면 산행기점 주차장이다.

자가운전

영동고속도로 새말IC에서 빠져나와 정선 방면 42번 국도를 타고 동강 광하교 건너서 바로 좌회전 ⇨ 강변도로를 타고 약 12km 가수리 가탄마을 주차.

대중교통

동서울터미널에서 1일 11회 운행하는 정선행 버스 이용, 정선에서 1일 4회 (06:40 09:40 15:00 18:00) 운행하는 가탄행 버스 이용, 가탄 하차.

식당

억조식당, 민박
정선군 정선읍 가수리 395
033-562-3437

동광식당(콧등치기)
정선읍 보양 5리 49-3
033-623-3100

싸리골(곤드레나물밥)
정선읍 보양 3리 231-2
033-562-4554

숙박

황토방민박
정선군 정선읍 귤암리 280
033-562-6900

아라리모텔(정선역 전)
033-562-1555

명소

동강

정선장날 2일, 7일
미탄장날 1일, 6일

가리왕산(加里旺山) 1561.8m

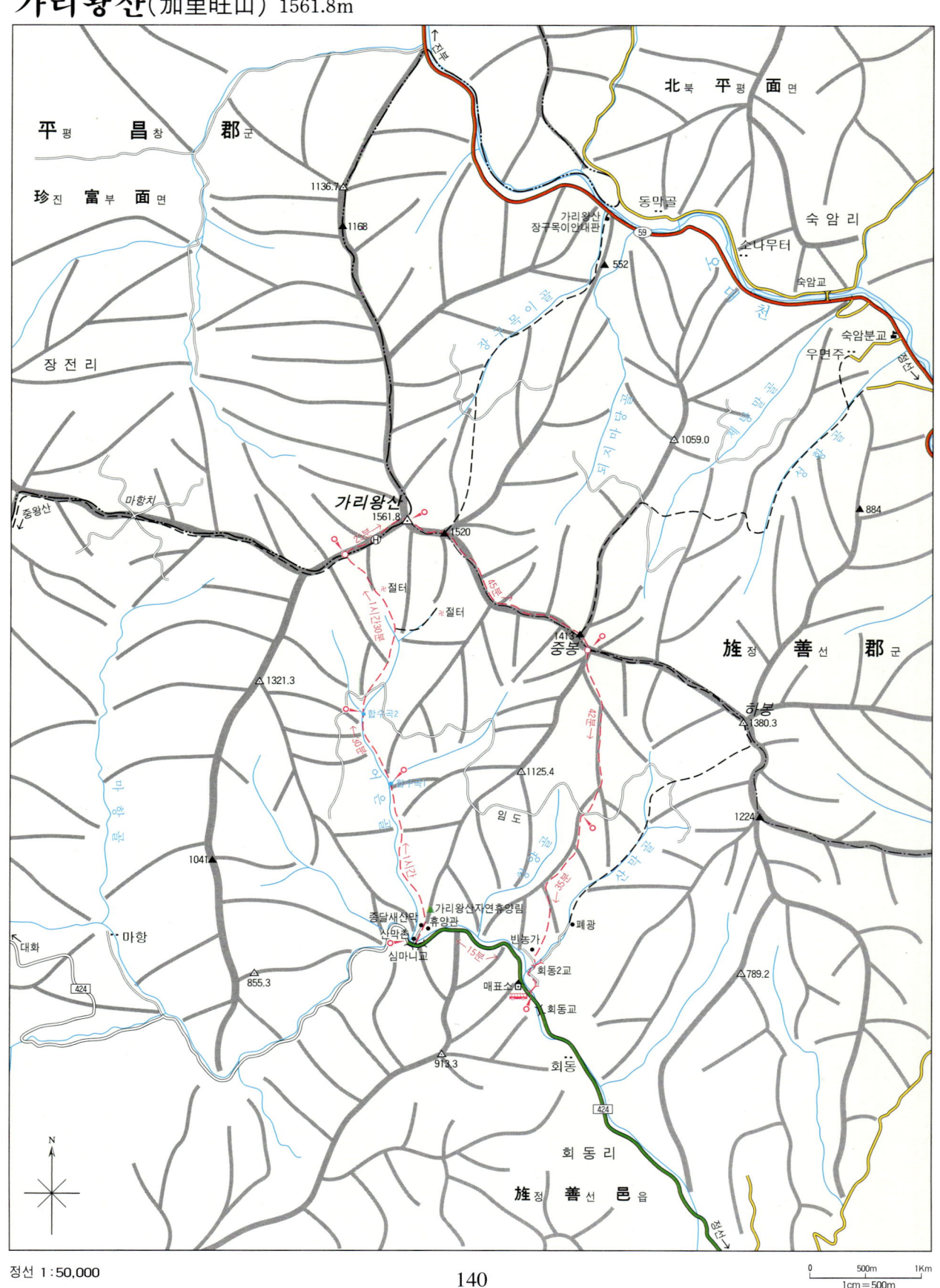

정선 1:50,000

가리왕산

강원도 정선읍 북평면, 평창군 진부면 (江原道 旌善邑 北坪面, 平昌郡 珍富面)

개요

가리왕산(加里旺山. 1561.8m)은 정선군에서 함백산 다음으로 높고 전국에서 8번째 높은 산이다. 광범위한 면적의 육산이다.

등산로

회동리 코스(6시간 23분 소요)

매표소 → 15분 → 심마니교 → 50분 → 1합수곡 → 30분 → 2합수곡 → 80분 → 능선삼거리 → 23분 → 가리왕산 → 50분 → 중봉 → 75분 → 매표소

사방이 확 트인 넓은 초원 가리왕산 정상

회동리 매표소를 통과하여 1.5km 거리에 이르면 휴양관을 지나 심마니교가 나온다.

심마니교를 건너 종달새산막 왼쪽 등산로를 따라 10분을 가면 어은골이 나온다. 어은골을 따라 이어지는 등산로를 따라 40분을 가면 첫 번째 합수곡이 나온다.

첫 합수곡에서 왼쪽으로 난 등산로를 따라 30분을 들어가면 두 번째 합수곡이 나온다.

이곳에서 왼쪽 가파른 지능선으로 6분을 올라선 임도에서 오른편으로 50m 가면 북쪽으로 절개지가 나온다. 여기서 오른쪽 급사면을 올라서 20분 간 갈림길에서 왼쪽으로 간다. 돌밭길로 이어지는 길을 따라 35분을 오르면 절터에 닿는다. 절터에서는 우측 길을 따라 20분을 올라서면 능선 초원지대 삼거리가 나온다.

삼거리에서 동쪽 주능선을 따라 23분을 더 올라가면 가리왕산 정상이다.

하산은 동릉을 탄다. 동쪽 주능선을 따라 5분을 가면 삼거리가 나온다. 삼거리에서 직진하여 주능선을 따라 45분을 내려가면 돌탑 3개가 있는 중봉삼거리가 나온다.

중봉삼거리에서 우측으로 2분 거리 헬기장을 지나면 삼거리가 나온다. 삼거리에서 오른쪽 능선을 따라 38분을 내려가면 임도가 나온다. 임도에서는 왼편 동쪽으로 25m 정도 이동하여 남쪽 능선을 따라 25분 내려가면 능선이 끝나면서 외딴집이 나온다. 외딴집에서 10분을 더 내려가면 매표소에 닿는다.

장구목이 코스(5시간 51분 소요)

장구목이 → 75분 → 임도 → 61분 → 정상 → 50분 → 중봉 → 35분 → 임도 → 70분 → 숙암분교

장구목이골 입구 물래방아에서 등산로를 따라 16분을 가면 계곡을 건넌다. 완만하게 이어지는 숲 터널 길을 따라 45분을 올라가면 계곡을 벗어나고, 14분을 더 올라가면 임도가 나온다.

임도에서부터는 급경사로 이어져 31분을 오르면 완만한 지역으로 바뀌고 23을 더 오르면 주능선삼거리에 닿고 오른쪽으로 7분을 오르면 정상이다.

하산은 6분 거리 삼거리로 되돌아온 다음, 우측 동남쪽 주능선을 타고 44분을 가면 돌탑 3개가 있는 중봉삼거리가 나온다.

중봉삼거리에서 왼쪽 지능선을 따라 35분을 내려면 오른쪽으로 꺾어지다가 다시 왼쪽으로 이어져, 10분 거리에 이르면 두 아름쯤 되는 전나무가 있는 쉼터를 통과하고, 8분을 내려가면 철망을 지나서 임도가 나온다.

임도를 가로 질러 8분을 내려가면 계곡을 건너서, 완만한 길을 따라 18분을 내려가면 갈림길이 나온다. 갈림길에서 오른쪽 능선을 타고 3분 거리에 이르면 왼쪽 임도로 내려서고, 임도 오른쪽 4분 거리 이정표에서 다시 능선길로 접어든다. 능선길은 바윗길로 이어지면서 19분을 내려가면 농로가 나온다. 오른쪽 농로를 따라 15분을 내려가면 숙암분교에 닿는다.

자가운전

영동고속도로 ⇨ 장평IC에서 빠져나와 좌회전 ⇨ 장평삼거리에서 우회전 ⇨ 평창삼거리에서 좌회전 ⇨ 정선 방면 42번 국도를 타고 광하교 통과 후, 1.5km에서 좌회전 ⇨ 424번 지방도 8km 가리왕산휴양림 매표소 주차.

대중교통

동서울터미널에서 정선행 버스 이용, 정선에서 회동리는 1일 8회 회동리행 버스 이용, 종점 하차.

장구목이는 정선에서-진부행(06:20 08:30)이용, 장구목이 입구 하차.

식당

광동식당(콧등치기)
정선읍 봉양 5리 49-3
033-563-3100

싸리골(곤드레나물밥)
정선읍 봉양 3리
033-562-4554

숙박

아라리모텔
정선읍 정선역 앞
033-562-1555

가리왕산 자연휴양림
정선군 정선읍 회동리
033-562-5833

명소

동강

화암동굴

정선장날 2일, 7일

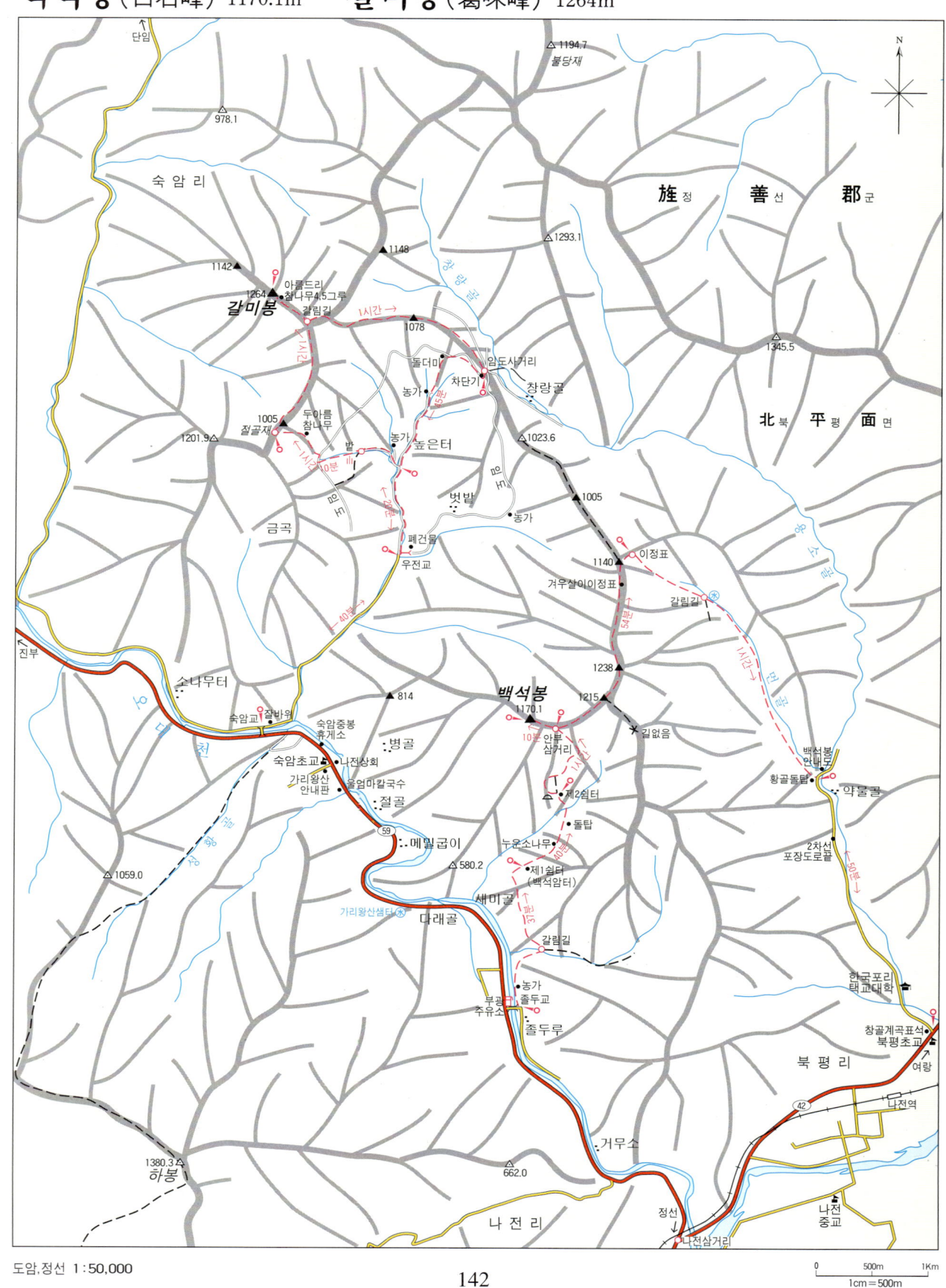

백석봉 · 갈미봉   강원도 정선군 북평면(江原道 旌善郡 北坪面)

개요

백석봉(白石峰, 1170.1m)은 북평면 숙암리 오대천 동쪽에 위치한 산이다. 서쪽 면은 급경사이고 백석폭포가 있으며, 동쪽 면은 완만한 산세를 이루고 있는 산이다.

갈미봉(葛味峰, 1264m)은 백석봉에서 북쪽 능선으로 약 5km 거리에 위치한 산이다. 산길이 희미하거나 없는 구간이 있어 주의가 필요하다.

등산로

백석봉(5시간 27분 소요)

졸두교→ 33분→ 1쉼터→ 40분→
2쉼터→ 70분→ 백석봉→ 64분→
안부→ 60분→ 황골 돌탑

숙암리 부광주유소 남쪽 졸두교 건너 왼쪽 길을 따라 100m 가면 산길이 시작된다. 비탈길을 따라 10분을 가면 갈림길이 나온다. 갈림길에서 왼편 계곡을 건너 비탈길을 따라 지능선을 두 번 지나면, 길은 우측 비탈길로 이어져 23분을 가면 돌담이 있는 제1쉼터가 나온다.

제1쉼터에서 25분을 가면 건곡을 건너고, 15분을 가면 제2쉼터 갈림길이 나온다.

제2쉼터에서 왼쪽으로 11분을 가면 묘 능선에 닿고 우측 비탈길로 이어져 31분을 가면 이정표가 있는 새능선에 오른다. 여기서 산길은 왼편 능선으로 이어져 18분을 오르면 주능선 안부 삼거리에 닿고 왼쪽으로 10분을 가면 백석봉 정상이다. 정상은 바위봉에 표지석이 있고, 서쪽은 절벽이며 오대천 건너편은 가리왕산이다.

하산은 올라왔던 10분 거리 삼거리로 되돌아간 다음, 동쪽 주능선 황골 이정표를 따라 간다. 주능선을 따라 18분을 가면 1215봉 삼거리에 닿는다. 삼거리에서 왼편 북쪽 능선을 타고 10분을 가면 우측으로 갈림 능선이 나온다. 갈림길에서 왼편 북쪽 주능선을 따라 19분을 가면 겨우살이 이정표가 나온다. 여기서 2분 거리에 이르면 주능선을 벗어나 우측 비탈길로 간다. 비탈길로 5분을 가면 이정표 안부가 나온다.

안부에서 우측으로 내려서면 돌밭 계곡길이 시작되어 15분을 내려가면 샘이 있고 갈림길이 나온다. 갈림길에서 왼쪽으로 17분을 가면 제1쉼터가 나오고, 28분을 더 내려가면 황골돌탑 차도에 닿는다.

갈미봉(6시간 55분 소요, 승용차 이용 시 4시간 55분 소요)

숙암교→ 60분→ 삼거리→ 70분→
절골재→ 60분→ 갈미봉→ 60분→
임도→ 45분→ 삼거리→ 60분→ 숙암교

숙암교를 건너 우측 소형차로 2km 우천교 삼거리에서 좌회전 1km 가면 삼거리가 나온다.

삼거리에서 왼쪽 다리를 건너 4분을 가면 갈림길이 나온다. 갈림길에서 왼쪽 임도를 따라 16분을 가면 밭이 나오고 농로가 끝난다. 여기서 우측 계곡을 따라간다. 계곡은 거의 길이 없는 상태이나 계곡만을 따라 21분을 올라가면 임도가 나온다. 임도에서 우측으로 100m 가서 왼쪽 소나무가 있는 지능선으로 오른다. 급경사 희미한 능선길을 따라 23분을 오르면 산길이 왼쪽 비탈길로 이어져 4분 지나면 절골재 사거리에 닿는다.

절골재에서 뚜렷한 우측 능선을 따라 1시간을 오르면 갈미봉 정상이다. 정상은 한 아름 이상 되는 참나무 3~4그루가 있을 뿐 특징이 없다.

하산은 50m 거리 동쪽 삼거리로 다시 내려온 다음, 왼편 동쪽 능선을 탄다. 동릉을 따라 6분을 내려가면 갈림 능선이 나온다. 여기서 우측 능선을 탄다. 우측 능선을 따라 54분을 내려가면 능선은 동쪽으로 이어지다가 남쪽으로 휘어지면서 임도 사거리에 닿는다.

임도 사거리에서 우측 서쪽 임도를 따라 7분을 가면 왼쪽 소나무가 많은 지능선이 나온다. 지능선 초입에 돌 더미가 있고 고로쇠나무가 있는 지능선을 따라 15분을 내려가면 농가에 닿는다. 농가에서부터 농로를 따라 23분을 내려가면 산행기점 삼거리에 닿는다.

자가운전

영동고속도로 진부IC에서 빠져나와 우회전-정선 방면 오대천 59번 국도를 타고, 수암리에 도착한 다음, **백석봉**은 부광주유소 남쪽 졸두교 건너 주차. **갈미봉**은 숙암초교 북쪽 300m 숙암교 건너 우회전⇒2km 삼거리에서 좌회전⇒1km삼거리 주차.

대중교통

동서울터미널에서 정선행 버스 이용, 정선에서 1일 9회 숙암리 경유 진부행 버스 이용, **백석봉**은 숙암리 부광주유소 하차. **갈미봉**은 숙암초교 하차.

식당

숙암중봉식당, 민박
정선군 북평면 숙암리 607-3
033-563-1516

울엄마칼국수
정선군 북평면 숙암리
010-6275-6347

동광식당(콧등치기)
정선읍 봉양5리 49-3
033-563-3100

숙박

갤럭시펜션
정선군 북평면 나전리 330-37
033-362-0554

명소

오대천

정선장날 2일, 7일
진부장날 3일, 8일

상원산(上元山) 1421.4m 옥갑산(玉甲山) 1285m

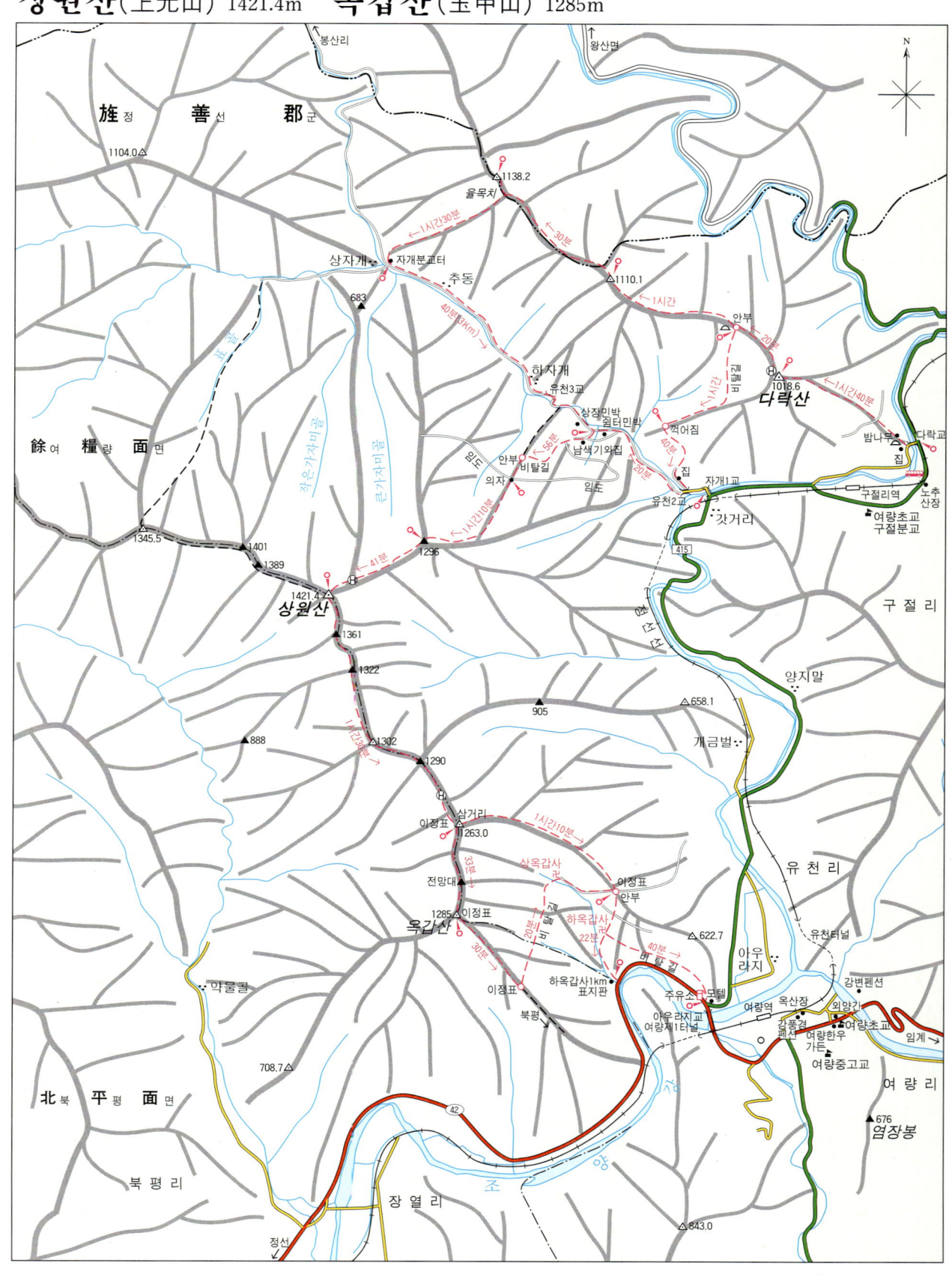

상원산·옥갑산 강원도 정선군 여량면, 북평면(江原道 旌善郡 餘糧面, 北坪面)

📖 개요

상원산(上院山, 1421.4m)은 정선군에서 오지에 속한 높고 깊은 산이다. 구절리역을 사이에 두고 동쪽은 노추산, 서쪽은 상원산이다. 오지인 구절리는 오랜 세월동안 석탄 광산 지역이었으나 지금은 구절리역에서 여량역까지 레일바이크를 운행하고 있는 관광지가 되었다.

정선아리랑의 대표적인 발상지중의 한 곳으로서 옛부터 강과 산이 수려하고 평창군 도암에서 발원되어 흐르고 있는 구절리 쪽의 송천과, 하장면에서 발원하여 임계 쪽에서 흐르는 골지천이 어우러진다하여 아우라지라고 불리어지고 있다.

산행은 하자개 쉼터민박에서 지능선을 타고 상원산에 오른 다음, 남릉을 타고 삼거리에서 서쪽 지능선을 타고 하옥갑사를 경유하여 42번 옥갑사 입구로 하산한다. 옥갑산까지 종주산행은 삼거리에서 계속 남릉을 타고 옥갑산에 오른 뒤 상옥갑사-하옥갑사를 경유하여 옥갑사 입구 42번국도로 하산한다.

🥾 등산로

상원산-옥갑산(6시간 46분 소요)

쉼터민박 → 56분 → 임도 → 70분 → 합능선 → 41분 → 상원산 → 80분 → 삼거리 → 27분 → 옥갑산 → 30분 → 이정표 갈림길 → 20분 → 옥갑사거리 → 22분 → 42번 국도

하자개 쉼터민박집에서 50m 거리 공중화장실 왼쪽 급경사 마을길을 따라 5분을 올라가면 남색지붕 외딴 농가가 나온다. 농가 오른편으로 산판길을 따라 4분을 가면 사거리 갈림길이 나온다. 갈림길에서 직진 계곡길을 따라 18분을 가면 산길은 오른쪽 비탈길로 이어져 7분을 가면 지능선에 닿는다. 지능선에서 왼쪽 능선길을 따라 22분을 오르면 임도가 나온다.

임도를 가로질러 지능선을 타고 오른다. 지능선길은 계속 급경사로 이어져 1시간 10분을 오르면 왼쪽 능선과 합해지는 완만한 지점에 닿는다.

여기서부터 완만한 능선길로 이어져 41분을 오르면 공터에 표지석이 있는 상원산 정상이다.

상원산 정상에서 하산은 남릉을 탄다. 거의 일 직선으로 큰 오르막이 없는 남서 방향 능선을 타고 1시간 10분 거리에 이르면 5번째 봉우리에 헬기장이 나온다. 헬기장에서 10분 거리에 이르면 삼각점이 있는 이정표 삼거리가 나온다.

삼거리에서 선택을 해야 한다.

* 쉬운 하산길은 왼쪽으로 1시간 10분 내려가면 옥갑사거리에 닿고, 사거리에서 남쪽 샛길을 따라 22분 더 내려가면 42번 국도에 닿는다.

* 옥갑산은 삼거리에서 남쪽 주능선을 타고 가면 바윗길로 이어져 27분을 가면 표지석이 있는 옥갑산 정상이다.

옥갑산에서 하산은 남동쪽 지능선을 탄다. 지능선길은 급경사로 이어져 20분을 내려가면 완만한 길로 바뀌면서 10분을 더 내려가면 이정표 갈림길이 나온다.

갈림길에서 왼쪽 직각으로 꼬부라지는 비탈길을 따라 15분을 가면 상옥갑사에 닿고, 상옥갑사에서 5분을 내려가면 옥갑사거리가 나온다.

옥갑사거리에서 남쪽 샛길로 3분 거리 임도를 가로질러 8분을 내려가면 하옥갑사가 나온다. 하옥갑사에서 길이 두 길이다. 오른쪽은 계곡길로 이어져 11분을 내려가면 42번 국도에 닿는다.

하옥갑사에서 왼쪽 길은 끝까지 비탈길로 이어진다. 비탈길로 이어진다. 우측면은 급경사이므로 주의해야 하며, 30분을 내려가면 아우라지교에 닿는다.

옥갑산 동쪽 중턱 산비탈의 상옥갑사

자가운전

영동고속도로 진부IC에서 빠져나와 정선 방면 56번 국도로 우회전 ⇨ 나전 삼거리에서 좌회전 ⇨ 42번 국도를 타고 아우라지교 전 삼거리에서 좌회전 ⇨ 약 6.5km 자개1교에서 좌회전 ⇨ 자개1교-2교를 건너 1.2km 쉼터민박집 주차.

대중교통

동서울터미널에서 정선행 버스 이용, 정선에서 여량행 버스 이용 후, 여량에서 구절리행 마을버스(08:20 10:35 12:35 15:35 17:30 19:20) 이용, 갓거리 하자개1교 하차. 제천에서 아우라지행 열차 1일 2회(07:10 14:05) 여량택시 033-563-9975

숙식

옥산장여관, 식사
정선군 여량면 여량리 149-30
033-562-0732

다락가든, 민박
정선군 여량면 구절 1리
033-562-3751

명소

구절리역
오장폭포
아우라지

정선장날 2일, 7일
여량장날 1일, 9일

다락산(多樂山) 1018.6m

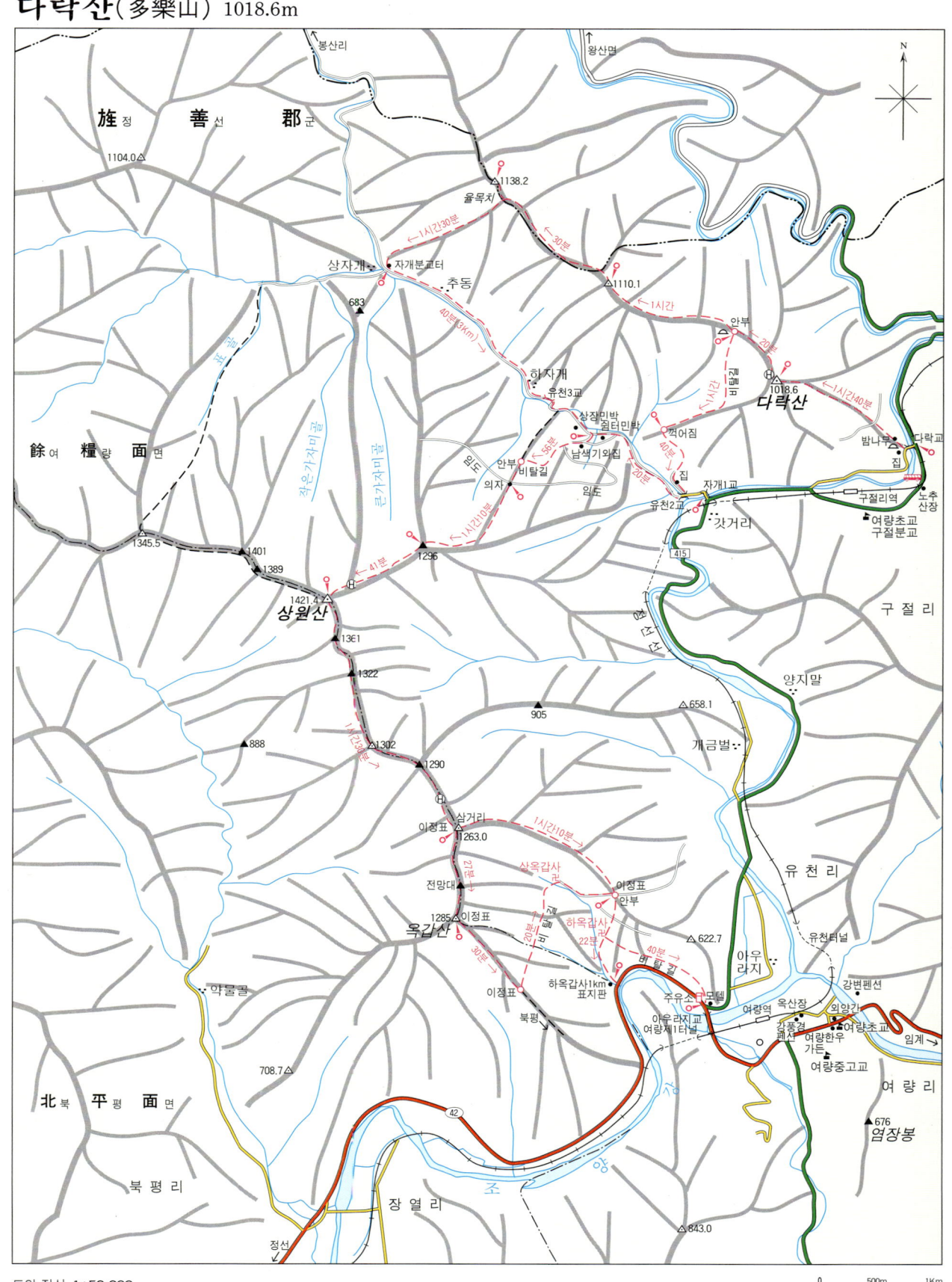

도암,정선 1:50,000

다락산

강원도 정선군 여양면(江原道 旌善郡 餘糧面)

개요

다락산(多樂山, 1018m)은 정선군의 오지 구절리역 북쪽에 위치한 산이다. 동남쪽으로 거대한 송천이 흐르고 있고 송천을 사이에 두고 동쪽은 노추산이 바로 이웃에 있고, 서쪽은 상원산과 마주하고 있다. 동서로 웅장한 산세에 가려 이름도 내밀지 못한 숨은 오지의 산이다.

주능선 동북쪽은 급경사를 이루고 있고, 서남쪽 면은 비교적 완만한 산세를 이루고 있다. 등산로는 아직 정비가 되어있지 않고, 옛날 산길을 찾아가는 정도이다. 정상은 헬기장이나 잡초가 무성하다.

산행은 동쪽 다락교에서 시작하여 서북쪽으로 뻗은 능선을 타고 헬기장인 정상에 오른다. 하산은 북서쪽으로 20분 거리 안부에서 남쪽으로 비탈길 지능선을 따라 유천2교로 내려간다. 1138.2까지 종주산행은 북쪽으로 거의 평지와 같은 능선으로 이어져 율목치를 지나서 1138.2봉에 오른 다음. 다시 율목치로 돌아와 서쪽 능선을 타고 상자개로 하산하여 자개골을 따라 유천3교로 내려온다.

등산로(5시간 소요)

다락교→ 100분→ 다락산→ 20분→
안부→ 60분→ 꺾어짐→ 40분→ 민가→
20분→ 자개1교

구절리역에서 동쪽으로 도로를 따라 700m 거리에 이르면 구절교 지나서 왼쪽으로 다락교가 나온다. 다락교를 건너 우측으로 가면 묘가 있고 묘 위쪽에 큰 밤나무가 있다. 이 지점이 다락산 산행기점이다.

묘에서 희미한 산길을 따라 올라가면 임도가 나온다. 임도를 가로질러 지능선을 따라 올라가면 급경사길이 시작되어 다락산 정상까지 급경사 길이다. 다락교에서 정상까지 산길은 희미하지만 갈림길이 없어 헤맬 일은 없다. 하지만 정상까지 경사가 급하고 힘든 구간이다. 다락교에서 1시간 40분을 올라가면 헬기장인 다락산 정상이다.

정상은 잡목이 우거져 있고 북쪽 편에 묵은 헬기장이다. 숲에 가려 조망이 터지지 않는다.

하산은 북쪽 희미한 능선길을 따라 20분 내려가면 안부가 나온다. 안부는 평범하고 산길이 없어진다.

안부에서 왼편 서쪽으로 30m 내려가면 우측 언덕에 묘가 보인다. 여기서 왼쪽 비탈길로 희미하게 길이 있기 시작하여 점점 길이 뚜렷해지면서 계속 왼쪽 비탈길로 산길이 이어지다가 다락산 정상에서 서쪽으로 이어지는 능선으로 하산길이 이어진다. 능선에서부터 뚜렷한 능선길을 따라 1시간을 내려가면 90도 왼쪽으로 꺾어지는 지점이 나온다.

이 지점에서 왼쪽으로 이어지는 하산길을 따라 40분을 내려가면 민가에 닿고, 20분 더 내려가면 자개1교에 닿는다.

1138.2봉까지 종주 코스

다락산 정상에서 북서쪽 주능선을 따라 산길은 희미한 편이나 무난한 산길로 이어지면서 1시간을 가면 1110.1봉에 닿는다. 여기서 계속 30분을 더 가면 왼편 서쪽으로 지능선 갈림능선길 율곡치가 나온다. 율곡치는 지도상에 있을 뿐 표시가 없으므로 큰 지능선 갈림능선으로 보면 된다.

율곡치에서 왕복 10분 거리 1138.2봉을 다녀와서 서쪽 지능선으로 내려간다(1138.2봉은 뚜렷한 봉도 아니며 표시도 없어 율곡치 다음 봉우리로 보면 된다.).

율곡치에서 서쪽 지능선길은 희미하게 길이 이어지다가 없어지고, 또 나타나다가 없어지는 능선이다. 무조건 능선을 벗어나지 말고 계속 능선만을 따라 내려간다. 무려 1시간 30분을 내려가면 상자개 학교 터가 나온다.

학교 터에서 왼쪽 소형차로를 따라 약 4km 1시간을 내려가면 자개1교에 닿는다.

자가운전

영동고속도로 진부IC에서 빠져나와 우회전-정선 방면 56번 국도를 타고 나전삼거리에서 좌회전⇒ 42번 국도 아우라지교 전 삼거리에서 좌회전⇒ 약 10km 다락교 주차.

대중교통

동서울터미널에서 정선행 버스 이용, 정선에서 여량행 버스를 타고 여량에서 구절리행 마을버스(08:20 10:35 12:35 15:35 17:30 19:20) 이용, 다락교 하차.
제천에서 아우라지행 1일 2회(07:10 14:05) 이용, 아우라지 하차.
여량택시
033-563-9975

식당

다락가든(한식, 민박)
정선군 여양면 구절1리
033-562-3751

여량한우가든
여량면 여량2리 372-17
033-562-4059

숙박

옥산장여관, 식사
여량면 여량리 149-30
033-562-0732

강풍펜션
여량면 여량리 141-57
033-562-2077

명소

구절리역
오장폭포
정선장날 2일, 7일
여량장날 1일, 6일

노추산(魯鄒山) 1322.1m   사달산 1182m

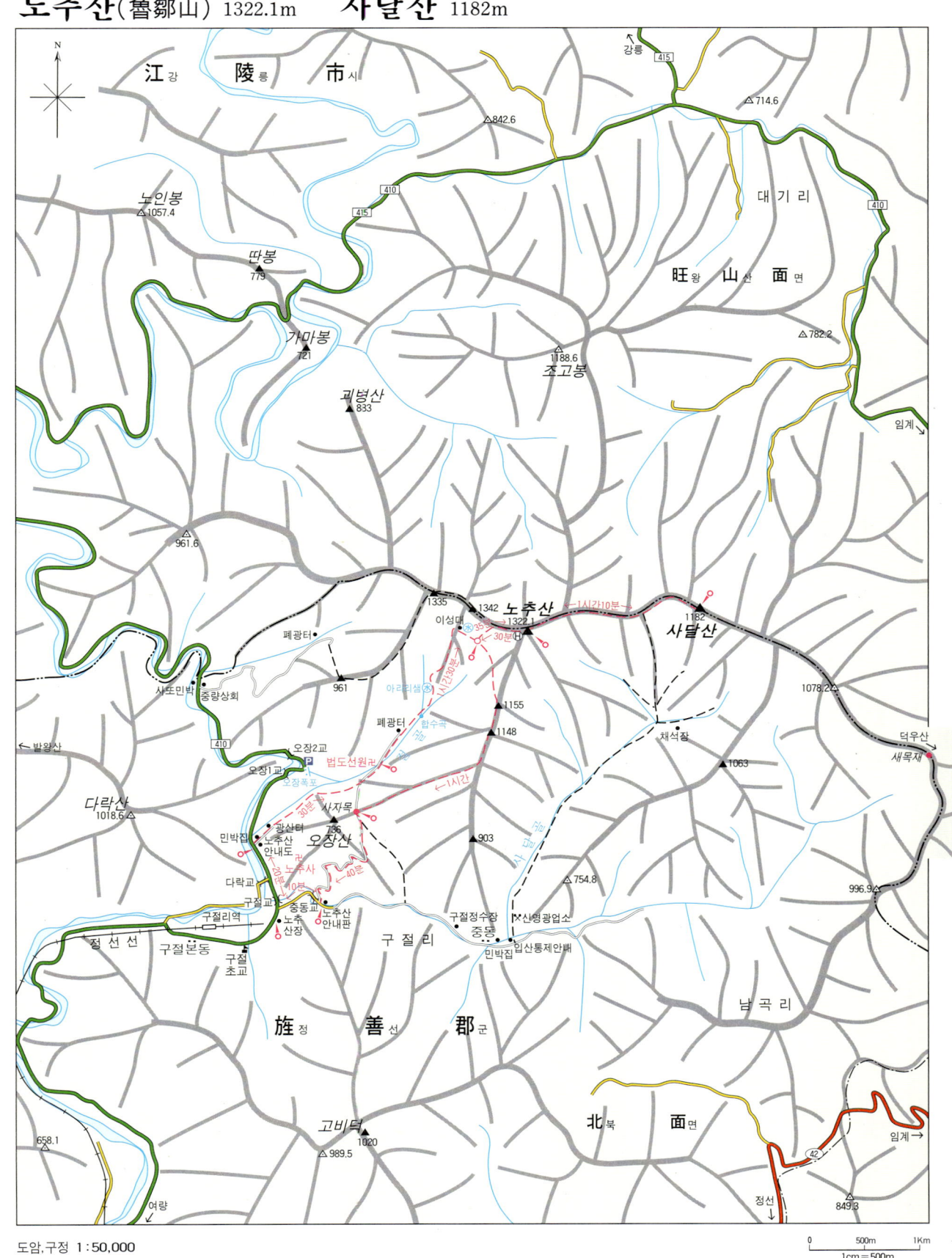

노추산 · 사달산   강원도 정선군 여량면, 강릉시 왕산면 (江原道 旌善郡 餘糧面, 江陵市 旺山面)

 ### 개요

노추산(魯鄒山, 1322.1m)은 정선군에서 가리왕산 다음으로 유명한 산이며 정선에서도 오지인 구절리 동북쪽에 위치하고 있는 산으로 노추산 정상 서쪽 부근에는 설총과 율곡선생을 기리는 이성대(二聖臺)가 자리하고 있고, 등산로 입구에는 오장폭포가 있다. 구절리는 석탄산업이 쇠퇴해지면서 폐광이 되어 관광지로 탈바꿈하고 있는 산 좋고 물 맑은 관광명소이다.

청량리역에서 구절리역까지 열차를 이용한 산행이 있었으나 지금은 열차가 중단되고, 여량역에서 구절리역까지 레일바이크 가 관광수단으로 운영되고 있다.

산행은 절골 입구 민박집에서 절골을 따라 법도선원, 이성대를 경유하여 정상에 오른 뒤, 다시 이성대로 되돌아와서 사자목을 경유하여 노추산장으로 하산한다.

사달산(1182m)은 노추산에서 동쪽 주능선 상 1시간 10분 거리에 위치한 산이다.

산행은 노추산 정상에서 왕복 2시간 20분을 다녀온 다음, 노추산 산행을 겸한다.

 ### 등산로

노추산-사달산 종주(8시간 15분, 노추산 5시간 55분 소요)

절골 입구 → 40분 → 법도선원 → 45분 → 지능선 → 45분 → 이성대 → 35분 → 노추산 → 70분 → 사달산 → 70분 → 노추산 → 90분 → 사자목 → 40분 → 노추산장

구절리역에서 북쪽 도로를 따라 약 1km 거리에 이르면 노추산장이 있고, 직진하여 400m 더 가면 노추산 등산안내판이 있는 절골 입구가 나온다. 여기서 우측 노추산 민박집 쪽으로 조금 올라가면 절골로 가는 등산로가 시작되고, 50m 가면 갈림길이 나온다. 갈림길에서 왼쪽 길로 접어들면 주변에 폐광 터가 나오는 등산로를 따라 30분을 가면, 주차공간이 있는 법도선원 오른편에 소형차로 삼거리가 나온다.

삼거리에서 계곡 왼쪽으로 난 넓은 광산길을 따라 9분 거리에 이르면 광산길이 끝나고, 전신주가 나오면서 폐광터가 나온다. 여기서부터 오솔길로 접어들어 계곡 왼쪽으로 난 비탈길을 따라 10분을 올라가면 합수곡에 이정표가 나온다. 이정표를 뒤로하고 왼쪽 계곡을 따라 5분을 가면 왼쪽에 아라리샘이 있다. 샘에서 물을 보충하고 10분을 오르면 등산로는 계곡을 벗어나 오른쪽 비탈길로 이어져, 12분을 가면 이성대 방향 지능선으로 이어진다.

지능선길은 돌밭길로 이어지면서 45분을 오르면 이성대에 닿는다.

이성대에는 샘이 있고 동쪽으로 조금 가면 삼거리가 나온다. 삼거리에서 왼쪽으로 오르면 안부가 나오고 오른쪽으로 오르면 헬기장인 노추산 정상이다. 이성대에서 35분 거리다.

*사달산은 노추산에서 동쪽 능선으로 1시간 10분 거리에 이르면 사달산이다. 사달산에서 하산은 다시 1시간 10분 거리 노추산으로 되돌아온다.

노추산에서 하산은 올라왔던 안부를 거쳐 이성대 삼거리로 되돌아간 다음, 왼편 동쪽으로 간다. 왼쪽으로 10분을 내려가면 너덜지대 삼거리가 나오는데 왼쪽으로 내려간다. 너덜지대를 지나면 노추산 남릉에 닿고, 능선길을 따라 내려가면 사자목 임도삼거리에 닿는다.

사자목 삼거리에서 왼편 남쪽 비포장도로를 따라 가면 급경사 임도로 이어져 40분을 내려가면 노추산 안내판이 있는 차도에 닿는다. 여기서 우측으로 500m 거리에 노추산장이다.

노추산 서쪽 중턱에 자리한 도산서원

자가운전

영동고속도로 진부IC에서 빠져나와 우회전 ⇨ 정선 방면 56번 국도를 타고 나전삼거리에서 42번 국도로 좌회전 ⇨ 아우라지교 전 삼거리에서 좌회전 ⇨ 구절리 노추산장 주차.

대중교통

동서울터미널에서 정선행 1일 10회 버스 이용 정선 하차. 정선에서 여량 방면 버스 이용 후, 여량에서 구절리행 마을버스 (08:20 10:35 12:35 17:30 19:20) 이용, 구절리 하차.
여량택시
033-563-9975

식당

다락가든(민박, 식당)
정선군 여량면 구절1리
033-562-3751

여량한우
정선군 여량면 여량2리 372-17
033-562-4059

숙박

옥산장, 식당
정선군 여량면 여량리 149-30
033-562-0739

강풍펜션
정선군 여량면 여량리 141-57
033-562-2077

명소

오장폭포

정선장날 2일, 7일
여량장날 1일, 9일

남산 953.6m 상정바위산 1006.2m

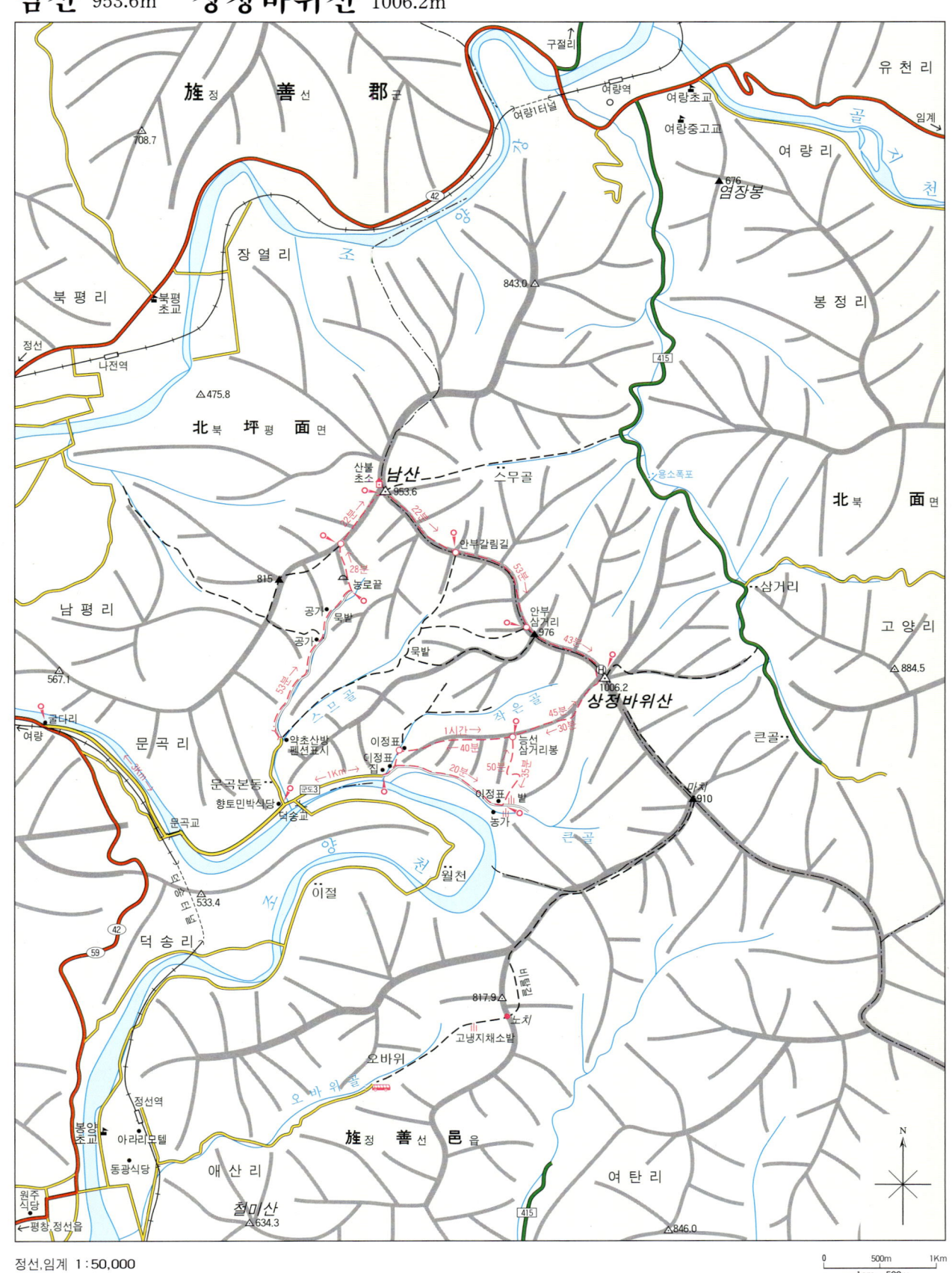

남산·상정바위산

강원도 정선군 북평면, 여량면(江原道 旌善郡 北平面, 餘糧面)

 개요

남산(南山. 953.6m)은 여량에서 정선으로 흐르는 조양강 남동쪽에 위치한 산이다. 남산에서 남동쪽 삼정바위산과는 동일한 능선으로 약 2.5km 거리에 있다. 산세가 험하지는 않으나 숲이 깊고 인적이 없어 중압감이 있는 오지의 산세이다. 산행은 덕송교 삼거리 출발 백운동 농로 끝에서 북쪽 지능선 주능선을 이어타고 남산에 오른 후, 동릉을 타고 상정바위산을 경유하여 서남쪽 지능선을 타고 적은골 입구로 하산한다.

상정바위산(1006.2m)은 남산 남동쪽 2.5km 지점에 위치한 산이다. 한강발원지 검룡소에서 고계천을 이루고, 오대천과 합수되어 조양강이 되어 한반도 형태를 닮은 작은 산을 만들면서 꼬불꼬불 휘돌아 정선읍으로 흘러가는 지점 동북쪽에 위치한 산이다.

산불초소가 있는 남산 정상

 등산로

남산-상정바위산 종주(6시간 5분 소요)

덕송교→ 50분→ 농로 끝→ 28분→
주능선→ 22분→ 남산→ 75분→
안부삼거리→ 43분→ 상정바위산→
30분→ 삼거리→ 40분→ 민가→
17분→ 덕송교

문곡리 덕송교 전 삼거리에서 왼쪽 소형차로를 따라 5분을 가면 갈림길이 나온다. 갈림길에서 왼쪽 농로를 따라 45분을 가면 빈집 두 채를 지나서 농로 끝 지점이 나온다.

농로 끝에서 시작하는 북쪽 방향 소나무가 많은 능선을 타고 오른다. 처음부터 산길이 없지만 능선 중앙을 기준으로 10분을 오르면 소나무 고목과 묵은 묘를 지나고, 18분을 더 오르면 주능선에 닿는다.

주능선에서 뚜렷한 오른쪽 길을 따라 22분을 오르면 산불초소가 있는 남산 정상이다.

정상에서 남동쪽 상정바위산 방향 능선을 탄다. 뚜렷한 능선길을 따라 22분을 내려가면 큰 안부 갈림길이 나온다. 안부에서 계속 남동쪽 주능선을 따라 32분을 가면 안부가 또 나온다. 안부에서 계속 주능선을 따라 21분을 가면 스무골 안부삼거리가 나온다. 안부삼거리에서 짧은 하산길은 오른쪽 스무골로 하산하면 된다.

안부삼거리에서 상정바위산을 향해 18분을 가면 776봉을 지나고, 25분을 더 오르면 헬기장을 지나 상정바위산 정상이다. 정상에서 남서쪽으로 우리나라지도와 거의 비슷한 지형이 내려다보인다.

하산은 서쪽 지능선을 탄다. 일단 헬기장으로 되내려간 다음, 서쪽 비탈길을 따라 5분을 가면 갈림길이 나온다. 갈림길에서 서쪽 지능선길을 따라 11분을 내려가면 전망대를 지나고 13분을 더 내려가면 큰골 작은골 삼거리가 나온다.

여기서 오른편 길을 따라 40분을 내려가면 안내도가 있는 민가가 나온다. 여기서부터 도로를 따라 17분을 가면 덕송교에 닿는다.

상정바위산(4시간 20분 소요)

민가→ 60분→ 능선삼거리→ 50분→
정상→ 30분→ 능선삼거리→ 40분→
큰골→ 20분→ 민가

덕송교에서 직진 강변 소형차로 1km 거리에 민가 한 채가 있고 삼거리가 나온다. 삼거리에서 우측 농로를 따라 20분을 가면 이정표가 나온다. 이정표에서 왼쪽으로 간다. 밭을 지나 계곡과 능선으로 이어지는 등산로를 따라 50분을 오르면 삼거리가 나온다. 삼거리에서 45분을 오르면 상정산 정상이다.

하산은 남산-상정산을 참고한다.

자가운전

영동고속도로 진부IC에서 빠져나와 우회전⇒정선 방면 59번 국도를 타고 나전삼거리에서 우회전⇒약 4km 문곡리에서 기차길 밑으로 좌회전⇒2km 덕송교 전 삼거리 주차.

대중교통

동서울터미널에서 정선행 버스 이용, 정선 하차. 정선에서 문곡리행 1일 2회 시내버스(07:10 19:10) 이용, 종점 하차.

정선에서 문곡리까지 버스 편이 어려우므로 택시를 이용하는 것이 효율적이다.

청량리역에서 영동선 열차를 타고 증산에서 정선행 열차나 버스 편을 이용 가능하다.

식당

동광식당(콧등치기)
정선읍 봉양 5리 49-3
033-563-3100

싸리골(곤드래밥)
정선읍 봉양 3리 234-2
033-562-4554

숙박

아라리모텔
정선읍 정선역 앞
033-562-1555

명소

화암동굴

정선장날 2일, 7일

반론산(伴論山) 1068.4m

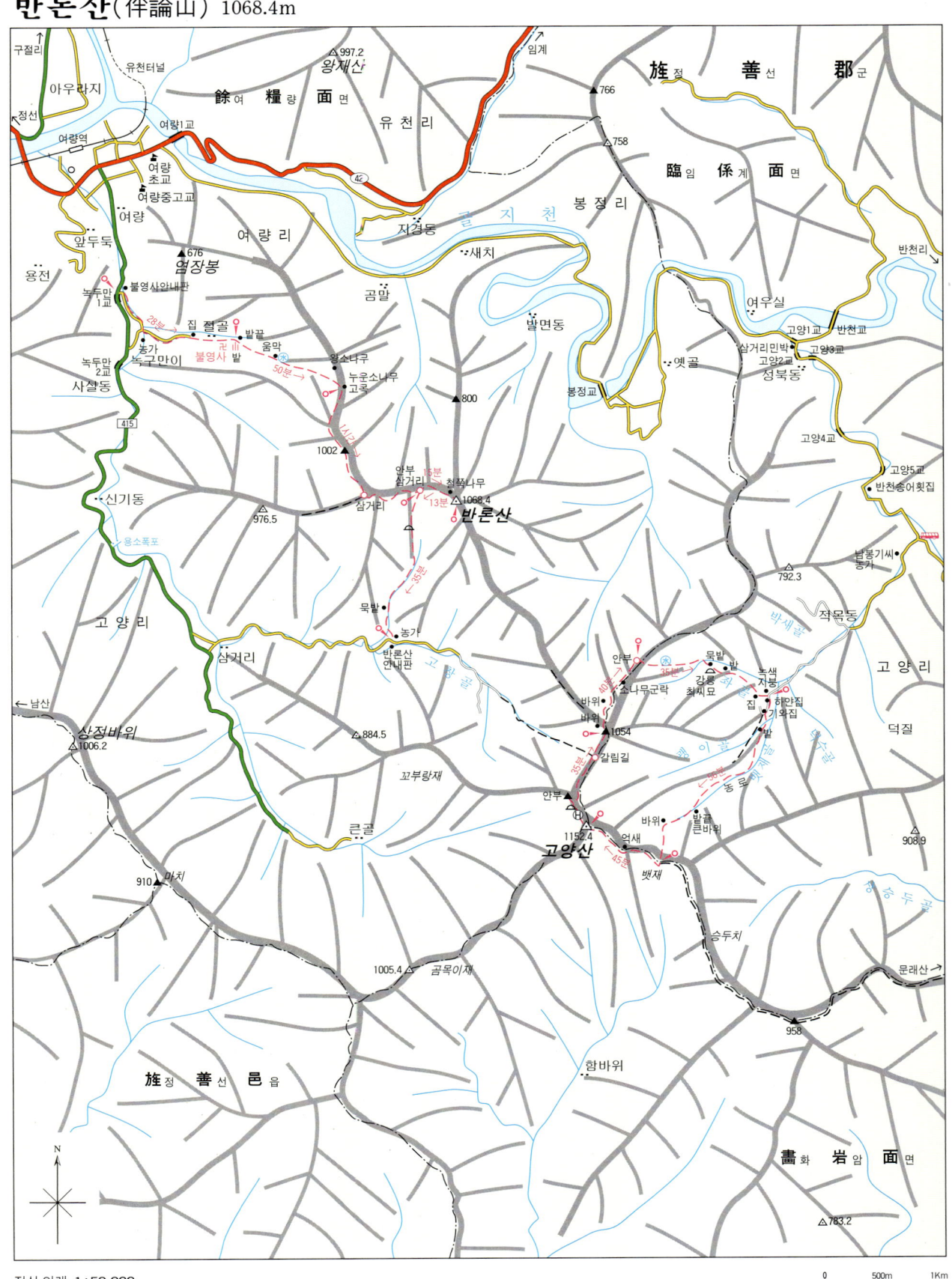

정선,임계 1:50,000

반론산

강원도 정선군 여량면(江原道 旌善郡 餘糧面)

개요

반론산(半論山, 1068.4m)은 여량면 동쪽에 위치한 산이다. 서남쪽에 남산 삼정바위산 동남쪽은 고양산이 있고, 북쪽으로는 조양강이 흐르고 있으며 주변이 1000m 이상 되는 산으로 둘러 싸여있다. 정상에는 보호수로 지정된 우리나라에서 가장 오래된 철쭉나무가 있다. 전에는 북쪽 골말에서 산행을 시작하였으나, 골이 산사태로 길이 없어지고 등산하기에 매우 불편한 지형이 되었다. 따라서 이번에 새로 소개한 등산로는 등산로가 뚜렷하고 험로도 없는 매우 좋은 코스이다.

산행은 녹고만이마을에서 절골을 따라 주능선에 오른 다음, 남동쪽 주능선을 타고 정상에 오른다. 하산은 다시 삼거리안부로 되내려와 남쪽 고창골로 하산한다.

반론산 정상에서 자란 아름다운 소나무

등산로(4시간 21분 소요)

녹고만이마을→28분→밭끝→50분→주능선삼거리→60분→안부삼거리→15분→반론산→13분→안부삼거리→35분→고창골

여량면 소재지에서 남쪽 고양리 쪽으로 1km 가면 녹고만이마을 절골(불영사간판) 입구가 나온다. 여기서 절골로 가는 소형차로를 따라 23분을 가면 민가 같은 불영사가 나온다. 불영사 마당과 계곡사이로 올라서 밭 갓길을 따라 5분을 올라가면 밭이 끝나고, 산길이 시작된다.

희미한 골로 이어지는 산길을 따라 16분을 가면 옛날 집터였던 돌담이 여러 곳이 있고 작은 샘이 있다. 샘에서 직선으로 골을 향해 3분을 올라가면 먹을 수 있는 물이 많은 샘이 나온다. 샘을 뒤로 하고 계속 골로 이어지는 산길을 따라 23분을 올라가면 Y자로 갈라진 아름드리 소나무에서 오른쪽으로 산길이 꺾어지면서 8분을 더 오르면 주능선에 닿는다.

북쪽에 누운 소나무고목이 있고, 남쪽에는 솔잎혹파리방제 노란표지가 나무에 매여져 있다. 주능선에서 우측 주능선을 따라 오르면 산길이 희미하다. 하지만 봉우리를 향해 주능선만을 따라 17분을 오르면 1002봉에 닿는다. 1002봉에서부터는 주능선이 동남쪽으로 뻗어 나간다. 주능선을 따라 15분을 내려가면 안부를 지나고, 다시 15분을 가면 표지판이 있는 작은봉 삼거리가 나온다. 삼거리에서 왼쪽으로 돌아가면 바윗길로 이어지며 안부가 나온다. 안부에서 오른편으로 우회 비탈길을 따라 10분을 돌아가면 다시 주능선으로 이어져서 3분을 내려가면 안부삼거리가 나온다. 우측은 하산 길이므로 표시를 해두고 가면 좋다.

안부삼거리에서 직진 주능선을 따라 13분을 올라가면 보호수 철쭉나무가 나오고, 2분 더 오르면 삼각점이 있는 반론산 정상이다. 정상 남쪽은 너덜이 있고 아름다운소나무가 있다.

정상에서 바라보면 동남쪽에 고양산이 시야에 들어오고, 서쪽에는 상정바위산, 남산이 바로 건너다보인다.

하산은 올라왔던 안부삼거리로 되 내려간다. 안부삼거리에서 남쪽 고창골 방면으로 내려가면 오른편 비탈길로 이어지다가 오른쪽 능선으로 하산길이 이어지면서 10분을 내려가면 묘를 통과하고, 소나무가 많은 향기로운 지능선을 따라 10분을 내려가면 계곡에 닿는다. 계곡에서부터는 계곡길로 이어져 10분을 내려가면 묵밭이 나온다. 묵밭 왼편으로 내려가면 5분 거리에 외딴 농가를 지나 반론산 간판이 있는 도로에 닿는다. 여기서부터는 도로를 따라 내려간다.

선양분교 삼거리까지는 35분 거리이고, 선양분교에서 녹고만이 산행기점까지는 1시간 거리다.

자가운전

영동고속도로 진부IC에서 빠져나와 좌회전⇨장평 삼거리에서 우회전⇨사거리에서 직진⇨다음 사거리에서 우회전⇨다음 사거리에서 좌회전⇨59번 국도를 따라 나전삼거리에서 좌회전⇨여량면 소재지에서 남쪽 고양리 쪽으로 우회전⇨1km 거리 녹고만이마을 부근 주차.

대중교통

동서울터미널에서 정선행 버스 이용, 정선에서 수시로 운행하는 여량행 버스 이용, 여량에서 녹고만이마을 까지는 택시를 이용 한다.

식당

외양간
정선군 여량면 여량리
033-563-5088

여량한우가든
여량면 여량리 372-17
033-562-4059

숙박

옥산장, 식당
여량면 여량리 149-30
033-562-0739

강풍경펜션
여량면 여량리 141-57
033-562-2077

명소

구절리
아우라지
화암동굴

여량장날 1일, 9일
정선장날 2일, 7일

고양산(高陽山) 1152.4m

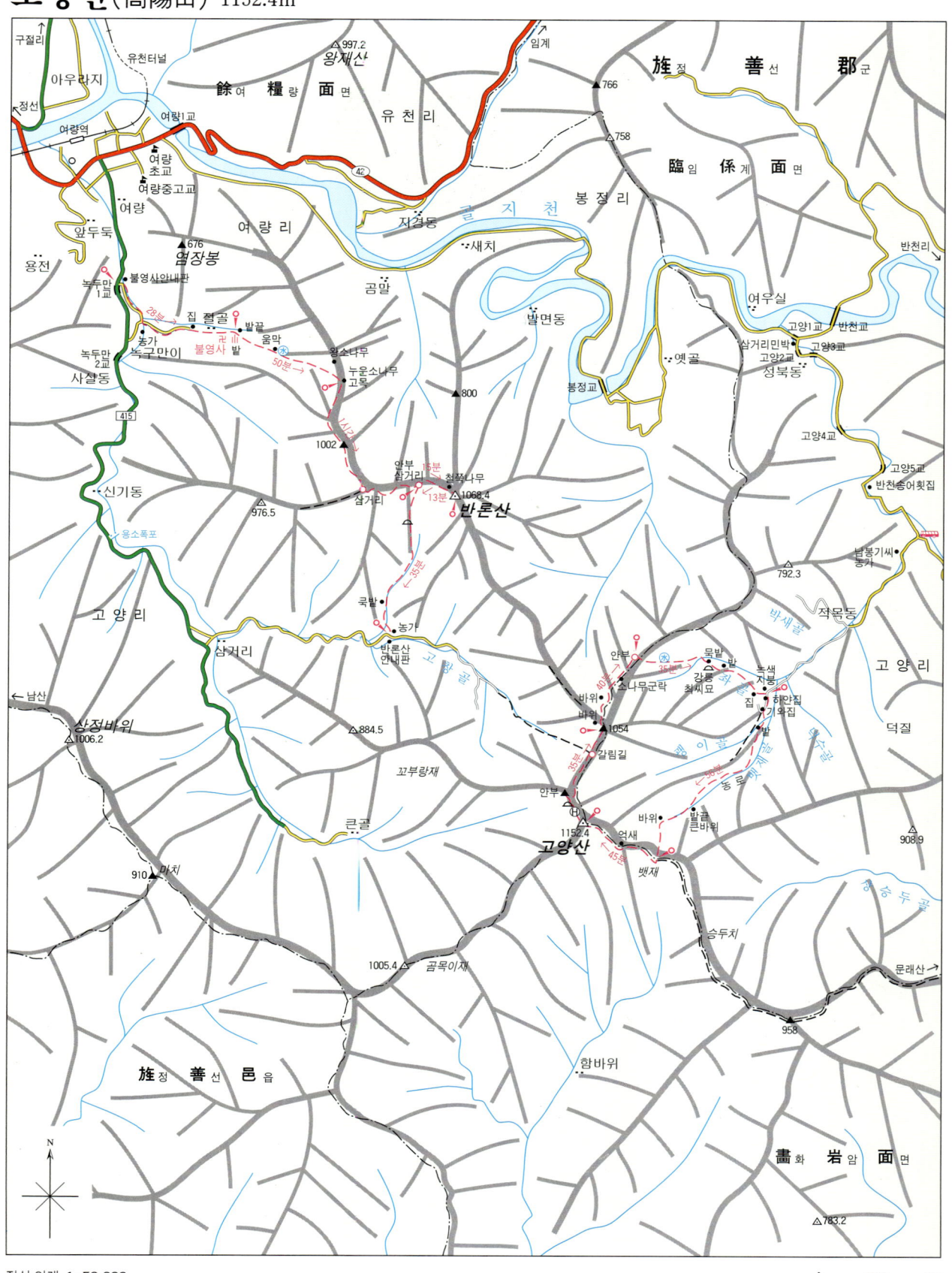

고양산

강원도 정선군 여량면, 임계면, 동면(江原道 旌善郡 餘糧面, 臨溪面, 東面)

개요

고양산(高陽山. 1152.4m)은 여량면 임계면 동면 경계에 위치한 오지의 산이다. 산세는 그리 험한 편은 아니지만 뚜렷한 등산로가 없고 교통이 불편하여 등산하기에 매우 불편하다. 희미한 옛 산길을 따라 산행을 하는데 산길이 없어지는 구간이 있다. 필자도 두 번 실패하고 세 번째 옛 산길을 찾아 안내하게 된다. 정상에는 산불감시 카메라가 있고 묘가 있다.

적목동에서 정상까지는 큰 어려움이 없으나, 하산길 1054봉에서 동북쪽 주능선 40분 거리 안부까지가 험로는 아니나, 길이 없는 상태로 주능선만을 타고 가야하는 가장 주의할 구간이고, 안부에서 좌골로 하산길은 길은 없으나 하산하는데 문제가 없다.

산불감시초소가 있는 고양산 정상

등산로 (4시간 31분 소요)

적목동 끝집 → 56분 → 뱃재 → 45분 → 고양산 → 35분 → 1054봉 → 40분 → 안부 → 35분 → 적목동 끝집

적목동 끝집에서 왼쪽 계곡으로 난 농로를 따라 20분을 가면 농로가 끝나는 지점이 나온다. 여기서 밭을 가로질러 2분을 가면 밭 끝에 계곡 우측으로 산길이 있다. 여기서부터 계곡길을 따라 13분을 가면 큰 바위 아래를 통과하고 건곡을 건너간다. 건곡을 건너 16분을 올라가면 갈림길이 나온다. 갈림길에서 왼쪽으로 5분을 오르면 주능선 뱃재에 닿는다.

뱃재에서 오른편 능선을 타고 17분을 올라가면 억새밭이 나온다. 억새밭 중간 일직선을 통과하면 숲길로 이어져 28분을 오르면 산불감시 카메라가 있고, 묘가 있는 고양산 정상이다.

하산은 북쪽 방향 주능선을 탄다. 북쪽 바윗길을 따라 8분을 내려가면 헬기장이 있고, 2분 더 내려가면 묘 지나서 안부가 나온다. 안부에서 오른쪽 비탈길을 따라 8분을 가면 다시 주능선으로 이어진다. 여기서부터 주능선을 따라 6분을 내려가면 왼쪽 고양리 방면으로 갈림길이 나온다. 갈림길에서 계속 직진 주능선을 따라 6분을 가면 1054봉 전에 우측으로 희미한 갈림길이 있다. 여기서 우측으로 가지 말고 왼편 주능선으로 5분을 오르면 1054봉이다.

1054봉을 통과 2분 거리에 이르면 반론산 쪽과 772봉 쪽으로 능선이 갈라지는 지점에 작은 바위가 나온다. 반론산 쪽의 길이 있으나 772봉 쪽은 길이 없다. 여기서 772봉 쪽 우측 북동 방향 능선으로 간다. 처음에는 길이 없고 능선으로 내려가는 지형이다. 길은 없어도 능선을 벗어나지 말고 북 방향 주능선만을 따라 10분을 내려가면 큰 바위가 나온다. 큰 바위에서 오른쪽으로 우회하여 내려가면 다시 능선으로 이어진다. 북쪽 본 능선을 따라 16분을 가면 왕소나무가 많고 능선이 갈라지는 지점이 나온다. 여기서 왼편 북쪽 주능선으로 간다. 왼편 북동쪽으로 휘어지는 능선을 따라 12분을 가면 오른쪽이 절골 상단부인 안부가 나온다.

절골 상단부 안부에서 주능선을 벗어나 오른쪽 절골로 하산한다. 처음에는 길은 없으나 잡목이 없고 환한 골이다. 하산을 하는데 문제가 없는 계곡을 따라 11분을 내려가면 물이 있기 시작하고 계곡길이 나타난다. 여기서부터 계곡길을 따라 3분을 내려가면 묵밭 같은 우거진 곳이 나온다. 묵밭 상단에서 길이 없는 오른쪽 언덕으로 10m 정도 올라서면 강릉최씨 묘가 나온다. 묘에서 5분 거리 두 번째 묘를 내려서면 바로 묵밭이다. 여기서부터 묵밭길을 따라 12분을 내려가면 하얀집 소형차로가 나오고, 우측으로 4분 거리에 산행기점 끝집이다.

자가운전

영동고속도로 진부IC에서 빠져나와 직진 ⇒ 100m 사거리에서 우회전 ⇒ 다음사거리에서 좌회전 ⇒ 정선 방면 59번 국도를 타고 나전 삼거리에서 좌회전 ⇒ 여량 2교 건너기 전에 우회전 ⇒ 약 9km 반천리 삼거리에서 우회전 ⇒ 4.5km에서 우회전 ⇒ 2.2km 적목동 끝집 주차.

대중교통

동서울터미널에서 정선행 버스 이용 후, 정선에서 여량행 버스 이용, 여량에서는 택시를 이용 한다.

식당

반천송어횟집
정선군 임계면 반천1리
033-562-7427

외양간(고기)
정선군 여량면 여량리
033-563-5088

숙박

옥산장, 식당
정선군 여량면 여량리 149-30
033-562-0739

강풍경펜션
정선군 여량면 여량리 141-57
033-562-2077

명소

아우라지
구절리

여량장날 1일, 6일

조고봉(鳥高峰) 1191m

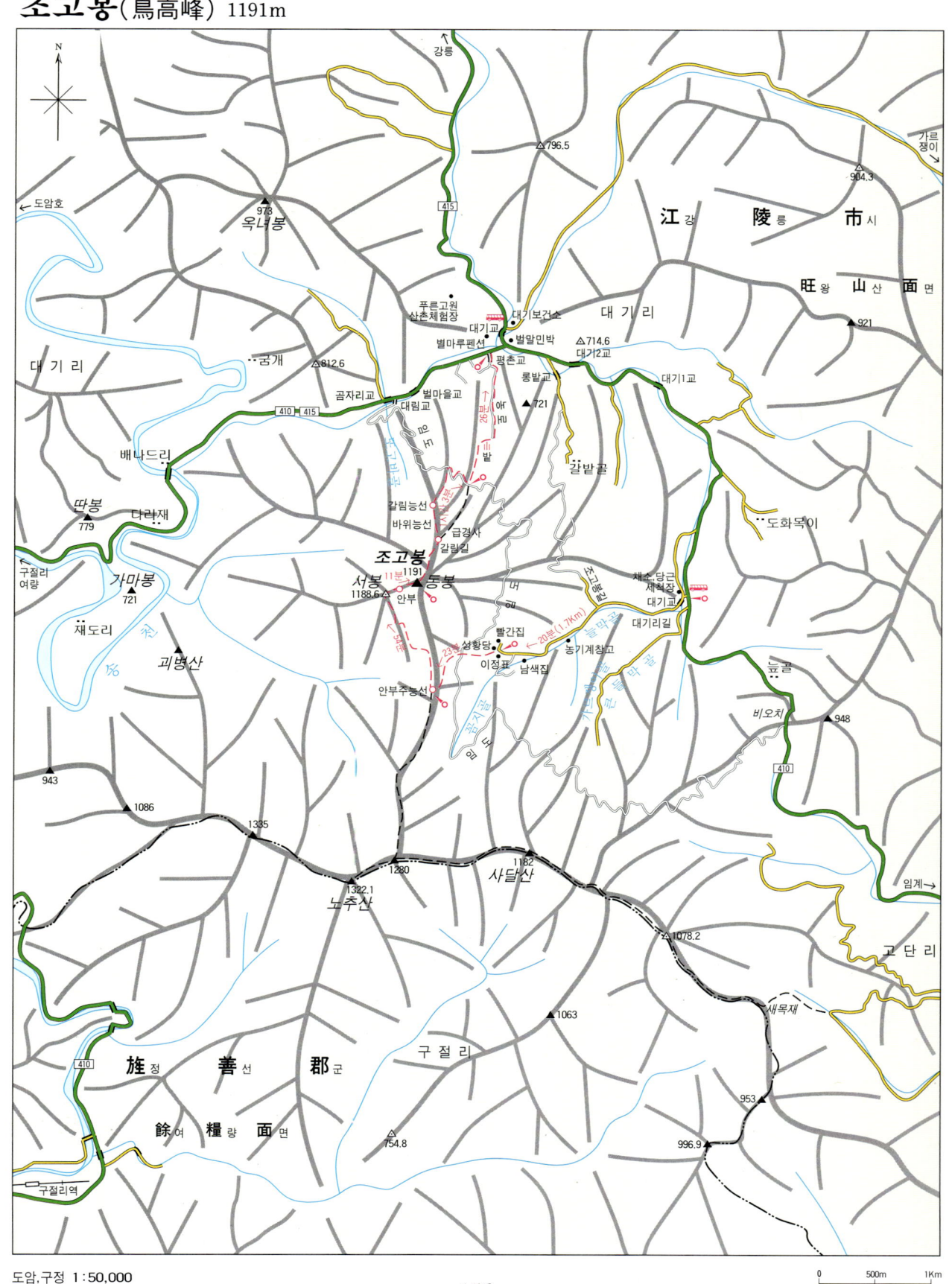

조고봉

강원도 강릉시 왕산면(江原道 江陵市 旺山面)

개요

조고봉(鳥高峰, 1191m)은 모산이 노추산에서 북쪽으로 뻗어나간 능선 상에 직선거리로 약 3km 거리에 위치한 산이다. 왕산면 대기리에서 남쪽으로 보면 삿갓처럼 우뚝 솟은 일대에서는 가장 높은 산이다. 전체적으로 순수한 육산이며 깊은 숲으로 이루어져 있다.

너무 오랫동안 입산을 하지 않아 산길이 거의 묵어 없는 상태이다. 산길이 희미하거나 없어지는 구간이 있고 옛길 흔적을 찾아가야 하는 산이어서 전문산악인이 아니면 아직 산행을 하기 어렵다.

조고봉 산행기점 아름다운 빨간 집

등산로(4시간 18분 소요)

대기교 → 20분 → 빨간 집 → 23분 → 주능선안부 → 54분 → 서봉 → 11분 → 조고봉(동봉) → 64분 → 임도 → 26분 → 평촌교

왕산면 대기1리 대기교에서 늘막골 농로를 따라 20분(1.7km) 거리에 이르면 남색 지붕농가를 지나서 마지막 빨간지붕 집 전 왼쪽에 노추산등산로 이정표가 나온다.

여기서 이정표 방향 왼편 등산로를 따라 11분을 오르면 임도가 나온다. 임도를 가로질러 산판길을 따라 12분을 올라가면 주능선안부에 나온다.

주능선안부에서 남쪽은 노추산으로 오르는 길이고, 조고봉은 북쪽으로 간다. 능선에서 서쪽으로 조금 내려서면 갈림길이 나온다. 갈림길에서 오른편 북쪽 방향으로 간다. 북쪽 희미한 산길을 따라 10분 정도 가면 주능선으로는 길이 없어지고 왼편 비탈길 옛 산판길이 나타난다. 여기서 주능선을 벗어나 왼쪽 비탈진 산판길을 따라 5분 정도 가면 오른편 골 쪽으로 휘어지면서 7분을 올라가면 산판길이 끝나는 지점이 나온다. 여기서부터 서봉까지 길이 없는 구간이다. 산판길 끝에서 왼쪽 골 다래넝쿨을 통과 건너편 지능선을 향해 비탈을 해치고, 5분 정도 치고 오르면 건너편 지능선 중심에 서게 된다. 능선 중간지점에서 희미하게 이어지는 능선길을 따라 7분을 오르면 번번한 지역이 나온다. 정면은 잡목이 많으므로 오른쪽으로 치고 지능선을 따라 19분을 오르면 삼각점이 있는 서봉에 닿는다. 서봉에 서면 사방이 시야가 트이고 전망이 좋다. 동봉은 잡목이 우거져 진입하기가 어렵고 시야도 없는 상태이므로 서봉을 정상으로 대신하는 것이 좋다.

서봉에서 동봉을 향해 동쪽 주능선을 따라 11분을 가면 안부를 지나서 조고봉(동봉)에 닿는다. 조고봉은 정글로 들어갈 수 없어 확인만하고 통과한다.

하산은 북쪽 방향 주능선을 탄다. 북쪽 능선을 따라 7분 거리에 이르면 갈림 능선이 나온다. 여기서 오른쪽 능선으로 직진 다시 7분을 가면 키 작은 산죽밭이 나오고, 계속 5분을 더 내려가면 정면은 절벽 같은 갈림 능선이 나온다. 여기서 왼쪽 능선으로 간다. 왼편으로 내려가면 바윗길로 이어지면서 13분 거리에 이르면 갈림 능선이 나온다. 갈림능선에서 나침반 40도 방향 오른쪽 희미한 지능선길을 따라 내려간다. 지능선을 따라 13분을 내려가면 임도가 나온다. 여기서 오른쪽 임도를 따라 16분을 가면 중간 능선을 지나서 계곡이 나온다.

계곡을 지나 20m 정도에서 임도를 벗어나 왼편 번번한 지역으로 내려서면 계곡 오른편으로 산판길이 나온다. 산판길을 따라 5분을 내려가면 밭이 나온다. 밭 왼편으로 5분을 가면 시멘트 농로가 나온다. 여기서부터 농로를 따라 15분을 내려가면 대기리 삼거리에 닿는다.

자가운전

영동고속도로 진부IC에서 빠져나와 우회전 ⇒ 59번 정선방면 국도를 타고 나전삼거리에서 좌회전 ⇒ 42번 국도를 타고 임계 4거리에서 좌회전 ⇒ 2km 거리 고단리에서 좌회전 ⇒ 700m거리에서 우회전 ⇒ 약 4km 거리 대기1리 채소당근세척장에서 좌회전 ⇒ 소형차로 1.7km거리 늘막골 끝집 주차.

대중교통

각 지방에서 강릉에 도착한 다음, 강릉에서 대기리-고단리행 시내버스 (06:00 12:00 17:00) 이용, 대기1리 채소당근세척장 늘막골 입구 차하.

식당

아리아리정선한우
정선군 임계면 송계리
033-562-8285

화정식당
정선군 임계면 송계3리
033-563-3550

고단황금막국수
강릉시 왕산면 고단1리 32-27
033-648-0621

숙박

부일펜션하우스
정선군 임계면 송계1리 781
033-563-3504

명소

아우라지

임계장날 5일, 10일

덕우산 (德牛山) 1008.2m

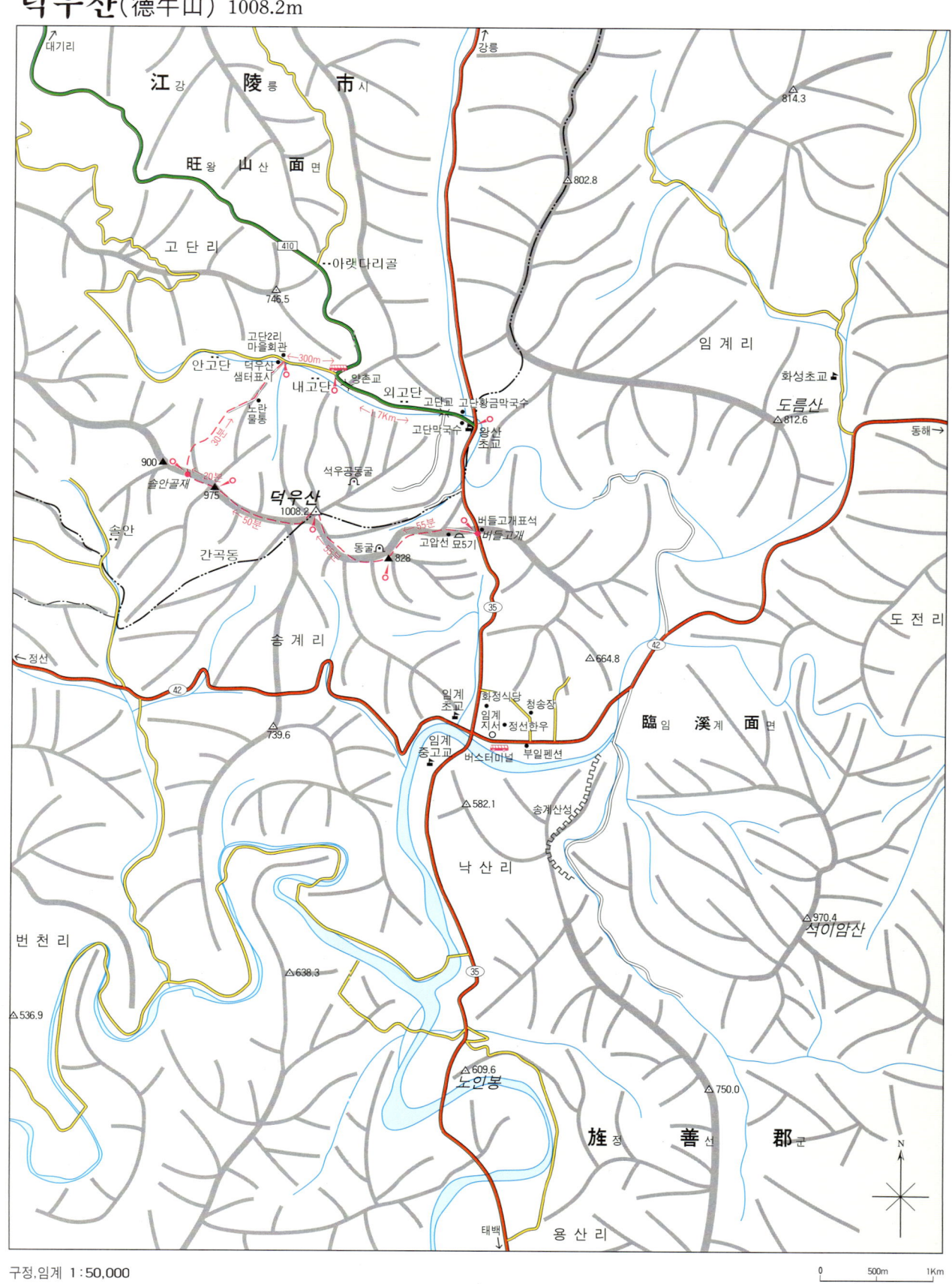

덕우산

강원도 정선군 임계면, 강릉시 왕산면(江原道 旌善郡 臨溪面, 江陵市 旺山面)

개요

덕우산(德牛山, 1008.2m)은 모산인 노추산에서 정선군과 강릉시 경계를 이루면서 동쪽으로 뻗어 내려온 능선이 약 12km 거리에 위치한 산이다.

덕우산은 전체적으로 등산로가 뚜렷하지 않으며 옛날 산길 흔적만 있는 매우 희미한 산길이다. 그래도 길은 있으므로 침착하게 찾아가면 산길은 계속 이어진다. 조금이라도 방심하면 길을 벗어날 위험이 있으므로 독도에 만전을 기하면서 산행을 해야 한다. 우선 등산객들의 발길이 뜸한 편이어서 산길이 있어도 대부분 묵어 있는 상태이다. 전 구간에 바윗길과 험로는 없으며 비교적 완만한 산세를 이루고 있다. 눈비 안개 시는 산행을 삼가야 하고, 반드시 경험자와 동행을 해야 한다.

산행은 해발 620m 인 버들고개에서 서쪽 능선을 타고 828봉을 경유하여 정상에 오른다. 정상에서 하산은 서쪽 능선을 타고 975봉을 경유하여 계속 서쪽능선을 타고 솔안골재에 이른 다음, 오른편 서북쪽 고단리로 하산한다.

고단리에서 바라본 덕우산 전경

등산로 (4시간 30분 소요)

버들고개→ 55분 →828봉→ 55분 →
덕우산→ 50분 →975봉→ 20분 →
솔안골재→ 30분 →고단2리회관

임계면 소재지에서 왕산면 방면 35번 국도를 따라 약 1km 가면 버들고개가 나온다. 오른쪽에는 자연석안내판이 있고, 왼쪽에는 버들고개 620m라고 안내판이 있다.

왼쪽 620m 라고 새긴 안내판 쪽으로 보면 산판길이 보인다. 이 산판길을 따라 5분을 오르면 고압철탑이 있고 능선에 선다. 능선에서 산판길은 끝나고, 소나무 숲길인 능선길을 따라 10분 거리에 이르면 두 능선으로 갈라지고 묘가 있는 안부가 나온다. 안부에서 828봉으로 올라간다. 안부에서부터 등산로가 희미해지면서 급경사로 이어진다. 급경사로 이어진 828봉을 향해 오르면 능선 오른쪽으로 비탈길이 있다. 하지만 비탈길로 가지 말고 서남쪽 방향인 828봉을 향해 30분을 오르면 작은 봉우리에 닿고 10분을 더 오르면 828봉에 닿는다.

828봉에서 서북쪽으로 이어지는 능선을 따라 내려서면 횟골 안부에 닿는다. 안부에서 북쪽을 향해 오르면 능선에 주능선에 닿는다. 능선을 따라가면 암릉이 있으며 암릉을 지나면 덕우산 정상에 닿는다. 828봉에서 55분 거리다. 정상은 삼각점이 있고 산불감시초소가 있다.

정상에서면 동쪽으로 멀리 백두대간이 장엄하게 펼쳐 보이고, 서쪽으로는 노추산, 사달산이 시야에 들어온다.

하산은 서쪽 능선을 탄다. 왼편 서쪽 능선길은 완만한 편이나 산길이 희미한 곳이 종종 나타나므로 언제나 서북쪽 주능선을 벗어나지 말고 서북쪽 주능선만을 유지하면서 따라 가야한다. 주능선을 따라 20분을 가면 사거리안부에 닿는다. 사거리안부에서 계속 서북쪽 주능선을 따라 가면 작은 봉우리를 오르고 내려가면서 희미한 능선을 따라 30분을 가면 큰 바위를 지나서 세 갈래능선인 작은 덕우산 975봉에 닿는다.

975봉에서 왼편 서북쪽 능선을 따라 20분을 내려가면 솔안골재에 닿는다.

여기서는 오른편 북쪽으로 내려간다. 오른편 북쪽으로 내려서면 비탈길로 이어지다가 작은 지능선을 넘어서 계곡 오른쪽 지능선으로 하산길이 이어진다. 완만하고 뚜렷한 하산길을 따라 20분을 내려가면 밭이 나오고 농로가 나온다. 여기서부터 농로를 따라 10분 내려가면 고단마을회관 도로에 닿는다.

자가운전

영동고속도로 진부IC에서 빠져나와 우회전⇒정선 방면 59번 국도를 타고 나전삼거리에서 좌회전⇒약 25km 임계사거리에서 좌회전⇒1km버들고개 주차.

대중교통

동서울터미널에서 1시간 간격으로 운행하는 임계 방면 버스 이용, 임계 하차.
임계에서는 고단리행 마을버스(07:30 12:40 18:00)를 타고 버들고개 하차하고, 하산 후에 고단리에서도 이 마을버스를 이용, 임계 하차.
임계에서 고단리 버스 편은 1일 3회 뿐이므로 시간을 잘 지켜야 이용이 가능하고, 임계에서 택시를 이용하면 편리하다.

식당

정선한우
정선군 임계면 송계3리
033-562-8285

화정식당
정선군 임계면 송계3리
033-563-3550

숙박

부일펜션하우스
정선군 임계면 송계1리
033-563-3504

명소

아우라지

임계장날 5일, 10일

문래산(文來山) 1081.5m   자후산(自後山) 885m

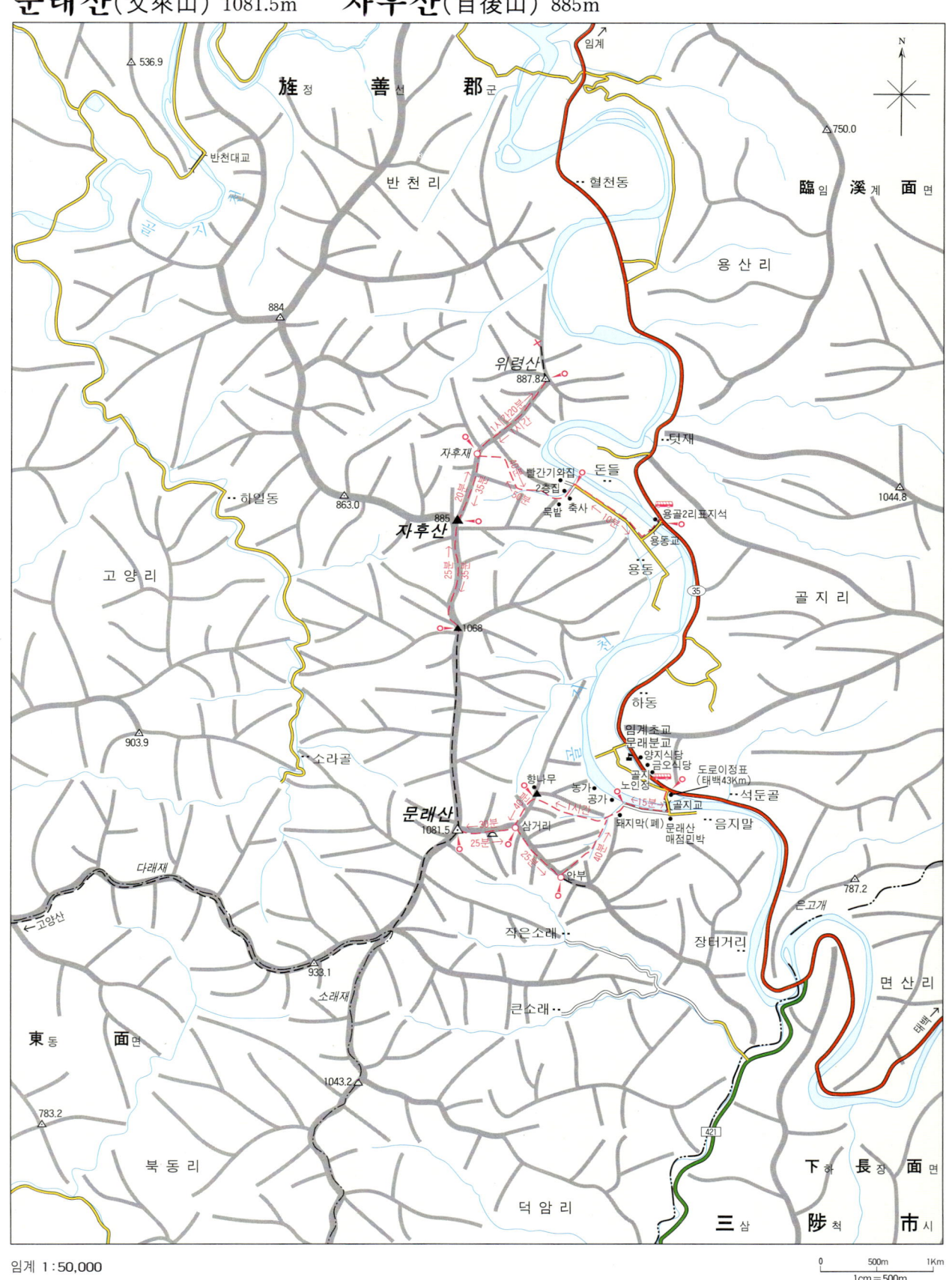

문래산 · 자후산   강원도 정선군 임계면(江原道 旌善郡 臨溪面)

📖 개요

　문래산(文來山, 1081.5m)은 하장에서 정선으로 흐르는 골지천 서쪽에 위치한 산이다. 동쪽면은 급경사 절벽으로 이루어져 있고 서쪽면은 다소 완만한 산세를 이루고 있다.

　자후산(自後山, 885m)은 문래산에서 북쪽으로 능선이 이어져 약 3km 거리에 위치하고 있는 산이다. 정상은 특징이 없고 정상보다 더 높은 1068봉을 다녀오는 것이 바람직하다.

골지천에서 바라본 문래산 동부

🚶 등산로

문래산(4시간 55분 소요)

골지교→ 60분→ 끝봉→ 40분→
삼거리→ 30분→ 문래산→ 25분→
삼거리→ 25분→ 안부→ 55분→ 골지교

　골지교 건너 삼거리에서 오른쪽 골지천 둑길을 따라 300m 가면 왼편 계곡 쪽으로 길이 있다. 골 쪽으로 밭길을 따라 들어가면 계곡으로 길이 이어져 3분 거리에 합수곡이 나오고 길이 나온다. 합수곡에서 오른편으로 50m 가면 갈림길이 나온다. 갈림길에서 오른편으로 계곡길을 따라 16분을 가면 길이 없어지면서 번번한 지역이 나온다. 이 지점에서 계곡을 벗어나 오른쪽으로 들어서면 양 지능선 사이로 골이다. 길은 없으나 골을 따라 10분 정도 가면 여러 골이 갈라지면서 길이 없어진다. 하지만 가장 오른편 골을 따라 16분을 오르면 향나무가 있는 능선 끝봉에 닿는다.

　능선에서 왼쪽 능선을 따라 40분을 올라가면 삼거리봉에 닿는다.

　삼거리에서 왼쪽은 하산길을 표시를 하고, 오른쪽 능선을 따라 30분을 더 오르면 문래산 정상이다. 정상은 삼각점이 있고 사방이 막힘이 없다.

　하산은 30분 거리 올라왔던 삼거리 봉으로 되돌아간 다음, 오른쪽 지능선을 따라 25분을 내려가면 안부가 나온다.

　안부에서 동북 방면 왼편 세능선을 타고 간다. 안부에서 왼쪽으로 내려가면 약간 오른쪽 세능선으로 이어진다. 둔덕 같은 새능선을 따라 15분을 내려가면 합수곡에 닿는다. 합수곡에서부터 수해로 길이 있다 없다 하지만 큰 어려움 없이 15분을 내려가면 올라왔던 초입 삼거리에 닿고, 10분 더 내려가면 골지천 둑에 닿는다.

자후산(4시간 25분 소요)

축사→ 50분→ 자후재→ 35분→
자후산→ 35분→ 1068봉→ 25분→
자후산→ 20분→ 자후재→ 40분→ 축사

　36번 국도 용골2리 표지석에서 용동교 건너 우회전 10분을 가면 농가 4~5채가 있는 마을에 축사가 2곳이 있다. 여기서 왼쪽 빈 축사 오른쪽으로 돌아서 빈 축사 뒤로 가면 묵밭 사이로 산길이 이어지다가 100m 거리에 이르면, 계곡을 건너 우측 언덕 비탈길로 산길이 이어져 자후골로 이어지게 된다. 여기서부터는 자후골을 왼쪽으로 끼고 올라가면 바로 합수점이 나온다. 합수점에서 우측 계곡 길을 따라 30분을 오르면 다시 합수점 갈림길이 나온다. 갈림길에서 왼쪽 자후재 방면으로 20분을 오르면 자후재에 닿는다.

　자후재에서 왼쪽 능선을 따라 35분을 오르면 자후산 정상이다. 정상은 특징이 없고 삼거리이다.

　자후산에서 남쪽 주능선을 따라 35분을 더 올라가면 1068봉에 닿는다. 1068봉은 전망이 빼어나고 정상 같은 당당한 봉이다.

　하산은 올라왔던 35분 거리 삼거리 자후산으로 되 내려가서 오른편 북쪽 자후재으로 간다. 자후재에서부터는 동쪽 자후골을 따라 그대로 내려가면 용골2리 마을에 닿는다.

자가운전

영동고속도로 진부IC에서 빠져나와 정선방면 59번 국도를 타고 나전삼거리에서 좌회전⇒42번 국도를 타고 임계에서 우회전⇒35번 국도를 타고 **자후산**은 용골2리 표지석에서 우회전⇒다리건너 100m에서 우회전⇒600m 축사 주차.
문래산은 임계에서 하장쪽 35번 국도 약 12km 골지리에서 우회전⇒골지교 건너 주차.

대중교통

동서울터미널에서 임계방면 버스 1시간 간격 이용, 임계에서 골지리 또는 태백행 버스(하루 6회)를 타고 **자후산**은 용산2리(용골2리 표지석) 하차.
문래산은 골지우체국 하차.

식당

정선한우
정선군 임계면 송계리
033-652-8285

금오식당
임계면 골지1리 20
033-562-6742

숙박

부일펜션
임계면 송계1리 781
033-563-3504

명소

아우라지

임계장날 5일, 10일

각희산(角戲山) 1083.2m　　광대산(廣大山) 1013.9m

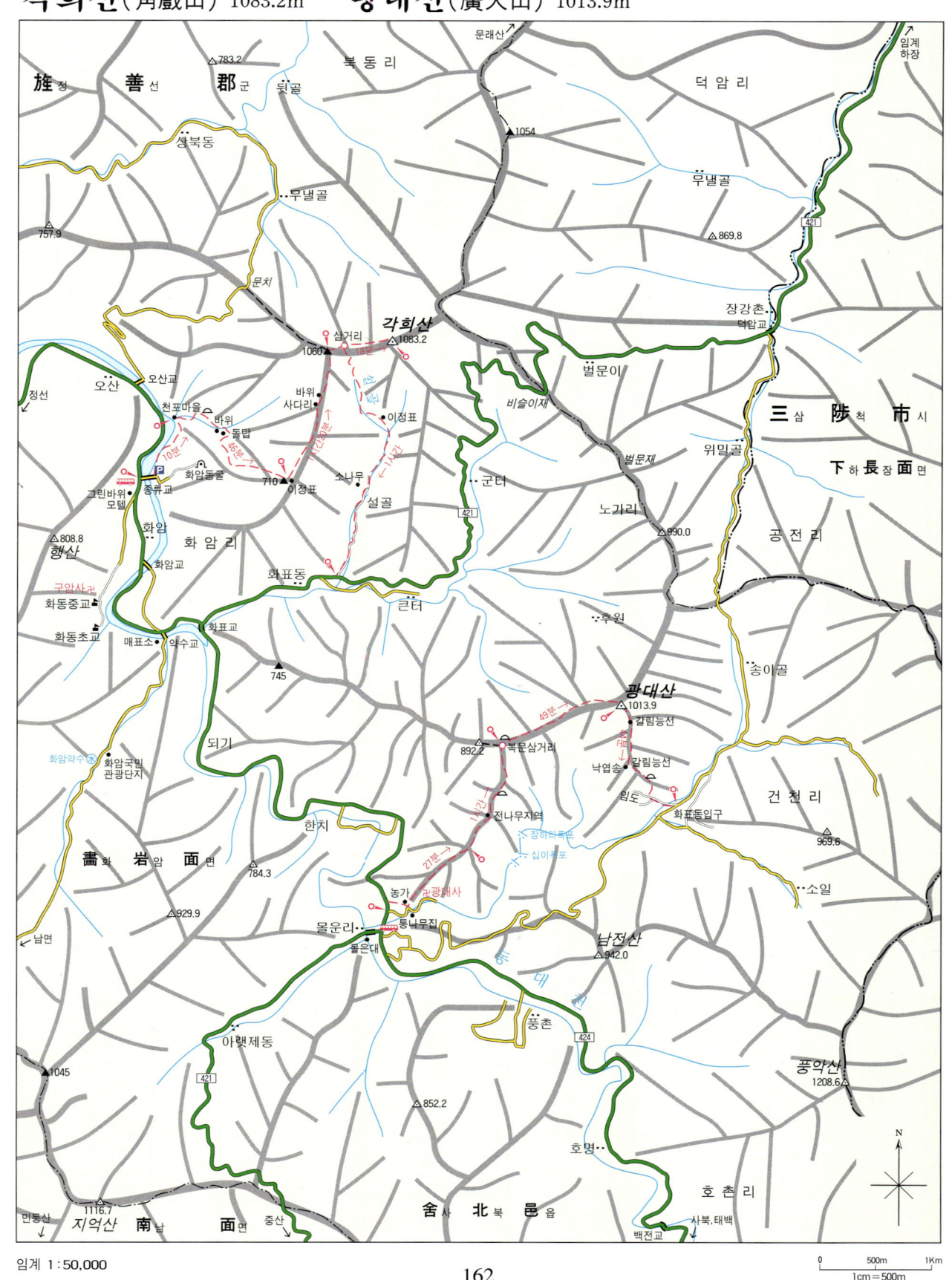

각희산 · 광대산

강원도 정선군 화암면(江原道 旌善郡 畵岩面)

개요

각희산(角戱山. 1083.2m)은 화암동굴 뒷산이다. 등산로는 뚜렷한 편이나 산세가 가팔라서 겨울산행은 삼가는 것이 좋다.

광대산(廣大山. 1013.9m)은 광대곡 동북쪽에 위치한 산이다. 등산로가 희미한 편이므로 경험자와 동행을 해야 하는 산이다.

등산로

각희산(4시간 34분 소요)

동굴주차장 → 56분 → 주능삼거리 → 80분 → 1060봉 삼거리 → 18분 → 각희산 → 60분 → 화표동 입구

화암동굴 다리를 건너 바로 왼쪽 소형차로를 따라 10분을 가면 농가 5~6채인 천포마을 입구가 나온다. 마을 입구에서 30m 거리 오른쪽 마을사이 길로 올라서면 밭 왼편 취수탱크에서 30m 가서 계곡을 건너 산길이 이어져 8분을 가면 다시 오른편 계곡을 건너 길이 이어지고, 6분 거리에 이르면 바위 밑 절벽을 지나서 합수곡이 나온다. 합수곡에서 오른쪽 길을 따라 10분을 가면 산길은 오른편 능선으로 이어져 6분을 오르면 화암동굴 위 능선에 닿는다. 능선에서 왼쪽능선을 따라 5분을 가면 화암동굴에서 오르는 갈림길을 만나서 11분을 가면 주능선 삼거리에 닿는다.

주능선에서 왼편 능선길을 따라 24분을 가면 갈림 능선이 나오고, 다시 21분을 오르면 큰 바위 밑 철사다리가 나온다. 사다리를 오르면 잠시 안부로 내리다가 다시 경사진 길로 이어져 35분을 오르면 1060봉 삼거리에 닿는다.

삼거리에서 오른편으로 3분 거리에 이르면 또 삼거리가 나온다. 오른편은 하산길로 하고 직진하여 15분을 오르면 삼각점이 있는 각희산 정상이다.

하산은 올라왔던 15분 거리 삼거리로 다시 내려간 다음, 남쪽 길을 따라 28분을 내려가면 묵밭이 나온다. 여기서부터 농로를 따라 7분 거리에 화암리 소나무 갈림길이 있고, 13분을 더 내려가면 421번 도로에 닿는다.

광대산(4시간 소요)

광대골 입구 → 27분 → 첫 능선 → 60분 → 묘 삼거리 → 49분 → 광대산 → 44분 → 화표동 입구

몰운리 버스정류장에서 광대곡 입구로 150m 들어가면 통나무식당을 지나 다리 건너 슬레이트 지붕 외딴 농가가 한 채가 있다. 농가에서 바로 우측 능선으로 오른다. 능선길은 처음부터 급경사로 시작하여 22분을 오르면 주능선에 닿는다.

여기서 우측 능선을 따라 16분을 가면 오른편 비탈길로 이어져 11분 정도 가면 묘를 지나 다시 주능선에 닿고, 5분 거리에 정상이 보이는 봉우리가 나온다. 여기서 주능선을 타고 11분을 가면 작은 봉우리를 지나서, 17분을 가면 묘가 있는 갈림 능선에 닿는다.

여기서 오른편으로 10분을 가면 참나무 2그루가 베어져 있는 봉이 나오고, 다시 16분을 가면 잘 다듬어진 묘가 나온다. 갈림길이 있는 묘에서 능선으로 올라서 오른편 능선을 따라 23분을 오르면 삼각점이 있고, 억새 잡목이 무성한 광대산 정상이다.

하산은 정 남쪽 지능선을 탄다. 지능선 길은 희미하고 없어지는 곳이 있으므로 정남쪽 방향 가장 길게 이어지는 능선을 따라 가야한다. 정상에서 오른편 남쪽으로 7분 거리에 이르면 갈림 능선이 나온다. 갈림 능선에서 오른쪽 큰 능선을 따라 15분을 내려가면 갈림 능선이 또 나온다. 오른쪽 아래 묘가 있고 낙엽송지역이다 갈림 능선에서 왼쪽능선을 따라 50m 정도 가다가 오른편 능선으로 5분 정도 내려가면 잘 다듬어진 묘가 나온다. 묘에서부터 뚜렷한 길로 이어져 11분을 내려가면 임도가 나온다. 임도에서 왼쪽 임도를 따라 6분을 내려가면 건천리 화표동 입구 도로에 닿는다.

자가운전

광대산은 중앙고속도로 제천IC에서 빠져나와 태백 방면 38번 국도를 타고 증산초교 입구에서 좌회전 ⇨ 421번 지방도를 타고 9.7km 몰운대 삼거리에서 좌회전 ⇨ 100m 광대곡 입구 주차.

각희산은 광대곡 입구에서 직진 정선 방면 약 7km 화암동굴 주차장.

대중교통

동서울에서 정선행 버스 이용 후, 정선에서 1시간 간격으로 운행하는 화암면행 시내버스 이용, **각희산**은 화암동굴 입구 하차. **광대산**은 몰운리 광대곡 입구 하차.

식당

삼거리식당, 민박
화암면 화암리 361-20
033-562-1343

통나무식당
화암면 몰운 2리
033-563-7909

숙박

그림바위모텔
화암면 화암2리 449
033-563-6222-3

명소

화암동굴, 화암약수
동면장날 3일, 8일
정선장날 2일, 7일

기념물 제66호
정선 화암리 소나무

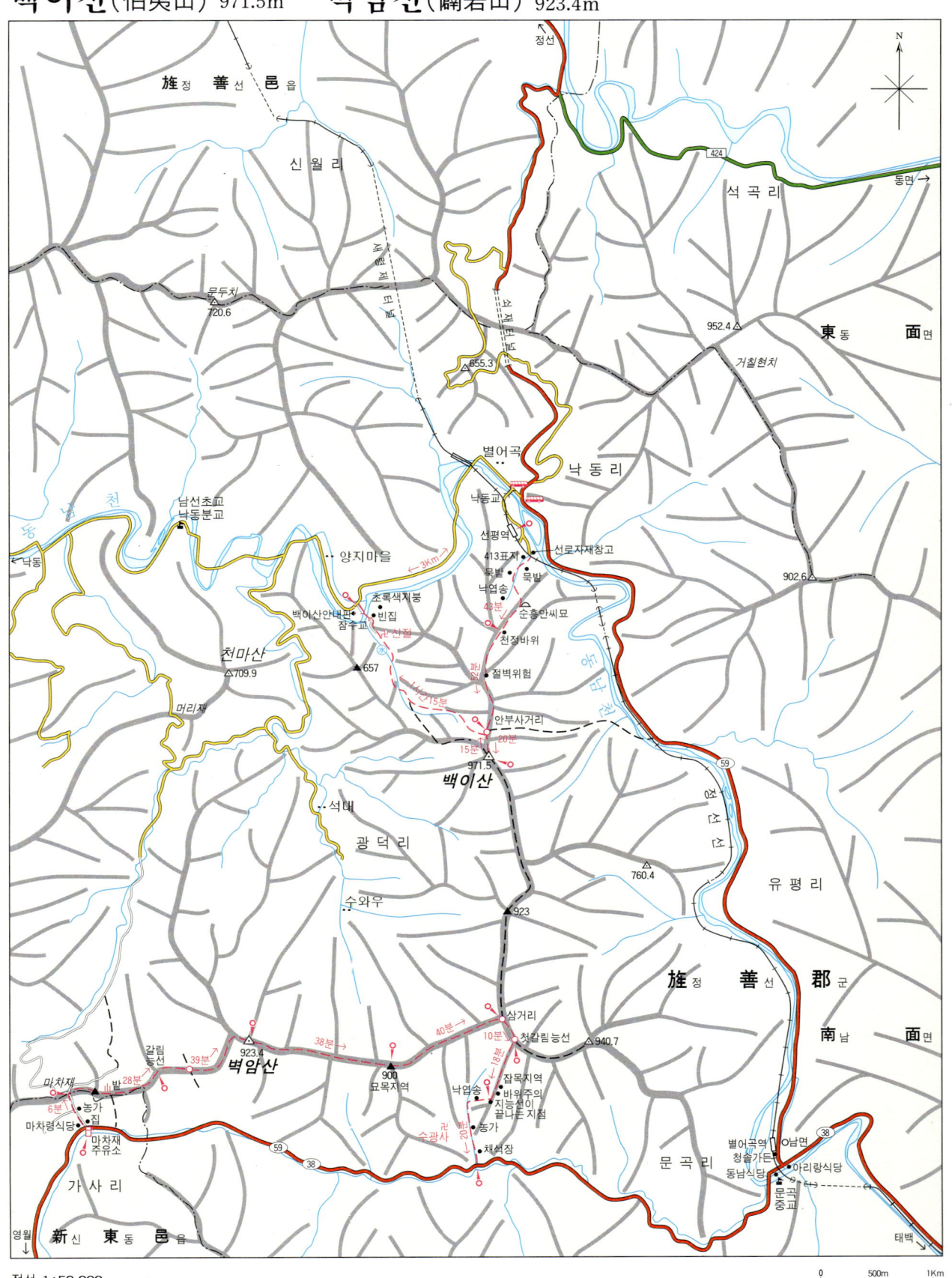

백이산 · 벽암산   강원도 정선군 남면(江原道 旌善郡 南面)

📖 개요

백이산(伯夷山. 971.5m)은 남면 별어곡역에서 정선으로 가는 선평역 서쪽에 위치한 산이고, **벽암산**(霹巖山. 923.4m)은 마차재에서 남면으로 이어지는 38번 국도 북쪽에 길게 이어지는 산이다. 두산 모두 산세가 가파른 편이나 산행에는 큰 어려움이 없는 오지의 산이다.

🥾 등산로

백이산(4시간 25분 소요)

선평역 → 43분 → 천정바위 → 52분 →
사거리안부 → 20분 → 백이산 → 15분 →
사거리안부 → 75분 → 잠수교

벽암산(4시간 13분 소요)

마차재 → 28분 → 갈림능선 → 39분 →
벽암산 → 38분 → 900봉 (묘목지역) →
40분 → 삼거리 → 48분 → 채석장

선평역 남쪽 200m 선평역 자재창고에서 정면으로 철로를 건너 413 표지목 왼편 5m에서 남쪽 밭길을 따라 50m 가면 길이 없어지고 묵밭이 나온다. 묵밭 왼쪽 골을 건너 우측으로 묵밭 골을 따라 50m 가서 다시 오른쪽으로 골을 건너면 묵밭이 또 나온다. 길게 이어지는 묵밭을 따라 70m 올라가면 묵밭이 끝나고 산길이 시작된다. 선평역에서 10분 거리다.

묵밭 끝에서 10분 올라가면 지능선에 순흥안씨 묘가 나온다. 여기서 뚜렷한 지능선길을 따라 14분을 오르면 숯가마 터가 나온다. 계속 능선을 따라 올라가면 바위지역이 시작되면서 9분을 오르면 비를 피하기에 좋은 천정바위가 나온다.

천정바위를 지나서 계속 이어지는 능선을 따라 33분을 올라가면 절벽이 나온다. 길 폭이 좁은 절벽길을 통과하면 오른쪽 급경사로 이어지고 두 능선이 합해지는 주능선에 닿는다. 여기서부터는 산길은 완만하게 이어지며 19분을 가면 사거리안부가 나온다.

안부에서 주능선을 따라 20분을 더 오르면 축대가 있고 동쪽 면은 절벽인 백이산 정상이다.

하산은 올라왔던 20분 거리 북쪽 사거리안부로 되돌아온 다음, 서쪽 길로 내려간다. 숲이 울창한 자연 그대로의 계곡을 따라 1시간 15분을 내려가면 도로에 닿는다.

마차령식당 동쪽 50m 에서 북쪽 농로를 따라 6분을 가면 두 번째 삼거리가 나온다. 여기서 오른쪽 능선을 탄다. 희미한 능선길을 따라 6분을 오르면 작은 봉우리가 나온다. 여기서 직진으로 내려서면 밭이 나온다. 밭 오른편으로 돌아가면 우측 갈림길을 지나서 바로 우측 밭 사이 산으로 오른다. 밭을 지나서 12분을 오르면 첫 봉에 닿고, 4분을 더 가면 갈림능선이 나온다.

갈림능선에서 오른편 능선 따라 13분을 내려가면 희미한 사거리안부가 나온다. 안부를 지나서 10분을 가면 바위봉 왼편으로 돌아 올라가게 되며, 다시 13분을 가면 갈림능선이다. 여기서 오른편으로 3분을 오르면 벽암산 정상이다.

하산은 오른쪽 주능선을 탄다. 정상에서 21분을 가면 첫봉이 나오고, 다시 17분을 가면 묘목지역 900봉이다.

여기서부터 평지와 같은 작은 봉우리를 2번 통과하면서 40분 거리에 이르면 주능선이 갈라지는 삼거리봉에 닿는다.

삼거리에서 오른편 남동쪽 능선으로 10분 거리에 이르면 안부를 지나서 첫 번째 갈림능선이 나온다. 여기서 직진능선을 버리고 오른편 남쪽 채석장 방향 지능선을 탄다. 오른쪽 지능선을 타고 100m 정도 내려가면 능선이 둘로 갈린다. 여기서 왼쪽 능선을 따라 9분을 내려가면 잡목이 우거진 능선이 나온다. 능선을 벗어나지 말고 계속 잡목능선을 따라 7분을 내려가면 바위를 내려서는 다소 험로가 나온다. 여기서 왼편으로 우회하여 내려서 다시 오른편 능선으로 돌아가면 우측에 낙엽송지역이 나온다(마지막봉 30m 전). 여기서 우측 낙엽송지역으로 치고 내려간다. 완만한 낙엽송지역을 5분 가면 계곡길이 나오고, 3분을 가면 농가에 닿고, 농로를 따라 12분을 가면 채석장을 통과 38번 국도변이다.

자가운전

벽암산은 중앙고속도로 제천IC에서 빠져나와 태백 쪽 38번 국도 마차재 주차. **백이산**은 남면으로 빠져 남면삼거리에서 좌회전 ⇒ 정선 쪽 59번 국도 8km 선평역 주차.

대중교통

청량리역에서 강릉행열차 이용, 증산역 하차. 동서울터미널에서 사북 경유 태백행 버스 이용, 사북 하차.

백이산은 사북 또는 증산역에서 정선행 버스 이용, 선평 하차.

벽암산은 증산 남면에서 마차재까지 콜밴 이용. 남면 콜밴 033-591-8657

숙식

남면

아라리식당
정선군 남면 문곡1리
033-591-9779

마차령

마차령식당
정선군 신동읍 가사리 186. 033-378-5513

증산

강원식육식당
정선군 남면 무릉 4리
033-591-0075

리버사이드모텔
정선군 남면 무릉리 491
033-592-3326산

명소

화암동굴
증산장날 4일, 9일

금대봉(金台峰) 1418.1m　　대덕산(大德山) 1310.2m

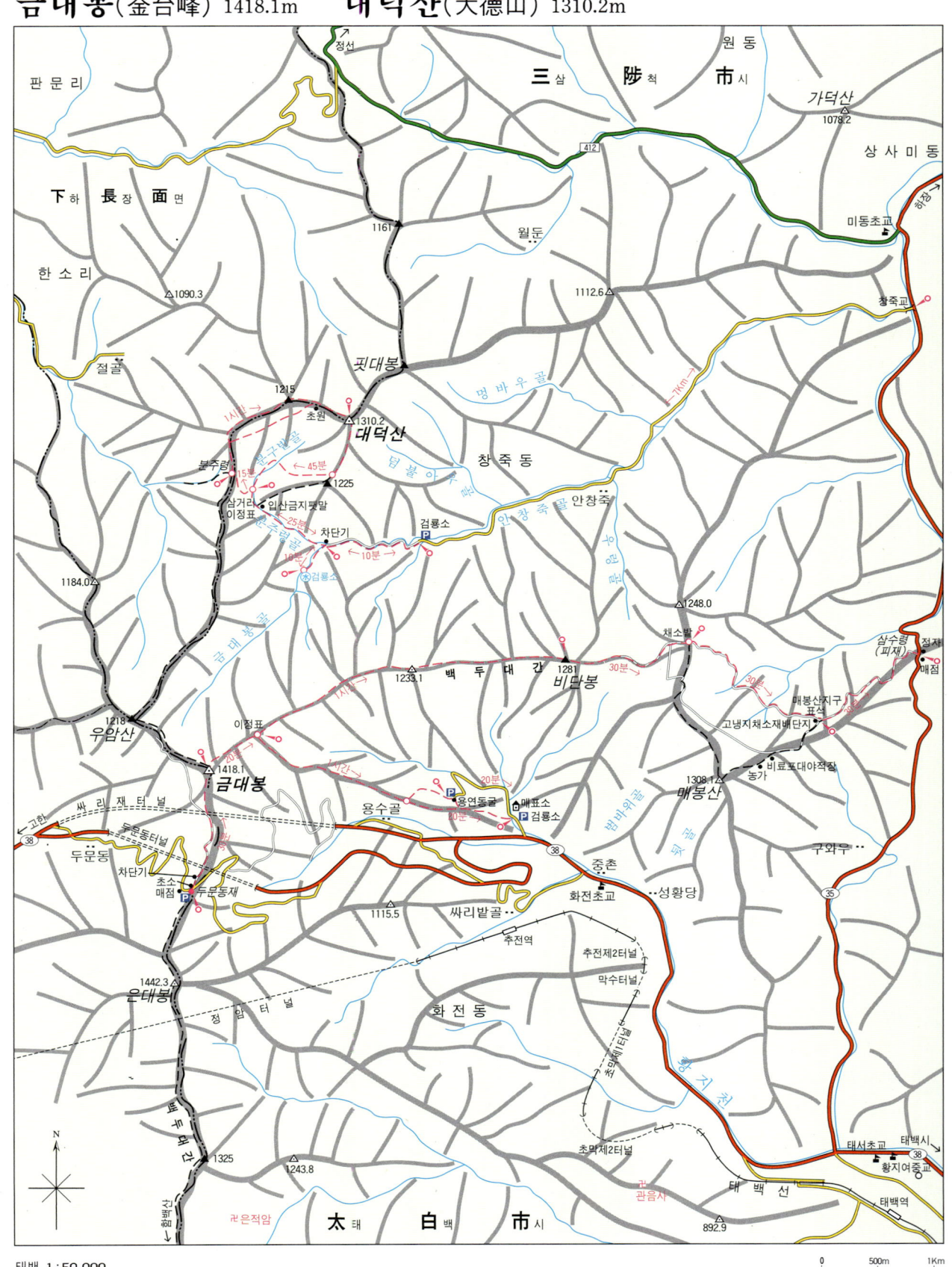

금대봉 · 대덕산　강원도 태백시(江原道 太白市)

 개요

　금대봉(金台峰. 1418.1m)은 함백산 은대봉에서 매봉산으로 이어지는 백두대간 두문동재 북쪽에 위치한 산이다. 금대봉 정상을 기준으로 북쪽 산 중턱에는 한강발원지 검룡소가 있고, 동쪽 하산지점에는 용연동굴이 있으며 동쪽 백두대간 매봉산 동남쪽 면은 유명한 고랭지 채소밭이다. 산행은 두문동재에서 초소가 있는 북쪽 백두대간을 따라 금대봉에 오른 후, 동북쪽 20분 거리 갈림길에서 오른쪽 지능선을 타고 용연동굴을 경유하여 능선을 타고 주차장으로 하산한다. 또는 정상에서 계속 백두대간을 따라 매봉산을 경유하여 피재로 하산한다.

　대덕산(大德山. 1310.2m)은 금대봉에서 북쪽으로 가지를 쳐 나가 약 4km 거리에 위치하고 있는 산이다. 정상은 수 만평 초원지대로 수 십 희귀종 식물 야생화가 서식하는 곳이며, 산행기점에는 한강발원지 검룡소가 있다. 대덕산은 이름과 같이 덕스러운 완만한 산세를 이루고 있는 산이며 험로가 없고 검룡소 견학과 함께 가족 산행지로 좋은 산이다. 산행은 주차장에서 검룡소를 먼저 다녀온 다음, 분주령을 경유하여 북동릉을 타고 정상에 오른다. 하산은 남쪽 계곡을 따라 다시 주차장으로 원점회귀 산행이다.

 등산로

금대봉(3시간 10분 소요)

두문동재→ 30분→ 금대봉→ 20분→ 갈림길→ 60분→ 용연동굴→ 20분→ 매표소

　두문동재 동쪽 초소와 차단기를 통과하여 20분을 가면 2번째 헬기장이 나온다. 여기서 지금까지 오던 방화선 길을 버리고, 백두대간 리본이 많이 매여 있는 우측 숲길을 따라 10분을 오르면 산불감시초소가 있는 금대봉이다. 낙동강 한강발원 팻말이 있다.

　하산은 산불감시초소 뒤 동쪽으로 난 완만한 백두대간 길을 따라 20분을 내려가면, 이정표가 있는 갈림길이 나온다.

　*갈림길에서 오른쪽 지능선으로 내려가면 두 능선으로 갈라지는데 왼쪽 능선을 타고 내려가면 안부를 지나서 능선으로 이어진다. 주능선에서 50분 거리에 이르면 갈림길이 나온다. 여기서 왼쪽으로 5분 내려가면 용연동굴이다. 용연동굴에서 오른쪽 지능선 하산길을 따라 20분을 내려가면 용연동굴 매표소이다.

대덕산(4시간 10분 소요)

주차장→ 35분→ 삼거리→ 15분→ 분주령→ 60분→ 대덕산→ 45분→ 삼거리→ 35분→ 주차장

　검룡소 주차장에서 서쪽으로 난 임도를 따라 10분을 가면 삼거리가 나온다. 왼쪽은 검룡소 왕복 20분 거리이다. 삼거리에서 우측 차단기를 통과하여 15분을 가면 우측에 입산금지 팻말이 있고, 갈림길에서 왼쪽 계곡길로 10분을 가면 이정표가 있는 삼거리가 나온다.

　이 삼거리에서 왼쪽 임도를 따라 15분을 오르면 사거리 분주령에 닿는다.

　분주령은 초원지대이며 대부분 쑥밭이다. 분주령에서 우측 능선으로 100m 정도 가면 초원지대가 끝나고, 50m 정도 숲속능선으로 가면 갈림길이 나온다. 분주령에서 10분 거리다. 이 갈림길에서 왼쪽 능선 길은 1215봉을 경유하는 길이고, 우측은 산 비탈길로 가는 지름길이다. 우측 지름길을 따라 40분을 가면 넓은 초원지대가 나온다. 여기서 다시 숲길을 따라 10분을 더 오르면 초원지대인 대덕산 정상이다.

　정상은 수 천 평 넓은 초원지대이며 수십 종 야생화, 식물들의 보고이다.

　하산은 남쪽 초원능선을 따라 11분을 내려가면 갈림길이 나온다. 갈림길에서 오른쪽으로 간다. 완만한 하산길을 따라 34분을 내려가면 분주골 삼거리에 닿는다.

　여기서부터 올라왔던 계곡길을 따라 35분 내려가면 주차장이다.

자가운전

금대봉은 중앙고속도로 제천IC에서 빠져나와 태백 방면 38번 국도를 타고 두문동터널 바로 전 (구)도로로 우회전⇒두문동재 주차. **대덕산**은 두문터널 통과 태백 태서초교 삼거리에서 좌회전 ⇒35번 국도를 타고 약 10km 창죽교에서 좌회전⇒6km 검룡소 주차장.

대중교통

청량리역-제천역에서 강릉행 열차 이용, 태백 하차.
동서울터미널에서 태백행 버스 이용 후, 태백에서 고한 방면 버스를 타고 두문동터널 통과 두문동 버스정류장 하차(**금대봉**). **대덕산**은 택시를 이용해야 한다.

식당

한우마을(한우)
태백시 황지1동 42-51
이림상가 1층
033-552-5349

보통기사식당
태백시 삼수동 시외버스 터미널 앞
033-552-6625

숙박

모텔패스텔
태백시 삼수동 25-131
033-553-9980

명소

검룡소, 황지못, 석탄박물관

통리장날 5일, 15일, 25일

풍악산 1208.6m

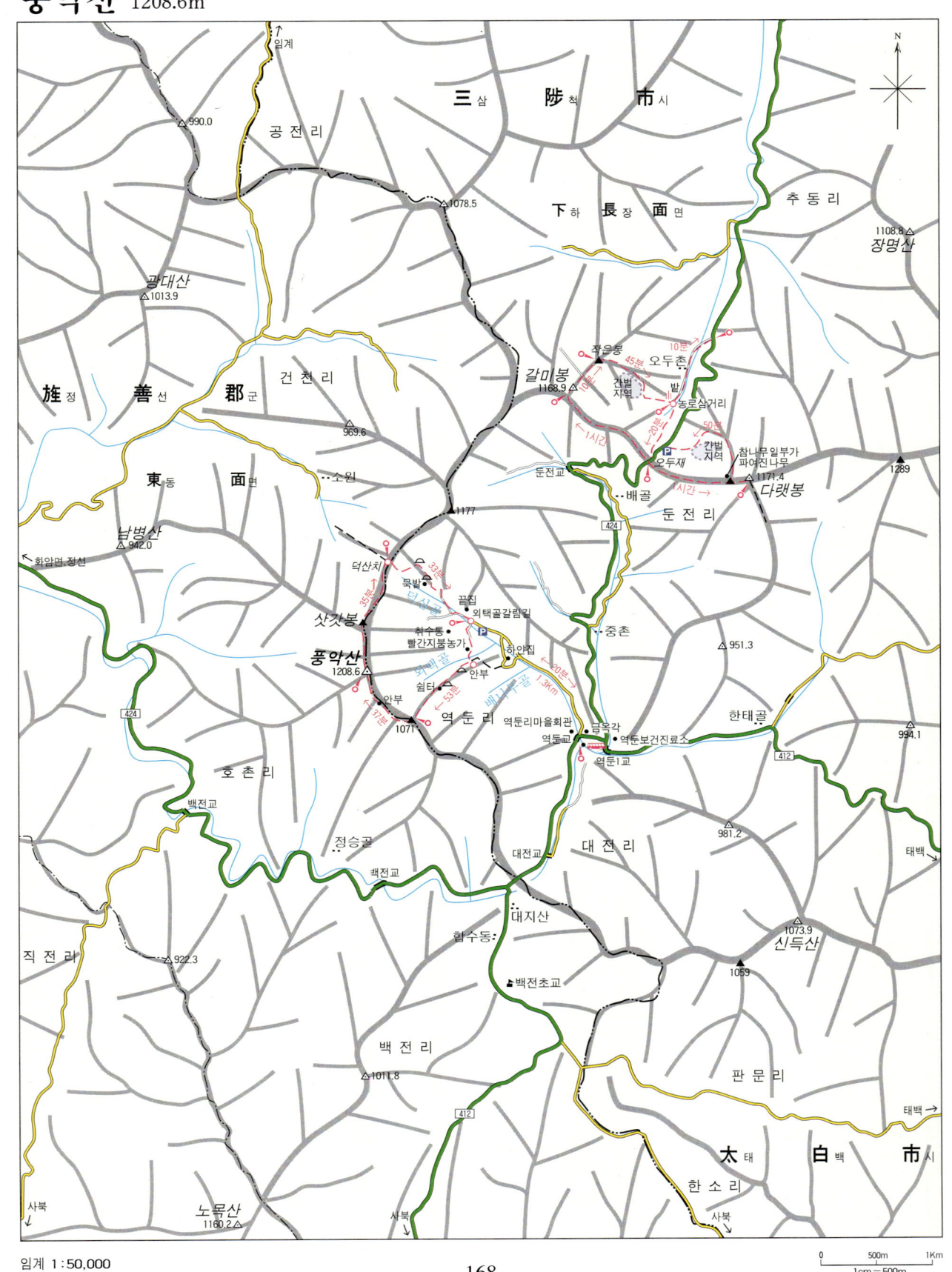

풍악산

강원도 삼척시 하장면, 정선군 화암면(江原道 三陟市 下長面, 旌善郡 畵岩面)

개요

풍악산(1208.6m)은 첩첩산중 정선군 동면 호촌리와 삼척시 하장면 역둔리 경계를 이루고 있는 육산이다. 태백 고원지대 고냉지 농작물을 재배하는 전형적인 산간에 위치한 산이다.

산길은 옛날 나뭇길을 따라 가거나 길이 없는 구간도 있다. 하지만 길을 잃을 위험은 없고 험로도 없으므로 산행을 하는데 큰 어려움은 없다.

산행은 역둔마을에서 외택골, 배나무골 사이 지능선을 타고 1071봉을 경유하여 북릉을 따라 풍악산에 오른다. 하산은 북릉을 타고 덕심재를 경유하여 덕심골을 따라 다시 역둔마을로 하산한다.

잡초만 무성한 풍악산 정상

등산로(4시간 18분 소요)

역둔교→ 20분→ 외택골 갈림길→ 53분→ 1071봉→ 37분→ 풍악산→ 35분→ 덕심치사거리→ 33분→ 외택골 갈림길→ 20분→ 역둔교

424번 지방도가 지나가는 하장면 역둔초교에서 424번 지방도를 벗어나 북서 방면 역둔리 마을길을 따라 20분(1.3km)을 가면 왼쪽으로 세 번째 다리가 나온다. 세 번째 다리를 건너 면 바로 왼쪽으로 또 다리가 나온다(끝 농가에서 100m 전이다.). 이 지점이 외택골 갈림길이고 산행기점이다.

왼쪽 다리를 건너 농로를 따라 5분을 가면 빨간 지붕 농가가 나온다. 농가에서 보면 왼편 서쪽으로 지능선 안부가 보이고 이 안부를 향해 간다. 빨간지붕 농가마당을 지나 오른쪽으로 약 5m 정도 가서 왼쪽 묵은 밭을 가로질러 3분을 올라가면 지능선 안부가 나온다. 안부에서 지능선으로 난 희미한 산길을 따라 6분 정도 가면 산길은 우측 비탈길로 이어지다가 없어진다. 여기서 길이 없는 왼쪽 지능선으로 치고 3분정도 올라가면 묵은 묘가 나온다. 묘를 지나서 10분을 오르면 두 번째 묘를 지나 쉬어가기 좋은 쉼터가 나온다. 쉼터를 지나 11분을 더 오르면 번번한 지역이 나오고 길이 없어진다. 여기서부터 길이 없는 지능선을 따라 15분을 올라가면 주능선 1071봉에 닿는다.

주능선은 산길이 뚜렷하다. 뚜렷한 북쪽 방향 주능선을 따라 14분을 가면 안부가 나온다. 여기까지는 산길이 순하고 뚜렷한 편이나 여기서부터는 능선에 바위가 간간이 나오고, 산길이 희미해지거나 없어지는 곳도 있으므로 다소 주의를 하면서 바위가 나오면 우회하고, 계속 주능선만을 따라 23분을 올라가면 삼각점(임계 461. 2005년 재설)이 있는 풍악산 정상이다. 정상에서 바라보는 사방은 모두 산뿐이고 간간이 고랭지 밭이 보이는 첩첩산중이다.

하산은 북릉을 탄다. 북쪽 방향 주능선을 따라 12분을 가면 갈림능선 삿갓봉이 나온다. 삿갓봉에서 오른편 북동 방향 주능선을 따라 13분을 가면 우측으로 지능선이 나온다. 여기서는 왼쪽 주능선을 따라 10분을 내려가면 쉬어가기에 좋은 덕심치사거리가 나온다.

하산은 동쪽 덕심골을 따라 내려간다. 희미한 덕심골 방향 길을 따라 5분 정도 내려가면 하산길은 왼쪽 비탈길로 이어진다. 비탈길을 따라 7분을 내려가면 묵은 묘가 나온다. 묘에서부터는 하산길이 오른쪽 지능선으로 이어져 3분 내려가면 또 묘가 나온다. 묘에서 오른쪽으로 내려서면 묵은 밭이다. 묵은 밭 왼쪽 길을 따라 4분 내려가면 농로가 시작 지점이다. 여기서부터 농로를 따라 12분을 내려가면 끝집이 나오고, 끝집에서 100m 더 내려가면 산행기점 외택골 삼거리가 나온다.

자가운전

중앙고속도로 제천IC에서 빠져나와 태백 방면 38번 국도를 타고 사북에서 좌회전⇒412번 지방도를 타고 약 8km 백전리 삼거리에서 좌회전⇒2km 대전리 삼거리에서 우회전⇒1.5km 역둔교에서 좌회전⇒소형차로를 따라 1km 왼편 주차 공간.

대중교통

태백에서 역둔리행 버스 1일 2회(08:00 14:40), 역둔리에서 태백행(12:00 18:00).

정선에서 역둔리행 버스 1일 2회(07:45 13:35), 역둔리에서 정선행(09:30 14:50).

숙식

태백

태백 한우마을
태백시 황지1동 42-51
033-533-5349

모텔패스텔
태백시 삼수동 25-131
033-553-1881

증산

강원정육점식당
정선군 남면 무릉 4리
033-591-0075

리버사이드모텔
정선군 남면 무릉리 491
033-592-3326

명소

검룡소, 황지못

동면장날 3일, 8일
증산장날 4일, 9일

숲뒤산 1060m 장병산 1108.8m

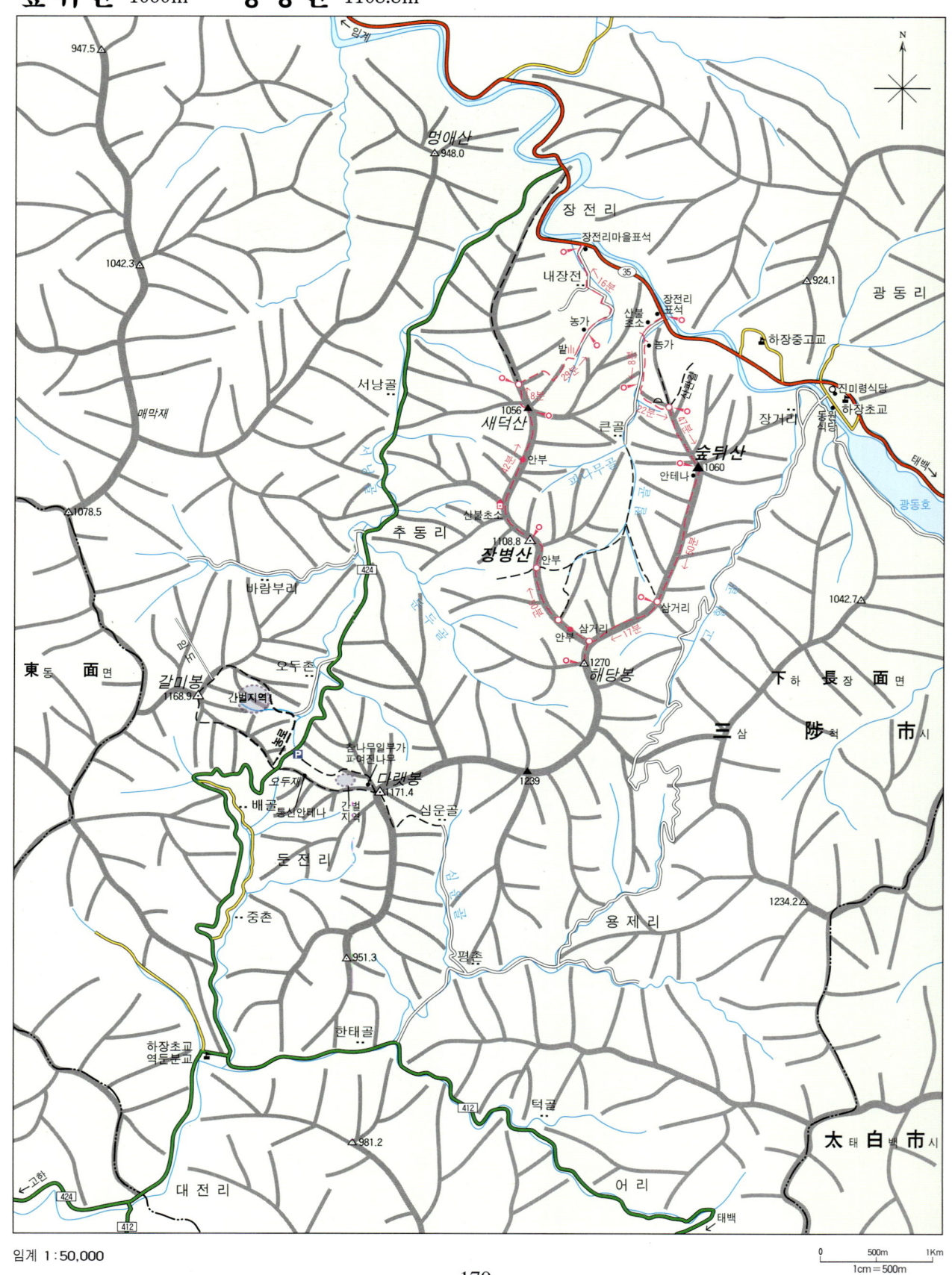

숲뒤산 · 장병산 강원도 삼척시 하장면(江原道 三陟市 下長面)

 개요

숲뒤산(1060m)과 장병산(藏兵山 1108.8m)은 광동댐이 있는 하장면 서쪽에 위치한 산이다. 전체적으로 산세는 육산이나 산길이 희미하거나 길이 없는 구간도 있는 개척단계의 산이다.

산행은 숲안마을에서 왼편 능선을 타고 숲뒤산을 먼저 오른 다음, 남서릉을 타고 해당봉을 경유하여 장병산에 오른 후에, 하산은 계속 북릉을 타고 새덕산을 거쳐 8분 거리 안부에서 우측 골 능선을 경유하여 장전리로 하산 한다.

잡목이 무성한 장병산 정상

 등산로

숲뒤산-장병산(5시간 41분 소요)

숲안마을 → 30분 → 주능선 → 47분 →
숲뒤산 → 67분 → 해당봉 → 50분 →
장병산 → 42분 → 새덕산 → 45분 → 장전리

하장면 소재지에서 임계 쪽 35번 국도를 따라 1.5km 거리에 이르면 장전리 숲안마을이 나온다. 숲안마을에서 산불초소가 있는 남쪽으로 소형차로를 따라 8분(500m)을 들어가면 오른편에 다리가 있고 왼편에 공터가 나온다. 공터 끝에서 왼쪽으로 골이 있다. 이 골 왼쪽 능선으로 오른다. 희미한 산길을 따라 20분을 올라가면 묘가 나온다. 묘에서부터 길이 없는 묘 상단으로 60m 가량 2분을 가면 주능선 사거리가 나온다.

여기서 남쪽 주능선을 따라 14분을 가는 동안 좌, 우로 옛 산판길이 3번 나온다. 산판길이 나올 때 마다 주능선을 벗어나지 말고 주능선만을 따라가야 한다. 주능선 일대가 벌목으로 잡목이 우거져 길이 거의 없는 상태이다. 하지만 마지막 산판길 갈림길에서 주능선을 따라 13분 정도만 치고 오르면 벌목지대가 끝나면서 뚜렷한 길이 나온다. 여기서 20분을 더 오르면 TV 안내나가 2개가 있고 표지목이 있는 숲뒤산 정상이다.

정상에서 해당봉을 향해 뚜렷하고 무난한 남쪽 능선을 타고 17분을 가면 작은 안부를 지나고 계속 주능선을 따라 33분을 가면 우측으로 갈림길이 나온다.

갈림길에서 계속 직진하여 6분을 가면 번번한 안부가 나오고, 4분을 더 올라가면 삼거리가 나온다. 삼거리는 하산 길이므로 잘 표시를 해두어야 한다. 삼거리에서 계속 직진으로 7분을 더 오르면 해당봉이다.

해당봉에서 하산은 올라왔던 7분 거리 삼거리로 다시 내려가서 왼쪽 능선을 탄다. 삼거리에서 왼쪽 능선을 따라 17분을 내려가면 안부가 나온다. 안부에서 17분을 올라가면 시설이 있는 봉을 지나서 내려가면 산판길인 안부가 또 나온다. 안부에서 11분을 오르면 삼각점 표지목이 있는 장병산 정상이다.

장병산에서 계속 북쪽 능선을 13분을 가면 산불초소가 나오고, 21분을 내려가면 안부가 나온다. 안부에서 계속 북쪽능선을 따라 8분을 올라가면 새덕산이다.

새덕산에서 하산은 서북쪽 능선을 따라 1분을 가면 갈림 능선이 나온다. 여기서 오른쪽 능선을 따라 7분을 내려가면 안부가 나온다. 안부에서 주능선을 버리고 오른편 동쪽 둔덕 같은 작은 능선 낙엽송 지역으로 2분을 내려가면 작은 능선이 없어지고 반반한 지역이 나온다. 여기서 오른쪽으로 희미한 비탈길을 따라 5분을 가면 새덕산에서 내려오는 지능선 갈림길을 만나게 된다. 갈림길에서 뚜렷한 왼쪽 능선길을 따라 11분 내려가면 밭 상단이다. 여기서 오른편 희미한 길을 따라 3분을 가면 밭과 가장 가까운 지점이 나온다. 여기서 밭으로 내려서 밭을 가로 질러 내려서면 농로가 나온다. 농로를 따라 8분 내려가면 외딴 농가를 지나고, 16분을 더 내려가면 장전리 버스정류장이다.

자가운전

중앙고속도로 제천IC에서 빠져나와 태백 방면 38번 국도를 타고 두문동터널 통과 태백 태서초교에서 좌회전⇨35번 국도를 타고 하장면 소재지에서 1.5km 숲안마을 주차.

대중교통

동서울터미널, 청량리역에서 버스나 열차 이용, 영주에서 버스나 열차 이용, 태백 하차. 태백에서 임계 간 1일 8회 버스 이용, 하장면 장전리 숲안마을 하차. 삼척-하장 1일 3회(07:30 13:30 16:30) 하장 하차.

식당

김미령식당
삼척시 하장면 광동리
033-554-1024

고하네식당
삼척시 하장면 광동리
033-553-5215

동원식당
삼척시 하장면 광동리
033-553-5969

숙박

광동파크장
삼척시 하장면 광동리
033-552-0090, 010-4311-0090

명소

화암동굴

동면장날 3일, 8일
임계장날 5일, 10일

칠성산 (七星山) 976m

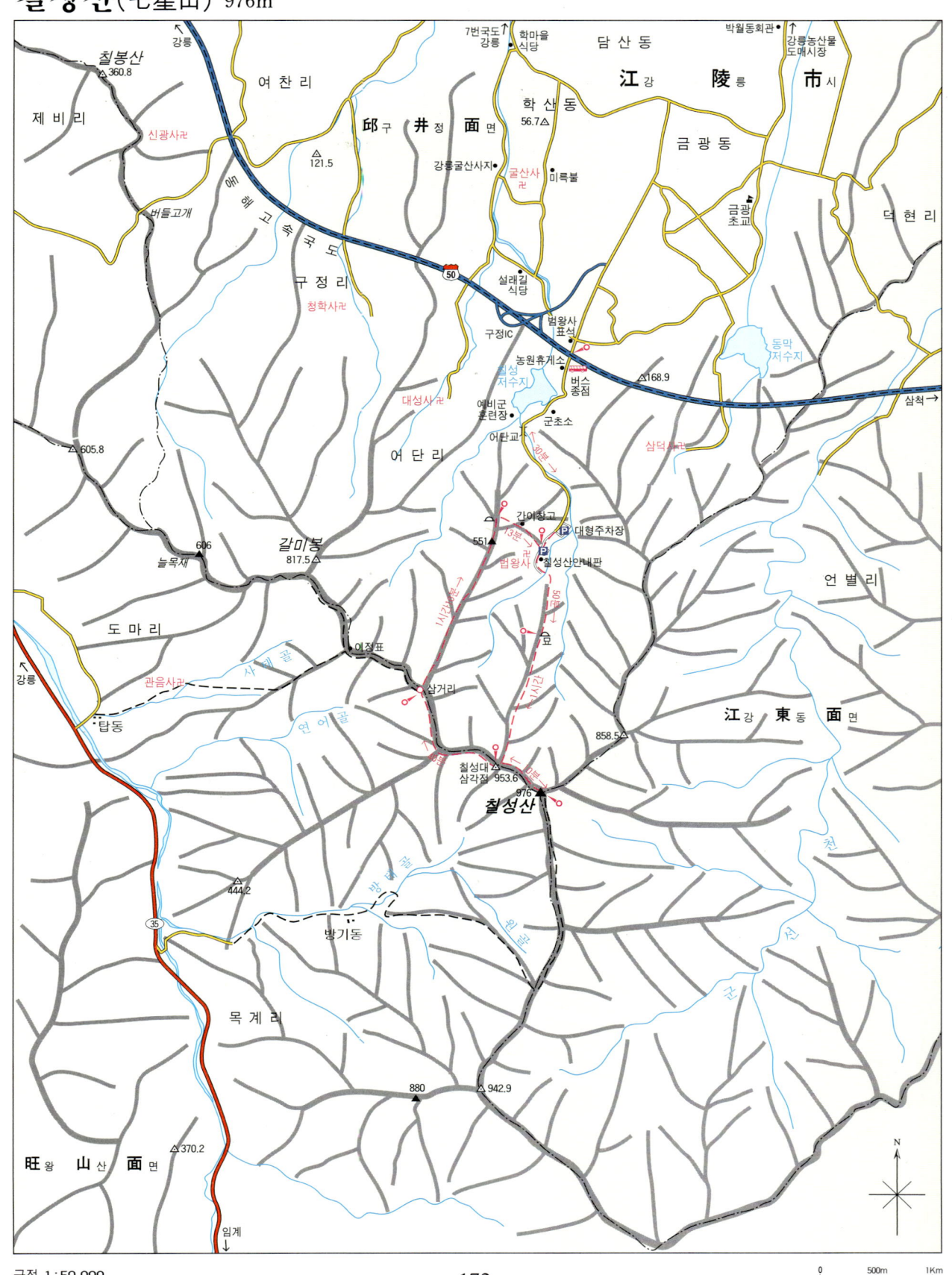

칠성산

강원도 강릉시 구정면, 왕산면(江原道 江陵市 邱井面, 旺山面)

개요

칠성산(七星山. 976m)은 백두대간 두리봉에서 동북쪽으로 갈라지는 능선이 만덕봉, 마감산, 칠성산 칠성대로 이어진다. 동해안 정동진 방면에서 서쪽으로 가장 높이 솟은 산이 칠성산이다. 칠성산은 1996. 9. 18일 북한 무장공비들이 잠수함을 이용, 동해안 대포동으로 침투하여 괘방산, 칠성산을 거쳐 도주하다가 모두 사살되었던 지역이고, 안보산행지로 널이 알려져 있으며 동해안 대포동에는 안보체험관이 있다. 칠성산 정상에 서면 동해바다가 막힘없이 펼쳐지며 강릉시가지가 한눈에 내려다보인다.

산행은 버스종점인 농원휴게소에서 소형차로를 따라 법왕사에 이른 다음, 법왕사 왼쪽 능선을 타고 칠성산에 오른다. 하산은 10분 거리 칠성대로 되돌아온 다음, 왼쪽 서북쪽 주능선을 타고 40분 거리 삼거리에서 북쪽 지능선을 타고 다시 법왕사로 원점회귀 산행이다.

칠성산 산행기점 법왕사

등산로(5시간 13분 소요)

법왕사→50분→묘→60분→칠성대→10분→칠성산→10분→칠성대→40분→삼거리→83분→법왕사

강릉시청에서 동해 방면으로 7번 국도를 따라 약 4km 거리에 이르면 내곡교를 건너 도로 오른쪽으로 강릉농수산물시장이 나온다. 농수산물시장에서 오른편 남쪽으로 난 도로를 따라 2km 정도 들어가면 박월동회관을 통과하고 계속 도로를 따라 1.5km 거리에 이르면 동광초교가 나온다. 동광초교에서도 계속 직진하여 가면 도로는 오른편 서쪽으로 꼬부라지면서 고속도로 바로 앞 사거리가 나온다. 농수산물시장에서 여기까지 이어지는 도로는 좁은 마을길이다. 이 사거리에는 법왕사 표지판이 있고 동해고속도로 밑으로 도로가 지나가게 된다. 고속도로 교각 밑으로 1차선 소형차로를 따라 약 200m 들어가면 농원휴게소가 나온다. 여기서부터 1차선 포장된 소형차로를 따라 약 2km 가면 대형주차장이 나오고, 200m 더 들어가면 법왕사 소형주차장이다.

소형주차장에서 왼쪽으로 가면 계곡을 건너서 칠성산 이정표가 있다. 이정표에서 조금 올라서면 바로 갈림길이 나온다. 갈림길에서 오른쪽으로 간다. 오른쪽으로 가면 지능선으로 등산로가 이어진다. 계속 능선으로 이어지는 등산로를 따라 50분을 올라가면 묘가 나온다.

묘를 지나서도 계속능선으로 이어진다. 매우 가파르게 이어지는 지능선을 따라 1시간을 오르면 공터에 칠성대 953m 이정표가 나온다. 여기서 동남쪽 능선으로 10분을 더 가면 칠성산 981m 정상이다.

정상에서 하산은 올라왔던 10분 거리 칠성대 삼거리로 다시 내려온 다음, 왼편 서북쪽 주능선을 탄다. 서북쪽 주능선을 따라 내려가면 무난한 능선으로 이어지며 40분을 내려가면 삼거리가 나온다.

삼거리에서 왼쪽은 관음사, 오른쪽은 법왕사 길이다. 삼거리에서 우측 북쪽 법왕사 길을 따라 내려가면 하산 길은 일직선 지능선으로 이어지며 1시간 10분을 내려가면 묘가 나온다.

묘에서부터는 산길이 동쪽 오른편 비탈길로 이어진다. 비탈길을 따라 3분 거리에 이르면 능선에 간이창고가 있고 갈림길이 나온다. 이 갈림길에서 왼쪽 지능선을 버리고 오른쪽으로 가야한다. 오른쪽으로 내려서면 급경사로 이어지며 10분을 내려가면 법왕사에 닿는다.

법왕사에서 조금 내려가면 소형주차장이고 200m 거리에 대형주차장이며 2km 거리에 이르면 어단리 시내버스종점이다.

자가운전

영동고속도로와 동해고속도로가 만나는 남강릉IC에서 빠져나와 우회전⇒법왕사 이정표 따라 3km 고속도로 밑⇒농원휴게소⇒어답교⇒법왕사 주차장

대중교통

동서울터미널에서 강릉행 버스, 청량리역에서 강릉행 열차 이용. 강릉버스터미널, 병무청 앞에서 102번, 103번 법왕사행 시내버스 이용. 종점 농원휴게소 하차.

숙식

구정

농원휴게소
강릉시 구정면 어단1리
033-647-9134

설래길
강릉시 구정면 어단리 태라로사 앞
033-647-9399

학마을
강릉시 구정면 학산리 439-9
033-647-7942

정동진

시골식당(망치매운탕)
강릉시 강동면 심곡리 72-1
033-644-5312

탑스빌모텔
강릉시 강동면 정동진2리 27-30
033-643-1054

명소

동해안, 정동진역 해변

연화산(連花山) 1171.2m 백병산(白屏山) 1259.3m

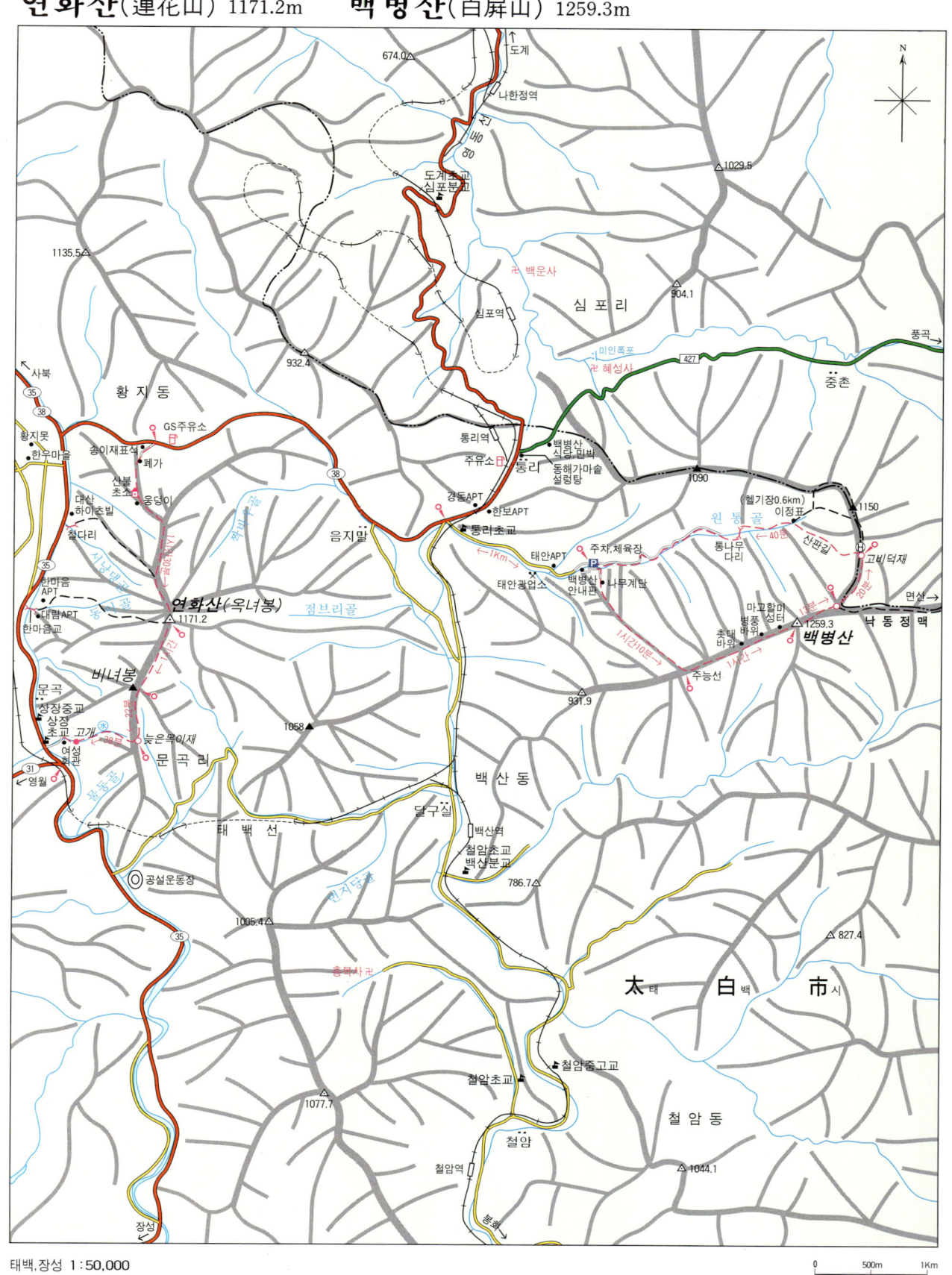

태백,장성 1:50,000

연화산 · 백병산 강원도 태백시(江原道 太白市)

 개요

연화산(蓮花山. 11171.2m)은 태백시 동쪽에 위치한 공원 같은 산이다. 정상 주능선은 바위가 많은 편이나 전체적인 산세는 완만한 산세를 이루고 있다.

백병산(白屛山. 1259.3m)은 통리 동쪽에 위치한 산이다. 주능선은 낙동정맥이 지나가는 길목이며, 남서쪽 두능선이 바윗길이다. 우회길이 있으나 매우 주의를 해야하는 구간이다. 산행은 체육시설에서 주능선을 경유하여 백병산에 오른 후 고비덕재를 경유, 원통골로 하산한다.

체육시설이 있는 백병산 산행기점

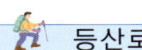 등산로

연화산(4시간 30분 소요)

송이재 → 90분 → 연화산 → 60분 → 비녀봉 → 22분 → 늦은목재 → 38분 → 청소년교

태백에서 통리로 가는 도로 1km 송이재 표지석에서 농로를 따라 50m 가면 농로 끝 폐가 30m 전에 우측으로 등산로가 있다. 이 등산로를 따라 10분을 오르면 산불초소가 나온다. 산불초소를 지나 주능선 등산로를 따라 1시간을 오르면 우측에서 오르는 삼거리를 만난다. 삼거리에서 급경사를 오르면 암벽 밑에 닿는다. 암벽에서는 밧줄이 있는 왼쪽 길을 따라 오르면 암릉이며 암릉을 지나면 바윗길을 지나서 공터인 옥녀봉 연화산 정상이다. 정상은 삼거리이며 태백시가지가 막힘없이 내려다보인다.

하산은 남쪽 능선을 타고 가면 우측은 암릉 절벽이므로 언제나 왼쪽 사면길로 조심하여 내려간다. 암릉길을 1시간 내려가면 비녀봉에 닿는다.

비녀봉에서 서쪽 방면으로 조금가면 직벽바위 끝이다. 여기서 10보 가량 다시 뒤로 가서 남쪽 급사면으로 하산길이 있다. 이 하산길을 따라 22분가면 늦은목이재에 닿는다.

늦은목이재에서 우측 서쪽으로 발길을 옮겨 20분을 내려가면 오름뫼샘터가 나온다. 샘터에서 18분을 내려가면 안부를 지나서 태백복지회관 삼장초교를 지나서 청소년교에 닿는다.

백병산(4시간 23분 소요)

안내판 → 70분 → 주능선 → 60분 → 백병산 → 33분 → 고비덕재 → 40분 → 안내판

통리초교에서 동쪽으로 도로를 따라 약 1.km 가면 태안광업소 정문을 통과하고 500m 더 들어가면 태안아파트 앞을 지나 공터에 체육시설이 있고, 백병산 등산안내판이 나온다. 안내판 우측으로 난 등산로를 따라 50m 가면 계곡을 건너 20m 거리에서 우측 계단으로 오른다. 계단을 오르면 지능선으로 등산로가 이어진다. 이 등산로를 따라 23분을 오르면 안부에 닿는다. 안부에서 동남쪽으로 난 뚜렷한 지능선 등산로를 따라 47분을 오르면 주능선에 닿는다.

주능선에서 능선길을 따라 15분을 오르면 촛대바위 위에 서고, 다시 30분 거리에 이르면 병풍바위가 나온다. 병풍바위에서 100m 마고할머니성터를 지나서 10분을 더 올라가면 백병산 정상이다. 주능선은 암릉구간이므로 주의를 해야 한다.

하산은 동릉을 타고 13분 거리에 이르면 낙동정맥 삼거리에 닿는다. 삼거리에서 왼편 북쪽 길로 20분을 내려가면 헬기장인 고비덕재에 닿는다.

여기서는 왼편 임도를 따라 20분 내려내려가면 밭이 나오고, 20분 더 내려가면 등산안내판 산행기점이다.

자가운전

연화산은 중앙고속도로 제천IC에서 태백 방면 38번 국도를 타고 태백 장터 사거리에서 좌회전⇒1.5km 거리 송이재 주차.
백병산은 계속 통리쪽 통리주유소 500m 전 삼거리에서 우회전⇒2km거리 등산안내판 주차.

대중교통

동서울터미널에서 태백행 버스 이용. 또는 청량리역에서 강릉행 열차 이용, 태백 하차. 태백버스터미널에서 통리행 시내버스 이용, **연화산**은 송이재 하차. **백병산**은 통리 하차.

식당

한우마을
태백시 황지1동 42-51
033-552-5349

동해가마솥설렁탕
태백시 통동 69-41
033-554-3600

숙박

모텔패스텔
태백시 삼수동 25-131
033-553-1881

명소

황지못
검룡소
석탄박물관

통리장날 5일, 15일, 25일

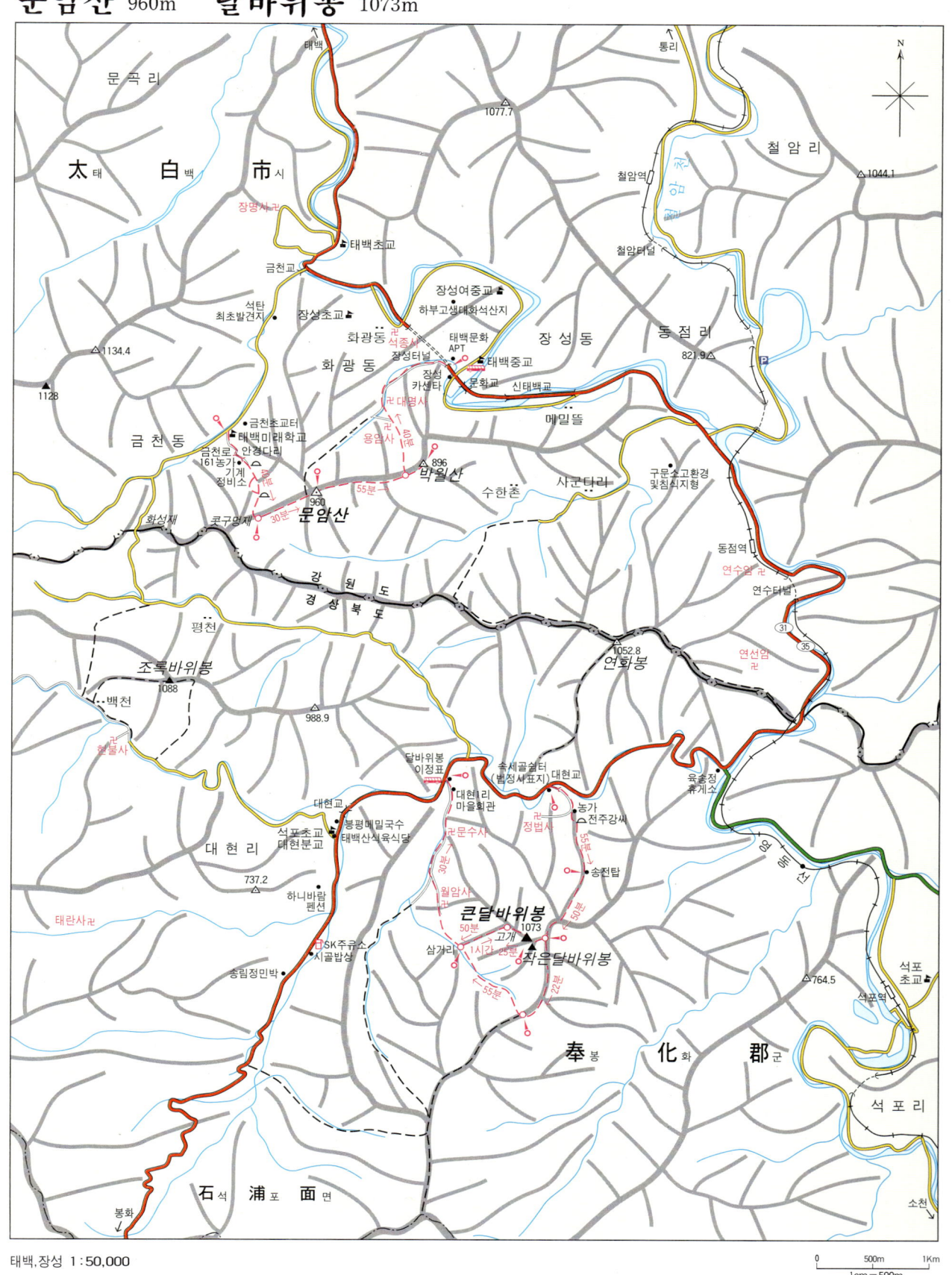

문암산 · 달바위봉

강원도 태백시 장성동 · 경북 봉화군(江原道 太白市 長省洞 · 慶北 奉化郡)

개요

문암산(960m)은 태백에서 장성으로 가는 31번 국도 중간쯤 서쪽에 위치한 산이다. 산행은 장애인복지관에서 콧구멍재를 경유하여 문암산에 오른 뒤, 동쪽 능선을 타고 박월산을 경유하여 용암사를 지나서 장성터널입구로 하산한다.

달바위봉(1073m)은 큰달바위봉과 작은달바위봉으로 이루어져 있으며 험한 바위산이다. 산행은 법정사 입구에서 송정탑을 경유하여 달바위봉 전 삼거리에 이른 다음, 남쪽 늦재 방면 능선 과 계곡 월암사를 거쳐 대현1리 마을회관으로 하산한다.

등산로

문암산(3시간 45분 소요)

장애인복지관→ 40분 → 콧구멍재→ 30분 → 문암산→ 55분 → 박월산→ 40분→ 장성터널 입구

장애인복지관 입구 마당 오른쪽으로 난 길을 따라가면 복지관을 지나자 왼쪽 다리를 건너서 농기계 정비소 왼쪽 언덕으로 올라서면 언덕 우측 비탈길로 가다가 우측 계곡을 건너서 산길이 이어지며 바로 갈림길이 나온다. 갈림길에서 우측 능선으로 올라서면 능선 초입에 묘가 있고 삼거리다. 삼거리에서 우측 길을 따라 가면 골 쪽으로 산길이 이어지며 골이 끝날 즈음에는 왼쪽 산비탈 길로 이어지며 콧구멍재 사거리에 닿는다. 복지관에서 40분 거리다.

콧구멍재에서 왼쪽 능선을 따라 오르면 왼편으로는 벼랑이며 우측은 바위가 있으나 우회하면서 30분을 오르면 삼거리 문암산 정상이다.

문암산에서 동쪽으로 이어진 주능선을 따라 50분 거리에 이르면 안부삼거리가 나온다. 안부에서 우측 능선을 따라 5분을 오르면 삼각점이 있는 박월산이다.

하산은 5분 거리 올라왔던 안부삼거리로 되돌아온 다음, 동쪽으로 15분을 내려가면 산신각을 지나서 용암사에 닿는다. 용암사에서 수도가 있는 계곡길을 따라 내려가면 다시 소형차로를 만나게 되어 20분을 가면 장성터널 남쪽 입구에 닿고, 우측으로 조금 내려가면 황지-장성 간 삼거리다.

달바위봉(4시간 32분 소요)

대현교→ 55분 → 송전탑→ 50분→ 삼거리→ 22분 → 갈림길→ 55분→ 삼거리→ 30분→ 대현1리 마을회관

31번 국도 정법사 입구 속세골쉼터에서 대현교를 건너 농로를 따라 16분을 가면 농가가 나온다. 농가에서 농가 뒤 계곡 쪽으로 난 길을 따라 2분을 가면 밭이 끝나고 갈림길이 나온다. 갈림길에서 희미한 왼쪽 길을 따라가면 계곡을 건너 지능선으로 이어져 7분을 가면 전주강씨묘가 나온다. 묘에서 능선길을 따라 16분을 가면 급경사 길이 시작되어 14분을 오르면 송전탑이 나온다.

송전탑을 통과하면 급경사로 이어져 50분을 오르면 달바위봉 북쪽 삼거리에 닿는다.

달바위봉까지 정복은 위험한 바위 코스이므로 소수 전문가만 오르고 일반적인 산행은 우회길로 하산한다.

삼거리에서 남쪽 능선을 따라 22분을 내려가면 갈림길이 나온다. 갈림길에서 우측길을 따라 10분을 내려가면 계곡길로 이어져 55분을 내려가면 삼거리가 나온다. 삼거리에서 계속 6분을 내려가면 월암사에 닿고, 월암사에서 소형차로를 따라 24분을 내려가면 대현1리 마을회관에 닿는다.

*달바위봉 전 삼거리에서 5분을 가면 달바위봉 아래에 닿는다. 여기서부터 밧줄을 이용 바윗길을 타고 20분을 오르면 달바위봉 정상에 닿는다.

하산은 올라온 반대 방향으로 12분을 내려가면 고개에 닿고, 철계단을 타고 내려가서 너덜길, 능선길로 이어져 26분을 내려가면 삼거리이며, 30분을 더 내려가면 마을회관이다.

자가운전

문암산은 중앙고속도로 제천IC에서 빠져나와 태백 방면 38번 국도를 타고 태백 시장사거리에서 직진⇨35번 국도를 타고 ⇨9km 장성동 금천교 삼거리에서 우회전⇨ 2km 장애인복지관 주차.

달바위봉은 태백에서 석포 방면 31번. 국도를 타고 구문소삼거리에서 우회전⇨2km 법정사 입구 주차.

대중교통

문암산은 동서울터미널에서 태백행 버스, 청량리역에서 강릉행 열차 이용, 태백 하차. 태백버스터미널에서 1일 5 금천행 시내버스 이용, 장애인복지관 하차.

달바위봉은 태백에서 석포 방면 버스 이용, 법정사 입구 하차.

식당

한우마을
태백시 황지1동 42-51
033-552-5349

숙박

모텔패스텔
태백시 삼수동 25-131
033-553-1881

명소

황지못
검룡소
석탄박물관

통리장날 5일, 15일, 25일

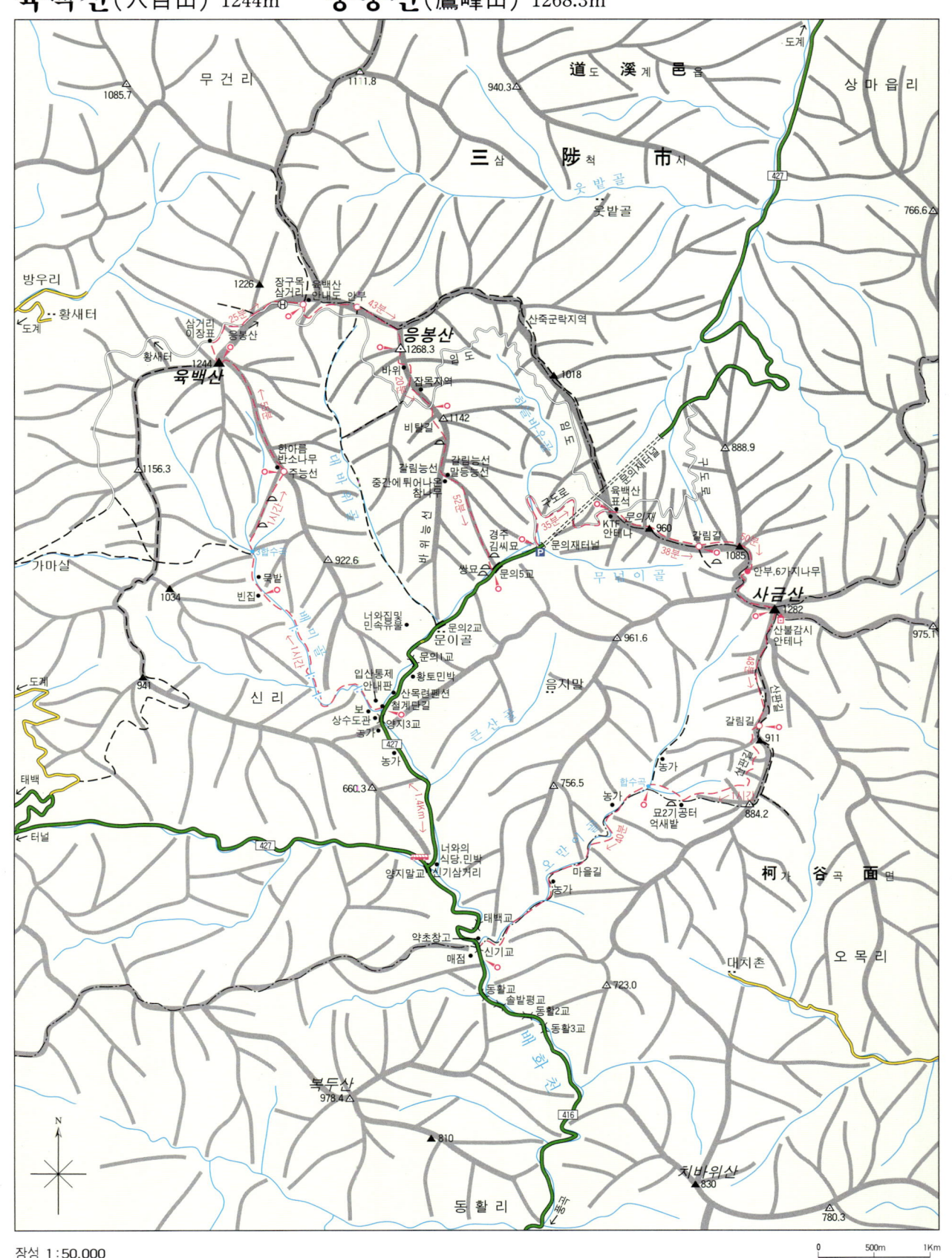

육백산(六百山) 1244m   응봉산(鷹峰山) 1268.3m

육백산 · 응봉산

강원도 삼척시 도계읍, 노곡면(江原道 三陟市 道溪邑, 蘆谷面)

개요

육백산(六百山. 1244m)과 응봉산(鷹峰山. 1268.3m)은 동쪽은 도계 탄광지역이며 남쪽 또한 풍곡탄광지역이었다. 지금은 모두 광산이 사라지고 오지의 휴양지로 바뀌어 가고 있다.

산행은 신기리 배미골을 따라 3합수곡에서 북동 방향 지능선을 타고 육백산에 먼저 오른다. 육백산에서 북쪽 임도를 따라 안내도가 있는 장군목 삼거리에서 동남쪽 능선을 타고 응봉산에 오른 다음, 남쪽 능선을 타고 문의터널 앞 427번 지방도로 하산한다.

등산로

육백산-응봉산(6시간 15분 소요)

양지3교 → 60분 → 빈집 → 60분 → 주능선 → 55분 → 육백산 → 25분 → 삼거리 안내도 → 43분 → 응봉산 → 20분 → 임도 → 52분 → 문의5교

신기에서 문의터널 쪽 지방도 1.3km 거리 양지3교를 지나 200m 거리 왼쪽 협소한 계곡이 배미골이며 산행기점이다. 도로에서 철계단을 내려서 배미골을 따라 계곡을 4~5차례 건너고, 작은 폭포를 3~4번 지나서 1시간 거리에 이르면 왼쪽에 외딴 빈집 한 채가 있다.

여기까지는 길이 뚜렷하고 이후부터는 거의 일이 없는 북서 방향 배미골을 따라 간다. 배미골을 따라 가면 길이 있다 없다 하면서 12분 거리에 이르면 왼쪽으로 옛날 묵은 산판길 흔적이 있고, 길이 없어지며 우측 30m 거리에 3합수곡이 나온다. 여기서 왼쪽으로부터 1번 2번 3번 계곡 중 2번 3번 중간 능선을 탄다. 합수점에서 오른쪽 계곡을 건너 왼쪽 희미한 중간능선을 따라 6분을 올라가면 묵은 묘가 나오고, 9분을 더 오르면 양편으로 희미한 길이 있으며 능선길은 없어진다. 하지만 지능선을 벗어나지 말고 계속 이어지는 지능선을 따라 10분을 오르면 돌담이 있는 묘를 지나고 23분을 더 오르면 한 아름 반 되는 소나무가 있는 주능선에 닿는다.

주능선에서 북쪽 주능선을 따라 14분을 올라가면 큰 안부가 나온다. 안부에서부터 경사가 급해진다. 소나무가 많은 급경사 능선을 따라 31분을 오르면 주능선에 닿는다. 주능선에서 왼편 서쪽으로 가서 잡목지대를 헤치고 10분 거리에 이르면 표지판이 있고, 나무시설이 있으며 숲에 가려진 육백산 정상이다.

하산은 잘 다듬어진 북쪽 길을 따라 5분을 내려가면 임도 삼거리가 나온다. 삼거리에서 오른편 동쪽 임도를 따라 11분을 가면 임도삼거리가 나온다. 삼거리에서 동쪽 임도를 따라 9분을 가면 장군목 삼거리 육백산 안내도가 나온다.

여기서 오른편 남쪽 임도를 따라 50m 거리에서 임도를 벗어나 왼쪽 산길로 5분 거리 봉우리에서 다시 왼쪽으로 능선길이 이어지면서 15분을 내려가면 안부가 나온다. 안부에서 다시 오르막길로 이어져 22분을 더 오르면 삼각점이 있는 응봉산 정상이다.

정상은 시야가 트여 사방이 막힘이 없다. 동남쪽으로부터 사금산, 치바위산, 복두봉, 육백산이 시야에 들어온다.

하산은 남쪽 능선을 탄다. 남쪽 능선을 따라 8분을 내려가면 바위가 나오는데 왼쪽으로 돌아가면 다시 능선으로 이어지고, 능선을 따라 내려가면 싸리나무 정글지대로 이어져 12분을 내려가면 임도가 나온다.

임도를 가로 질러 올라서면 바로 1142봉 오른쪽 비탈길로 이어져 10분을 가면 다시 주능선에 닿고 바로 묘가 나온다. 묘에서 왼쪽 편 능선을 따라 10분을 내려가면 갈림능선이 나온다. 갈림 능선에서 오른쪽 능선으로 간다. 오른쪽 능선으로 5분 거리에 이르면 또 갈림 능선이 나온다. 여기서는 왼쪽으로 간다. 왼쪽 능선은 말등과 같이 협소하며 길은 뚜렷한 편이다. 뚜렷한 능선길을 따라 22분을 내려가면 돌담이 쌓인 묘를 지나 경주김씨 묘가 나온다. 경주김씨 묘에서 오른편으로 5분 더 내려가면 문의터널 400m 전 427번 도로에 닿는다.

자가운전

중앙고속도로 제천IC에서 빠져나와 좌회전 ⇨ 38번 국도를 타고 제천-태백을 통과 통리 철길 건너 삼거리에서 우회전 ⇨ 427번 지방도를 타고 신기삼거리에서 좌회전 ⇨ 1.4km 거리 양지3교 주차.

대중교통

청량리역에서 강릉행 열차, 동서울터미널에서 태백행 버스 이용, 태백에서 풍곡 경유 호산행 버스 이용, 신기 하차. 신기-양지3교-문의재터널 구간은 버스 편이 없으므로 지나가는 차편을 이용하거나 걸어가야 한다.

숙식

황토민박
삼척시 도계읍 신리
033-552-1614
017-373-1904

산목련펜션
삼척시 도계읍 신기리
033-553-3229

너와의식당, 민박
삼척시 도계읍 신리
033-552-3719

명소

덕풍계곡

통리장날 5일, 15일, 25일
호산장날 5일, 10일

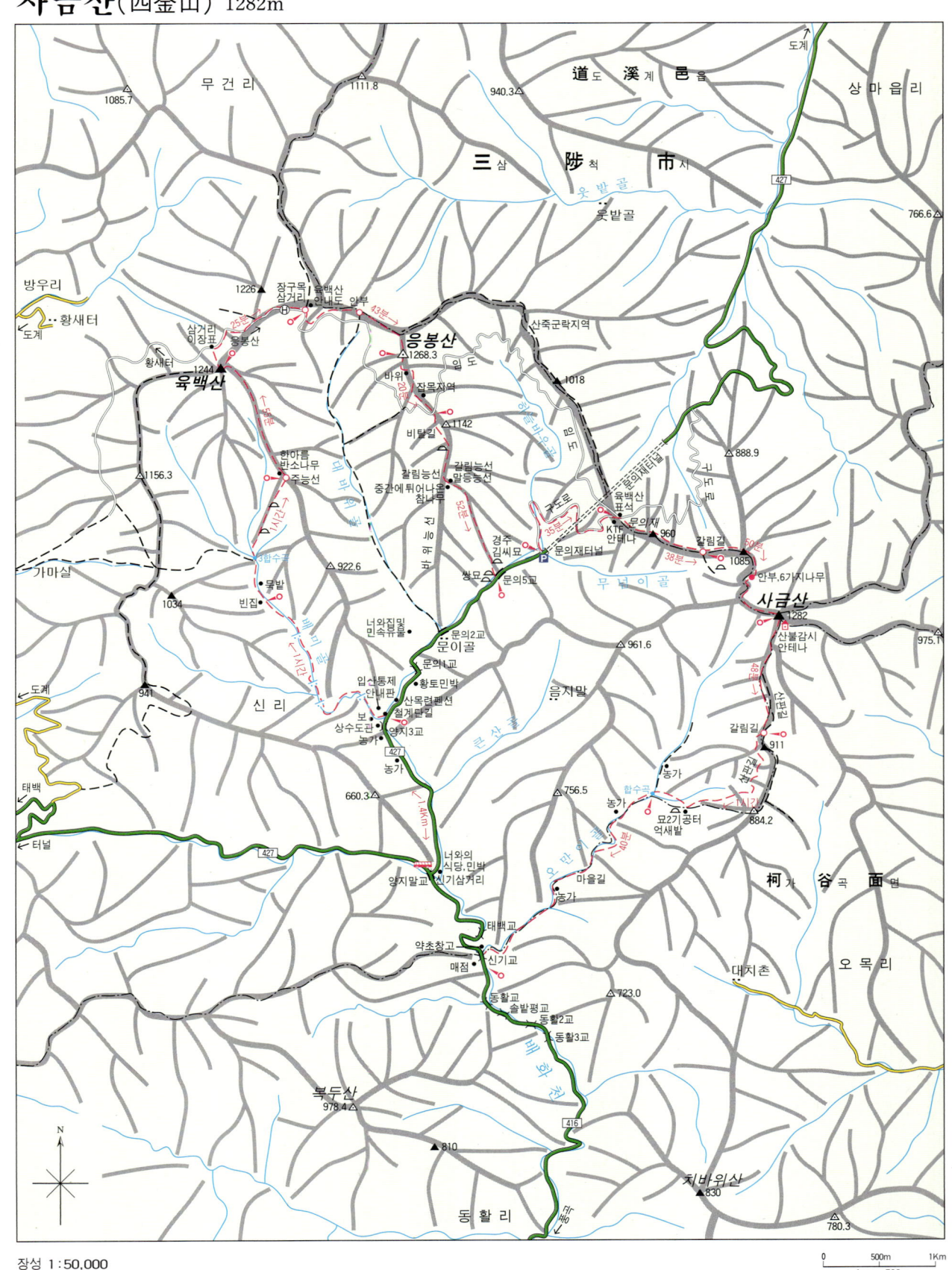

사금산 강원도 삼척시 도계읍, 가곡면, 노곡면(江原道 三陟市 道溪邑, 柯谷面, 蘆谷面)

개요

사금산(四金山, 1282m)은 모산인 응봉산에서 동남쪽으로 뻗어 내린 능선이 문의재로 잠시 가라 앉다가 다시 동쪽으로 솟은 산이다. 사금산 사방은 첩첩산중에 모두 산뿐이고 들이나 마을이 보이지 않는다. 높은 산은 아니지만 교통이 매우 불편한 오지에 위치한 산이다.

육산으로 험로는 없으나 산길이 희미하며 옛 산길을 찾아 산행을 하게 된다. 갈림길이 많아 매우 혼란스럽고, 등산로에 어떠한 안내표시도 없으므로 독도에 주의를 기우려야 한다.

사금산 접근은 태백 방면에서 또는 호산 방면에서 접근이 가능하지만 대중교통이 불편하여 가능한 자가용을 이용한 산행이 바람직하다.

산행은 문의재터널 입구에 주차를 하고 (구)도로를 따라 문의재에 도착한 다음, 문의재에서 KTF가 있는 동쪽 능선을 타고 번번한 1085봉을 경유하여 정상에 오른 뒤, 하산은 남릉을 타고 48분 거리 갈림길에서 오른쪽 비탈길을 따라 묘가 있는 공터에서 오른쪽 샛길로 내려가 오만이골을 따라 신기교로 하산 한다.

눈 덮인 쓸쓸한 사금산 정상

등산로 (5시간 31분 소요)

문의재터널 → 35분 → 문의재 → 38분 → 갈림길 → 50분 → 사금산 → 48분 → 산판길 → 60분 → 합수곡 → 40분 → 신기교

신리삼거리에서 북쪽 도계 방면으로 4km 거리 문의재터널 서쪽 입구에서 왼편 (구)도로를 따라 35분을 올라가면 문의재가 나온다.

문의재 서북쪽에는 육백산으로 가는 임도가 있고, 도로 오른편 동쪽에 KTF 안테나가 있다. KTF안테나가 있는 능선을 올라서면 남쪽으로 뚜렷한 산길이 있다. 뚜렷한 남쪽능선 산길을 따라 38분을 오르면 갈림길이 나온다. 갈림길에서 왼쪽 능선으로 간다.

왼쪽 능선을 따라 올라가면 산길이 다소 희미하게 이어지면서 25분을 오르면 두루뭉술한 1085봉에 닿는다. 이 지역은 두루뭉술하여 다소 혼란스럽다. 하지만 방향만 잘 잡고 가면 된다. 1085봉에서 주능선을 벗어나지 말고 오른편 정남쪽으로 이어진 능선을 따라가다 안부에 이르면, 중간에서 6가지로 뻗어 자란 잡목이 있다. 잡목이 있는 안부를 지나면 왕소나무 군락지를 지나게 된다. 왕소나무 군락지를 통과하면 산길은 동쪽으로 휘어진다. 1085봉에서 25분 거리에 이르면 사금산 정상이다. 정상은 산불감시 안테나가 2개 있다.

정상에서 바라보면 사방이 막힘이 없다. 육백산 응봉산이 바로 북서쪽 능선으로 이어져 있고 남쪽으로는 치바위산, 복두산이 바로 건너편에 있다. 또한 남쪽으로 풍곡면 일대가 내려다보이고 동쪽으로도 모두 산이다.

하산은 정남쪽 능선을 탄다. 오른편 남릉을 따라 내려가면 무난한 길로 이어져 32분을 내려가면 안부가 나온다. 안부 왼쪽 편에 오래된 산판길이 보인다. 안부에서 능선을 타고 오른다. 능선을 타고 오르면 산길은 왼쪽으로 휘어지다가, 다시 오른쪽으로 이어져 15분을 가면 다시 산판길을 만나며 바로 갈림길이 나온다.

갈림길에서 오른쪽 산판길로 간다. 산판길을 따라 가면 산 비탈길로 계속 이어진다. 평지와 같은 비탈길을 따라가면 호젓하고 편안한 길로 이어져 37분을 가면 산판길이 무너진 곳이 있으나, 곳 다시 이어져 8분을 더 가면 안부에 잡초가 무성한 집터가 나온다. 집터에서 우측 길로 내려간다. 안부에서 내려서면 비탈길로 돌아서 15분을 내려가면 합수곡-오만잇골농로에 닿는다.

농로에서부터는 왼편 농로를 따라 40분을 더 내려가면 신기교에 닿는다.

자가운전

중앙고속도로 제천IC에서 빠져나와 좌회전 ⇨ 38번 국도를 타고 태백을 통과 통리 철길 건너 삼거리에서 우회전 ⇨ 427번 지방도를 타고 신기삼거리에서 좌회전 ⇨ 1.4km 거리 양지3교 주차.

대중교통

청량리역에서 강릉행 열차, 동서울터미널에서 태백행 버스 이용, 태백에서 2~3회 운행 하는 풍곡 경유 호산행 버스 이용, 신기 하차.

신기-양지3교-문의재터널 구간은 버스 편이 없으므로 지나가는 승용차 편을 이용하거나 걸어야 한다.

식당

너와의식당, 민박
삼척시 도계읍 신기리
033-552-3719

한우마을
태백시 황지1동 42-51
033-533-1881

숙박

황토민박
삼척시 도계읍 신기리
033-552-1614, 017-373-1904

산목련펜션
삼척시 도계읍 신기리
033-553-3229

명소

동활계곡, 덕풍계곡

통리장날 5일, 15일, 25일

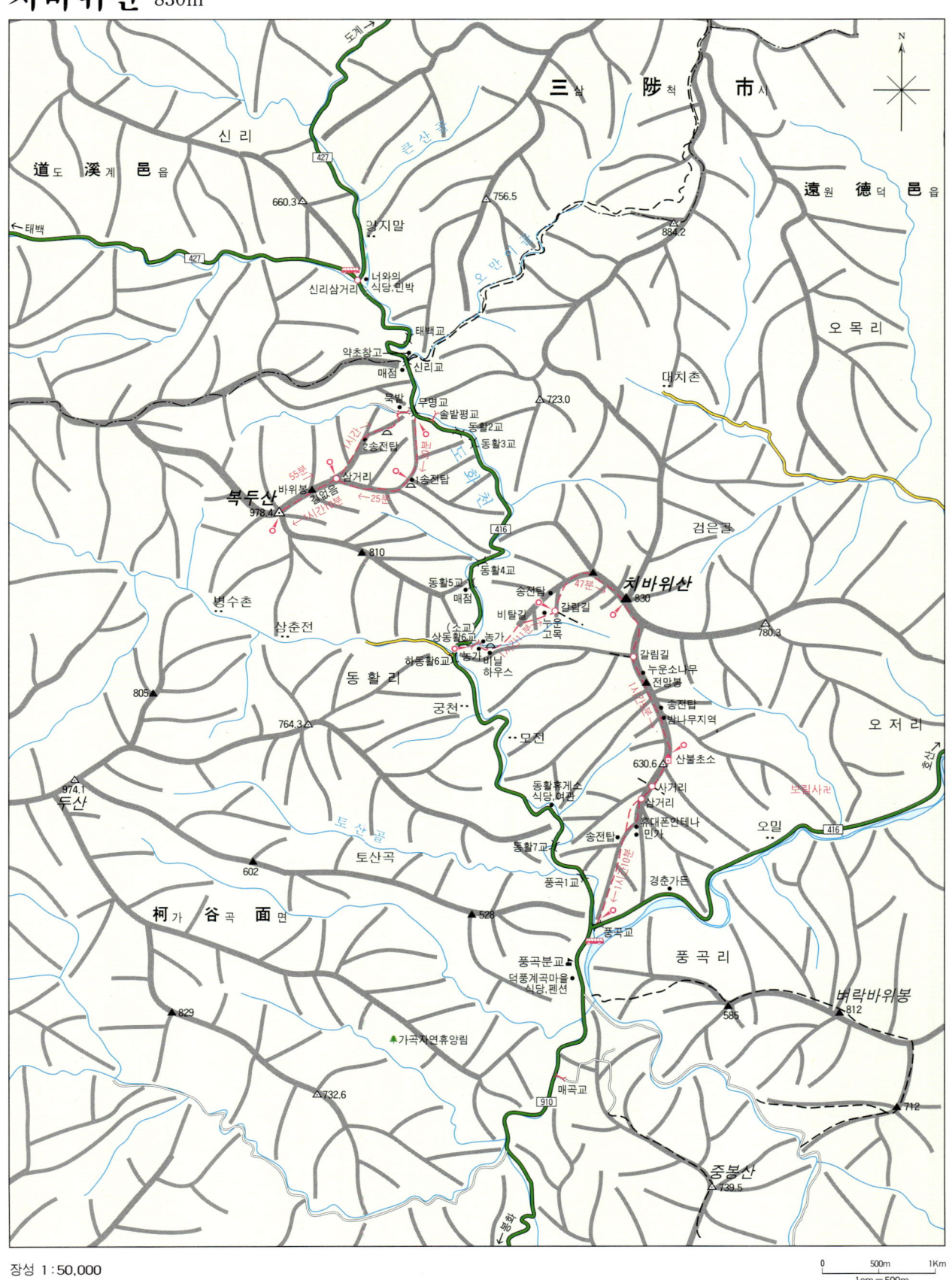

치바위산   강원도 삼척시 가곡면(江原道 三陟市 柯谷面)

개요

치바위산(830m)은 모산인 응봉산에서 동남쪽으로 능선이 이어져 사금산을 이루고 남진하여 치바위산을 올리고 풍곡으로 가라앉는다. 첩첩산중 풍곡리 북쪽에 위치하고 있으며 주능선 대부분은 암릉으로 이루어져 있는 아기자기한 바위산이다. 서쪽 도화천을 사이에 두고 복두산과 마주하고 있고, 남쪽으로는 면산, 용인등봉, 줄미등봉, 응봉산이다. 서쪽의 신리에서 굽이굽이 흐르는 도화천은 절경을 이루면서 풍곡리로 흐른다. 산행기점 동활 6교에서 주능선까지 등산로가 다소 희미한 편이고, 주능선 길은 뚜렷한 편이나 대부분 바윗길이므로 주의가 요망된다.

치바위산의 소재지인 풍곡리는 국내에서 가장 오지의 한 지역이며 교통이 불편하여 접근하기가 어려운 광산 지역이었다. 지금은 광산이 폐광되면서 관광지역으로 변모하고 있는 지역이다. 주변에 유명한 용소골 문지골 덕풍계곡이 있다.

산행은 동활6교에서 지능선을 타고 정상에 오른다. 하산은 남쪽 주능선을 타고 산불초소를 경유하여 풍곡교로 하산 한다.

치바위산 산행기점 동활6교

등산로 (5시간 13분 소요)

동활6교 → 71분 → 능선 갈림길 → 47분 → 치바위산 → 65분 → 산불초소 → 70분 → 풍곡교

416번 지방도 동활5교와 동활6교 중간 도로에서 동쪽 농가로 가는 동활6교를 건너면 농가 두 채가 있다. 여기서 두 번째 집 마당 우측으로 가서 비닐하우스 왼쪽으로 난 길을 따라 50m 거리 묘에서 우측으로 내려서면 바로 왼쪽으로 산길이 나온다. 급경사 산길을 따라 오르면 지능선에 닿는다. 동활6교에서 16분 거리다. 지능선에서 16분을 올라가면 묘를 통과하여 오른편 비탈길이 나온다. 오른편 희미한 비탈길을 따라 35분을 가면 누운 고목 밑을 통과하고, 비탈길로 다시 4분 거리에 이르면 건곡을 지나서 바로 지능선 갈림길이 나온다.

갈림길에서 왼쪽 희미한 지능선을 타고 오른다. 길은 희미하지만 오르는데 어려움이 없고, 능선만 따라 20분을 오르면 주능선삼거리에 닿는다. 주능선에서 우측 능선을 따라 27분을 가면 삼거리에 닿고, 왼쪽 30m 거리 노송 10여 그루가 있는 봉이 정상이다. 치바위산 정상이라는 것 외에 별 특징이 없다.

하산은 다시 삼거리로 되돌아와 남쪽 능선으로 50m 거리에 이르면 정상과 비슷한 완만한 봉이 나온다. 이곳에서 쉼터로 하고 점심장소로 하면 괜찮은 편이다.

여기서 남쪽 주능선을 타고 18분을 가면 삼거리 능선길이 나온다. 삼거리에서 왼쪽 능선으로 7분을 가면 누운 소나무를 통과하고, 9분을 더 가면 전망봉에 닿는다. 계속 능선을 타고 21분을 내려가면 철탑이 있는 밤나무지역에 닿는다. 여기서 오른편 사면 길로 가면 능선으로 이어져 5분 거리에 이르면 삼거리가 나온다. 삼거리에서 직진하여 5분을 더 올라가면 갈림능선에 산불초소가 나온다.

초소에서 오른쪽 능선길을 따라 22분을 내려가면 사거리가 나온다. 사거리에서 직진하여 60m 가면 삼거리에가 나온다. 삼거리에서 우측으로 50m 가면 묘 4기가 나오고, 계속 내려가면 비탈길로 이어져 8분을 가면 송전탑이 있는 능선에 닿는다. 능선에서 우측으로 50m 내려가면 왼편 능선에 집이 보인다. 이 지점에서 우측 능선으로 조금 내려가면 갈림능선이 나온다. 여기서 우측 능선을 타고 35분 내려가면 사슴농장을 지나서 풍곡교에 닿는다.

자가운전

중앙고속도로 제천IC에서 빠져나와 태백 방면 38번 국도를 타고 태백 통과 통리 철로 건너 우회전 ⇒ 416번 지방도 신리삼거리에서 우회전 ⇒ 416번 지방도 풍곡 방향 약 5km 동활5교 ⇒ 동활6교 사이 왼편 농가로 가는 동활6교 주차.

대중교통

동서울터미널에서 태백행 버스, 청량리역에서 강릉행 열차 이용, 태백 하차. 호산에서 태백-풍곡-호산 간 1일 4회 왕복 운행하는 버스 이용, 가곡면 동활 5교에서 6교 사이 농가로 가는 동활6교 하차.

숙식

덕풍계곡마을(식당, 민박)
삼척시 가곡면 풍곡리 631
033-573-0777

동활휴게소(식당, 여관)
삼척시 가곡면 동활리 134-1
033-573-8006

경춘가든
삼척시 가곡면 풍곡리
033-572-7147

명소

도화천

덕풍계곡

통리장날 5일, 15일, 25일

호산장날 5일, 10일

복두산(福頭山) 978.4m

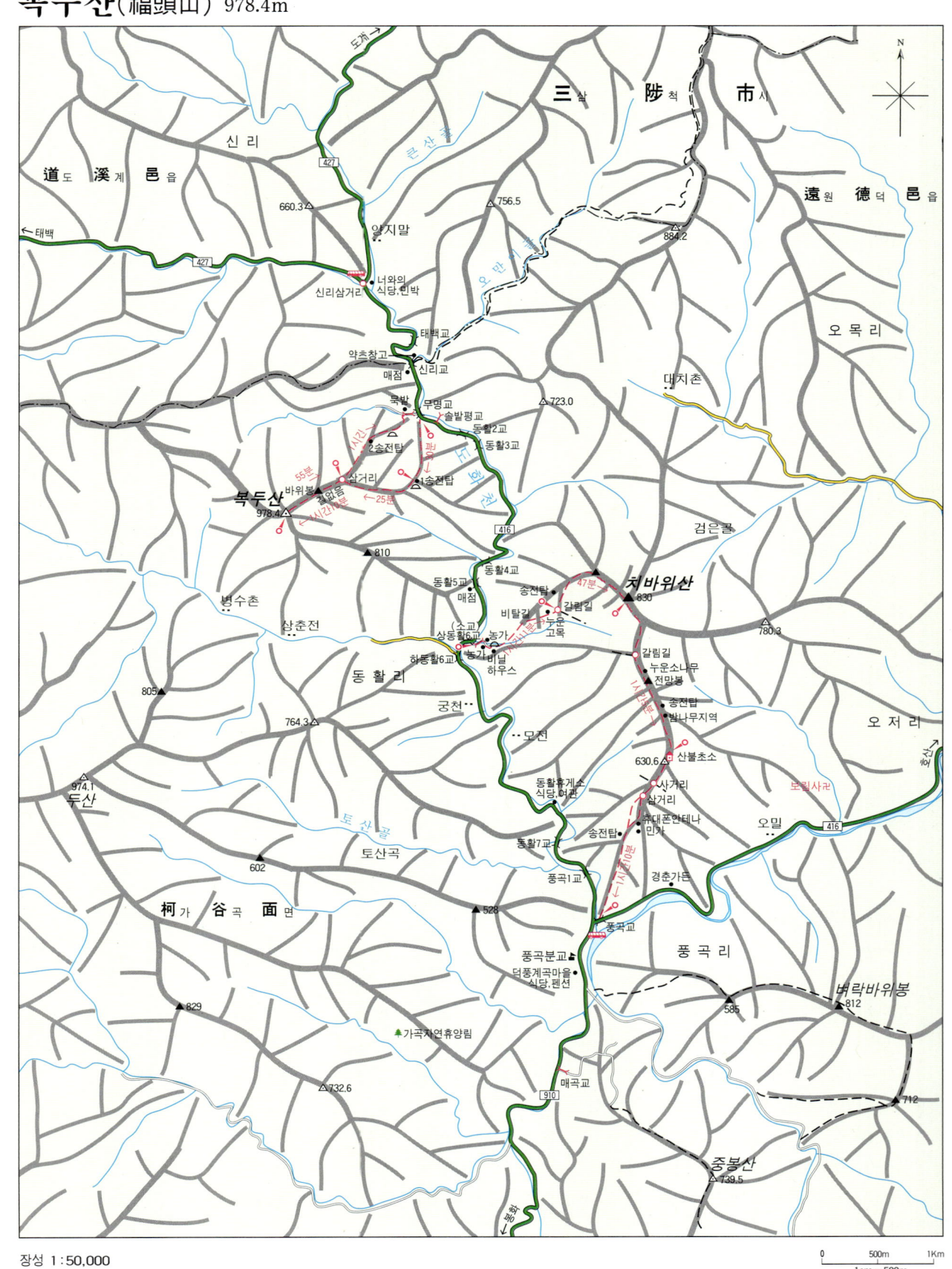

복두산

강원도 삼척시 가곡면 동활리(江原道 三陟市 柯谷面 東活里)

개요

복두산(福頭山, 978.4m)은 삼척시 가곡면 동활리 서쪽에 위치한 오지의 산이다. 도화천을 사이에 두고 치마바위산과 동서로 마주하고 있다. 첩첩산중에 산길도 희미하고 산길이 없는 구간도 있으며 등산로 안내가 없어 등산객이 거의 없는 산이다. 아직 개척 단계이므로 단체 산행은 어렵고 소수 전문산악인만이 가능한 산이다.

산행은 솔밭평교에서 1송전탑을 경유하여 서쪽 지능선을 타고 삼거리를 경유하여 복두산에 오른다. 하산은 삼거리로 되돌아온 뒤, 북동쪽 지능선을 타고 2송전탑을 경유하여 지능선을 타고 다시 솔밭평교로 원점회귀 산행이다.

자연그대로인 헬기장 복두산 정상

등산로(5시간 소요)

무명교→ 30분→ 송전탑→ 25분→
삼거리→ 70분→ 복두산→ 55분→
삼거리→ 60분→ 무명교 ▶

신리삼거리에서 남쪽 풍곡 방향 416번 지방도를 따라 약 2km 거리에 이르면 신리교가 나온다. 신리교에서 계속 풍곡 쪽으로 500 거리에 이르면 왼쪽 농로로 이어지는 솔밭평교가 나온다. 이 솔밭평교 전 우측에 합수곡이 있고 무명교가 있다. 바로 이지점이 복두산 산행기점이다. 무명교에서 왼편 가파른 지능선을 탄다. 가파른 지능선을 올라서면 소나무가 많고 능선길이 뚜렷하다. 무난한 능선을 따라 30분을 오르면 송전탑이 나온다.

송전탑 주변은 나무를 베어내어 뚜렷한 길이 없다. 송전탑을 왼편으로 돌아 오른편으로 올라가면 서쪽 지능선 입구에 묘가 나온다. 묘를 통과하여 지능선을 따라 간다. 옛 산길인 표시기 하나 없는 지능선을 따라 10분을 올라가면 왼편으로 벌목지대가 있는 지점을 통과하고, 10분을 더 오르면 산길은 서쪽으로 이어진다. 다시 5분을 더 오르면 작은 봉우리 왼편 비탈길로 30m 정도 지나가면 우측으로 하산길 능선삼거리가 나온다. 정상에서 하산은 다시 이 지점까지 되돌아와야 한다.

삼거리에서 오른쪽 희미한 길은 하산 길이므로 확인과 표시를 해두고, 왼쪽 서쪽 능선을 따라 5분을 가면 안부가 나오고 길이 없어진다. 이 구간이 길이 없는 구간이다. 길이 없는 구간에서 등산할 때와 하산할 때가 느낌이 다르기 때문에 길을 잃을 수가 있으므로 반드시 표시를 하면서 가야 한다. 이 지점에서부터 서쪽 방향 약간 왼편으로 가장 중심이 되는 지능선으로 올라가야 한다. 뚜렷한 길이 없는 서쪽 능선을 타고 약 30분을 오르면 바위봉이 나온다. 바위봉에서 서남 방향으로 바위를 내려서면 능선으로 길이 이어져서 30분을 더 오르면 주능선에 닿게 되고, 주능선에서 오른쪽으로 20m 가면 헬기장인 복두봉 정상이다.

정상에서 서면 사방이 막힘이 없고 풍곡지역이 샅샅이 내려다보이고, 사방이 모두 산뿐인 첩첩산중이며 오지의산 정상임을 실감나게 한다.

하산은 올라왔던 그대로 하산길을 따라 25분을 내려가면 바위봉에 닿는다. 바위봉에서 올라왔던 그대로 우측 동쪽능선을 따라 30분을 내려가면 작은 봉 닿기 전에 삼거리가 나온다.

삼거리에서 왼쪽으로 간다. 왼쪽 능선을 따라 20분을 내려가면 종전탑이 나온다. 헬기장 오른쪽으로 돌아 다시 동쪽 방향 중간 지능선 급경사로 내려간다. 송전탑을 지나서 지능선을 타고 19분을 내려가면 묘가 나오고, 8분을 더 내려가면 왼쪽 비탈길로 꼬부라져 9분을 내려가면 계곡을 건너 밭둑길을 따라 4분 더 내려가면 산행기점 무명교 도로에 닿는다.

자가운전

중앙고속도로 제천IC에서 빠져나와 태백 방면 38번 국도를 타고 태백 통과 통리 철로 건너 삼거리에서 우회전⇨ 416번 지방도를 타고 신리삼거리에서 우회전⇨ 1.5km 신리교 통과 후 500m 거리 주차.

대중교통

동서울터미널에서 태백행 버스, 청량리역에서 강릉행 열차 이용, 태백 하차. 태백–풍곡–호산 간 1일 4회 왕복 운행하는 버스 이용, 동활1교에서 동활2교 사이 농로다리 솔밭평교 하차.

숙식

덕풍계곡마을(식당, 민박)
삼척시 가곡면 풍곡리 631
033-573-0777

동활휴게소(식당, 여관)
삼척시 가곡면 동활리 134-1
033-573-8006

경춘가든
삼척시 가곡면 풍곡리
033-572-7147

명소

덕풍계곡
가곡휴양림

통리장날 5일, 15일, 25일
호산장날 5일, 10일

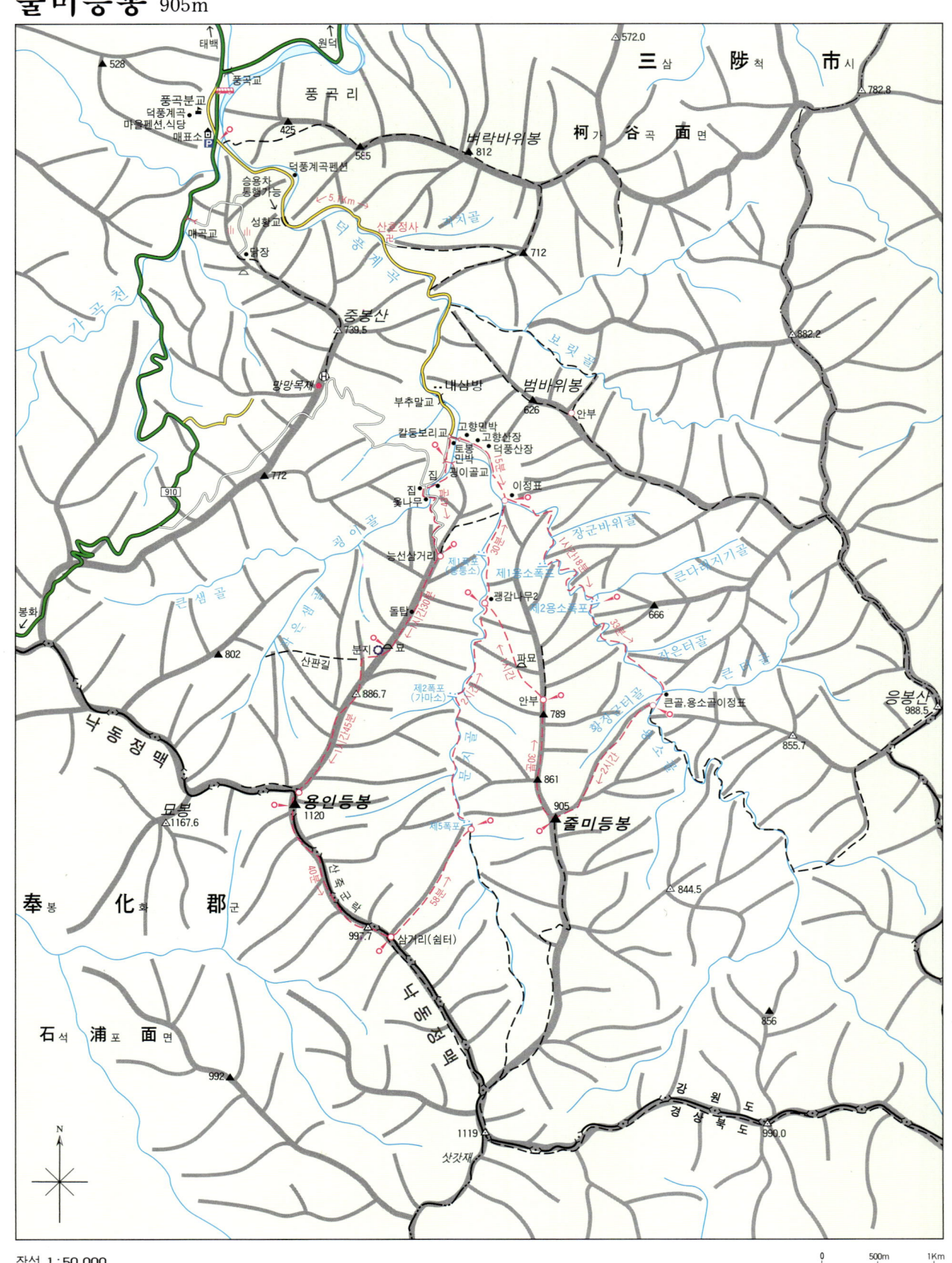

줄미등봉

강원도 삼척시 가곡면 풍곡리(江原道 三陟市 柯谷面 豊谷里)

개요

줄미등봉(905m)은 낙동정맥 용인등봉에서 동쪽으로 문지골을 사이에 두고 동서로 마주하고 있고 동쪽으로는 용소골을 사이에 두고 응봉산과 동서로 마주하고 있는 오지의 산이다. 남쪽으로는 낙동정맥이 병풍처럼 둘러싸여있고, 북쪽 능선 서쪽은 문지골 동쪽은 용소골이다. 문지골과 용소골은 물이 많고 깊고 긴 계곡이며 국내에서 찾아볼 수 없는 아름다운 절경을 이루고 있는 비경지대이다. 두 골이 합하여 흐르는 계곡이 덕풍계곡이다. 비경지대인 용소골, 문지골은 험로가 많아 평시에도 주의를 해야 하고, 장마철 7~8월이나 눈이 많이 오는 1월 중에는 산행을 삼가야 한다.

대형차량은 풍곡주차장까지, 소형차량은 덕풍산장까지 진입이 가능하다. 풍곡주차장에서 덕풍산장까지는 6km이므로 대형버스를 이용한 단체산행은 어렵다.

산행은 덕풍산장에서 용소골을 따라가다 큰 용소골 삼거리에서 남서쪽 능선을 타고 줄미등봉에 오른다. 하산은 북쪽능선 타고 769봉 안부에서 문지골을 경유하여 다시 덕풍계곡으로 원점회귀 산행이다.

줄미등봉 용인등봉 사이 아름다운 문지골

등산로 (6시간 51분 소요)

덕풍산장 → 43분 → 1용소폭포 → 68분 → 큰터골삼거리 → 120분 → 줄미등봉 → 30분 → 안부 → 60분 → 문지골 → 30분 → 덕풍산장

풍곡 주차장에서 왼쪽 덕풍계곡 소형차로를 따라 5km 들어가면 왼쪽 칼등보리교가 나온다. 여기서 왼쪽 다리를 건너 400m 7분을 가면 마을 상단에 덕풍산장이 나온다. 덕풍산장이 산행기점이다.

덕풍산장에서 여장을 풀고 남동쪽 농로를 따라 8분을 가면 삼거리가 나온다. 삼거리에서 왼쪽은 용소골 오른쪽은 문지골이다. 왼편 용소골을 따라 간다. 용소골은 물이 깊고 험한 바윗길 폭포 위를 통과하는 등 주의가 필요한 계곡길이다. 삼거리에서 용소골로 들어서면 계곡을 수없이 넘나들면서 35분을 가면 제1폭포가 나온다.

제1폭포를 지나서 용소골을 따라 35분 거리에 이르면 제2폭포가 나온다. 제2폭포 우측 바윗길을 조심하여 통과하고, 다시 33분 거리에 이르면 합수곡 큰터골 이정표 삼거리가 나온다.

여기서 우측 용소골을 따라 100m 거리 4분을 가면 우측으로 좁은 협곡 황장군터골 입구가 나온다.

여기서 바로 왼편 지능선을 탄다. 처음에는 능선길이 희미하지만 갈림길이 없고, 점점 뚜렷한 지능선으로 이어진다. 용소골의 깊은 골을 감상하면서 능선을 타고 오르면 소나무가 많은 편이고 잡목들이 있으나 등산하는데 어려움이 없다. 능선은 소나무가 많고 외길로 이어지면서 2시간을 오르면 삼거리 줄미등봉 정상에 닿는다. 줄미등봉 정상은 숲에 가려져 있으나 동쪽으로 응봉산이, 서쪽으로는 용인등봉이 보인다.

하산은 북쪽 능선을 탄다. 하산길이 뚜렷한 북쪽능선을 타고 30분을 내려가면 789봉을 지나서 다음 봉우리에 오르기 전 안부에 왼쪽으로 희미한 갈림길이 나온다.

갈림길에서 왼쪽 길을 따라 내려가면 하산길은 뚜렷하며 비탈길로 이어져 25분을 내려가면 파묘가 나온다. 파묘를 지나 계속된 비탈길을 따라 35분을 내려가면 문지골에 닿는다.

문지골에서 우측 계곡을 따라 100m 거리에 이르면 계곡을 벗어나 오른쪽 숲길로 이어진다. 평범한 숲길을 따라 30분을 내려가면 용소골을 건너 덕풍산장에 닿는다.

자가운전

중앙고속도로 제천IC에서 빠져나와 태백, 통리방면 38번 국도를 타고 태백 통과 통리재삼거리에서 동쪽 427번 지방도로 우회전⇒13km 신리에서 우회전⇒9km에서 우회전⇒1km 풍곡주차장(대형차).

소형차는 풍곡주차장에서 좌회전⇒소형차로를 따라 약 5km 칼등보리교에서 좌회전⇒400m 덕풍산장 주차.

원덕에서는 416번 지방도 풍곡에 접근한다.

대중교통

태백-풍곡-호산 간 1일 4회 운행하는 버스 이용, 풍곡 하차.

숙식

덕풍산장(식당, 민박)
삼척시 가곡면 풍곡1리 3반
033-572-7378

덕풍계곡마을(식당, 민박)
가곡면 풍곡리 631
033-573-0777

덕풍계곡펜션
가곡면 풍곡리 덕풍계곡
010-9218-7144

명소

문수골
용수골
덕풍계곡

통리장날 5일, 15일, 25일
호산장날 5일, 10일

용인등봉 1120m

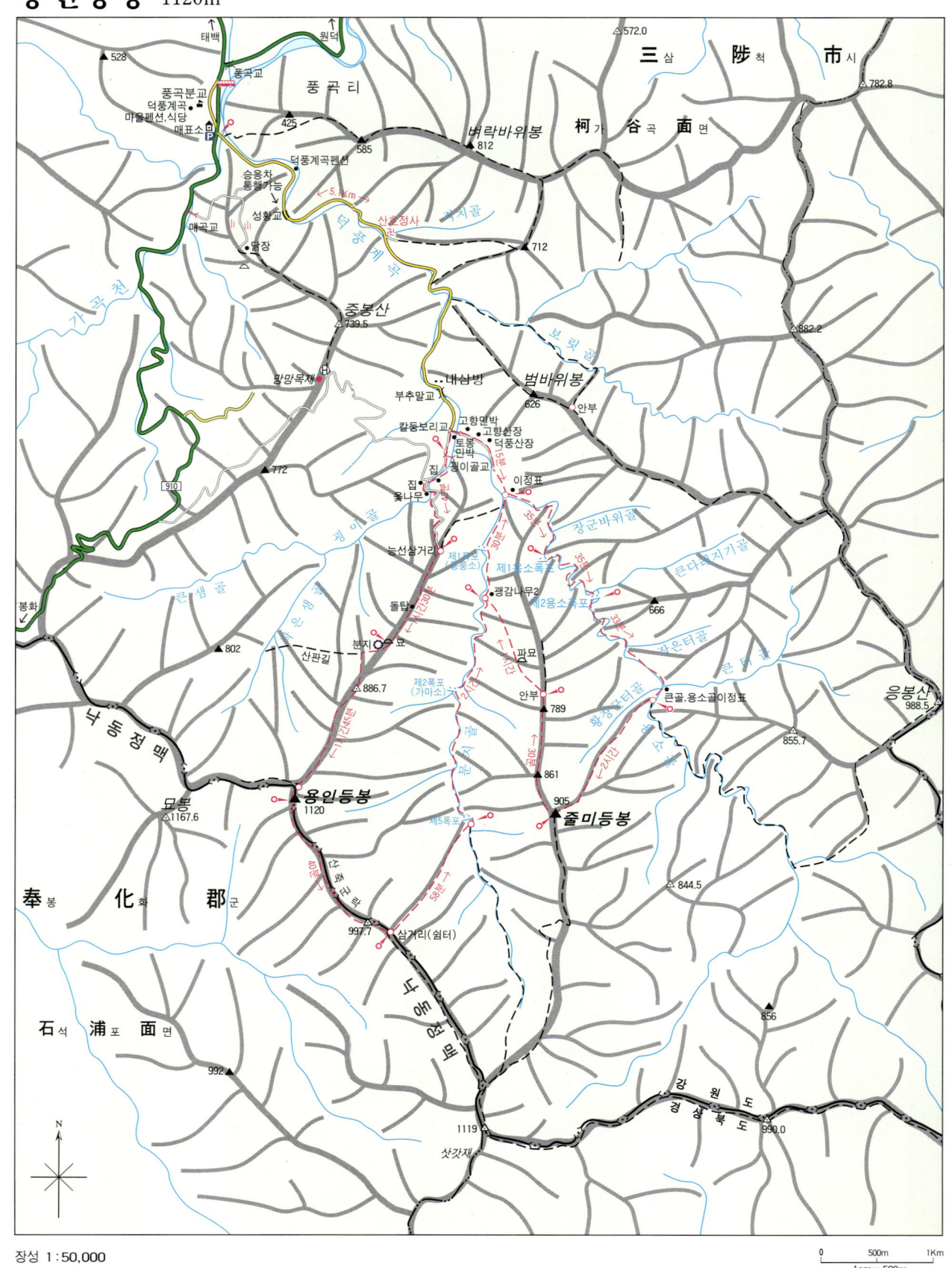

용인등봉

강원도 삼척시 가곡면 풍곡리(江原道 三陟市 柯谷面 豊谷理)

개요

용인등봉(1120m)은 강원도 삼척시 가곡면 풍곡에서 경상북도 봉화군 석포면으로 넘어가는 석개재에서 동남쪽 낙동정맥을 따라 약 4km 거리에 위치한 봉이 용인등봉이다. 용인등봉은 문지골을 사이에 두고 줄미등봉이 있고, 줄미등봉은 용소골을 사이에 두고 응봉산과 마주하고 있다. 문지골과 용소골은 국내에서 찾아볼 수 없는 비경지대이며, 서쪽의 굉이골과 합수되어 덕풍계곡을 이룬다.

산의 높이에 비해 산세가 깊고 산길이 희미하거나 난코스가 많은 오지의 산이다. 용인등봉으로 오르는 중간 지점 묘에서 886.7봉 구간은 분지를 이루고 있고 산길이 희미하거나 없어지는 구간도 있어 혼란스런 구간이다. 지도와 설명을 차분하게 보면서 산행을 하면 큰 문제없이 길을 찾아가게 된다.

산행은 굉이골교에서 시작 능선으로 올라서 주능선을 타고 분지를 경유하여 용인등봉에 오른다. 용인등봉에서 하산은 남동릉을 타고 997.7봉을 지난 삼거리에서 북쪽 지능선을 타고 문지골로 내려서 문지골을 따라 덕풍산장으로 하산한다.

등산로(9시간 6분 소요)

굉이골교→ 43분→ 능선삼거리→ 90분→ 묘→ 105분→ 용인등봉→ 40분→ 삼거리→ 58분→ 제5폭포→ 150분→ 덕풍산장

문지골 상류 제5폭포

풍곡주차장에서 덕풍계곡으로 이어지는 소형차로를 따라 5km 가면 칼등보리교 삼거리가 나온다. 삼거리에서 직진 300m 가면 삼거리 왼편에 굉이골교가 나온다. 여기서 우측으로 30m 거리 왼쪽에 철다리를 건너서 우측으로 50m 가면 또 다리가 나온다. 다리를 건너서 바로 왼쪽으로 50m 가면 왼쪽에 옻나무가 있다. 여기서 옻나무가 있는 왼쪽으로 내려서 계곡을 건너 계곡을 우측으로 끼고 계곡길을 따라 70m 가면 왼쪽에 산길이 나온다. 굉이골교에서 10분 거리다. 여기서부터 산길을 따라 13분을 오르면 갈림길이 나온다. 갈림길에서 왼쪽 비탈길로 간다. 왼쪽으로 가면 작은 계곡을 지나 지그재그로 난 급경사 길로 이어져 20분을 올라가면 능선삼거리에 닿는다.

삼거리에서 우측으로 12분 거리 묘를 지나서 뚜렷한 산길을 따라 48분을 가면 우측에 돌담 흔적이 나온다. 돌담 왼쪽으로 난 산길을 따라 30분을 가면 갈림길 왼쪽에 묘가 나온다.

묘를 지나 조금가면 산길이 없어진다. 하지만 묘에서 직선 남서 방면으로 50m 가면 우측에 거대한 분지가 있고 왼쪽으로 뚜렷한 길이 나타난다. 분지에서는 왼쪽으로 뚜렷한 산길을 따라가면 우측 비탈길(산판길)로 이어져 15분 거리에 이르면 작은 능선이 나온다. 여기서 산판길을 버리고 길이 없는 왼쪽 능선으로 오른다. 5분 오르면 주능선에 닿는다. 여기서부터 희미한 주능선길을 따라 올라가면 산길이 점점 뚜렷해지며 진달래 능선길로 이어진다. 계속 능선길을 따라 1시간 20분을 올라가면 낙동정맥 삼거리에 닿고, 왼쪽으로 5분을 가면 용인등봉 정상이다.

하산은 동남쪽 낙동정맥을 타고 30분을 내려가면 삼각점이 있는 998봉에 닿고, 10분을 더 가면 삼거리 쉼터가 나온다.

삼거리에서 뚜렷한 왼쪽 능선길을 타고 50분을 내려가면 급경사 난코스가 있고, 8분을 더 내려가면 문지골 제5폭포 위에 닿는다.

폭포를 우회하여 내려서면 하산길은 문지골로 이어지고, 문지골을 수없이 넘나들면서 2시간을 내려가면 숲길이 나온다. 숲길을 따라 30분을 내려가면 덕풍산장에 닿는다.

자가운전

제천IC에서 빠져나와 38번 국도를 타고 통리에서 철길을 건너 삼거리에서 우회전⇒427번 지방도를 타고 13km 신리에서 우회전⇒9km 에서 우회전⇒1km 풍곡주차장(대형차). 소형차는 풍곡주차장에서 좌회전⇒소형차로를 따라 약 5km 칼등보리교에서 좌회전⇒400 덕풍산장 주차.

대중교통

동서울터미널에서 태백행 버스, 또는 청량리역에서 강릉행열차 이용, 태백 하차. 태백-풍곡-호산 간 1일 4회 운행하는 버스 이용, 풍곡 하차.

숙식

덕풍

덕풍산장(식당, 민박)
가곡면 풍곡1리 3반
033-572-7378, 011-9041-7378

덕풍계곡마을(식당, 민박)
가곡면 풍곡리 631
033-573-0777

태백

한우마을
태백시 황지1동 42-51
033-552-5349

모텔패스텔
태백시 삼수동 25-131
033-553-1881

명소

문지골, 용수골, 덕풍계곡

통리장날 5일, 15일, 25일
호산장날 5일, 10일

면산(綿山) 1245.9m 삼방산(三芳山) 1175.4m

면산 · 삼방산   강원도 삼척시, 태백시 · 경상북도 봉화군(江原道 三陟市, 太白市 · 慶尙北道 奉化郡)

개요

면산(綿山, 1245.9m)은 낙동정맥으로 주능선은 등산로가 뚜렷한 편이나 그 외 등산로는 없다. 하산길이 마땅히 없어 해발 910m 인 석개재에 주차하고 정상에 오른 후, 다시 석개재로 하산을 해야 한다.

삼방산(三芳山, 1175.4m)은 면산에서 서남쪽 능선 약 4km 거리에 위치한 산이다. 산행은 동점초교에서 계곡과 능선을 타고 삼방산에 오른 뒤, 남릉을 타고 돌고개로 하산 한다.

표지석이 새워진 면산 정상

등산로

면산(5시간 7분 소요)

석개재→ 82분→ 뽀쪽바위→ 55분→
면산→ 45분→ 뽀쪽바위→ 65분→ 석개재

석개재에서 동북쪽 능선을 타고 11분을 오르면 1009봉에 닿고, 17분을 더 가면 산죽군락지가 시작되어 32분을 가면 낙엽송지역을 지나고, 22분을 올라가면 뽀쪽바위 위에 선다.

계속 주능선을 따라 47분을 오르면 평평한 봉에 닿고, 8분을 더 오르면 면산 정상이다. 정상은 삼각점과 표지석이 있는 삼거다.

하산은 동쪽 올라왔던 코스 그대로 내려간다. 석개재까지 하산하는데 갈림길이 없으며, 낙동정맥으로 산길이 뚜렷하여 길 잃을 염려는 없다. 석개재까지 1시간 50분 소요된다.

삼방산(5시간 26분 소요)

동점초교→ 38분→ 삼거리→ 66분→
안부 사거리→ 32분→ 삼방산→ 60분→
안부사거리→ 30분→ 묘→ 40분→
목연공예

동점초교 앞 버스정류장에서 동쪽 방터골로 난 소형차로를 따라 다리를 건너 150m 왼편에 주차장이 있고, 7분 거리 방터교 삼거리에서 우측 방터교를 건너가면 방터2교, 방터3교를 지나서, 15분 거리 약수가든 마당을 통과하여 13분을 가면 합수점 삼거리가 나온다.

왼쪽은 방터골 오른쪽은 원심이골로 이어지는 이 삼거리에서 우측 원심이골로 간다. 우측 언덕에 묘가 있고 노송이 많다. 건곡인 우측 원심이골로 접어들어 16분을 가면 합수곡이 나온다. 합수곡 중간 지능선을 탄다. 급경사인 지능선을 타고 50분을 오르면 주능선 안부사거리에 닿는다.

안부에서 우측으로 17분을 가면 산꼭대기에 못이 있는 반반한 지역을 지나고, 15분을 더 오르면 산불감시 안테나가 있는 삼방산 정상이다.

하산은 오른편 남릉을 타고 15분을 가면 왼쪽 사면으로 산길이 이어지다가 다시 우측 능선으로 이어져 돌탑이 있는 갈림 능선이 나온다. 여기서 돌탑이 있는 왼쪽으로 간다. 처음은 급경사 길이고 점차 완만해지면서 길 양쪽으로 돌이 쌓여진 성터 같은 길이 이어지며, 20분 거리에 이르면 작은 바위봉 우측으로 휘어지고, 25분을 더 가면 안부사거리가 나온다.

안부에서 직진 주능선으로 올라서면 바로 왼쪽 비탈길 갈림길이 나온다. 갈림길에서 우측 능선으로 간다. 움푹 페인 급경사 길을 따라 오르면 희미하게 주능선으로 산길이 이어진다. 주능선을 벗어나지 말고 계속 능선만을 따라 30분 올라가면 묘가 있고 석포면이 내려다보이는 마지막봉 삼거리가 나온다.

여기서 우측 길로 내려서면 바로 묘가 나온다. 묘에서 오른쪽으로 90도 꺾어진 정북쪽 길로 접어들면 하산길이 뚜렷하다. 북쪽능선을 따라 33분을 내려가면, 묘를 지나 소형차 길로 이어져 7분 거리에 이르면 도경계 도로에 닿는다.

자가운전

면산은 중앙고속도로 제천IC에서 빠져나와 태백 방면 38번 국도를 타고 태백 통과 통리삼거리에서 우회전⇒ 427번 지방도를 타고 신리교에서 우회전⇒ 풍곡교에서 우회전⇒ 석개재 주차.

삼방산은 태백에서 석포 방면 35번 국도를 타고 구문소에서 좌회전⇒ 2km 동점마을 주차장.

대중교통

청량리역에서 열차, 동서울터미널에서 버스 이용, 태백 하차. **삼방산**은 태백에서 방터골행 버스 이용, 동점초교 하차.
면산은 대중교통 없음.

숙식

풍곡

덕풍계곡마을(식당, 펜션)
삼척시 가곡면 풍곡리 631
033-573-0777

경춘가든
삼척시 가곡면 풍곡리
033-572-7147

태백

한우마을
태백시 황지1동 42-51
033-552-5319

명소

덕풍계곡, 검용소

통리장날 5일, 15일, 25일

청옥산(淸玉山) 1277m

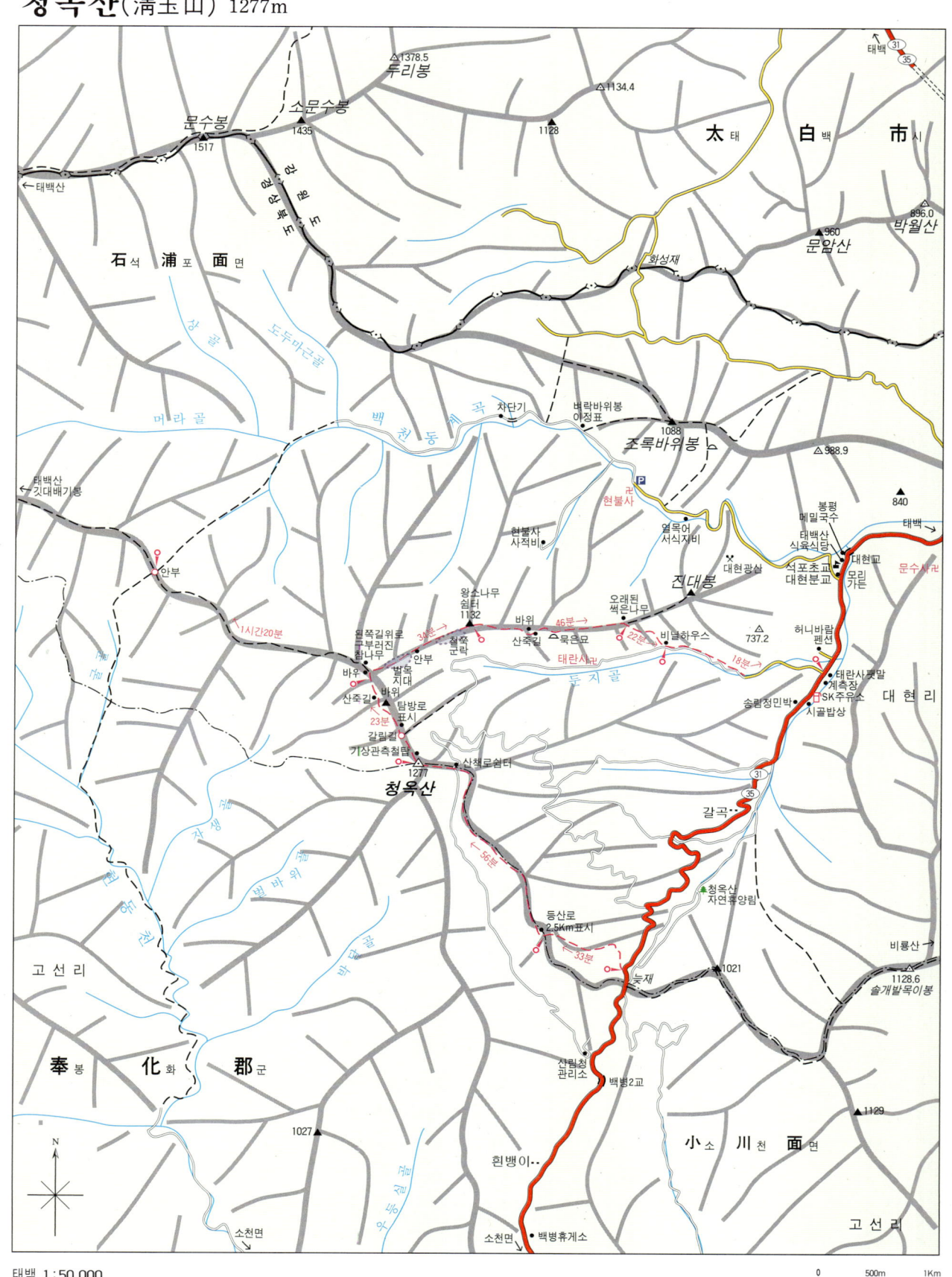

청옥산

경상북도 봉화군 석포면, 소천면(慶尙北道 奉化郡 石浦面, 小川面)

개요

청옥산(靑玉山 1277m)은 백두대간 깃대배기봉에서 동남쪽으로 뻗어 나간 산맥을 따라 약 5km 거리에 높이 솟은 산이다. 북쪽으로는 태백산 준령이 바로 건너다보이고, 남서쪽으로는 현동천을 사이에 두고 각화산이고, 동남쪽으로는 비룡산, 동북쪽으로는 삼방산, 면산이다. 청옥산 북쪽 백천동계곡은 열목어 서식지이며 현불사가 자리하고 있다.

산행은 늦재에서 시작하여 능선을 타고 정상에 오른 후, 서북쪽 태백산 방향 능선을 타고 23분 거리 갈림길에서 동쪽 진대봉 방향 능선을 타고, 진대봉 전에 둔지골을 따라 31번 국도 화물차계측소로 하산한다.

등산로 (4시간 52분 소요)

늦재 → 33분 → 주능선 → 56분 →
청옥산 → 23분 → 삼거리 → 34분 →
1132봉 → 46분 → 갈림길 → 22분 →
둔지골 → 18분 → 화물차 계측소

표지석이 새워진 청옥산 정상

봉화군 석포에서 소천으로 넘어가는 늦재 31번 국도에서 북쪽 도로 40m 거리 꼬부라진 도로 서쪽으로 청옥산 등산로가 있다. 도로를 벗어나면 산길이 뚜렷하다 뚜렷한 산길은 약간 오른편으로 이어지면서 우측 지능선으로 오르게 된다. 서쪽 방면으로 이어진 지능선을 따라 33분을 오르면 등산로표시가 있는 주능선에 닿는다.

주능선에서 북서 방면 뚜렷한 능선을 따라 42분을 오르면 동봉에 닿고, 동봉에서 4분 내려가면 산책길 임도 쉼터가 나온다. 쉼터에서 직진으로 10분을 더 오르면 헬기장과 표지석이 있는 청옥산 정상이다. 정상에 서면 주변이 모두 산뿐이고 들이나 마을이 보이지 않는다.

하산은 북서쪽 태백산 방향 주능선을 따라 7분을 가면 안테나를 지나서 이정표가 있는 갈림길이 나온다. 갈림길에서 왼편 북서 방향 주능선을 따라 16분을 가면 큰 바위들이 있는 봉우리 왼쪽 비탈길을 지나서 왼쪽에 승용차만한 바위가 있고, 길 오른쪽에서 왼쪽 길 위로 가지가 휘어진 참나무가 있다. 이 지점에서 무조건 오른쪽 지능선으로 간다.

오른쪽 능선이 뚜렷하지 않아 애매하다. 능선 남쪽 오른편은 벌목지재이며 능선 북쪽 왼편은 벌목지대가 아니다. 일기가 좋으면 진대봉-달바위봉을 바라보고 가면 된다. 시야가 보이지 않을 때는 동쪽 방향으로 간다. 진대봉 쪽 능선을 따라 내려가면 산길이 희미하게 나타나면서 11분을 내려가면 안부가 나온다. 안부에서부터 능선이 확실하게 있고, 능선길이 뚜렷하게 이어진다. 뚜렷한 능선길을 따라 23분을 가면 1132봉 갈림능선이 나온다.

갈림능선에서 오른쪽 능선을 따라 13분 거리에 이르면 정면에 바위가 나온다. 바위에서 왼쪽으로 우회하여 3분 정도 가면 다시 본 능선으로 올라서 2분을 가면 묵은 큰 묘가 나온다. 묘에서 왼쪽 진대봉 방향 능선길을 따라 10분을 가면 작은 봉우리 전에 오른쪽 비탈길로 간다. 비탈길로 접어들어 오른쪽 능선으로 등산로가 이어진다. 뚜렷한 등산로를 따라 18분 거리에 이르면 왼쪽에 썩은 고목이 있고 능선에 죽은 나무가 가로막힌 지점이 나온다.

이지점에서 오른쪽으로 간다. 오른쪽으로 내려가면 처음에는 비탈길로 이어지다가 바로 능선길로 이어진다. 능선길은 희미하거나 없어지는 곳이 있지만 능선을 벗어나지 말고 계속 능선만을 따라 22분을 내려가면 비닐하우스 2동이 있는 둔지골 소형차로에 닿는다.

여기서부터 소형차로를 따라 18분을 내려가면 화물계측소 31번 국도변이다.

자가운전

중앙고속도로 풍기IC 또는 영주IC에서 빠져나와 봉화 방면 36번 국도로 진입 36번 국도를 타고 소천면 삼거리에서 좌회전⇒31번 국도를 타고 약 15km 거리 늦재 주차.

대중교통

영주 봉화 방면에서 태백 방면을 왕래하는 버스를 이용, 소천면을 통과 늦재 하차.
태백 쪽에서도 봉화 영주 방면 버스 이용, 늦재 하차.

숙식

대현리

시골밥상
봉화군 석포면 대현리 167-4
054-673-4459

태백식육식당
봉화군 석포면 대현리 95-16
054-672-6617

송림정민박
봉화군 석포면 대현리
054-572-6704

허니바람펜션
봉화군 석포면 대현2리 132-5
054-672-4750

소천

무진랜드(식당, 모텔)
봉화군 소천면 고선리 189-6
054-673-9966

춘양장날 4일, 9일

비룡산(飛龍山) 1130.2m

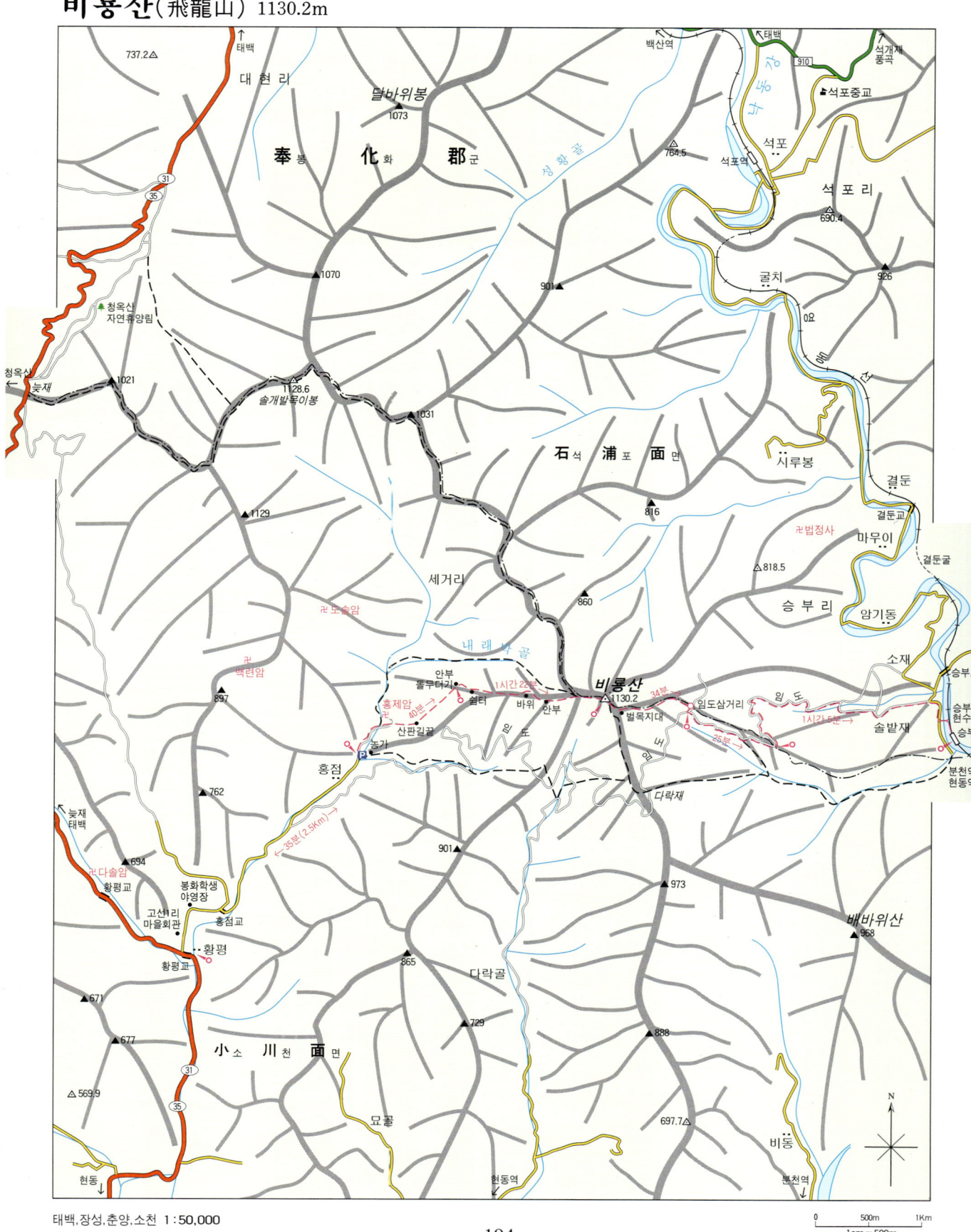

비룡산

경상북도 봉화군 소천면, 석포면(慶尙北道 奉化郡 小川面, 石浦面)

개요

비룡산(飛龍山. 1130.2m)은 백두대간 깃대배기봉에서 동쪽으로 가지를 뻗어나간 산맥이 약 5km 거리에 청옥산을 이루고, 늦재를 지나 약 10km 지점에 높이 솟은 산이다. 주변이 모두 산과 계곡뿐이다. 비룡산은 교통이 불편하고 산이 깊어 아직도 자연 그대로이며, 등산로는 아직 개척단계이다.

동쪽 승부역은 기차가 하루 3번 지나가고 버스 편은 없으며, 동쪽 편은 현동에서 태백으로 가는 시외버스 편을 이용하여 소천면 고선1리에서 진입을 할 수 있다.

산행은 소천면 고선1리 홍점마을에서 시작하여 홍제암 뒤 능선을 타고 비룡산에 오른다. 하산은 서쪽 승부역 방향 능선을 타고 임도에 내려서 임도를 따라 승부역으로 한다.

잡목이 무성한 비룡산 정상

등산로 (5시간 6분 소요)

홍점마을 → 40분 → 능선안부 → 82분 → 비룡산 → 34분 → 임도삼거리 → 25분 → 꼬부라진 임도 → 65분 → 승부역

고선1리 홍점마을 주차장에서 왼쪽 홍제암길을 따라 6분을 가면 홍제암 50m 전 다리에서 오른쪽 계곡으로 난 산판길을 따라 간다. 뚜렷한 산판길을 따라 16분을 가면 산판길이 끝나고 숲길로 이어진다. 계곡으로 이어진 숲길을 따라 18분을 올라가면 작은 돌무더기가 있는 능선안부가 나온다.

안부에서 오른쪽 능선으로 탄다. 처음에는 능선에 길이 없다가 차차 능선길이 나오면서 16분을 오르면 쉼터가 나온다. 쉼터를 지나 능선길은 희미하게 이어지며 계속 능선만을 타고 간다. 언제나 능선을 벗어나지 말고 계속 희미한 능선 길만을 따라 16분을 오르면 오른쪽 지능선이 합해지고 정상이 보이는 지점이 나온다. 여기서 15분을 가면 정면에 바위가 나온다. 바위에서 왼쪽으로 우회하여 3분 정도 가면 다시 본 능선으로 산길이 이어져 9분을 가면 안부가 나온다. 안부에서 왼쪽으로 희미한 길이 보이나 가지 말고, 뚜렷한 길은 없으나 직선으로 능선을 치고 오르면 희미하게 길이 이어진다. 희미한 능선길을 따라 오르면 점점 뚜렷해지며 23분을 오르면 작은 공터에 삼각점과 표지목이 있는 비룡산 정상에 닿는다. 정상에서 바라보면 사방이 막힘이 없다.

하산은 동쪽 승부역으로 한다. 동쪽으로 뻗은 능선으로 2분 정도 내려서면 안부에서 길이 오른편 비탈길로 이어진다. 이 안부에서 오른쪽 비탈길로 가지 말고, 왼쪽 잡목이 많고 길이 없는 능선으로 3분 정도 헤치고 가면 능선이 갈라지는 봉우리가 나온다. 여기서 왼편 동쪽 급경사 지능선으로 내려간다. 오른편은 벌목이 되어 있고, 왼쪽은 벌목이 되지 않는 경계선이다. 지능선을 따라 13분 내려가면 안부가 나온다. 안부에서 계속 지능선을 따라가서 5분을 오르면 갈라지는 능선이 나온다. 여기서 오른편 지능선을 따라 1분 내려서면 묘를 지나고 번번해지며 길이 없어진다. 하지만 약간 오른편 직선으로 능선을 따라 10분 내려가면 임도삼거리가 나온다.

만일 임도삼거리가 아니면 삼거리를 찾아야 한다. 임도삼거리에서 동쪽 승부역 방향 지능선으로 난 임도를 따라 내려간다. 임도를 따라 25분을 내려가면 임도는 왼쪽 능선을 넘어 계곡으로 이어진다.

계속 임도를 따라 56분을 내려가면 갈림 임도가 나온다. 여기서 오른편 다리 건너 2분 내려가면 낙동강 변 도로에 닿고, 오른쪽 출렁다리를 건너 7분 거리에 이르면 승부역이다.

자가운전

중앙고속도로 풍기IC, 영주IC에서 빠져나와 동쪽 봉화 방면 36번 국도로 진입 36번 국도를 타고 소천면 삼거리에서 좌회전 ⇒ 31번 국도를 타고 6km 거리 고선1리 황평교에서 우회전 ⇒ 2차선 포장도로 2.5km 거리 홍점마을 주차장.

대중교통

대구, 영주 방면에서 태백행 버스를 이용, 소천통과 고선1리 홍점마을 입구 황평교 하차. 황평교에서 홍점마을까지는 2차선 도로 2.5km 30분 거리다.

식당

삼강식당
봉화군 소천면 현동리 687-1
054-672-7479

금강식당
봉화군 소천면 현동리
045-672-7555

숙박

무진랜드(모텔, 식당)
봉화군 소천면 고선리 189-6
054-673-9966

이대연 씨 민박
봉화군 소천면 고선1리
054-672-7480

명소

승부역, 낙동강

춘양장날 4일, 9일

통고산(通古山) 1067m

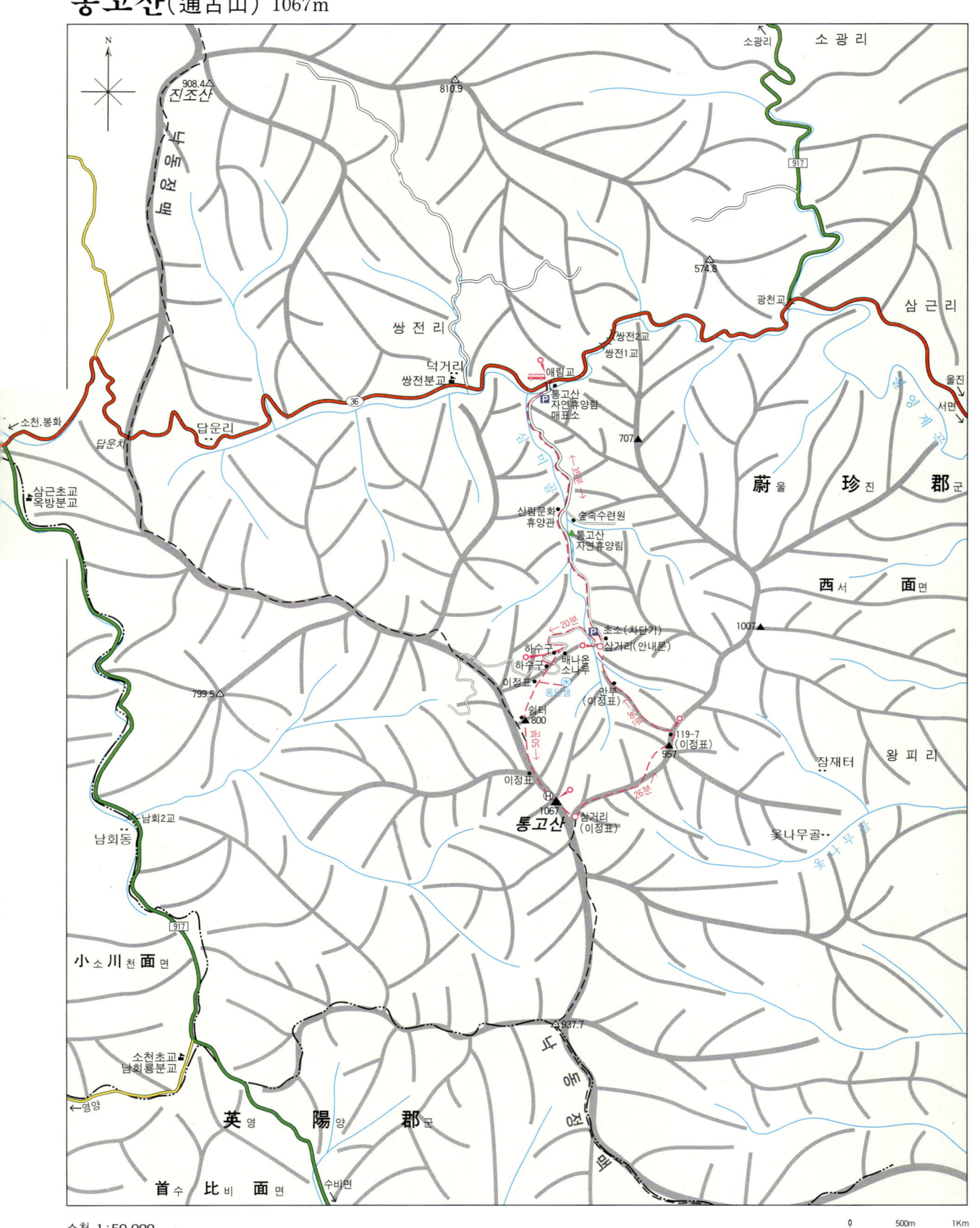

소천 1:50,000

통고산

경상북도 울진군 서면(慶尙北道 蔚珍郡 西面)

개요

통고산(通古山, 1067m)은 낙동정맥으로 첩첩 산중에 위치한 산이다. 동쪽은 불영계곡, 서쪽은 회룡천, 남쪽은 신암천이 흐른다. 통고산 정상 주능선은 낙동정맥이고, 서쪽은 완만하며 동쪽은 급경사의 산세를 이루고 있고 동쪽은 휴양림으로 조성되어 있다. 주변이 산과 계곡뿐이며 대도시에서 접근하기가 쉽지 않고 대중교통이 불편한 오지의 산이다.

산행은 휴양림 매표소에서 시작하여 임도를 따라 2.5km 거리 삼거리에 이른 다음, 오른쪽임도에서 지능선을 타고 정상에 오른다. 하산은 남쪽 주능선 5분 거리 삼거리에서 북동릉을 타고 963봉을 지난 안부에서 정 북쪽 지능선을 타고 하산 임도를 따라 다시 휴양림매표소로 원점 회귀 산행이다.

등산로 (4시간 22분 소요)

애림교 → 35분 → 삼거리 → 20분 →
갈림길 → 50분 → 통고산 → 26분 →
이정표 → 36분 → 삼거리 → 35분 → 애림교

통고산 산행기점. 등산, 하산 갈림길

소천면 분천 쌍전분교를 지나 1km 거리에서 우측 애림교를 건너 통고산휴양림으로 진입한다. 울진 쪽에서는 울진군 근남면 삼거리에서 서쪽 36번 국도와 불영계곡으로 이어지는 도로를 따라 약 27km 거리 왼쪽 애림교를 건너 통고산휴양림으로 진입한다. 애림교를 건너면 왼쪽에 휴양림 매표소가 나온다. 매표소 오른쪽 임도를 따라 20분 거리에 이르면 갈림길에 산림문화휴양관이 나온다. 갈림길에서 우측 임도를 따라 15분을 더 가면 소형주차장이 있고 차단기를 지나 다리를 건너면 이정표가 나온다.

이정표에서 오른쪽 임도를 따라 20분을 가면 왼쪽으로 산길이 나온다. 산길 오른쪽에 시멘트 하수구가 있고, 왼쪽에는 몸통이 튀어나온 소나무가 있다.

이 산길로 접어들어 7분을 올라가면 다시 임도를 만나고 임도를 가로질러 7분을 더 오르면 다시 임도를 만나 임도를 가로질러 올라서면 왼쪽으로 옹달샘 이정표가 나온다. 이정표에서 직진하여 7분을 올라가면 또 임도를 만난다. 임도를 가로질러 올라가면 쉼터가 나오고 쉼터에서 비탈길로 이어져 임도에서부터 17분 거리에 이르면 이정표가 있는 낙동정맥 주능선에 닿는다. 주능선에서 남쪽으로 이어지는 주능선을 타고 12분을 더 오르면 넓은 헬기장이 있는 통고산 정상이다. 정상에는 대형 표지석이 있고, 안테나와 산불감시초소가 있다.

정상에서 바라보는 사위는 막힘이 없다. 동쪽으로는 불영계곡, 왕피천, 동해바다가 펼쳐지고, 서쪽으로는 첩첩산중 산밖에 보이지 않는다.

하산은 올라왔던 반대편 남쪽 주능선을 따라 5분을 가면 이정표가 있는 큰 삼거리가 나온다. 삼거리에서 왼편 동쪽능선으로 내려간다. 동쪽 능선을 따라 6분을 내려가면 119-5 지점이 온다, 여기서 12분을 더 내려가면 953봉 전 왼쪽으로 비탈길이 시작된다. 여기서 왼쪽 비탈길을 따라 3분을 가면 953봉에서 내려오는 능선으로 이어져 이정표가 있는 지점에 닿는다.

여기서 직진 주능선은 길이 없고, 왼편 정 북쪽 지능선으로 하산길이 뚜렷하다. 북쪽 하산길을 따라 8분을 내려가면 임도를 만난다. 임도를 가로질러 15분을 내려가면 안부에 이정표가 나온다. 계속 지능선을 따라 8분을 내려가면 지능선이 끝나고 합수곡이 나온다. 합수곡에서 5분을 더 내려가면 지나갔던 임도삼거리 다리에 닿는다.

여기서부터 임도를 따라 35분 내려가면 휴양림매표소에 닿는다.

자가운전

중앙고속도로 영주IC에서 빠져나와 울진 방면 36번 국도를 타고 소천-분천-쌍전분교 통과 후 1km에서 우회전⇨애림교 건너 휴양림 임도를 따라 2.5km 주차장.
동해안 울진군 근남면에서 동쪽 36번 국도를 타고 약 27km 통고산휴양림으로 접근.

대중교통

동서울터미널, 대구, 부산에서-울진행 버스 이용 후, 울진에서 덕구행 10시 버스 이용, 통고산 휴양림 입구 하차.
울진택시
054-783-3000

식당

남양숯불갈비
울진읍 읍내리 296-3
054-783-2357

숙박

S모텔
울진읍 읍내리 205-1
054-781-5005

덕구온천
울진읍 북면 덕구리 575
054-782-0677

통고산자연휴양림
울진군 서면 쌍전리 산 150-1
033-783-3167

명소

불영계곡

울진장날 2일, 7일
춘양장날 4일, 9일

각화산(覺華山) 1177m   왕두산(王頭山) 1045.6m

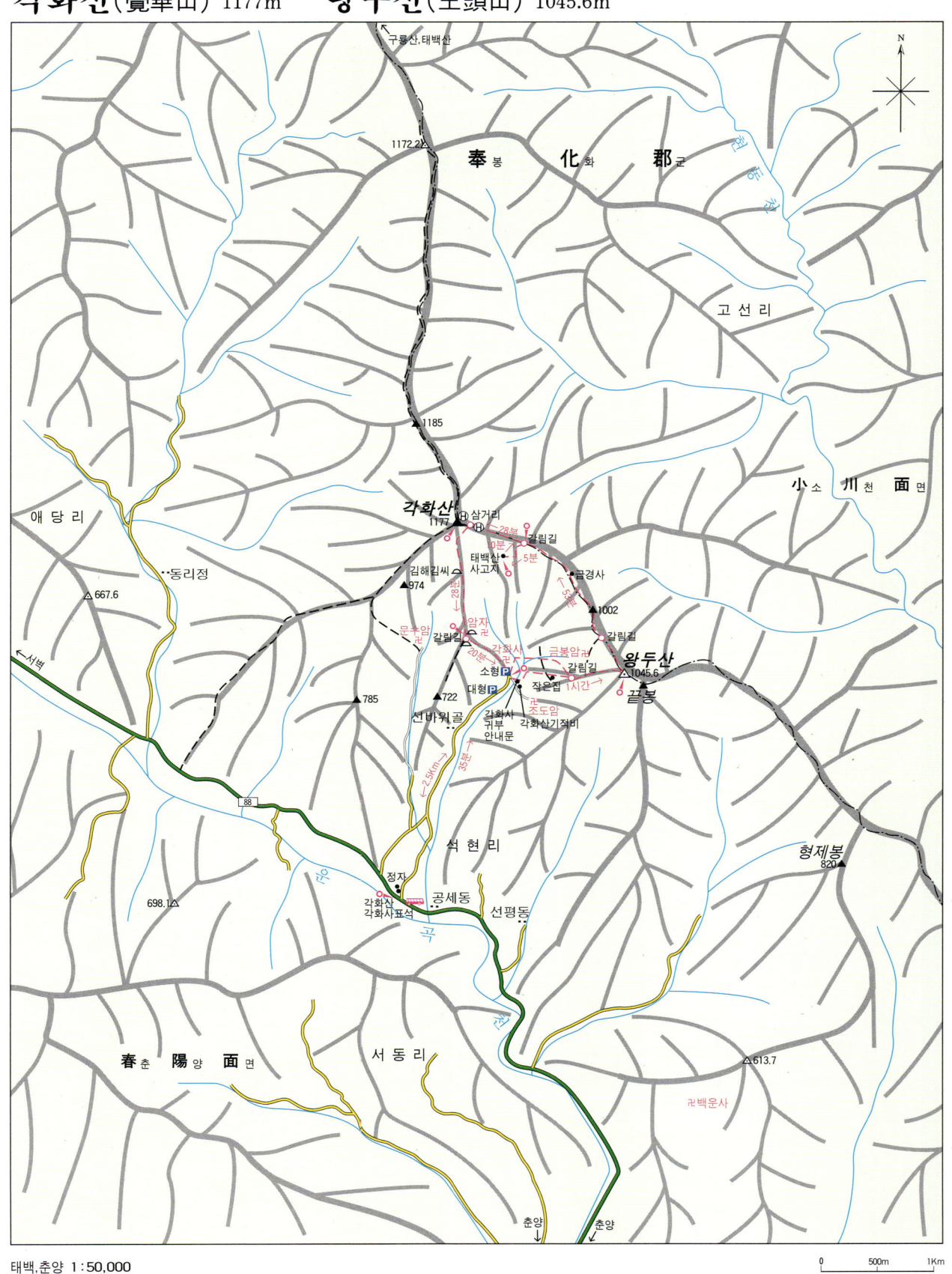

각화산 · 왕두산

경상북도 봉화군 춘양면, 소천면(慶尙北道 奉化郡 春陽面, 小川面)

 개요

각화산(覺華山, 1177m)과 **왕두산**(王頭山, 1045.6m)은 모산인 태백산에서 백두대간을 따라 남서 방면으로 약 10km 지점에서 백두대간을 벗어나 정 남쪽으로 뻗어나간 능선이 약 5km 지점에 각화산이 있고, 각화산에서 서남쪽으로 이어진 능선 3km 거리에 왕두산이다. 각화산 남쪽 중턱에는 태백산사고지(太白山史庫址) 터가 있고, 각화산 남쪽 산행기점에는 고찰 각화사가 자리하고 있다.

산행은 각화사 아래 귀부가 있는 지점에서 지능선을 타고 용두산을 먼저 오른 다음에 서북쪽 주능선을 타고 각화산에 오른다. 각화산에서 하산은 정상과 헬기장 사이 삼거리에서 남쪽 방면 지능선을 타고 각화사로 하산한다.

 **등산로**

각화산-왕두산(4시간 18분 소요)

각화사 → 60분 → 왕두산 → 53분 → 갈림길 → 5분 → 사고지 → 10분 → 사고지 갈림길 → 22분 → 각화산 → 28분 → 묘 갈림길 → 20분 → 각화사

각화사 입구 공세동 버스정류장에서 각화사로 가는 포장된 도로를 따라 2.6km, 35분을 가면 왼쪽에 대형차량 회차장을 지나고 이어서 각화사 소형주차장에 닿는다. 소형주차장에서 오던 길로 70m 되돌아가 각화사기적비와 귀부가 있는 지점에서 산행이 시작된다.

기적비 왼쪽으로 희미한 오솔길을 따라 50m 가면 왼쪽 지능선으로 꼬부라지다가 다시 우측 지능선으로 산길이 이어져 8분을 오르면 안부사거리가 나온다. 오른쪽에 파란지붕암자 두 채가 있다. 안부 사거리에서 직진 지능선을 타고 8분을 오르면 왼쪽으로 갈림길이 나온다. 갈림길에서 직진하여 12분을 올라가면 왼쪽으로 갈림길이 나오고 쉼터가 나온다. 갈림길에서 계속 지능선으로 직진 14분을 올라가면 또 왼쪽으로 갈림길이 나온다. 계속 직진하여 9분을 오르면 산

각화산 남쪽 중턱에 자리한 태백산 사고지

길은 오른쪽 비탈길로 이어지면서 헬기장이 나온다. 헬기장에서 왼쪽으로 이어지는 지능선을 따라 9분을 더 오르면 삼각점이 있는 삼거리 왕두산 정상이다. 정상은 막힘이 없고 주변은 다소 협소한 편이다.

왕두산에서 각화산을 향해 왼편 북쪽으로 이어지는 주능선을 따라 12분을 내려가면 안부에 왼쪽으로 갈림길이 나온다. 왼쪽으로의 갈림길들은 모두 금봉암으로 가는 길이다. 갈림길에서 직진 주능선을 타고 15분 정도 가면 급경사길이 시작되어 16분 정도 오르면 바위 위 능선에 도착하고, 10분 정도 더 진행하면 왼쪽으로 갈림길이 나온다. 갈림길에서 왼쪽은 사고지를 경유하여 각화사로 하산길이나 희미한 편이다.

갈림길에서 계속 직진하여 18분을 오르면 헬기장이 있는 공터에 닿는다. 여기서 서쪽으로 50m 거리에 왼쪽 하산길 삼거리가 나오고, 4분을 더 오르면 작은 헬기장 각화산 정상이다.

하산은 정상과 큰 헬기장 사이 삼거리에서 서쪽 방면으로 간다. 정상에서 올라왔던 큰 헬기장 쪽으로 3분을 내려가면 삼거리가 나온다. 삼거리에서 오른편 서쪽 방면으로 내려간다. 하산길은 오른편 비탈길로 이어지면서 5분을 내려가면 정상과 일직선으로 이어지는 지능선으로 이어진다. 지능선에서부터 외길로 이어지는 정 남쪽 지능선을 따라 6분을 내려가면 묘가 나오고 14분을 더 내려가면 연속해 있는 두 번째 묘 갈림길에서 왼쪽으로 간다.

왼쪽 길을 따라 내려가면 오른편 비탈길로 이어지다가 지능선길로 이어져 20분을 내려가면 각화사 주차장이다.

자가운전

중앙고속도로 영주IC에서 빠져나와 봉화, 울진 방면 36번 국도를 타고 봉화 통과 춘양면에서 좌회전 ⇨ 88번 지방도를 타고 약 8km 춘양면 석현리 공세동 각화사 입구에서 우회전 ⇨ 2.6km 각화사 소형주차장.

대중교통

서울동서울터미널에서 1일 6회 운행하는 봉화-춘양행 버스 이용, 춘양 하차.

대구에서 수시로 운행하는 봉화행 버스 이용, 봉화 하차.

봉화에서 춘양 경유 서벽, 금정행 하루 13회 버스를 타고 각화사 입구 공세동 하차.

식당

강남회관식육점
봉화군 춘양면 의양리
054-672-5000

법전식육식당
봉화군 춘양면 의왕2리
054-673-4516

숙박

춘양동아모텔
봉화군 춘양면 의양리
054-672-3109

명소

태백산사고지

춘양장날 4일, 9일

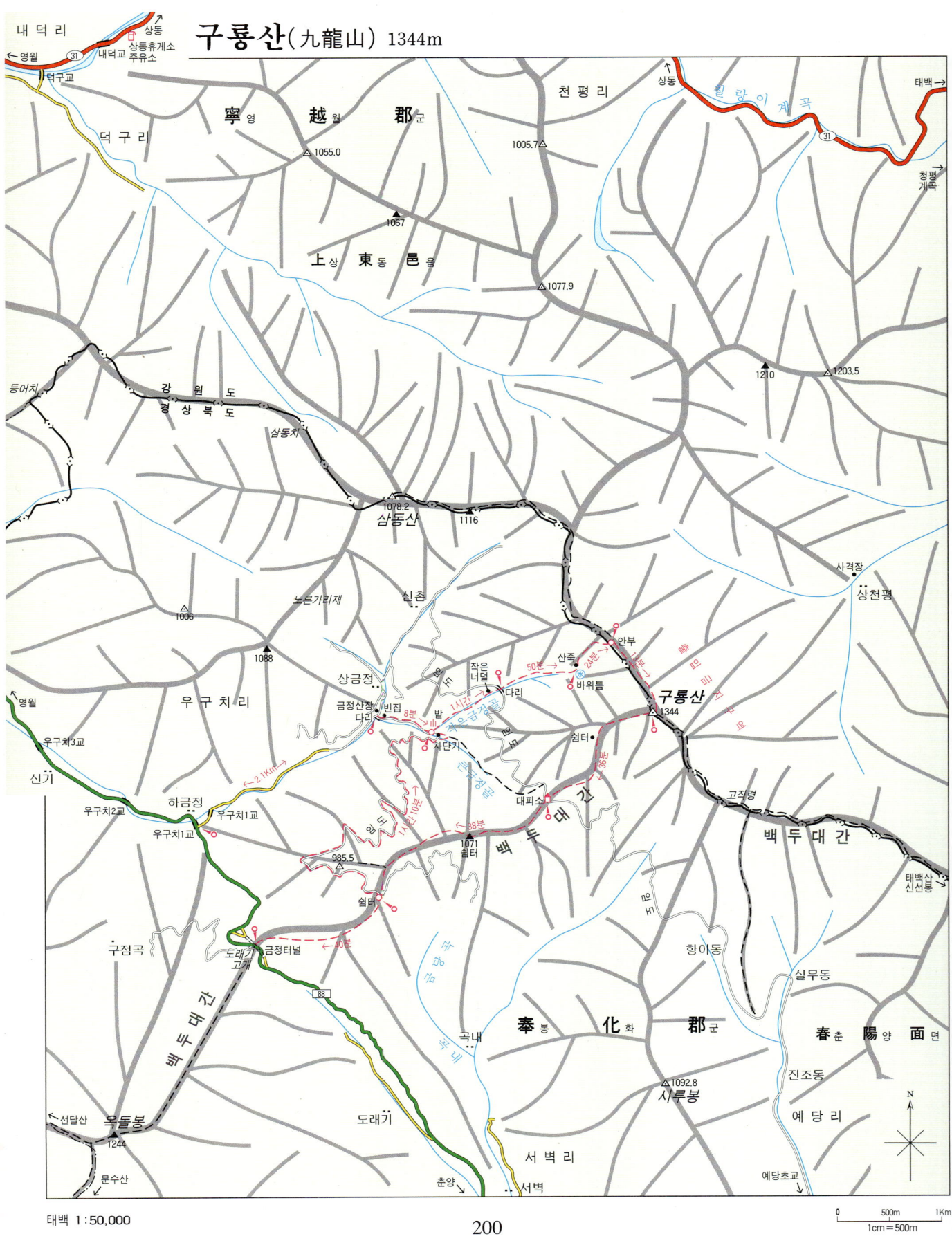

구룡산

경상북도 봉화군 춘양면(慶尙北道 奉化郡 春陽面)

개요

구룡산(九龍山. 1344m)은 태백산에서 옥석산, 선달산으로 이어지는 백두대간 중간에 위치한 산이다. 구룡산에서 남쪽으로 흐르는 물은 낙동강, 북쪽으로 흐르는 물은 한강 발원이 되기도 한다. 아홉 마리 용이 승천을 할 때, 어느 아낙이 물동이를 이고 오다가 용이 승천하는 것을 보고, 뱀 바라 하면서 꼬리를 잡아 당겨 용(龍)이 떨어져 뱀이 되어버렸다는 전설이 있는 산이다.

구룡산 정상에서 도래기재까지는 백두대간이며 등산로가 뚜렷하고, 상금정에서 작은금정골 코스는 옛 산길이 폐허되어 뚜렷한 길이 없고 작은금정골을 따라 간다. 옹달샘에서 주능선까지도 길이 없고 능선을 타고 오른다. 아직 소수 전문산악인들만의 산행이 가능하다.

산행은 상금정에서 작은금정골을 따라 옹달샘, 주능선을 경유하여 정상에 오른 다음, 서남쪽 백두대간을 따라 도래기재로 하산 한다. 승용차 편이라면 2번째 임도에서 임도를 따라 상금정으로 하산한다.

* 또는 큰금정골 상류 임도에서 큰금정골을 따라 상금정으로 하산길은 지도상에 옛길이 있으나 미확인 길이다.

백두대간 리본이 많은 구룡산 정상

등산로 (5시간 29분 소요)

상금정 → 8분 → 갈림길 → 60분 → 임도 → 50분 → 옹달샘 → 24분 → 주능선안부 → 13분 → 구룡산 → 36분 → 대피소 → 38분 → 2임도 → 40분 → 도래기재

상금정 버스종점에서 동쪽 임도를 따라 8분을 가면 계류를 건너는 지점이 나온다. 여기서 계류를 건너지 말고 왼쪽 작은골 왼편 샛길로 간다. 이 지점에서 나침반을 60도로 고정시키고 주능선까지 그대로 간다. 희미한 샛길을 따라 3분 거리 밭이 나오면 밭둑을 따라 가다 밭 끝에서 산길로 접어들어 20m 가서 오른쪽 계곡을 건너 계곡 우측으로 옛 길이 이어진다. 옛 길을 따라 5분을 가면 길이 없어진다. 여기서 왼쪽 계곡을 건너 계곡을 따라 간다. 이 지점에서부터 길이 있다가 없어지고, 다시 나타나는 길 상태가 반복 되면서 계속 이어진다. 참고할 것은 큰골 초입부터 큰골이 끝나는 옹달샘까지 큰골을 벗어나지 말고, 길이 있으면 길을 따르고 길이 없으면 계곡을 따라가는 것을 잊지 말아야 한다. 밭 끝에서 40분 거리에 이르면 왼쪽에 작은 너덜경이 나오고 계곡을 따라 17분을 오르면 임도 다리가 나온다.

임도 다리에서 계곡 왼편 오솔길을 따라 10분을 가면 길이 없어진다. 여기서 길이 없는 계곡을 따라 24분을 더 오르면 계곡은 물이 없어지고 희미해진다. 물이 없는 골을 따라 7분을 올라가면 합수건곡이 나온다. 합수건곡에서 왼쪽으로 간다. 여기서 나침반이 60도 인가를 확인을 하고 건곡을 따라 9분을 가면 계곡 바위 밑으로 흐르는 옹달샘이 나온다.

여기서 물을 보충하고 왼편 지능선으로 오른다. 키 작은 산죽능선 중앙을 타고 오르면 큰 어려움 없이 24분 지나서 주능선안부에 닿는다.

안부에서는 우측 주능선을 따라 13분을 올라가면 구룡산 정상이다.

하산은 서쪽 백두대간을 따라 36분을 내려가면 대피소 (1)임도가 나온다.

임도에서 다시 오르막 길이고, 25분 정도 올라가면 헬기장이 나온다. 헬기장에 13분을 내려가면 (2)임도가 나온다.

(2)임도에서 도래기재를 향해 40분을 더 내려가면 88번 지방도 도래기재에 닿는다.

* 임도에서 삼금정까지는 임도로 이어지고 1시간 10분 소요된다.

자가운전

중앙고속도로 영주IC에서 빠져나와 우회전 ⇨ 영주시내로 진입 후, 영주에서 동북쪽 봉화 방면 4차선 36번 국도를 타고 법전면 통과 ⇨ 약 5km에서 춘양면으로 좌회전 ⇨ 88번 지방도를 타고 춘양면 도래기재 통과 ⇨ 1km에서 우회전 ⇨ 2km 상금정 주차.

대중교통

동서울터미널, 대구, 김천, 방면에서 춘양행 버스 이용 후, 춘양에서 상금정행 1일 2회(07:40 17:20) 이용 종점 하차.
춘양개인택시
054-672-3277

식당

기사식당
봉화군 춘양면 의양리
054-673-0488

숙박

금정산장, 민박
봉화군 춘양면 우구치리 31-2
054-672-9496

우구치휴게소(식당, 민박)
봉화군 춘양면 우구치리
054-673-0523

춘양동아모텔
봉화군 춘양면 의양리
054-672-3109 016-9707-0345

명소

부석사

춘양장날 4일, 9일

옥석산(玉石山) 1244m 문수산(文殊山) 1207.6m

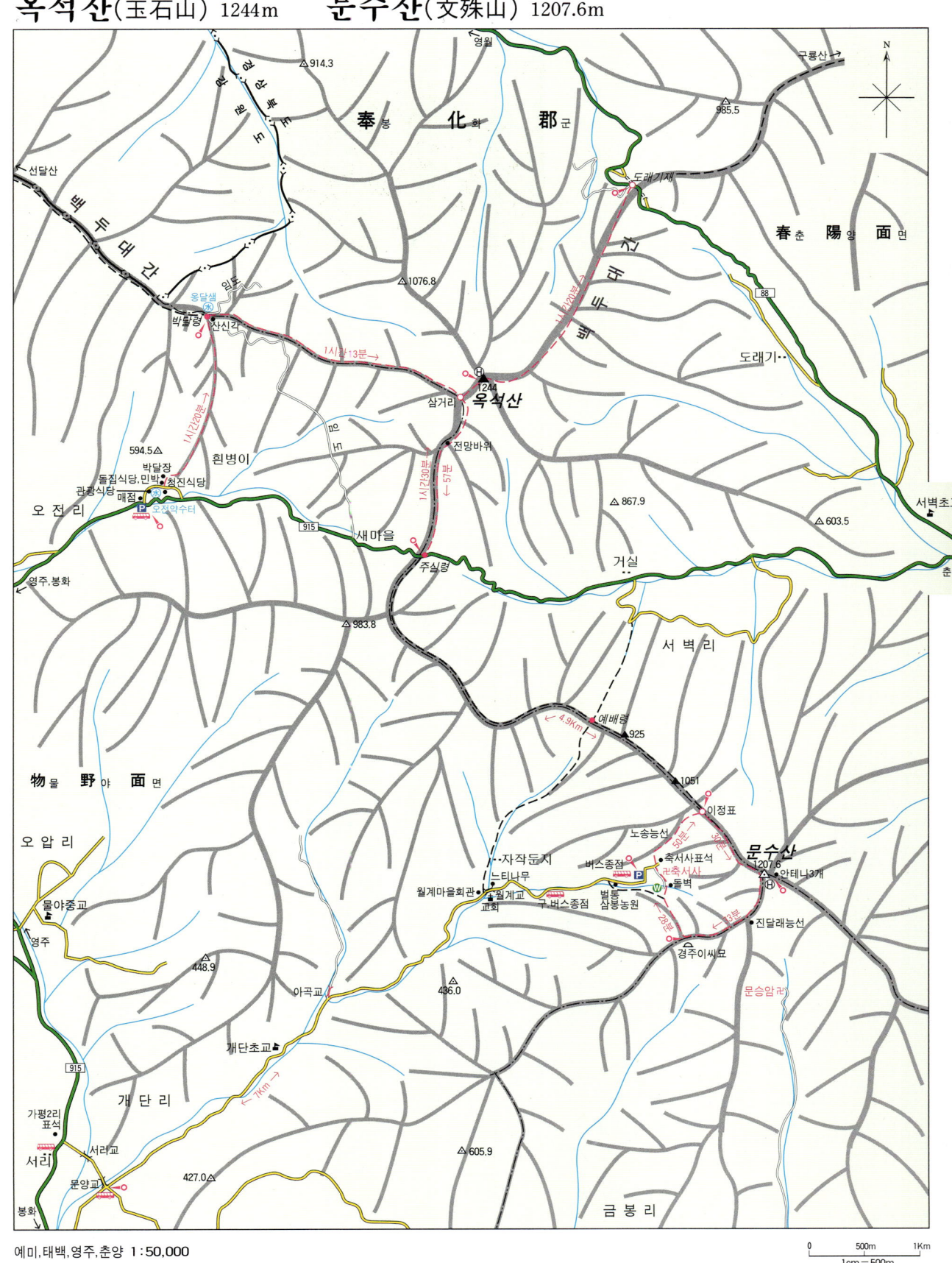

옥석산 · 문수산

경상북도 봉화군 물야면 춘양면(慶尙北道 奉化郡 物野面 春陽面)

개요

옥석산(玉石山, 1244m)은 유명한 오전약수 북쪽에 위치한 산이다. 주등산로는 백두대간이며 서쪽은 박달령, 선달산 동쪽은 도래기재, 구룡산 남쪽은 주실령, 문수산으로 산맥이 이어진다. 전체적으로 순수한 육산이며 험로가 없다. 산행은 오전약수터에서 박달령을 거쳐 옥석산에 오른 뒤, 주실령으로 하산한다. 또는 동북쪽 백두대간을 따라 도래기재로 하산해도 좋다.

문수산(文殊山, 1207.6m)은 백두대간 옥석산에서 남쪽으로 가지를 뻗어 약 8km 거리에 위치한 산이다. 춘양목으로 유명한 산이며 서쪽 산중턱에는 고찰 축서사가 자리하고 있다. 산행은 축서사에서 왼편 지능선을 경유하여 정상에 오른 뒤, 남서쪽 능선을 타고 이씨 묘에서 오른편 지능선을 타고 다시 축서사로 원점회귀한다.

등산로

옥석산(4시간 30분 소요)

버스종점 → 80분 → 박달령 → 73분 → 옥석산 → 57분 → 주실령

오전약수 버스종점에서 약수터 왼쪽으로 난 소형차로를 따라 8분 거리에 이르면 돌집식당 삼거리가 나온다. 삼거리에서 왼쪽으로 3분을 가면 박달장 위에 등산안내도가 나온다. 여기서부터 본격적인 산길이 시작된다. 잘 정돈된 등산로는 오른쪽 능선으로 올라서 북쪽으로 이어진 능선길로 이어진다. 등산로가 뚜렷하고 완만한 편이며 소나무가 많은 능선길을 따라 1시간 9분을 오르면 임도가 나오고, 왼쪽으로 20m 거리에 박달령이다. 박달령은 산신각이 있고 헬기장이 있으며 50m 거리에 웅달샘이 있다.

박달령에서 동쪽으로 백두대간을 따라 1시간 5분을 오르면 주실령으로 가는 삼거리가 나온다. 삼거리에서 왼쪽으로 8분 거리에 이르면 헬기장이 있는 옥석산 정상이다.

하산은 올라왔던 8분 거리 삼거리로 되 내려간 다음, 왼편 남쪽 능선을 따라 3분 내려가면 우

옥석산 서쪽 백두대간 쉼터 박달령

측으로 20m 거리에 전망대가 있다. 다시 계속해서 남릉을 타고 내려가면 급경사로 이어져 11분 거리에 이르면 전망바위가 나오고, 급경사 길을 타고 35분을 내려가면 주실령이다.

문수산(3시간 21분 소요)

축서사 → 50분 → 주능선삼거리 → 30분 → 문수산 → 33분 → 경주이씨 묘 → 28분 → 축서사

축서사 주차장에서 축서사 쪽으로 가면 축서사 표지석이 있고 왼쪽으로 차단기가 있으며 바로 왼쪽으로 간이 다리가 있다. 이 다리를 건너 화장실 뒤로 난 등산로를 따라 7분을 가면 지능선에 닿는다. 지능선은 적송군락지이며 흙이 묻지 않을 만큼 솔잎카펫길이다. 완만하고 부드러운 지능선을 따라 43분을 오르면 주능선삼거리에 닿는다.

주능선에서 우측 길을 따라 가면 완만한 능선길로 이어져 30분을 오르면 문수산 정상이다.

하산은 남서쪽으로 이어지는 능선을 따라 33분을 내려가면 경주이씨 묘가 나온다.

묘 닿기 5m 전에 오른쪽으로 희미한 하산길이 있다. 낙엽이 쌓여 길이 뚜렷하지 못 하지만 조금만 내려가면 능선으로 이어지면서 하산길이 뚜렷하다. 오른편 북서쪽 방면으로 이어지는 지능선을 따라 15분 내려가면 갈림길이 나온다. 갈림길에서 축서사 방면 희미한 오른쪽 길로 간다. 오른쪽 길로 10분 내려가면 계곡을 건너 축서사 위 돌축대에 닿고, 3분 더 내려가면 축서사 주차장에 닿는다.

자가운전

중앙고속도로 영주IC에서 빠져나와 봉화 방면 36번 국도를 타고 봉화에 도착해서 **옥석산**은 물야 방면 915번 지방도를 타고 물야면을 통과 오전약수 버스종점 주차.

문수산은 물야 방면 915번 지방도를 타고 가평리 서리에서 우회전 ⇒ 서리교와 문양교 건너 사거리에서 좌회전 ⇒ 7km 차도 끝, 개단리 축서사 소형 주차장.

대중교통

옥석산은 봉화에서 1일 11회 운행하는 온정약수터행 시내버스 이용, 종점 하차.

문수산은 봉화에서 1일 3회(06:25 13:40 18:05) 개단리 축서사행 버스 이용, 축서사 하차.

숙식

관광식당
봉화군 물야면 오전 2리
054-672-2021

돌집식당, 민박
봉화군 물야면 오전리 58
054-673-8009

명소

부석사, 축서사

물야장날 5일, 10일

선달산(先達山) 1236m

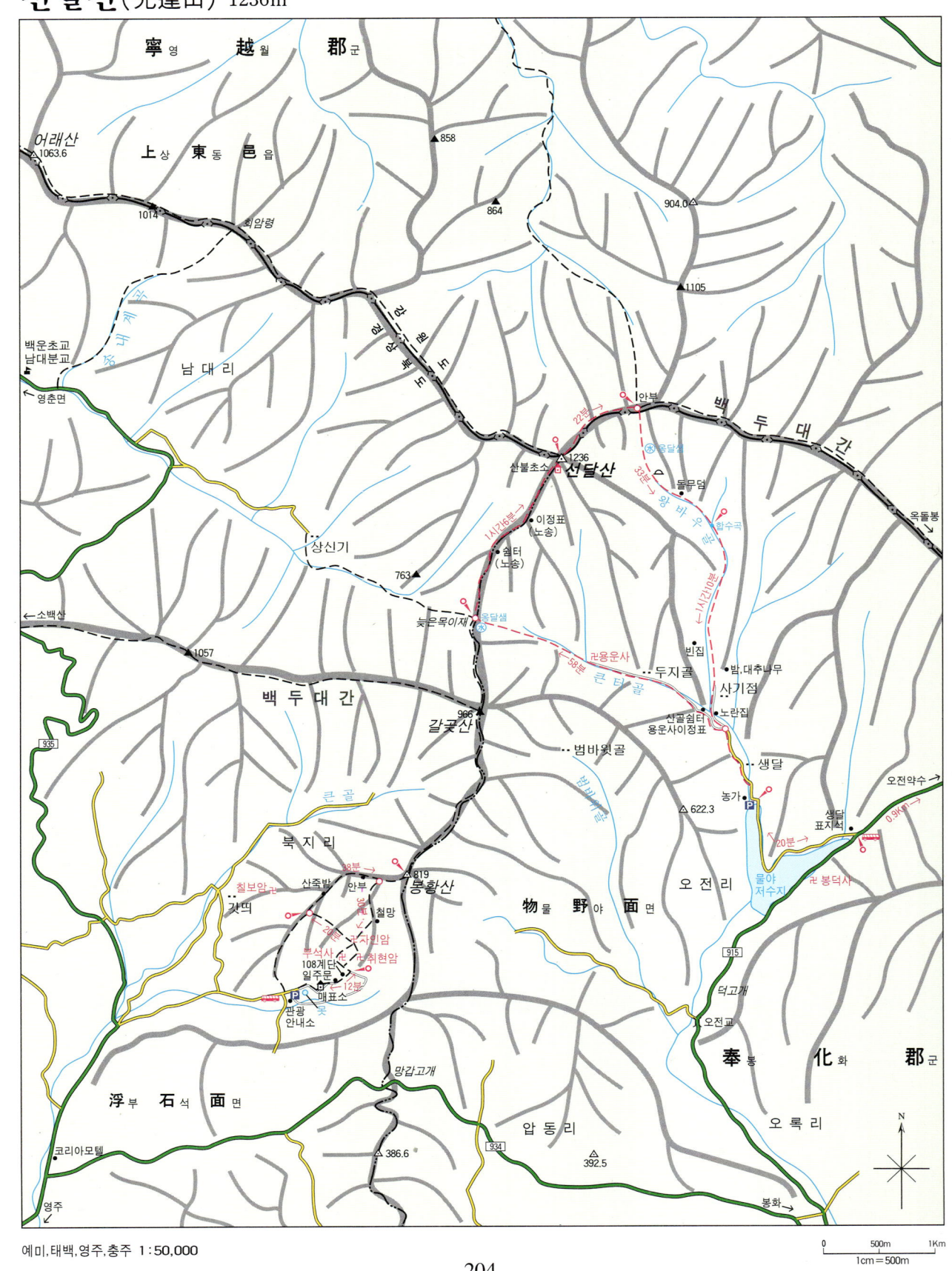

선달산

경상북도 영주시, 봉화군 · 강원도 영월군(慶尙北道 榮州市, 奉化郡 · 江原道 寧越郡)

개요

선달산(先達山. 1236m)은 백두대간 남한의 중간 지점에 위치하고 있으며 정상에서 서쪽으로는 갈곶산, 고치령, 소백산으로 이어지고 동쪽으로는 옥돌봉, 구룡산, 태백산으로 이어진다. 주능선은 백두대간으로 웅장하면서도 완만한 산세를 이루며, 특히 소나무가 많은 산이다. 정상은 나무가 없어 사방이 막힘이 없다. 정상에서 동쪽으로는 옥돌봉, 남쪽으로는 갈곶산 소백산, 서북쪽으로는 어래산으로 이어진다.

산행은 물야면 오전리 생달에서 시작하여 늦은목이재를 경유하여 정상에 오른다. 하산은 동릉을 따라 22분 거리에서 남쪽 사기점골을 따라 다시 생달로 원점회귀 산행이다.

장거리산행은 선달산 정상에서 동쪽 백두대간을 따라 박달령을 거쳐 옥돌봉에 오른 다음, 주실령 또는 도래기재로 하산하면 좋은 코스이고, 선달산 정상에서 4-5시간 더 소요된다.

선달산 주변에는 유명한 오전약수탕이 있고, 부석면에는 고찰 부석사가 있다. 오전약수 맛이 탄산성분이 들어있어 쏘는 맛이 있어 위장병과 피부병에 효과가 있다고 한다. 오전약수가 있는 오전리에는 봉화에서 오는 버스종점이기도 하고 식당 숙박시설이 많이 있다. 유서 깊은 고찰 부석사를 한번 들러보고, 부석사 입구 많은 식당 숙박시설을 이용하면 편리하다.

등산로 (5시간 9분 소요)

주차장 → 58분 → 늦은목이재 → 66분 → 선달산 → 22분 → 갈림길 → 33분 → 합수곡 → 70분 → 주차장

백두대간 쉼터 선달산 늦은목이재

물야면에서 오전약수 쪽으로 915번 지방도를 따라 약 5km 거리 물야저수지 상류 생달버스 정류장에서 좌회전 저수지 북쪽으로 난 도로를 따라 1.7km 가면 주차장이 있고 다리가 나온다. 이곳에 주차를 하고 다리를 건너면 농가 한 채가 나온다. 여기서부터 소형차로를 따라 10분을 들어가면 갈림길이 나온다. 갈림길에서 오른쪽 길은 하산 길로 하고, 왼쪽으로 소형차로를 따라 15분을 가면 오른쪽에 용운사가 있고, 왼쪽으로 오솔길 갈림길이 나온다. 갈림길에서 왼쪽 오솔길을 따라 가면 바로 계곡을 건너 산길이 이어진다. 잘 다듬어진 등산로를 따라 25분을 가면 출입금지 표시가 있는 지점에 이른 후, 왼쪽으로 휘어지다가 오른쪽 비탈길로 이어져 8분을 더 올라가면 옹달샘을 지나서 늦은목이재에 닿는다.

늦은목이재에서 오른편 동쪽으로 간다. 노송이 많은 백두대간 주능선을 타고 17분을 오르면 쉬어가기에 좋은 쉼터가 나온다. 쉼터를 뒤로하고 뚜렷한 백두대간을 타고 오르면 이정표가 나오고, 쉼터에서 49분을 오르면 선달산 정상이다.

하산은 계속 백두대간 동릉을 타고 간다. 동릉을 따라 22분(1.1km)을 가면 작은 봉우리를 하나 넘어 작은 안부에 닿는다. 이정표가 있고 옹달샘 표시가 있다.

여기서 오른편 남쪽 옹달샘 화살표 쪽으로 내려간다. 남쪽으로 6분을 내려가면 옹달샘이 나오고 옹달샘을 지나면 하산길은 왼쪽 지능선으로 이어져 지능선을 따라 7분 내려가면 묵은묘를 지나서 돌무더기가 나오고, 20분 더 내려가면 합수곡에 닿는다.

합수곡에서 25분을 내려가면 갈림길이 나온다. 갈림길에서 오른쪽으로 내려서 계곡과 나란히 이어지는 길을 따라 15분을 내려가면 대추나무 밭이 나오고, 10분을 내려가면 소형차로가 나온다. 여기서부터 소형차로를 따라 10분을 내려가면 늦은목이재 갈림길에 닿고, 10분 더 내려가면 다리 주차장이다.

자가운전

중앙고속도로 풍기IC에서 빠져나와 우회전 ⇒ 931번 지방도를 타고 순흥면-단산면-부석면을 거쳐 물야면 삼거리에서 좌회전 ⇒ 약 5km 물야저수지 상류 생달 입구 삼거리에서 좌회전 ⇒ 1.7km 다리 주차장.

대중교통

동서울터미널에서 1일 6회 운행하는 봉화행 버스 이용, 봉화 하차.
대구, 안동, 영주 방면에서 봉화행 버스 이용, 봉화 하차.
봉화에서 1일 11회 운행하는 오전약수탕행 버스 이용, 생달 입구 하차.

식당

관광식당(토종닭)
봉화군 물야면 오전 2리
054-672-2330

청진식당(토종닭)
봉화군 물야면 오전리
054-672-2130

숙박

돌집식당, 민박
봉화군 물야면 오전리 58
054-673-8119

소백산식당, 민박
봉화군 물야면 오전리
054-672-2160

명소

부석사

물야장날 5일, 10일
봉화장날 2일, 7일

일월산(日月山) 1217.6m

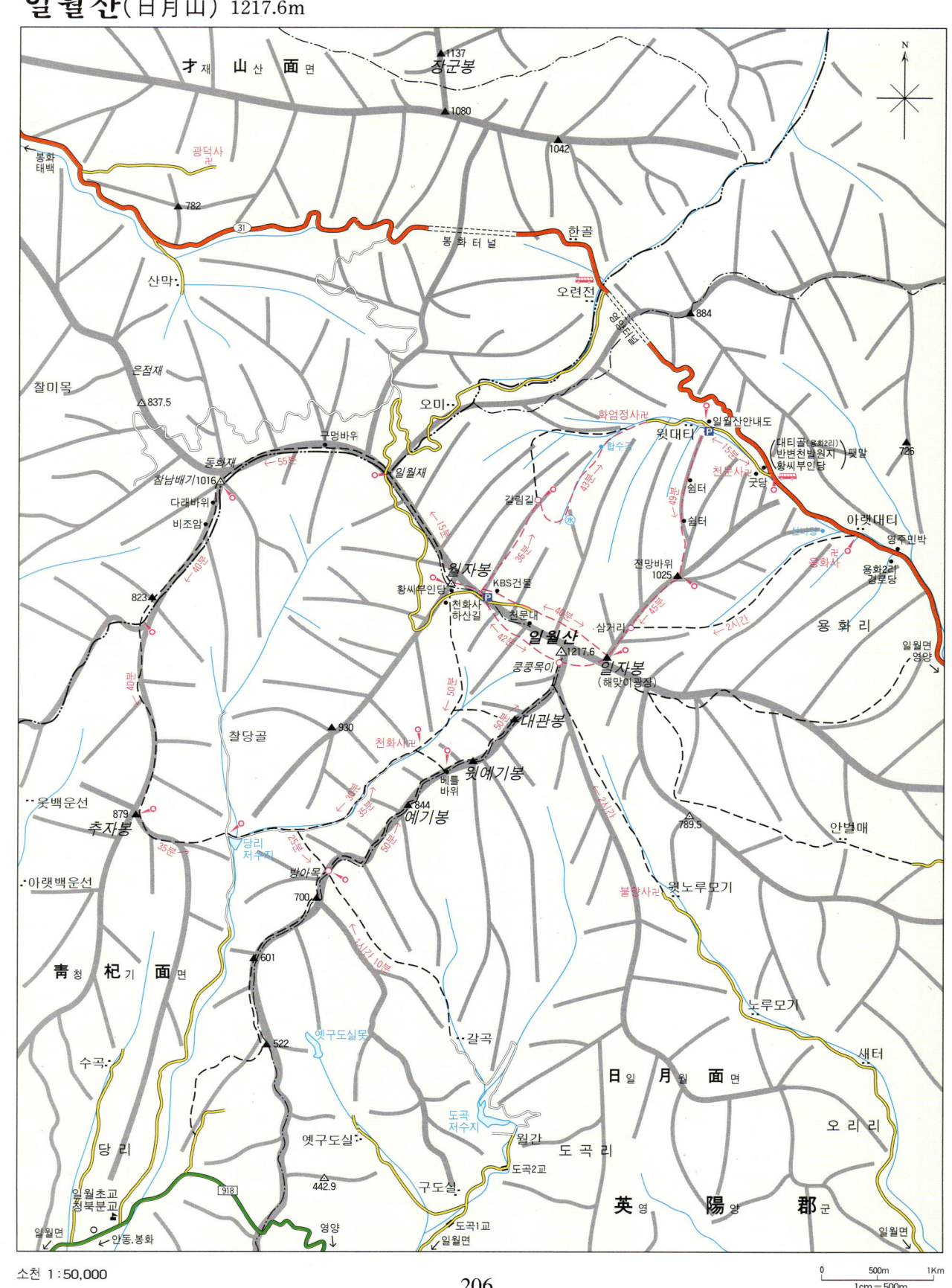

일월산

경상북도 영양군 일월면(慶尙北道 英陽郡 日月面)

📖 개요

일월산(日月山, 1217.6m)은 낙동정맥 통고산에서 서남쪽 직선거리로 약 14km 지점에 위치한 산이다. 산 이름은 동해의 일출과 월출을 가장 먼저 볼 수 있는 산이라는 데서 연유했다는 설이 전해지고 있다. 경북에서 오지에 속한 영양군 일월면과 청기면에 걸쳐 있는 일월산 주변은 산과 계곡뿐이다.

높고 웅장하고 광범위한 산세이면서도 모나지 않은 순박한 육산으로 이루어져 있으며 험로가 없고 산행에 무난한 산이다. 정상과 주능선은 KBS 시설물과 국가시설이 있어 정상을 오르지 못하는 아쉬움이 있다. 정상은 시설물이 있어 동쪽의 일자봉을 정상으로 대신하며 서북쪽의 월자봉까지 다 돌아보고 대부분 하산을 한다. 산나물이 많이 나는 산으로 알려져 봄이면 산나물 축제가 열리기도 한다.

산행은 여러 곳에서 오르는 길이 있다. 그중 가장 대표되는 등산로는 교통이 좋은 일원산 북쪽 편 윗대티 주차장에서 일자봉(해맞이광장)에 먼저 오른 후, 월자봉을 거쳐 큰골을 따라 다시 윗대티 주차장으로 원점회귀 산행이다. 그 외 서남쪽 당리에서는 방아목 혹은 천화사를 거쳐 일자봉-월자봉-황씨부인당-천화사를 경유하여 다시 당리로 원점회귀 산행이다. 장거리 종주코스로는 당리에서 방아목-일자봉-월자봉-동화재-추자봉 다시 당리로 원점회귀 산행이다.

승용차편으로도 일월산 정상을 돌아볼 수 있다. 영양터널 북쪽 입구 이정표에서 정상으로 일월산 정상으로 가는 도로를 따라 KBS 중계소 주차장에 주차하고, 남북으로 난 산책길을 따라 한 바퀴 돌아오데 1시간 30분 소요된다.

🚶 등산로(4시간 34분 소요)

윗대티주차장 → 49분 → 전망바위 → 45분 → 일자봉 → 42분 → 월자봉 → 36분 → 갈림길 → 43분 → 윗대티주차장

일월산 북봉 월자봉

31번 국도가 지나가는 영양터널 남쪽 용화2리 대티골 입구에서 서쪽으로 난 소형차로를 따라 1km 거리에 이르면 윗대티 주차장이 나온다. 주차장에서 바로 다리를 건너 일월산 등산로 표시가 있는 뚜렷한 등산로를 따라 처음부터 능선으로 시작하여 14분을 오르면 바위가 있는 쉼터가 나온다. 쉼터를 지나 15분을 오르면 두 번째 쉼터가 나오고, 두 번째 쉼터를 지나서 20분을 오르면 전망바위가 나온다.

전망바위를 지나 계속 능선을 따라 32분을 오르면 선녀탕으로 가는 삼거리가 나온다. 삼거리에서 13분을 더 오르면 넓은 목재 의자시설이 있는 일자봉 정상이다.

일자봉에서 월자봉으로 가는 길은 두 길이 있다. 남쪽과 북쪽 길이 있는데 남쪽 길은 편안하며 월자봉까지 42분 소요되고, 북쪽 길은 비탈진 돌길로 이어져 40분 소요된다.

일자봉에서 월자봉을 향해 북쪽 길을 따라 가면 비탈길로 이어져 33분 거리에 이르면 월자봉 삼거리가 나온다. 삼거리에서 오른쪽 능선을 따라 7분을 오르면 월자봉 정상이다.

월자봉에서 하산은 KBS중계소 삼거리로 내려와서 북쪽 길을 따라 2분 정도 더 내려가면 갈림길이 또 나온다. 여기서 왼쪽 길을 따라 내려가면 지능선으로 이어진다. 지능선 길은 나무계단길이 많은 편이며 27분을 내려가면 오른쪽 직각으로 꼬부라지는 삼거리 지점이 나온다.

여기서 오른쪽 직각으로 꼬부라지는 비탈길을 따라 7분 거리에 이르면 물이 있는 큰 계곡으로 하산길이 이어져 20분을 내려가면 합수곡 쉼터가 나온다. 여기서부터 넓은 길을 따라 16분을 내려가면 윗대티 주차장에 닿는다.

자가운전

중앙고속도로 풍기 또는 영주IC에서 빠져나와 울진 방면 36번 국도를 타고 봉화쉼터 지난 삼거리에서 우회전⇒31번 국도를 타고 영양터널 통과 약 2km 거리 댓티골 입구에서 우회전⇒1km 윗대티 주차장.

안동, 포항, 청송 방면에서는 태백 방면 31번 국도를 타고 영양 통과 윗대티에서 좌회전⇒1km 윗대티 주차장.

대중교통

대구에서 영양행 버스 이용 후, 영양에서 윗대티행 군내버스 이용, 윗대티 하차.

식당

실비식당
영양읍 서부리 224
054-683-2463

맘포식당
영양읍 서부리 308-3
054-683-2339

숙박

아이엠모텔
영양읍 서부리 219-1
054-683-0024

일월산관광농원
영양군 일월면 오리리 8-1
054-683-8008

명소

일월산자생공원

영양장날 4일, 9일
청기장날 5일, 10일

첩첩산중 오지의 명산

지은이 신명호
펴낸이 장인행

1판 1쇄 인쇄 2010년 10월 5일
1판 1쇄 발행 2010년 10월 15일

펴낸곳 **깊은솔**
주　　소 서울특별시 종로구 구기동 85-9번지 인왕B/D 301호
전　　화 02 · 396 · 1044(대표) / 02 · 396 · 1045(팩스)
등　　록 제1 - 2904호(2001. 8. 31)

ⓒ 신명호, 2010
mobile : 011-9652-3966
e-mail : hosan1@hanmail.net

ISBN 978-89-89917-33-5 13990

값 16,800원

• 인지는 저자와의 협의에 의하여 생략합니다.
• 본 도서의 무단복제 · 전재 · 전송 행위는 저작권법에 의해 처벌받게 됩니다.
• Printed in Seoul, Korea